Premier League History

Premier League History

프리미어리그
히스토리

가장 화려한 축구, 그 무자비한 역사

홍재민 지음

북콤마

CONTENTS

Part 1.
잉글랜드 레전드 시대

Part 2.
외국인 공습 시대

Part 3.
포스트 퍼거슨 시대

일러두기

- 시즌 표기는 보통 시즌 레이스가 8월에 시작해 이듬해 5월까지 이어지는 리그의 속성 상 연속한 두 해를 함께 적되 '1988/89시즌' 식으로 줄여 적었다.
- 인명 표기는 국립국어원의 외래어 표기 용례를 따르되 한국의 해외 축구 팬들 사이에서 그리고 언론에서 통용되는 현실을 최대한 반영했다(케니 달글리시, 데니스 베르캄프, 요한 크루이프, 칼하인츠 리들레, 아리언 로번, 토마스 라진스키, 트렌트 알렉산더-아놀드 등).
- 스코어 표기는 득점이 한눈에 드러나도록 '2-1'로 적었다.
- 선수들의 나이는 대부분 만 나이로 적었다.

—

프롤로그

—

프랑스 파리의 오르세 미술관은 언제나 관람객으로 붐빈다. 반고흐, 마네, 모네, 르누아르, 드가, 세잔 등 일반 대중에게 널리 알려진 인상파 화가들의 걸작이 모여 있어 오르세는 미술관 중에서도 최고 인기를 누린다. 물론 관광 필수 코스를 의무 방어하는 차원의 방문자도 많다. 사전 정보가 없으면 마네의 '올랭피아'는 평범한 누드화일 뿐이고 세잔의 정물화는 "이 정도는 나도 그리겠다"라는 자신감을 준다. 미술사에 관한 타인의 무관심을 책망할 자격은 그 누구에게도 없다. 걸작 앞을 휙 지나치는 관광객을 바라보며 "이거, 되게 유명한 그림인데…"라고 혼자 속으로 삼킬 뿐이다.

2005년 박지성이 맨체스터 유나이티드에 입단했을 때 나는 영국에 있었다. 박지성의 경기가 언제나 취재 영순위였다. 박지성 경기를 먼저 쳐내고 시간이 남으면 나머지 한국인 선수들 경기를 취재하는 식이었다. 그래도 시간이 남으면 내가 정말 보고 싶은 경기를 찾아갔는데 기사를 작성할 필요는 없었다. 그런 경기 기사를 게재할 지면도 없거니와 송고한들 애써 찾아볼 독자도 드물었기 때문이다. 국내 팬들의 관심이 프리미어리그 자체보다 박지성 개인의 활약 여부에만 집중되는 현상은 대단히 자연스럽다. 오르세 미술관에서처럼 "오늘 이게 최고 빅매치인데…"라고 혼자 또 속으로 웅얼거리는 것으로 그만이다. 그런 면에서 박지성이 속한 팀이 항상 우승을 다투는 강자였다는 사실은 개인적으로도 정말 다행스러웠다.

당연한 소리겠지만 잉글리시 프리미어리그에는 한국인 선수 말고도 볼거리가 참 많다. 대부분 창단한 지가 100년이 넘는 클럽들이 모인 리그라서 이야깃거리도 수북히 쌓였다. 수많은 스타플레이어가 거쳐 가며 각양각색의 스토리를 남겼고 역사적으로 의미가 큰 일도 많았으며 다양한 이벤트 또한 프리미어리그의 기다란 시간 축만큼 많았다.

주인공이 한국인 선수가 아니어도, 한국과 전혀 관련이 없어도 알아두면 프리미어리그를 훨씬 풍성하게 즐길 수 있는 사전 지식, 요즘 말로 '깨알 정보'가 차고 넘친다. 아스널과 토트넘은 왜 그토록 서로를 저주하는지, 격렬함의 대명사인 머지사이드 더비가 알고 보면 뜨거워진 지 얼마 되지 않았다든지, 알렉스 퍼거슨의 맨유와 아르센 벵거의 아스널이 얼마나 철딱서니 없는 어린아이들처럼 아웅다웅했는지 등을 알면, 지금 시청하는 TV 중계가 훨씬 흥미진진해질 수 있을 것 같다.

무엇보다 프리미어리그와 관련한 지식 및 정보는 국내 축구에도 긍정적으로 작용할 수 있다. 프리미어리그나 그곳의 빅클럽들을 따라 하자는 소리가 아니다. 각자 리그가 처한 환경이 너무 달라서 프리미어리그 방식을 '복붙'한들 K리그에서 동일한 효과를 기대하기는 어렵다. 단, 세계 최고 인기 리그와 우리의 프로축구

리그의 차이점을 인지하는 지점에서 객관화가 출발한다. 발전하려면 자기 객관화는 필수 조건이다.

프리미어리그가 독립 출범한 1992/93시즌부터 2020/21시즌까지의 이야기를 담았다. 왜 빅클럽들이 풋볼리그를 탈퇴하고 '프리미어리그 쿠데타'를 일으켰는지부터 시대별 우승 경쟁 이야기, 리그 역사에서 빼놓을 수 없는 스타플레이어, 불멸의 기록들, 클럽의 역사적 배경 등을 재주껏 정리했다. 시간과 분량의 제한 탓에 모든 내용을 상세히 다루지는 못했지만 최대한 많은 내용을 담아보려고 노력했다.

역사적 걸작 앞을 빠르게 스치는 관람객에게, 한국과 무관한 프리미어리그 경기에 무관심한 축구 팬에게 손을 뻗어본다. 그리고 조심스럽게 말을 걸어본다. 혹시 시간 괜찮으시다면 제가 조금 설명드려도 될까요?

2021년 12월
홍재민

Part 1

잉글랜드 레전드 시대

프로축구 리그가 출범한 지 104년째가 되던 해에 프리미어 리그가 독립 출범했다. 독점 중계사가 내세운 캐치프레이즈는 '완전히 새로운 축구'였다. 강렬한 원색의 오버핏 유니폼, 한껏 멋을 낸 장발 스타일, 그리고 엔터테인먼트 양념을 한껏 뿌린 모습이었다. 때마침 절대 강자 리버풀이 떠난 자리를 두고 새로운 잉글랜드 강자들이 치열한 패권 다툼을 벌이기 시작했다.

01

—

1980년대 암흑기

1863년 10월 26일 런던의 프리메이슨스 태번에서 11개 축구 (풋볼)팀 대표가 모였다. 의제는 '통일된 규정을 만들자'였다. 당시 영국 각지에서는 온갖 종류의 축구가 존재했다. 대학교를 졸업한 젠틀맨 계급은 축구를 전국에 보급하려면 규정을 통일할 필요가 있음에 공감했다. 우리로 따지면 전국에서 통용될 고스톱 규칙을 정하자는 식이다. 젠틀맨들은 공통 규정을 놓고 2개월에 걸쳐 난상토론을 벌였다. 첫 회동이 있었던 날은 훗날 잉글랜드축구협회 (The Football Association) 설립일로 남는다.

대부분 클럽 대표자들은 좀 더 많은 참가를 독려하기 위해 부상 위험이 큰 각종 규정을 없애자는 데에 의견을 모았다. 블랙히스 클럽의 대표자 프랜시스 캠벨Francis Campbell은 크게 반발했다. 캠벨은 "상대를 걷어차는 것이야말로 진정한 축구다. 정강이 걷어차기를 금지한다면 우리는 협회를 탈퇴하겠다"며 배수의 진을 쳤다.

요즘 감각에 비쳐 보면 '미친 소리'처럼 들릴지 몰라도 19세기 영국과 유럽 사회는 지금과 크게 달랐다. 바야흐로 산업혁명 한복판에 있던 영국 사회는 격변하고 있었다. 프랑스는 18세기 말 프랑스혁명이 일어나고 나폴레옹이 등장한 뒤 민주 의회와 절대왕정이 주도권을 주고받는 세상이었다. 영국에서는 '쥐잡기' 스포츠가 유행했다. 케이지 안에 쥐를 풀어놓고 사냥용 개가 정해진 시간에 얼마나 많은 쥐를 물어 죽이냐를 겨루는 여흥이었다.

당연히 축구에서 페어플레이 기준도 크게 달랐다. 축구에서 폭력은 '게임의 일부'로 통용됐다. 위험을 무릅쓰는 용기야말로 당시 영국 젠틀맨 계급이 추구하는 스포츠의 미덕으로 통했다. 치열한 토론 끝에 협회는 그해 12월 8일 최초의 '축구 규칙'(The Law of the Game)을 공표했다. 캠벨과 블랙히스 클럽은 탈퇴했다.

풋볼리그 출범

세계 최초로 축구 규칙을 제정한 영국 축구계는 지금도 해당 분야에서 막강한 권한을 행사한다. 매년 국제축구연맹(FIFA)은 '축구 규칙'을 공개하는데, 해당 규칙을 관장하는 곳은 국제축구연맹이 아니라 국제축구평의회(IFAB)다. 국제축구평의회는 잉글랜드축구협회와 스코틀랜드축구협회, 웨일스축구협회, 북아일랜드축구협회, 그리고 국제축구연맹으로 구성된다. 그라운드에서는 브라질과 독일, 이탈리아, 프랑스 등이 챔피언으로 군림하지만, 지금도 축구 규칙을 정하는 권한은 세계 최초의 축구 규칙을 제정한 주체인 영국 축구인 것이다. 행정의 최정점에서 전 세계 축구를 관장하는 국제축구연맹도 국제축구평의회 이사회의 한 자리를 차지할 뿐이다. 이런 역사적 배경으로 인해 국제축구평의회 회원 4개국은 국제 축구 대회에 영국이 아니라 각자 협회 단위로 출전하는 권리를 누린다.

잉글랜드축구협회는 새롭게 정한 규칙에 토대해 1871년 전국 대회를 개최한다. 세계에서 가장 오래된 축구 대회인 FA컵(The Football Association Cup)의 시작이다. 1871년 11월부터 1872년 3월까지 대회가 치러졌고, 결승전에서 런던이 연고지인 원더러스가 로열엔지니어를 1-0으로 물리치고 초대 챔피언에 등극했다.

통일된 규정 덕분에 축구는 빠르게 영국 전역으로 보급돼나갔다. FA컵이 창설되고 17년이 지난 1888년에는 세계 최초의 축구 리그인 '풋볼리그'가 출범한다. 원년인 1888/89시즌에는 총 12개 클럽이 참가해 프레스턴 노스 엔드가 22전 18승 4무를 기록하며 초대 챔피언에 등극했다. 풋볼리그는 1부부터 4부까지 디비전 1, 2, 3, 4로 구분되어 한 세기 넘게 지속하다가, 1992/93시즌 디비전 1이 '프리미어리그'로 독립 출범하고 디비전 2, 3, 4는 풋볼리그로 남게 된다.

헤이젤 참사

리그가 출범하고 100년 가까이 되던 1980년대 잉글랜드 축구계는 암흑기에 빠진다. 경기장 시설 낙후와 폭력 문제가 주된 원인이었다. 잉글랜드 축구 경기장들은 20세기 초에 집중적으로 들어섰다. 오랜 세월을 거치면서 개·보수가 이뤄졌지만 여전히 목조 관중석이 흔하고 안전시설도 시대에 뒤떨어져 있었다.

1985년 5월 11일 3부 클럽 브래드퍼드 시티는 홈구장 밸리 퍼레이드에서 링컨 시티와 리그 최종전을 치르고 있었다. 전반전 40분이 경과했을 때 G 구역 스탠드에서 작은 불길이 목격됐다. 현장에 있던 팬들은 사태의 심각성을 인지하지 못한 채 불구경에 신난 표정이었다. 겉으로 보인 불은 빙산의 일각이었다. 가려진 관중석 아랫부분이 이미 불에 활활 타고 있었기 때문이다. 관중석 아래로 던진 담배꽁초가 화근이었다. 불길은 강한 바람을 타고 삽시간에 목조 스탠드 전체로 번졌다. 많은 관중이 불을 피해 그라운드로 쏟아져 들어왔지만 좁은 출구로 대피하던 팬 56명이 화마에 목숨을 잃고 말았다. 밸리 퍼레이드 화재 사고는 잉글랜드 축구 경기장에서 안전 문제가 시급함을 일깨운 계기가 됐다.

한 달 뒤 벨기에 수도 브뤼셀의 헤이젤 스타디움에서 유러피언 챔피언스클럽컵(현 챔피언스리그) 결승전이 열렸다. 잉글랜드의 리버풀과 이탈리아의 유벤투스가 유럽 챔피언 타이틀을 놓고 격돌했다. 벨기에 축구에서도 군중 통제는 허술했다. 잉글랜드 축구 현장에서 심각한 문제를 일으키고 있던 훌리건들의 폭력이 가세해 사태가 악화됐다.

킥오프 직전 리버풀 팬들이 철제 펜스 건너편에 있던 중립 구역 팬들과 시비가 붙었다. 중립 구역에 유벤투스 팬들이 많았다. 거친 신경전은 순식간에 패싸움으로 번졌다. 수적으로 우세한 리버풀 팬들이 펜스를 넘어 일시에 유벤투스 팬들에게 달려들었다. 중세 시대 드넓은 벌판에서 보병이 직접 맞붙는 백병전과 다를 바 없었다. 도망치던 유벤투스 팬들이 한꺼번에 스탠드 한쪽 끝으로 몰렸다. 하중을 견디지 못한 스탠드가 무너져 내렸다. 현장에서 관중 39명이 콘크리트 더미에 깔려 목숨을 잃었다.

놀랍게도 벨기에 당국과 유럽축구연맹 측은 시신을 수습한 뒤에 결승전을 강행했다. 해당 경기에서 유벤투스는 미셸 플라티니 Michel Platini의 페널티킥 결승골로 리버풀을 1-0으로 꺾었지만, 어수선한 분위기에 우승을 자축할 정신은 없었다.

이틀 뒤 유럽축구연맹은 자신들이 주관하는 대회에 잉글랜드 클럽은 출전하지 못하도록 권한을 무기한 박탈했다. 해당 징계는 1990/91시즌 리버풀을 제외한 모든 클럽, 1991/92시즌 리버풀 순서로 풀렸다. 당시 영국 정부를 이끌던 마거릿 대처 정권은 축구 경기장에서 폭력을 방지하고 관리하기 위해 모든 축구 팬에게 신분증을 도입하는 법안을 추진하다가 여론의 극렬한 반대에 부딪쳐 무산됐다. 어쨌든 헤이젤 스타디움 참사는 폭력과 관련한 법 규정을 대폭 강화하는 소기의 성과를 남겼다.

힐스버러 참사

1989년 4월 15일 셰필드에서 잉글랜드 축구는 최악을 맞이한다. 셰필드 웬즈데이의 홈구장 힐스버러 스타디움에서 리버풀과 노팅엄 포레스트의 FA컵 준결승전이 열렸다. 킥오프를 앞두고 리버풀 팬들이 좁은 통로를 통해 서포터즈석(입석과 테라스)으로 진입했다. 티켓을 확인하고 수용 인원을 관리하는 과정이 제대로 이뤄지지 않아 지나치게 많은 사람이 한꺼번에 몰렸다. 경기장 안은 그라운드와 입석을 구분하는 철조망에 팬들이 이미 짓눌릴 정도로 포화 상태였지만, 경기장 밖은 아직 들어가지 못한 팬들이 조바심을 내며 계속 진입을 시도했다. 밀려든 인파에 의해 철조망은 무너졌고 좁은 통로에 갇힌 팬 94명이 호흡 곤란으로 현장에서 목숨을 잃었다. 부상자 중 2명이 병원에서 사망해 사망자 수는 96명에 달했다. 축구 역사상 최악의 비극으로 일컬어지는 힐스버러 참사였다. 준결승전은 즉시 취소됐다.

다음 날 리버풀은 장례식이 끝날 때까지 경기를 치르지 않겠다고 선언했다. 케니 달글리시Kenny Dalglish 감독을 비롯한 리버풀 선수단은 모든 희생자의 장례식을 조문했지만, 선수단 전체가 엄청난 트라우마를 겪어야 했다. 영국의 대표적 타블로이드 신문(황색지) 더 선은 자극적 보도를 일삼아 사태를 악화시켰다. 끔찍한 현장 사진을 게재하면서 신문은 '일부 팬들이 의식을 잃은 희생자들의 소지품을 훔쳐 갔다'고 보도했다. 해당 보도는 당시 영국 사회가 축구 팬을 폭력적인 무법 집단으로 낙인찍은 듯한 시선을 그대로 보여줬다. 리버풀 시민들은 더 선을 즉각 명예훼손으로 고소했고, 지금도 이 지역 가판대에서는 전국 발행 부수 1위인 더 선을 구경하기 어렵다.

한편 리버풀과 노팅엄 포레스트 간의 취소된 준결승전은 사건이 발생하고 3주 뒤에 맨체스터 올드 트래퍼드에서 열렸다. 이 경기에서 리버풀은 3-1로 승리했고, 2주 후 런던 웸블리 스타디움에서 열린 결승전에서 지역 라이벌 에버턴을 3-2로 꺾고 우승을 차지해 힐스버러 희생자와 유족들을 위로했다.

영국 정부는 즉각 진상조사위원회를 설치하고 피터 테일러 법무부 장관을 위원장으로 선임했다. 사건이 발생하고 9개월 후 테일러 장관은 최종 보고서를 정부에 제출했다. '테일러 리포트'로 통하는 보고서는 축구 경기장 안전을 위한 총 76개 권고안을 담았다. 가장 대표적 권고는 1994년 8월까지 프로축구 경기를 개최하는 모든 경기장에서 입석과 철조망을 철거하고, 관중 스탠드 전체에서 입석을 없애 전 좌석제를 의무화하는 내용이었다.

영국 정부는 잉글랜드 1부, 2부 리그 및 스코틀랜드 1부 리그에 소속된 전 클럽에 시설 개보수 비용을 일부 지원하는 조건으로 테일러 리포트의 권고안을 의무적으로 적용할 것을 명령했다. 체스터 시티의 디바 스타디움이 가장 먼저 개보수 공사를 마쳤고, 밀월의 더 덴 스타디움은 테일러 리포트의 권고안을 모두 적용한 첫 신축 경기장으로 기록됐다.

어느 산업 분야든 가장 근본이 되는 요소는 관련 법 규정이다. 법 규정에 따라 형성된 시장 안에서 수요와 공급의 힘이 상호 작용한다. 1970년대와 1980년대 잉글랜드 프로축구는 시설 노후와 폭력 문제, 발전하는 TV 중계를 따라가지 못하는 후진적 인식과 각종 제약 등으로 시장성을 갖추지 못한 채 시간만 낭비했다. 1980년대 중후반 이러한 대형 참사가 잇따라 발생하고 나서야 영국 사회는 축구 인프라의 변화 필요성을 절감할 수 있었다.

테일러 리포트를 기점으로 영국 축구 산업은 안전한 관전을 위한 시설을 확충했다. 산업이 확장할 토대가 마련된 시점에서 미국의 스포츠 마케팅 노하우와 인력이 유입되면서 영국 축구는 근대의 낡은 옷을 벗고 21세기형 엔터테인먼트 시장으로 발전할 수 있는 전환기를 만들었다.

02
—

프리미어리그의 탄생, BskyB
(1992년)

잉글랜드 축구 피라미드는 총 10단계로 이뤄진다. 1부에서 4부까지 프로축구, 5부 이하는 '논리그^{non-league}'라는 속칭하에 세미프로와 아마추어로 분류된다. 세계에서 가장 인기 있는 리그로 손꼽히는 프리미어리그가 최상위 1부에 해당한다. 2부부터 4부까지는 잉글리시 풋볼리그 챔피언십, 리그1, 리그2로 불린다. 프리미어리그(1부)와 풋볼리그(2~4부)는 승강제로 연결되지만 엄연히 독립적으로 운영되는 두 개의 독립적 리그다. 왜 그리고 언제부터 이렇게 복잡해졌을까?

탈퇴와 독립

1888년 세계 최초의 프로축구 리그인 풋볼리그가 출범했다.

오랜 세월이 흐르면서 잉글랜드 안에서는 축구 피라미드가 정리되어갔다. 1892년에 2부(풋볼리그 세컨드 디비전)가 출범했고, 1920년에는 서던 리그를 3부로 흡수했다. 제2차 세계대전이 발발하면서 중단됐던 풋볼리그는 1950년 재개됐고, 1958년 들어 3부 리그를 3부와 4부로 확장해 재편했다. 이후 풋볼리그는 총 92개 클럽이 1~4부로 분류되어 승강제를 통해 운영됐다. 지금도 잉글랜드에서는 '프로축구 클럽은 92개'라는 상식이 통용된다.

1980년대 들어 스포츠 산업이 격변하기 시작했다. 1984년 로스앤젤레스올림픽이 출발점이었다. 미국 올림픽조직위원회는 특유의 사업 역량을 발휘해 대회 전체에 대한 TV 중계권과 스폰서십, 티켓 판매 등을 적극적으로 활용함으로써 사상 최대 흑자를 기록했다. 이를 보고 유럽 축구 산업, 특히 잉글랜드 프로축구 시장이 큰 자극을 받았다. 시장을 선도하던 인기 클럽들은 미국의 성공 사례를 보면서 매출 확대를 위해 시장을 개편할 고민을 시작한다.

1985년 풋볼리그 퍼스트 디비전(1부)에선 이른바 '빅5'가 성적과 인기를 독식하고 있었다. 전통의 명문 리버풀, 같은 연고지를 공유하는 에버턴, 1960년대 들어 세계적 인기 클럽으로 도약한 맨체스터 유나이티드, 그리고 런던의 터줏대감인 아스널과 토트넘 홋스퍼였다. 빅5 클럽은 풋볼리그 측의 TV 중계권 수입 배분 방식을 걸고 넘어졌다. 당시 풋볼리그는 영국 내 최대 민영 방송사인 ITV와 2년간 총 630만 파운드에 중계권 계약을 맺은 상태였다.

빅5 클럽은 1부 중계 덕분에 풋볼리그 전체가 인기를 얻고 있으므로 자신들이 중계권 판매 수입을 더 많이 받아야 한다고 주장했다. 동시에 "그렇지 않으면 풋볼리그에서 탈퇴해 독자적 '슈퍼리그'를 창설하겠다"고 협박했다. 집단이기주의로 비칠 수도 있지만 빅5 클럽의 요구를 인정해야 하는 부분도 존재했다. 이들의 요구가 어느 정도 타당하다고 인정한 풋볼리그는 기존의 동일 배분에서 한 발 물러나 TV 중계권 수입 분배율을 1부 50퍼센트, 2부 25퍼센트, 3부와 4부 25퍼센트로 차등 조정했다.

풋볼리그가 차기 TV 중계권 협상에서 4년간 4400만 파운드 계약을 받아낸 덕분에 프로 92개 클럽에 돌아가는 중계권 수입 분배금의 규모도 크게 늘어났다. 시장 확장성에 눈을 뜬 빅클럽은 새로운 조정안에 만족할 리가 없었다. 빅5 측은 재차 풋볼리그를 압박해 1부 배분율을 기존 50퍼센트에서 75퍼센트로 키울 수 있었다.

시장 경쟁에서 새로운 사업 기회를 발견하고 뒷짐 질 기업은 없다. 한번 돈 맛을 본 빅5 클럽들은 더욱 대담해졌다. 1990년 10월 런던 모처에서 풋볼리그 중계권사 ITV와 빅5 클럽 대표자들이 비밀 회동을 가졌다. ITV에서는 그레그 다이크^{Greg Dyke}(2013~2016년 잉글랜드축구협회장 역임) 이사가 참석했다. 빅5 클럽을 대표한 5인은 데이비드 딘^{David Dein} 부회장(아스널), 노엘 화이트^{Noel White} 이사(리버풀), 필립 카터^{Philip Carter} 회장(에버턴), 마틴 에드워즈^{Martin Edwards} 회장(맨유), 어빙 스콜라^{Irving Scholar} 회장(토트넘)이었다. 이 자리에서 다이크 이사는 1부 클럽들이 풋볼리그에서 탈퇴해 독자적 리그를 창설하면 TV 중계권 계약금을 독식할 수 있다는 청사진을 제안했다. 하위 리그와 법적으로 분리되는 만큼 TV 중계권 협상부터 계약, 배분에 이르는 모든 과정도 완전히 독립할 수 있다는 논리였다. 가뜩이나 중계권 수입 배분율에 불만이 컸던 1부 클럽으로서는 귀가 솔깃한 제안이 아닐 수 없었다.

단, 해당 프로젝트는 매우 신중히 진행해야 했다. 새 리그의 독립 출범은 이미 부자인 클럽들이 더 부자가 되기 위해 축구 피라미드에 속한 절대 다수의 군소 클럽들을 버리겠다는 선언이기 때문이다. 여론의 반발을 잠재울 명분이 없으면 성공할 수 없는 스포츠 쿠데타였다. 물론 잉글랜드축구협회의 승인이 가장 기본적인 필요조건이었다.

데이비드 딘 부회장과 노엘 화이트 이사는 협회를 찾아가 두 가지를 강조했다. 첫째 잉글랜드 프로축구 리그의 시장 잠재력을 극대화하기 위한 스포츠 마케팅에 최적화된 판 갈이가 필요하고, 둘째 새 리그의 사업적 성공은 유소년 육성 재투자로 이어져 장기적으로 잉글랜드 축구계 전체가 수혜자가 되는 동시에 잉글랜드 국가대표팀의 전력 강화에도 결정적 도움이 될 수 있다는 주장이었다.

협회의 첫 반응은 당연히 격한 반대였다. 협회의 빌 폭스Bill Fox 회장은 "소수의 빅클럽이 1부 리그를 '하이재킹'하려고 한다"라며 위험한 스포츠 쿠데타를 반대했다. 그러나 잉글랜드축구협회의 회장직은 어디까지나 명예직에 가까웠다. 협회의 실제 살림살이를 책임지는 인물은 그레이엄 켈리Graham Kelly 대표이사(CEO)였다. 켈리 사장은 독립 출범 계획을 환영했다. 프로축구 시장의 파이 자체를 키우면 그 안에서 돌아가는 각종 경제 생산 활동도 함께 성장해 풀뿌리 축구까지 낙수 효과를 볼 수 있다고 판단했다.

풋볼리그 측은 발등에 불이 떨어진 격이었다. 시장 점유율이 압도적인 1부와 헤어진다면 수입 급감이 뻔하다. 2~4부 리그만 갖고 독자적으로 프로스포츠 시장에서 경쟁하기가 사실상 어려운 현실을 스스로 잘 알고 있었다. 풋볼리그는 당장 〈원 팀, 원 게임, 원 보이스〉라는 제목의 책자를 발행했다. 풋볼리그의 역사성과 전통적 가치인 공동체 의식을 보존해야 한다는 원론적 주장이었다. 좌파 성향의 일간지 가디언즈를 비롯한 대다수 언론 매체도 빅클럽들의 이기적 청사진을 비판적으로 보도했다. 하지만 축구계 최대 권력자인 협회와 실질적 시장 권력자인 빅클럽은 독립 출범을 강행했다.

1991년 협회는 '축구의 미래를 위한 청사진'이라는 보고서를 공개해 새 리그의 독립 출범이 어떻게 잉글랜드 축구 산업 및 국가대표팀의 전력 강화에 도움이 될 수 있는지를 역설했다. 사실상 독립 출범을 알리는 통지였다.

1990/91시즌이 끝나고 1부 클럽 전원은 풋볼리그에 탈퇴서를 제출하고 'FA 프리미어리그'를 설립했다. 1992/93시즌을 원년으로 확정해 준비 작업에 착수했다. 1부 리그의 독립 출범을 끝내 막지 못한 풋볼리그는 104년의 역사를 뒤로한 채 B급 리그들의 모임 신세로 전락하고 말았다.

독점 중계권 계약

프리미어리그는 1992/93시즌부터 3년 단위로 TV 중계권 협상을 시작했다. 프리미어리그 독립 출범의 설계자이자 기존 중계권자인 ITV가 유력한 후보였다. 그런데 갑자기 위성방송 사업자 '스카이'(BSkyB: British Sky Broadcasting)라는 복병이 나타났다. 호주 출신의 미디어 재벌 루퍼트 머독Rupert Murdoch이 소유한 스카이는 영국에서 서비스를 개시한 이래 유료 가입자 유치에 애를 먹으며 매년 대규모 적자에 허덕이고 있었다. 여기에 토트넘을 소유한 앨런 슈거Alan Sugar 회장이 스카이를 설득했다. 프리미어리그 독점 중계권이야말로 영국 시장에서 신규 가입자를 유치할 최고의 콘텐츠라는 점을 적극적으로 어필했다.

슈거 회장이 스카이를 끌어들인 배경에는 다른 노림수도 있었다. 그는 스카이의 위성신호 수신장치(접시 모양 안테나)를 납품하는 IT 제조업체 '암스트라드'를 소유하고 있었다. 스카이가 프리미어리그 독점 중계권을 확보해 사업이 번창하면 자신도 직접 수혜자가 되는 구조였다.

ITV는 3년간 중계권 총액으로 2억 6200만 파운드를 제안했다. 예전 규모와 비교할 수 없는 천문학적 금액이었다. 하지만 후발 주자 스카이가 최종적으로 제안한 금액은 무려 3억 500만 파운드에 달했다. 프리미어리그 사무국과 1부 클럽 회원사는 찬반 투표를 거쳐 14대 6으로 스카이의 손을 들어줬다. ITV는 즉각 자사의 응찰 금액이 사전에 유출됐다고 주장하며 프리미어리그를 상대로 소송을 제기했지만, 영국 법원은 공정 경쟁의 결과라는 판결을 선고했다.

온갖 위험 부담을 안고 빅클럽을 부추겨 프리미어리그의 독립 출범을 설계했던 ITV는 결국 낙동강 오리알 신세가 됐다. 물론 프리미어리그는 도의적 부담 외에 ITV를 챙겨야 할 이유가 없었다. 공영방송 BBC는 1960년대부터 이어온 하이라이트 프로그램 '매치 오브 더 데이Match of the Day'를 유지하기 위해 프리미어리그로부터 하이라이트 권리를 구입했다.

스카이의 공격적 사업 접근 덕분에 TV 중계권료 수입이 폭발적으로 늘어났다. 풋볼리그에서의 마지막이었던 1991/92시즌 1부리그 22개 클럽은 총 825만 파운드를 나눠 받았었다. 1992/93시즌부터 이 금액이 시즌당 1억 166만 파운드로 늘어났다. 무려 1132퍼센트에 달하는 증가율이었다. 프리미어리그는 이 금액을 일률분배 50퍼센트, 순위 차등 분배 25퍼센트, 생중계 횟수 차등 분배 25퍼센트로 나누는 '50대 25대 25 룰'에 따라 1부 22개 클럽에 분배했다. 오늘날까지 프리미어리그의 TV 중계권 배분율은 동일하게 유지되고 있다.

1992/93시즌 프리미어리그의 역사적 원년 멤버는 기존 풋볼리그 1부에서 뛰던 22개 클럽이었다. 아스널, 애스턴 빌라, 블랙번, 첼시, 코벤트리, 크리스털 팰리스, 에버턴, 입스위치, 리즈, 리버풀, 맨시티, 맨유, 미들즈브러, 노리치, 노팅엄, 올덤, 퀸즈 파크 레인저스, 셰필드 유나이티드, 셰필드 웬즈데이, 사우샘프턴, 토트넘, 윔블던이었다. 스카이는 '완전히 새로운 축구'(A Whole New Ball Game)라는 캐치프레이즈를 앞세우고 스타플레이어들을 동원해 찍은 뮤직비디오를 공개했다.

1992년 8월 15일 개막전에서 셰필드 유나이티드의 브라이언 딘(Brian Deane)이 맨유를 상대로 역사적인 프리미어리그 1호 골을 터뜨렸다. 그해 시즌부터 풋볼리그의 2부는 '챔피언십', 3부는 '리그1', 4부는 '리그2'로 각각 명칭을 바꿔 힘겨운 홀로서기에 나서야 했다.

만성 적자에 허덕이던 스카이는 마지막 승부수로 꺼내든 프리미어리그 독점 중계권 계약으로 어떤 결과를 얻었을까? 1992년 4700만 파운드 적자를 기록했던 스카이는 1년 만에 6200만 파운

드 흑자로 전환했다. 프리미어리그 생중계를 보려면 일반 시청자
는 반드시 스카이의 유료 서비스에 가입해야 했기 때문이다. 두 번
째 중계권 계약 사이클이 진행되는 1997년을 기준으로 스카이는
무려 3억 7400만 파운드 흑자를 기록했으며 가입자 수도 600만
명을 돌파했다. 프리미어리그 독점 중계권을 따기 직전까지 가입
자 수는 50만 명이었다.

　스카이는 프리미어리그 콘텐츠를 발판으로 삼아 현재 유럽 최
대 위성방송 사업자로 발돋움했다. 2007년부터 유럽연합의 독점
방지 권고에 따라 프리미어리그 중계권도 복수 사업자와 계약을
맺어야 하도록 바뀌었지만, 스카이는 기존 중계권자로서의 우선협
상권과 막대한 자금력을 앞세워 판매 패키지의 80퍼센트 이상을
가져가고 있어 시장점유율 면에서는 사실상 독과점에 가까운 지
위를 유지하고 있다. 2022/23시즌부터 프리미어리그는 스카이(128
경기), BT(52경기), 아마존(20경기) 세 곳과 3년간 총 7조 5588억 원
규모의 TV 중계권 계약을 체결했다. 시즌당 2조 5196억 원, 경기
당 125억 9800만 원 꼴이다. 해외 중계권 계약은 별도다.

　1992/93시즌은 지금까지 지상파 TV 채널에서 공짜로 시청해
왔던 프로축구 경기가 '보편적 시청권' 영역에서 떨어져 나간 원년
이기도 하다. 영국 정부는 프리미어리그 시청의 유료화는 허가했
지만, FIFA 월드컵, UEFA(유럽축구연맹) 유로, 올림픽에 관해서는
지금까지 '보편적 시청권' 보호를 위해 해당 대회의 TV 중계권 응
찰 자격을 지상파 채널에만 부여하고 있다. 유로 2020의 경우 영
국 내에서는 지상파 채널인 BBC와 ITV가 중계했다.

03

—

원년 챔피언: 맨유 제국의 시작
(1992/93시즌)

풋볼리그와 프리미어리그는 뚜렷이 구분된다. 단순히 '다른 리그'가 됐다는 뜻이 아니다. 풋볼리그 시대의 주 수입원은 홈경기의 티켓 판매였다. 스폰서십 개념은 희미했고 TV 중계권은 1~4부를 구성하는 92개 클럽이 거의 동일하게 나누는 식이었다. 1992년 8월 15일 막이 오른 프리미어리그 시대는 전혀 달랐다. 프리미어리그에 머무는 것만으로도 클럽들은 막대한 TV 중계권 수입을 챙길 수 있다. 리그와 컵대회에서 우승하면 곧바로 유럽축구연맹이 주최하는 대회에 출전해 부수입을 올릴 수 있고, 브랜드 이미지가 향상되는 효과를 통해 스폰서십 매출을 극대화할 기회가 보장됐다. 우승하면 돈을 더 많이 벌고 큰돈으로 더 좋은 선수를 영입해 성공을 이어간다는 자본주의적 선순환이 이뤄지기 시작했다.

무명 감독

1986년 11월 맨체스터 유나이티드는 성적 부진의 책임을 물어 론 앳킨슨Ron Atkinson 감독을 해고했다. 마틴 에드워즈 회장의 선택은 스코틀랜드 애버딘을 이끌던 알렉스 퍼거슨Alex Ferguson 감독이었다. 당시 잉글랜드 축구계에서 퍼거슨 감독은 무명에 가까웠다. 애버딘에서 퍼거슨 감독은 1부 우승 3회, UEFA 컵위너스컵 및 슈퍼컵 우승 등으로 승승장구했지만, 규모가 작은 스코틀랜드 리그는 잉글랜드에서 높게 평가되는 곳이 아니었다.

잉글랜드 축구계에서 잔뼈가 굵은 앳킨슨을 내쫓고 후임으로 데려온 감독이 퍼거슨이라는 사실은 모든 언론에 큰 물음표를 던질 수밖에 없었다. 올드 트래퍼드에서 열린 신임 감독의 첫 기자회견에서 취재진은 자신들 바로 옆으로 지나가는 퍼거슨을 알아보지 못했다. 맨유 담당 기자들은 물론 팬들도 퍼거슨 감독의 등장을 반기지 않았다. 수준 낮은 리그에서만 활동했던 무명 감독이 1966/67시즌 이후 20년째 말라버린 리그 우승 가뭄을 적실 단비가 될 것이라고 믿는 사람은 거의 없었다.

다행히 퍼거슨 감독이 올드 트래퍼드의 보스 자리에 앉은 시점은 프리미어리그 출범 전인 풋볼리그 시대였다. 당장 좋은 성적을 거두지 못해도 클럽의 돈벌이에는 큰 변화가 벌어지지 않는 시절이었다는 뜻이다. 구단주의 마음에만 들면 감독은 자리를 꽤 오랫동안 지킬 수 있었다. 에드워즈 회장은 퍼거슨 감독을 신임했다. 선수단을 다루는 카리스마와 승리를 위해 불태우는 열정에서 가능성을 본 것이다.

퍼거슨 감독은 에드워즈 회장의 지지를 등에 업고 두 번째 시즌에 리그 2위의 성적을 거둬 수완을 입증했다. 이내 시련이 찾아왔다. 퍼거슨 감독이 이끄는 맨유는 1988/89, 1989/90시즌 리그에서 12위, 13위로 미끄러졌다. 아무리 순수했던 풋볼리그 시대였다고 해도 2년 연속으로 10위권에 들지 못하면서 감독이 경질 위기에 빠지기에 충분한 상황이었다. 위기를 맞은 퍼거슨 감독은 스스로 운명을 바꿨다. 1989/90시즌 FA컵 우승이었다. 웸블리 스타디움에서 열린 결승전에서 맨유는 크리스털 팰리스와 재경기까지 가는 접전 끝에 1-0으로 승리해 1984/85시즌 이후 5년 만에 메이저 타이틀을 획득했다.

그다음 시즌 맨유는 리그 순위를 6위로 끌어올린 것은 물론 FA컵 우승팀 자격으로 출전한 UEFA 컵위너스컵에서 바르셀로나를 꺾고 우승을 차지했다. 리그에서도 순위가 계속 상승했다. 풋볼리그에서 마지막 시즌이었던 1991/92시즌 맨유는 마지막 고비를 넘지 못하고 리즈 유나이티드에 근소한 차이로 밀려 우승을 양보해야 했다. 그리고 대망의 프리미어리그 개막을 맞이했다.

개막전

1992/93시즌 개막을 앞두고 지난 시즌 우승을 다퉜던 리즈(하워드 윌킨슨Howard Wilkinson 감독)와 맨유가 우승 후보로 꼽혔다. 리버풀(그레임 수네스Graeme Souness 감독), 아스널(조지 그레이엄George Graham 감독), 토트넘(더그 리버모어Doug Livermore, 레이 클레멘스Ray Clemence 공동 감독) 정도가 대항마로 손꼽히는 가운데 2부에서 승격 플레이오프를 통해 올라온 블랙번 로버스가 시즌 개막을 앞두고 광폭 행보를 보였다. 맨유의 구애를 받던 사우샘프턴의 22세 골잡이 앨런 시어러Alan Shearer를 잉글랜

드 축구 역대 최고액인 360만 파운드에 영입한 것이다.

시어러는 퍼거슨 감독이 꼽은 1순위 영입 후보였다. 퍼거슨 감독은 시어러에게 직접 전화를 걸어 확신을 주려고 애썼다. 하지만 블랙번이 더 빠르게, 그리고 더 넉넉한 지갑을 갖고 신예 스트라이커에게 접근했다. 억만장자 잭 워커Jack Walker 회장이 전폭적으로 지원한 덕분이었다. 워커 회장의 돈 지갑은 이미 지난 시즌부터 맹위를 떨쳤다. 힐스버러 참사의 트라우마를 떨치지 못해 리버풀 감독직에서 물러났던 케니 달글리시 감독을 2부 블랙번이 영입한 것이 시작이었다. 달글리시 감독은 시즌 도중에 부임했는데도 단번에 1부 승격 목표를 달성해냈다.

그때만 해도 달글리시와 퍼거슨 두 감독의 위상은 천지 차이였다. 달글리시 감독은 이름만으로도 모든 이가 고개를 수그릴 정도로 거대한 존재였다. 시어러에게도 마찬가지였다. 최근 들어 빠르게 성장한 맨유라고 해도 아직 리그 우승 고지를 밟아본 적이 없는 클럽이었다. 블랙번은 달랐다. 리버풀에서 선수와 감독으로서 화려한 우승 경력을 쌓은 슈퍼스타 달글리시 감독이 이끄는 클럽이지 않나. 어린 시어러는 당연히 달글리시 감독을 선택했다. 시어러를 놓친 맨유는 케임브리지의 공격수 디온 더블린Dion Dublin(100만 파운드)을 영입하는 것으로 아쉬움을 달랬다.

맨유의 시즌 첫 경기는 셰필드 유나이티드의 홈구장인 브래몰 레인에서 치러졌다. 3-5-2 포메이션을 기본으로 마크 휴즈Mark Hughes와 브라이언 맥클레어Brian McClair가 투톱을 꾸몄다. 중원에는 폴 인스Paul Ince, 안드레이 칸첼스키스Andrei Kanchelskis, 라이언 긱스Ryan Giggs, 대런 퍼거슨Darren Ferguson(퍼거슨 감독의 아들), 클레이턴 블랙모어

Clayton Blackmore가 기용됐고, 최종 수비 라인에서는 주장 스티브 브루스Steve Bruce를 비롯해 게리 팰리스터Gary Pallister와 데니스 어윈Denis Irwin이 선발 출전했다. 수문장은 덴마크 국가대표 피터 슈마이켈Peter Schmeichel(레스터 시티 캐스퍼 슈마이켈Kasper Schmeichel의 부친)이었다. 영입생 디온 더블린은 벤치에서 맨유 데뷔를 준비했다.

경기 전 예상과 달리 홈팀 공격수 브라이언 딘이 전반 5분 만에 골을 터뜨려 프리미어리그 역사상 첫 득점의 주인공이 됐다. 딘은 후반전이 시작한 지 5분 만에 추가골까지 넣어 개막전의 주인공이 됐다. 맨유는 마크 휴즈의 추격골로 희망을 키웠으나 셰필드 유나이티드의 기세에 눌려 개막전에서 1–2로 패하고 말았다.

문제는 계속됐다. 나흘 뒤 열린 주중 2라운드에서 맨유는 에버턴에 0–3으로 무릎을 꿇었다. 맨유는 입스위치 타운과의 다음 경기에서 1–1로 비긴 뒤, 개막 다섯 번째 경기였던 사우샘프턴 원정에서 디온 더블린의 결승골로 겨우 첫 승을 신고했다. 더블린이 무릎을 다치는 작은 사고가 있었지만 맨유는 사우샘프턴전 승리를 발판 삼아 리그 5연승으로 반전에 성공하며 본래 페이스를 간신히 되찾았다.

원년 우승

11월이 되자 퍼거슨 감독은 에드워즈 회장과 함께 에버턴의 피터 비어즐리Peter Beardsley를 영입할 궁리를 시작했다. 회장실에서 두 사람이 대화를 나누던 중 에드워즈 회장의 전화벨이 울렸다. 리즈의 빌 포더비Bill Fotherby 사장이었다. 수비진에서 감초 역할을 하는 데니스 어윈을 팔라는 제안이었다. 통화 내용을 엿들은 퍼거슨 감독은 말도 안 된다는 표정으로 자리에 다시 앉았다. 퍼거슨의 머리에서 순간적으로 엉뚱한 생각이 떠올랐다. "회장님, 에릭 칸토나Eric Cantona를 팔 생각이 있는지 물어봐요."

에드워즈 회장은 뚱딴지같은 소리라는 표정으로 칸토나를 영입하고 싶다는 제안을 리즈 측에 던지곤 전화를 끊었다. 프랑스 출신 칸토나는 리즈의 핵심 미드필더였지만, 하워드 윌킨슨 감독과의 관계가 틀어지면서 출전 명단에서 제외되는 수모를 당하고 있었다. 천재적 능력과는 별개로 칸토나는 그라운드 안팎에서 각종 문제를 일으키는 문제아라는 이미지가 강했다. 우승 경쟁권에 들만큼 리즈는 탄탄한 스쿼드를 갖췄기에 칸토나 한 명쯤 '썩은 사과'를 솎아낸다는 마음으로 버릴 수 있었다.

윌킨슨 감독의 동의를 구한 포더비 사장은 30분 뒤 에드워즈 회장에게 전화를 걸어 칸토나의 이적료를 협상해나갔다. 양측은 100만 파운드에 합의를 봤다. 다음 날(11월 26일) 에드워즈 회장과 퍼거슨 감독은 시내 호텔에서 칸토나와 에이전트를 만나 계약을 마무리했다. 2001년 맨유 팬 투표에서 '클럽 역사상 최고 레전드'로 선정된 칸토나의 붉은 전설이 시작되는 순간이었다.

칸토나는 불같은 성격으로 악명이 높았다. 그렇지만 중원에서 선보이는 경기 장악력과 플레이 메이킹, 킬 패스 능력은 발군이었다. 12월 5일 칸토나는 맨체스터 더비에서 교체 출전해 유려한 플레이 메이킹으로 팀의 2-1 승리를 견인했다. 경기장 밖의 돌출 행동에 대한 퍼거슨 감독의 걱정은 기우였다. 선수단에 합류한 첫날부터 칸토나는 누구보다 열심히 훈련에 매진해 퍼거슨 감독의 마음을 사로잡았다.

맨유는 칸토나의 첫 출전부터 이후 컵대회를 포함한 10경기에서 8승 2무를 기록하며 리그 선두로 치고 나갔다. 1993년 3월 리그 4경기에서 연속으로 무승에 그치는 슬럼프가 찾아왔지만 4월 첫 경기에서 노리치 시티를 3-1로 잡으면서 맨유는 다시 연승 리듬을 탔다. 라이벌 리즈가 10위권 밖으로 추락한 가운데 유일한 우승 경쟁자는 애스턴 빌라였다.

4월 21일 맨유는 런던 셀허스트 파크에서 스티브 코펠Steve Coppell 감독이 이끄는 크리스털 팰리스를 2-0으로 꺾고 리그 우승에 한 걸음 다가갔다. 이날 칸토나가 두 골을 모두 만드는 활약을 펼쳤다. 총 42경기 중 40경기를 소화한 시점에서 맨유가 승점 78점, 애스턴 빌라는 74점이었다. 41라운드 일정은 일요일 빌라가 올덤을 상대하고, 하루가 지난 월요일 맨유가 블랙번과 맞붙는 경기 순서로 진행됐다. 빌라가 비기면 맨유의 우승 가능성은 비약적으로 높아진다. 패하면 그 순간 맨유의 우승이 확정된다. 취재진의 질문에 퍼거슨 감독은 "버밍엄(빌라 연고지)에서 벌어지는 경기를 두고 내가 할 수 있는 게 아무것도 없다. 에드워즈 회장과 골프 칠 생각이다"라며 여유 있는 미소를 보였다.

일요일 오후 골프를 즐기던 퍼거슨 감독 일행 옆으로 카트가 급정거했다. 초면인 팬이 퍼거슨 감독을 향해 "퍼거슨 감독님이 죠? 지금 막 맨유가 우승했어요!"라고 소리쳤다. 빌라가 올덤에 0-1로 패한 소식을 팬에게서 처음 들은 것이다. 스마트폰은커녕 핸드폰도 보급되지 않은 1990년대 초반이어서 골프 라운드를 돌던 퍼거슨 감독에게 빌라의 패전 소식을 즉시 전할 방법은 인편밖에 없었다. 우승 확정 소식을 들은 에드워즈 회장과 퍼거슨 감독은

알렉스 퍼거슨 감독

얼싸안으며 환호했다.

1966/67시즌 맷 버스비Matt Busby 감독 시절 우승한 지 26년 만에 맨유가 잉글랜드 챔피언에 등극한 것이다. 클럽은 남은 두 경기도 모두 승리해 막판 7연승을 기록하며 프리미어리그 원년 시즌을 완벽한 피날레로 장식했다. TV 중계권과 스폰서십 수입이 폭증하기 시작한 프리미어리그에서 우승했다는 사실이 훨씬 중요했다. 첫 우승을 거두고 불과 2년 뒤 '보스만 판례'가 뒤따르며 우승의 무게감은 한층 배가됐다. 승리가 돈으로 직결되는 새로운 세상에 맨유는 완벽히 적응해나갔다.

04

—

잉글랜드 스트라이커 전성시대
: 앨런 시어러에서 맷 르티시에까지

1990년대 초반만 해도 유럽 각 리그에서 외국인 선수는 손에 꼽을 정도로 적었다. 유럽축구연맹이 주관하는 대회는 경기당 외국인 3명과 해당 클럽에서 5년 이상 뛴 외국인 2명을 합쳐 5명까지만 출전을 허용했다. 이를 줄여 '3+2 규정'이라고 불렀다. 1992년 8월 프리미어리그 개막전이 열렸을 때 12경기에서 출전을 기록한 외국인 선수는 11명에 불과했다. 1995년 12월 '보스만 판례'가 유럽 축구계를 강타하기 전까지 프리미어리그 무대를 주름잡은 스트라이커들은 전부 자국 출신이었다. 세상이 180도 뒤집힌 오늘날에도 잉글랜드 현지에서는 1990년대 잉글랜드 스트라이커들을 그리워하는 팬심이 강하다.

리그 260골

가장 먼저 떠오르는 이름은 당연히 앨런 시어러다. 프리미어리 그 원년 1992/93시즌부터 2005/06시즌까지 시어러는 블랙번 로 버스(112골)와 뉴캐슬 유나이티드(148골)에서 총 260골을 기록했다. 지금까지도 프리미어리그 역대 최다 득점 타이틀을 보유하고 있 다. 프로에 데뷔한 1987/88시즌부터 따지면 1부 통산 득점 수는 283골이나 된다.

1970년 뉴캐슬에서 태어난 시어러는 1988년 3월 사우샘프턴 에서 프로 데뷔를 신고했다. 2주 후 첫 선발 출전에서 시어러는 아 스널을 상대로 해트트릭을 터뜨려 4-2 대승을 견인했다. 당시 그 의 나이는 17세 240일로, 토트넘 홋스퍼의 레전드 지미 그리브스 Jimmy Greaves가 30년간 보유했던 잉글랜드 1부 최연소 해트트릭 기 록을 경신했다. 첫 시즌이 끝난 뒤 사우샘프턴은 시어러와 첫 프로 계약을 체결했다. 곧 쟁쟁한 빅클럽들이 시어러를 두고 각축을 벌 였다.

22세 나이에 스트라이커로서 첫 도약을 이룬 곳은 잭 워커 회 장이 돈지갑을 활짝 열어젖힌 블랙번이었다. 1992년 여름 블랙번 은 잉글랜드 역대 최고 이적료인 360만 파운드를 내고 시어러를 손에 넣었다. 당시 100만 파운드 언저리에서 형성되던 A급 스트라 이커의 이적료를 훌쩍 넘긴 금액이었다. 최고 몸값을 기록한 신성 은 고용주를 실망시키지 않았다.

블랙번 데뷔전이 된 크리스털 팰리스 원정에서 시어러는 두 골 을 터뜨려 3-3 무승부 드라마를 연출한 주인공이 됐다. 시즌 반환 점을 돌던 12월 28일 리즈 유나이티드전에서도 시어러는 두 골을 넣는 활약을 펼쳤는데 경기 막판 무릎 인대를 다치는 바람에 시즌을 접어야 했다. 블랙번에서 맞이한 첫 시즌, 공식 기록은 리그 21경기 16골이었다.

1993/94시즌 2라운드 노리치 시티전에서 시어러는 복귀했다. 복귀한 지 4경기 만에 골맛을 보면서 기어를 올리기 시작했다. 10월 23일 리즈전에서 해트트릭을 기록하고, 23라운드부터 6경기 연속으로 득점 행진(2골, 1골, 2골, 2골, 1골, 1골)을 선보여 블랙번의 우승 경쟁을 맨 앞에서 이끌었다. 하지만 디펜딩 챔피언 맨체스터 유나이티드가 승점 92점을 따는 괴력을 발휘해 블랙번은 2위에 머물렀다. 시어러는 리그 31골을 넣고도 맨유의 앤디 콜Andy Cole(34골)에게 밀려 득점왕 타이틀을 내줘야 했다.

워커 회장은 오기라도 생긴 듯이 1994년 여름에도 돈다발을 들고 이적 시장에 뛰어들어 노리치에서 크리스 서튼Chris Sutton을 영입했다. 시어러와 서튼은 찰떡궁합을 이뤘다. 팬들은 경기마다 득점을 합작하는 두 선수를 'SAS'(Shearer and Sutton)로 부르며 환호했다. 시어러는 리그 34골, 컵대회까지 포함해 시즌 37골을 기록하며 리그 득점왕을 차지했다. 서튼과의 투톱 화력을 입증하듯이 시어러는 도움도 13개나 기록했다. 서튼도 리그 득점 15골, 도움 10개를 만들면서 'SAS 라인'의 최종 리그 공격 기록은 49골 23도움에 달했다. 한국 팬들에게 익숙한 '공격 포인트'로 따지면 72개나 되는 셈이다.

두 선수의 공격력에 힘입어 1994/95시즌 블랙번은 맨유의 질주를 멈춰 세우고 프리미어리그 우승의 염원을 풀 수 있었다. 다음 시즌에도 시어러는 리그 35경기에서 31골을 기록해 '3년 연속 득점왕'의 금자탑을 쌓았다. 1996년 7월 뉴캐슬로 이적하며 기록한 몸값 1500만 파운드는 잉글랜드뿐 아니라 전 세계에 걸쳐 쓴 당시 신기록이었다.

앤디 콜

뉴캐슬과 맨유에서 주포로 활약했던 앤디 콜도 1990년대 프리미어리그를 대표하는 골잡이 중 한 명이다. 아스널에서 프로 무대에 데뷔해 첫발을 뗀 콜은 주전 경쟁의 높은 벽을 넘지 못한 채 2부 브리스틀 시티로 이적했다. 큰 키와 빠른 주력을 갖춘 콜은 브리스틀에서 잡은 기회를 놓치지 않고 진가를 발휘했다. 1992/93 시즌 도중 1부 승격을 노리던 뉴캐슬은 클럽 역대 최고 이적료인 175만 파운드를 들여 콜을 손에 넣었다.

1993년 2월까지 브리스틀에서 리그 29경기 12골을 기록하던 콜은 뉴캐슬 유니폼으로 갈아입은 뒤 12경기에서 12골을 터뜨려 프리미어리그 승격으로 이끈 영웅이 됐다. 콜의 12골 중 6골은 반즐리와 레스터 시티를 상대로 터뜨렸던 두 차례 해트트릭의 결과였다.

뉴캐슬도 프리미어리그에 합류하면서 TV 중계권 수입의 수혜자가 됐다. 1993년 여름 이적 시장에서 슈퍼스타 출신인 케빈 키건Kevin Keegan 감독은 1980년대 뉴캐슬에서 뛴 적이 있는 피터 비어즐리를 에버턴에서 다시 데려왔다. 비어즐리의 노련함과 콜의 패기가 합쳐지자 엄청난 시너지 효과를 냈다.

1993년 8월 21일 콜은 디펜딩 챔피언 맨유와의 원정 경기에서 1-1 동점골을 넣어 뉴캐슬 데뷔골을 신고했다. 11월에는 순위 경쟁자인 리버풀을 상대로 직접 해트트릭을 터뜨려 3-0 완승을 견인했다. 1993/94시즌 콜은 리그 40경기에서 34골을 몰아 친 것은 물론 도움도 13개나 기록해 두 부문을 독식했다. 공격 파트너 비어즐리도 리그 21골을 기록해 득점 랭킹 6위에 올랐다. 승격 첫 시즌에 뉴캐슬을 리그 3위로 이끈 콜은 영국프로축구선수협회(Professional Footballers' Association)가 선정하는 '올해의 선수'로 뽑히면서 시즌 피날레를 화려하게 장식했다. 참고로 해당 시즌 득점 상위 10걸은 맨유의 프랑스 출신 에릭 칸토나를 제외하고 모든 선수가 잉글랜드 국적자였다.

1995/96시즌 도중 뉴캐슬은 돌연 콜을 700만 파운드(600만 파운드+키스 길레스피Keith Gillespie)에 맨유에 팔아 논란을 낳았다. 격노한 뉴캐슬 팬들이 경기장으로 몰려와 콜을 트레이드한 이유를 따졌고, 키건 감독은 클럽 측의 만류를 뿌리치고 "내가 직접 설명하겠다"고 나섰다가 결국 험악한 분위기만 연출하고 말았다. 훗날 인터뷰에서 콜은 "1995년 11월 윔블던전에서 패배한 뒤 키건 감독과 사이가 나빠졌다"고 이적 배경을 설명했다.

콜은 맨유에 합류한 지 한 달여 만인 1995년 3월 4일 입스위치 타운을 상대로 혼자 5골을 터뜨리는 괴력을 발휘했다. 그 경기에서 맨유가 기록한 9-0 승리는 21년 만인 2020/21시즌에 재현됐다. 1998/99시즌 콜은 트리니다드 토바고 출신의 공격 파트너 드와이트 요크Dwight Yorke와 함께 최고의 공격 듀오로 활약해 맨유의 역사적 유러피언 트레블에 일조했다.

레스 퍼디낸드, 로비 파울러, 맷 르티시에

뉴캐슬의 키건 감독이 콜을 팔고 데려온 선수가 퀸즈 파크 레인저스의 레스 퍼디낸드Les Ferdinand였다. 퍼디낸드는 프리미어리그에서 활약했던 리오Rio Ferdinand, 앤턴 퍼디낸드Anton Ferdinand와 사촌지간으로도 유명하다. 퀸즈 파크 레인저스에서 데뷔해 8시즌 동안 뛰며 1990년대 초중반 거의 매 시즌 득점 톱10에 진입하는 득점력을 입증했다.

인종차별에 대한 사회적 인식이 지금과 달랐던 1980년대부터 선수로 활동한 터라 그라운드 안팎에서 모진 차별을 견뎌야 했다. 1993년 4월 퍼디낸드는 에버턴의 홈구장 구디슨 파크에서 해트트릭을 터뜨려 5-3 쾌승의 주인공이 됐다. 평소 자신에게 가장 심한 인종차별 폭언을 퍼붓던 에버턴 팬들 앞에서 그가 해낸 최고의 응답이었다.

1994/95시즌 리그 24골을 퍼뜨린 퍼디낸드는 600만 파운드 몸값을 기록하며 뉴캐슬로 향했다. 뉴캐슬의 홈구장 세인트제임스 파크에서 보낸 두 시즌이 그의 하이라이트라고 할 수 있다. 첫 시즌 리그 37경기에 출장해 25골을 기록했고, 두 번째 시즌(1996/97)에는 새롭게 가세한 시어러와 함께 뉴캐슬의 막판 우승 경쟁에 크게 공헌했다. 해당 시즌 시어러는 25골, 퍼디낸드는 16골을 각각 기록했다.

시즌 도중 부임한 케니 달글리시 감독과 궁합이 맞지 않아 퍼디낸드는 1997년 여름 토트넘으로 이적했다. 1990년대 말에서 2000년대 초로 넘어가면서 득점 수는 크게 줄었으나, 어릴 적부터 응원했던 토트넘에서도 퍼디낸드는 신사다운 기품을 잃지 않아 팬들로부터 사랑을 받았다.

리버풀의 '싸나이' 로비 파울러Robbie Fowler도 빼놓을 수 없는 1990년대 스타다. 리버풀시에서 태어나 자란 파울러는 역시 리버풀에서 프로에 데뷔했다. 이후 9시즌 동안 뛰며 팬들의 사랑을 받았다. 데뷔 시즌부터 리그 12골을 터뜨려 가능성을 입증했고, 1994/95, 1995/96시즌 연속으로 리그 25골, 28골을 터뜨렸다. 1995년 리그컵 결승전에서는 아스널을 상대로 경기가 시작한 지 4분 33초 만에 해트트릭을 작성했다. 이 기록은 2015년 사우샘프턴 소속의 공격수 사디오 마네Sadio Mané(2분 56초, 애스턴 빌라전)에 의해 경신됐다.

1990년대를 거치면서 파울러는 동료들인 제이미 레드냅Jamie Redknapp, 스탠 콜리모어Stan Collymore, 데이비드 제임스David James, 스티브 맥매너먼Steve McManaman과 함께 젊고 패셔너블한 면모를 선보여 '스파이스 보이즈Spice Boys'라는 별명을 얻었다. 1996년 FA컵 결승전에서 리버풀은 맨유와 만났다. 경기 당일 현장에 도착한 선수단은 잔디 상태를 확인하기 위해 그라운드에 들어섰다. 그런데 단체복으로 맞춘 조르조 아르마니 흰색 수트가 카메라의 시선을 사로잡아 다음 날 신문에 '스파이스 보이즈'라는 제호가 뽑히게 됐다. 파울러는 실제로 팝 그룹 스파이스 걸스의 멤버 베이비 스파이스(본명 엠마 번튼)와 잠시 사귀기도 해서 리버풀 스타들에겐 '스파이스 보이즈'가 더욱 잘 어울렸다.

팬들의 기억에 가장 생생히 남아 있는 장면은 1999년 머지사이드 더비(리버풀과 에버턴)에서 펼쳤던 골 셀러브레이션이다. 연고지 리버풀시 안에서 두 클럽의 라이벌 의식은 잉글랜드 축구계에서도 둘째가라면 서러울 정도로 뜨겁다. 당연히 상대 팀의 에이스나 스타는 그라운드 안팎에서 공격과 야유의 타깃이 될 수밖에 없다. 리버풀의 레전드인 스티븐 제라드Steven Gerrard가 미국 프로축구에 진출했을 때 제일 먼저 했던 말이 "이곳에서는 가족과 함께 길거리를 걸어 다닐 수 있어서 행복하다"였다.

그 정도로 양 팀 선수들은 일상생활에서 많은 제약을 받는다. 에버턴 팬들은 파울러를 '마약쟁이'라며 저주를 퍼부었다. 이에 머지사이드 더비에서 골을 터뜨린 뒤 파울러는 바닥에 코를 대고 뭔가를 코로 흡입하는 듯한 셀러브레이션으로 반응했다. 제라르 울리에Gerard Houllier 감독을 비롯한 리버풀 측은 "그런 뜻이 아니다"고 항변했지만 잉글랜드축구협회는 파울러에게 6만 파운드 제재금과 4경기 출장정지의 징계를 내렸다.

잉글랜드 남부 명문 사우샘프턴에서는 '키다리 아저씨' 맷 르티시에Matt Le Tissier가 절대적 지지를 받았다. 1986/87시즌 프로 무대에 데뷔해 2001/02시즌까지 16시즌 동안 사우샘프턴에서만 뛰었다. 계약이 만료된 뒤에도 두 시즌 동안 현역 생활을 이어갔으나 모두 아마추어 리그였기 때문에 사실상 '원클럽맨'이라 할 수 있다.

르티시에는 글렌 호들Glenn Hoddle과 함께 1980년대와 1990년대 잉글랜드 축구의 테크닉을 상징하는 스타플레이어였다. 큰 키에도 불구하고 르티시에는 지네딘 지단Zinedine Zidane 같은 볼 터치와 창의적인 일대일 맞대결 기술로 팬들의 눈을 호강시켰다. 1993/94시즌 뉴캐슬전에서는 상대 진영에서 뒤로 흐른 볼을 백 힐로 자신의 앞으로 보낸 뒤 볼을 띄워 키를 넘기는 기술로 수비수 두 명을 연달아 제치고 골을 터뜨렸다. 다음 시즌 블랙번전에서는 수비수 한 명

로비 파울러의 자서전 *Robbie Fowler: My Life in Football* 표지 캡처

을 좌우로 두 번 따돌린 뒤 25미터 거리에서 톱코너를 찌르는 원더골을 연출하기도 했다.

페널티박스 안에서 결정력이 뛰어날 뿐 아니라 먼 거리에서도 강슛과 칩슛을 완벽히 구사해 팬들의 사랑을 받았다. 바르셀로나의 레전드 사비 에르난데스Xavi Hernandez로부터 "내 인생 최고의 영웅"이라는 찬양을 받기도 했다. 프리미어리그 시절 최다 리그 득점 기록은 1993/94시즌의 25골이다.

05

—

천사와 악마: 에릭 칸토나
(1994/95시즌)

16세기 이탈리아 바로크 시대의 거장 카라바조는 수많은 역작을 남겼다. 그의 전매특허는 키아로스쿠로 기법이었다. 배경은 어둡게, 주인공은 밝게 칠하는 극단적인 명암 대비 기술이다. 카라바조의 작품 속 주인공들은 무대 위에서 스포트라이트를 받는 주연 배우처럼 관람자의 시선을 끈다. 그런 독특한 스타일은 동시대뿐 아니라 후대 예술가들에게도 큰 영향을 끼쳐 그를 따르는 추종자라는 뜻으로 '카라바지스타'라는 말까지 만들었다.

그런데 문제가 있었다. 예술의 신이 카라바조에게 천재적 예술 능력을 준 대신에 인성을 빼앗아갔기 때문이다. 그림을 그려 벌어들인 큰돈을 흥청망청 써버리고 술에 취해 싸움을 벌이다가 감옥에 갇히기 일쑤였다. 결국 사소한 시비 끝에 카라바조는 살인을 저

질러 이탈리아 방방곡곡으로 도망 다녀야 하는 신세가 됐다. 그러
던 중 면죄를 소원하기 위해 로마로 돌아오던 길에 세상을 떠났다.
괴짜가 많기로 소문난 서양미술사에서도 카라바조의 '두 얼굴'은
독보적 사례로 남는다.

오세르, 마르세유, 리즈

서양 미술에 카라바조가 있다면 프리미어리그 역사에는 에릭
칸토나가 있다. 1983년 프랑스 오세르에서 프로에 데뷔한 그는 섬
세한 볼 터치와 넓은 시야, 상대의 허를 찌르는 스루패스에 득점력
까지 겸비해 두각을 나타냈다. 21세 때 이미 프랑스 국가대표팀에
선발될 정도로 전도유망한 재원이었다. 아쉽게도 천상의 재능 뒤
에는 악마의 얼굴이 맞닿아 있었다. 분노를 조절하는 능력이 부족
했다. 심지어 피아 식별도 제대로 하지 못했다.

1982년 오세르에서 팀 훈련 중 동료인 브루노 마르티니Bruno
Martini의 얼굴에 펀치를 날렸고, 이듬해에는 낭트전 도중 상대에게
이단 옆차기 태클을 감행해 일발 퇴장을 당했다. 마르세유로 이적
한 뒤에도 프랑스 국가대표팀 앙리 미셸Henri Michel 감독을 공개적으
로 비난해 A매치 1년간 출장정지의 징계를 받았다. 마르세유 친선
전에서는 경기가 풀리지 않자 칸토나는 관중석을 향해 볼을 차버
린 것도 모자라 교체되어 나오면서 유니폼을 찢어 내던졌다. 마르
세유는 1개월의 자체 징계를 내렸다.

팀에서 자리를 잃은 칸토나는 보르도와 몽펠리에로 임대를 떠
나야 하는 신세가 됐다. 두 번째 임대처였던 몽펠리에에서도 사건
이 터졌다. 칸토나는 동료인 장클로드 르뮬트Jean-Claude Lemoult의 얼

굴에 축구화를 집어 던졌다. 선수들은 당장 칸토나를 내쫓으라고 했지만 팀의 에이스였던 로랑 블랑Laurent Blanc과 카를로스 발데라마 Carlos Valderrama가 그의 재능을 옹호한 덕분에 10일 징계에 그칠 수 있었다.

해당 시즌 칸토나는 프랑스컵에서 맹활약을 펼쳐 몽펠리에 우승컵을 안김으로써 팬심을 겨우 되찾았다. 평화는 오래가지 않았다. 1991년 이적한 님에서 반 시즌도 되지 않아 경기 중 자신에게 반칙을 선언한 주심에게 볼을 집어 던졌다. 프랑스축구협회는 1개월 징계를 내렸으나 징계위원회 현장에서 칸토나는 선처를 바라기는커녕 심사관들에게 "멍청이들"이라고 말해 징계 기간은 2개월로 늘어났다. 25세의 칸토나는 은퇴를 선언했다.

프랑스 축구계의 거물 미셸 플라티니 프랑스 국가대표팀 감독과 제라르 울리에 감독이 나서 칸토나의 마음을 보듬었다. 두 사람이 나서 팀을 수소문한 끝에 1992년 1월 풋볼리그 1부 우승을 위해 경쟁하던 리즈가 '임대 후 완전 영입'이라는 제안을 받아들였다. 칸토나는 시즌 후반부 강렬한 경기력을 선보여 리즈의 리그 우승에 큰 공을 세웠다.

프리미어리그 원년 시즌 개막을 일주일 남기고 웸블리 스타디움에서 채리티실드(현 커뮤니티실드)가 개최됐다. 지난 시즌 리그 챔피언과 FA컵 챔피언이 격돌하는 단판 승부에서 칸토나는 해트트릭을 터뜨려 리버풀전 4-3 승리의 영웅이 됐다. 채리티실드 해트트릭은 1957년 맨유의 토미 테일러Tommy Taylor가 기록한 이후 35년 만이었다.

그로부터 3주 후 토트넘전에서 칸토나는 프리미어리그 해트트릭 1호의 주인공이 됐다. 하지만 균열이 생기기 시작했다. 리즈는 리그, 리그컵, UEFA 챔피언스리그를 병행하며 시즌 초반부터 선수단 전체가 컨디션 난조에 빠졌다. 설상가상 챔피언스리그 2차 라운드 레인저스(스코틀랜드) 원정에서 칸토나는 교체돼 나가면서 다시 불만을 터뜨렸다. 리그컵 탈락까지 이어지자 하워드 윌킨슨 감독은 칸토나를 명단에서 아예 제외해버렸다. 윌킨슨 감독은 기자회견에서 "칸토나는 사타구니를 다쳤다"고 말했고 이를 전해 들은 칸토나는 클럽에 당장 이적요청서를 제출하는 것으로 맞섰다.

이런 상황에서 맨유의 알렉스 퍼거슨 감독이 즉흥적으로 칸토나를 영입하자는 아이디어를 떠올렸다. 자신의 감독은 자신을 원하지 않고 온갖 악명 탓에 새로운 클럽을 찾기도 어려운 처지에서 퍼거슨 감독이 구원의 손길을 뻗어준 셈이다. 1992년 11월 26일 칸토나는 맨유로 전격 이적했다.

카리스마와 존재감

당시 리그 8위에 있던 맨유는 칸토나가 첫 출전을 한 맨체스터 더비부터 시즌이 끝날 때까지 단 2패만 허용하는 상승세를 밀어붙여 프리미어리그 원년 챔피언에 등극했다. 맨유로서는 26년 만에 거둔 우승이었고, 칸토나는 서로 다른 잉글랜드 클럽에서 2년 연속으로 1부 리그 우승을 경험하는 최초의 주인공이 됐다. 1990/91 시즌 마르세유에서 거둔 리그앙 우승까지 합치면 3년 연속 우승이었다. 선수단 분위기를 망치는 시한폭탄 같으면서도 우승 본능 DNA를 가진 존재임을 부인할 수 없는, 참 묘한 캐릭터가 바로 칸토나였다.

이때부터 칸토나는 올드 트래퍼드의 왕으로 군림한다. 1993/94 시즌에만 리그 18골, 시즌 25골을 기록해 프리미어리그 2연패를 견인했다. 영국프로축구선수협회가 선정하는 '올해의 선수'도 당연히 칸토나에게 돌아갔다. FA컵 결승전에서 칸토나는 페널티킥 2개를 모두 성공시켜 첼시를 4-0으로 꺾고 맨유 역사상 최초로 더블을 달성한 멤버가 됐다.

시즌 중 하이라이트는 1994년 1월에 있었던 토트넘 홋스퍼 원정이었다. 1-0 결승골의 주인공은 맨유의 마크 휴즈였지만 토트넘 홈 팬들은 교체돼 나오는 칸토나를 향해 기립 박수를 보냈다. 칸토나의 경기력이 얼마나 독보적이었는지를 알 수 있는 장면이었다. 퍼거슨 감독의 능수능란한 선수 다루기가 그를 프리미어리그 최고 스타로 만든 셈이었다.

맨유와 퍼거슨 감독, 칸토나는 당당한 챔피언으로서 1994/95 시즌을 맞이했다. 칸토나는 상대 수비수들의 집중 마크 대상이 됐다. 수비수들은 그의 성미를 건드리며 계속 도발했다. 상대 팬들도 거친 태클에 고통스러워하는 그를 계속 조롱했다. 칸토나의 분노는 1995년 1월 25일 임계점을 넘어서고 말았다.

크리스털 팰리스의 홈구장 셀허스트 파크에서 열린 원정 경기에서 칸토나는 상대 수비 주축인 리처드 쇼Richard Shaw를 넘어뜨렸다. 앨런 윌키Alan Wilkie 주심은 단번에 레드카드를 꺼냈다. 칸토나는 화를 억누르며 선수 터널을 향해 걸어갔다. 그때 팰리스의 홈 팬 매튜 시먼스Matthew Simmons가 자리에서 일어나 관중석 맨 앞자리까지 뛰어 내려가서는 코앞으로 지나치는 칸토나에게 욕설을 퍼부었다. 사건이 터졌다. 눈이 돌아간 칸토나가 시먼스를 향해 이단 옆차기를 날렸다. 현장은 삽시간에 아수라장으로 변했다.

다음 날 영국의 모든 언론 매체는 '당장 추방해야 한다'는 논조로 흥분했다. 맨유 이사회도 계약 해지를 결정했다가 법정 소송 여지가 있다는 법무팀의 조언에 따라 '시즌 종료시까지 출장정지'로 수위를 낮췄다. 도처에서 징계가 쏟아졌다. 잉글랜드축구협회는 8개월 출장정지(1995년 9월 30일까지) 및 1만 파운드 제재금, 국제축구연맹은 해외 이적 금지, 프랑스축구협회는 국가대표팀 주장 박탈의 징계를 각각 내렸다.

영국 경찰은 폭행 현행범이라는 판단하에 2주 구금 조처를 내렸다. 항소한 끝에 칸토나는 철창행을 간신히 면할 수 있었다. 폭행 피해자 시먼스가 먼저 욕설을 했고, 과거 폭행 및 절도 미수 전과가 있다는 점 등이 형량 경감 사유로 작용했다. 칸토나를 잃은 맨유는 결국 1994/95시즌 최종전에서 블랙번 로버스에 우승 타이틀을 내주고 말았다.

1995/96시즌을 준비하면서 맨유는 프리시즌 친선전 일정을 잡았다. 클럽은 비공식전이라는 명분하에 칸토나가 출전할 수 있는지를 잉글랜드축구협회 측에 질의했다. 회신은 '불가'였다. 아무리 자의식이 강한 캐릭터라도 친선전조차 뛸 수 없는 상황이 되자 칸토나는 크게 낙담했다. 결국 새 시즌 개막을 일주일 앞둔 8월 8일 칸토나는 맨유에 계약 해지를 요청했다. 잉글랜드에서 더는 뛰지 못하겠다는 자포자기 선언이었다.

퍼거슨 감독이 다시 칸토나의 마음을 돌려놓았다. 결국 칸토나는 잉글랜드축구협회의 징계가 풀린 1995년 10월 1일 리버풀전에서 복귀했다. 맨유 팬들은 왕의 귀환에 환호했다. 복귀전에서 칸토나는 경기가 시작한 지 2분 만에 니키 버트^{Nicky Butt}의 선제골을 돕고, 페널티킥으로 직접 득점까지 기록했다. 크리스마스 전까지 맨유는 케빈 키건 감독이 이끄는 뉴캐슬에 승점 10점이나 뒤진 상태였다. 하지만 칸토나가 실전 감각을 되찾은 1996년 1월부터 맨유는 리그 12경기에서 연속 무패로 질주하며 선두를 탈환했다.

살얼음판 같은 우승 경쟁이 이어지던 시즌 막판 칸토나는 6경기 연속으로 득점 행진을 벌였다. 6골 중 4골이 '1-0 승리'의 결승골이었다. 간발의 차로 이길 때마다 골을 넣은 칸토나는 맨유 팬들 사이에서 점점 신격화돼갔다. 결국 맨유는 뉴캐슬을 따돌리고 프리미어리그 챔피언으로 복귀했다. 이어진 FA컵 결승전에서도 칸토나는 부상으로 빠진 스티브 브루스를 대신해 주장 완장을 차고 나와 86분 결승골을 터뜨리며 맨유의 두 번째 더블 달성을 견인했다. FA컵 114년 역사상 최초의 외국인 우승 주장이 탄생하는 순간이기도 했다.

1996/97시즌 스티브 브루스가 버밍엄 시티로 이적하자 퍼거슨 감독은 칸토나에게 주장 완장을 맡겼다. 그해 칸토나의 개인 기록은 독보적이지 않았지만 절대적 카리스마와 존재감을 발산하며 맨유의 네 번째 프리미어리그 우승 달성에 공헌했다. 12월 21일 선덜랜드전에서 그의 경력을 통틀어 가장 상징적 장면이 연출됐다.

4-0으로 앞선 후반 35분 칸토나는 브라이언 맥클레어의 리턴 패스를 받아 아크 오른쪽에서 골키퍼의 키를 넘기는 칩슛으로 5-0 쐐기골을 터뜨렸다. 환상적인 테크닉에 올드 트래퍼드 홈 팬들은 열광했다. 칸토나는 근엄한 표정으로 제자리에서 천천히 한 바퀴

에릭 칸토나

를 돌면서 두 팔을 들어 올렸다. 이 장면은 프리미어리그 역사를 통틀어 가장 유명한 골 셀러브레이션으로 남아 있다.

시즌이 끝난 직후 칸토나는 현역 은퇴를 발표해 다시 한 번 세상을 놀라게 했다. 극상의 테크닉과 독보적 존재감을 겸비한 선수가 축구화를 벗기에 30세라는 나이는 너무 젊어 보였다. 퍼거슨 감독은 챔피언스리그 준결승전에서 보루시아 도르트문트(오트마르 히츠펠트Ottmar Hitzfeld 감독)에 패한 다음에 칸토나가 은퇴 결심을 털어놓았다고 밝혔다. 희대의 카리스마가 이른 은퇴를 결심한 이유는 무엇이었을까? 2003년 인터뷰에서 칸토나는 "가끔 너무 일찍 은퇴했다는 생각도 든다. 축구를 사랑했지만 매일 일찍 자야 한다는 열정이 남아 있지 않았다. 친구들과 놀고, 술을 참고, 내가 사랑하는 많은 일을 자제해야 한다는 열정을 잃었다"고 설명했다.

그 어떤 이유에서도 칸토나가 축구 현장에서 팬에게 폭력을 휘둘렀다는 사실은 변하지 않는다. 본인도 "끔찍한 실수"였다고 잘못을 인정했다. 그럼에도 맨유 팬들은 칸토나에게 절대적 지지를 보낸다. 프리미어리그의 출범과 함께 시작된 '맨유 제국'의 개국공신이기 때문이다. 맨유에서 보낸 5시즌 동안 칸토나는 프리미어리그 우승 4회, FA컵 우승 2회, 채리티실드 우승 3회를 기록했다. 프리미어리그와 맨유 역사에서 칸토나보다 뛰어난 기록을 남긴 선수는 많았다. 하지만 그만큼 팬들의 가슴을 세게 움켜잡은 레전드는 없었다.

06

—

'성덕' 구단주의 꿈: 블랙번 로버스
(1994/95시즌)

　'성덕'이라는 말이 있다. '성공한 덕후'의 준말이다. 좋아했던 연예인과 연인 사이가 된다든가 우상처럼 여겼던 축구 스타와 동료가 되는 식이다. 즐라탄 이브라히모비치Zlatan Ibrahimović는 어릴 때부터 '일 페노메노Il Fenomeno'로 불린 호나우두Ronaldo를 우상처럼 여겼다. 자기 방에 호나우두의 포스터를 붙여놓고 그의 플레이를 TV 중계로 보며 흥분하곤 했다. 그랬던 이브라히모비치는 프로로 성공해 인테르나치오날레의 일원이 됐고 2007년 산시로에서 밀란의 호나우두와 맞대결을 펼쳤다. 경기가 시작하기 전 호나우두를 바라보는 이브라히모비치의 표정은 기고만장한 20대 중반이 아니라 영웅을 눈앞에서 보는 어린아이 그대로였다. '호나우두 덕후'의 성공이었다.

승격, 다크호스

블랙번은 잉글랜드 북서부 랭커셔에 있는 인구 11만 명의 소도시다. 맨체스터, 리버풀, 프레스턴처럼 규모가 큰 도시가 인접해 있어 경제적으로 힘을 얻기가 불리한 지리적 환경이다. 그렇지만 영국 축구에서 블랙번은 1888년 출범한 세계 최초 축구 리그인 풋볼리그의 원년 12개 클럽 중 한 곳이라는 역사적 의미를 지닌다. 1911/12시즌과 1913/14시즌에는 풋볼리그 챔피언에 등극한 업적도 있다.

오랜 세월 하위 리그에서 전전하던 블랙번에 1988년 한 줄기 빛이 내려왔다. 억만장자 잭 워커가 홈구장 이우드 파크의 리버사이드 스탠드 쪽 신축 공사에 쓰일 재료를 기부했다. 랭커셔 출신인 워커는 평생 블랙번만 지지해온 골수팬이었다. 워커와 블랙번 사이의 교감은 더욱 단단해졌다.

1991년 워커는 아예 블랙번을 인수하기로 했다. 개인 자산이 6억 파운드(한화 9195억 원)에 달하는 그에게 블랙번 인수는 평생 지켜온 팬심을 실행에 옮길 수 있는 최적의 기회였다. 어릴 때부터 자신이 응원해온 클럽의 오너가 되는 일은 그야말로 '성덕 인증'이었다. 당시 블랙번은 1990/91시즌 풋볼리그 2부를 19위로 마쳐 간신히 3부 강등을 면했을 정도로 전력이 약했다.

억만장자 구단주는 "블랙번이 원래 있어야 할 곳으로 되돌려놓겠다"는 공언을 실천에 옮겼다. 1991/92시즌 개막하고 두 달 만에 워커는 슈퍼스타 케니 달글리시를 감독으로 영입했다. 당시 달글리시는 일선에서 물러나 휴식을 취하고 있었다. 리버풀에서 화려한 시간을 보냈지만, 달글리시는 1989년 4월 힐스버러 참사로

인한 트라우마를 이겨내지 못하고 2년 뒤인 1991년 2월 리버풀 감독직에서 사임했다. 일선 현장에서 물러났는데도 달글리시는 여전히 영국 축구계에서 거대한 아우라를 뿜는 이름이었다.

이름 자체만으로 선수단을 압도하는 거대한 인물이 감독으로 오자 블랙번 선수들은 갑자기 힘을 내기 시작했다. 최종 6위로 시즌을 마친 블랙번은 2부 리그 3~6위 4개 팀이 겨루는 승격 플레이오프 진출에 성공했다. 블랙번은 준결승전에서 더비 카운티를 합산 5~4로 따돌렸고, 웸블리 스타디움에서 열린 결승전에서 레스터 시티를 1-0으로 꺾어 1부 승격을 달성했다. 1888년 풋볼리그에 이어 1992년 프리미어리그에서도 블랙번의 '원년 멤버 역사'가 재현된 셈이다.

1992/93시즌 개막을 앞두고 워커 회장은 지갑을 열었다. 맨유가 공들인 사우샘프턴의 22세 스트라이커 앨런 시어러를 잉글랜드 축구 역대 최고액인 360만 파운드에 영입했다. 시어러 영입은 일종의 선언이었다. 리버풀, 리즈, 아스널, 맨유처럼 우승을 위해 경쟁하는 빅클럽이 데려갈 만한 최고의 재원을 이제 막 승격한 블랙번이 획득했기 때문이다. 첼시에서 풀백 그레임 르소Graeme Le Saux도 날아왔다.

공격적 영입 뒤에는 달글리시 감독의 이름값도 크게 작용했다. 스타플레이어들은 두둑한 연봉 조건과 함께 달글리시 감독 아래서 뛰고 싶다는 마음이 강했다. 요즘으로 따지면 많은 선수가 펩 과르디올라Pep Guardiola나 위르겐 클롭Jürgen Klopp 같은 독보적 감독이 있는 클럽에 매력을 느끼는 것과 같은 이치다.

승격 첫 시즌부터 블랙번은 4위를 차지해 다크호스로서 존재감을 입증했다. 프리미어리그 두 번째 시즌을 앞두고 달글리시 감독은 사우샘프턴의 수문장 팀 플라워스Tim Flowers를 250만 파운드에 데려왔다. 당시 골키퍼로서는 역대 최고 이적료를 찍은 신기록이었다. 1993/94시즌 블랙번은 지난 시즌 우승 승점과 똑같이 84점을 땄지만, 맨유가 92점을 따는 괴력을 발휘하면서 리그 2위에 만족해야 했다.

시즌이 끝난 뒤 블랙번은 골절상을 당한 2순위 스트라이커 케빈 갤러거Kevin Gallagher의 대체자를 찾아야 했다. 지난 시즌 노리치시티에서 리그 25골을 기록한 크리스 서튼을 낙점했다. 노리치는 골잡이를 놓치지 않으려고 끈질기게 버텼지만 달글리시 감독과 함께 뛰고 싶어 하는 그의 의지를 꺾을 수 없었다. 양 클럽이 이적 협상을 벌인 지 이틀 만에 서튼은 시어러의 몸값을 뛰어넘는 신기록 500만 파운드에 블랙번의 일원이 됐다.

1994년 여름 이적 시장에서 블랙번은 총 680만 파운드, 맨유는 500만 파운드를 지출해 새 시즌이 개막하기 전부터 빅2는 장외에서 치열한 경쟁을 벌였다. 프리미어리그가 독립 출범한 덕분에 급증한 TV 중계권 수입이 있다고 해도 블랙번의 전력 보강은 워커 회장의 개인적 야망이 없었다면 불가능한 규모였다.

승점 1점 차 우승

1994/95시즌 개막 닷새 전 웸블리 스타디움에서 블랙번과 맨유가 채리티실드를 놓고 격돌했다. '미리 보는 결승전'처럼 인식된 단판 승부에서 블랙번은 에릭 칸토나와 폴 인스에게 실점을 허용해 0-2로 무릎을 꿇었다.

리그 개막전인 사우샘프턴 원정 경기에서도 블랙번은 1-1 무 승부에 그쳤다. 잉글랜드 축구 몸값 1위, 2위 선수로 구성된 'SAS 라인'이 처음 득점을 합작(시어러 1골, 서튼 1도움)했다는 점이 유일한 위안이었다. 사흘 뒤 열린 레스터전에서 3-0으로 이겨 시즌 첫 승을 거뒀는데, 이번에는 시어러가 서튼의 블랙번 데뷔골을 도왔다. 다음 경기에서 서튼은 코번트리 시티를 상대로 해트트릭을 달성해 팀의 4-0 대승을 견인하며 최고액 몸값을 입증했다.

블랙번은 지난 시즌 리그 2위 자격으로 UEFA컵에도 출전했다. 하지만 다양한 스타일과 수준 높은 경기력이 아우러지는 유럽 대회에서는 경험 부족이 드러났다. 블랙번은 스웨덴의 낯선 상대 트렐레보리에 합산 2-3으로 패해 1차 라운드에서 짐을 쌌다. 국제 대회에 출전하면서 체력을 소모한 탓에 당장 자국 리그로 돌아와서는 경쟁에 기를 펴지 못했다. 10월 들어 블랙번은 노리치와 맨유에 각각 패해 승점을 잃었다. 올드 트래퍼드 원정에서 당한 2-4 결과는 채리티실드에 이은 맨유전 두 번째 패배였기에 달글리시 감독에겐 자존심의 상처로 남았다.

다행히 맨유전 패배는 블랙번 선수들에게 큰 자극제로 작용했다. 달글리시 감독은 4-4-2 포메이션을 기본으로 삼으면서 상황에 따라 3-5-2, 5-3-2 형태로 전환해 실리를 챙겨나갔다. 시어러와 서튼이 공격력을 본격적으로 가동했고, 팀 셔우드Tim Sherwood와 스튜어트 리플리Stuart Ripley, 마크 앳킨스Mark Atkins가 번갈아 지킨 중앙 미드필드의 짜임새도 시간이 갈수록 촘촘해졌다. 맨유전 패배 직후 노팅엄 포레스트를 2-0으로 꺾은 경기부터 블랙번은 리그 12경기에서 11승 1무 29득 4실로 질주하며 리그 단독 선두로 치고 나갔다.

블랙번의 쾌속 질주는 또다시 맨유 앞에서 끝이 났다. 해를 넘긴 1995년 1월 22일 블랙번은 맨유 원정에서 0-1로 패해 시즌 세 번째 패배를 맛봤다. 사흘 뒤 행운의 변수가 생겼다. 맨유의 '절대반지' 에릭 칸토나가 크리스털 팰리스와의 원정 경기 도중 상대 팬을 폭행해 시즌 전체를 날린 것이다.

2월 12일 홈에서 셰필드 웬즈데이를 3-1로 꺾은 블랙번은 37라운드까지(총 42라운드) 리그 10경기에서 연속 무패로 달렸다. 맨유는 리버풀과 에버턴에 각각 발목을 잡히는 바람에 계속 블랙번을 따라가는 상황이 지속됐다. 다섯 경기를 남겨놓은 블랙번은 맨유에 승점 8점 앞서 있었지만 두 경기를 더 치른 상태여서 마음을 놓을 수 없었다. 설상가상 시즌 막판에 블랙번은 맨체스터 시티와 웨스트햄 유나이티드에 각각 패하고 맨유는 코번트리와 웬즈데이를 모두 잡으면서, 둘의 승점 차는 어느새 2점으로 줄었다.

5월 14일 시즌 최종일이 시작됐다. 블랙번은 리버풀 원정, 맨유는 웨스트햄 원정 경기에 나섰다. 리버풀은 UEFA컵 출전권(4위)을 따내기 위해 꼭 이겨야 하는 만큼 우승 경쟁에서 부담감이 큰 쪽은 아무래도 블랙번이었다. 동기부여가 떨어지는 웨스트햄을 상대하는 맨유가 유리해 보였다. 리버풀과 런던에서 승점 2점 차의 살얼음판 우승 경쟁을 위한 킥오프 휘슬이 동시에 울렸다.

블랙번이 앞서갔다. 전반 20분 시어러의 선제골로 한 골 앞선 채 전반전을 마쳤다. 런던에서는 맨유가 0-1로 뒤진 상태라 블랙번 팬들의 머릿속에는 81년 만의 우승에 대한 희망이 가득했다. 후반 들어 축구의 신이 장난을 치기 시작했다. 리버풀의 존 반스

John Barnes가 1-1 동점골을 터뜨렸고, 런던에서는 맨유가 1-1 동점 상황을 만들었다. 만약 블랙번이 비기고 맨유가 이기면 우승 타이틀은 골 득실에서 앞선 맨유의 차지가 된다.

양쪽 경기 모두 1-1 동점인 채로 후반전 추가시간에 돌입했다. 이대로 경기가 끝나면 블랙번의 우승이었다. 추가시간 3분, 리버풀의 제이미 레드냅이 프리킥을 그대로 블랙번 골대 안에 꽂아 넣었다. 설마 했던 순간에 스코어가 1-2로 변해버리자 달글리시 감독 휘하 모든 블랙번 선수들과 원정 팬들의 표정이 돌처럼 굳었다.

천당에서 지옥으로 떨어진 블랙번은 1분여 만에 지옥에서 생환하는 기적을 경험했다. 웨스트햄과 맨유 간의 경기가 1-1 무승부로 끝났다는 소식이 전해졌기 때문이다. 1-2로 뒤진 상태에서 이를 안 안필드 내 모든 블랙번 팬이 환호성을 질렀다. 벤치에서도 달글리시 감독과 코칭스태프가 서로 얼싸안고 기뻐했다. 곧 경기 종료 휘슬이 길게 울렸다. 블랙번 승점 89점, 맨유 88점으로 1994/95시즌이 종료됐다. 4년 전까지만 해도 3부 강등을 걱정했던 블랙번이 프리미어리그 챔피언에 등극했다. 1913/14시즌 이후 무려 81년 만에 달성한 1부 리그 우승이었다.

일각에는 블랙번의 우승을 '돈으로 산 성공'으로 평가 절하하는 목소리도 존재한다. 워커 회장의 현금 지원이 없었더라면 불가능했을 성취였기 때문이다. 블랙번을 인수한 시점부터 프리미어리그 우승을 차지할 때까지 워커 회장이 쓴 총비용은 무려 6000만 파운드에 달한다. 노동자 인건비를 기준 삼아 현재 물가로 환산하면 1억 2620만 파운드(한화 1581억 원)에 해당한다. 하지만 해당 시즌 블랙번이 그라운드에서 보여준 경기력은 챔피언으로서 손색이 없었다. 웨스트햄 원정에서 우승을 놓친 맨유의 퍼거슨 감독도 "올 시즌 블랙번은 정말 좋은 팀이어서 우승할 자격이 충분하다"며 승점 1점 차로 우승을 놓친 현실을 순순히 받아들였다.

시어러와 서튼이 뭉친 'SAS 라인'은 해당 시즌 49골을 합작했다. 라이트백인 마크 앳킨스는 부상자가 생길 때마다 라이트윙과 중앙 미드필더 포지션에서 주어진 임무를 100퍼센트 수행했다. 팀 셔우드는 '거함' 맨유와의 버거운 우승 경쟁 중에 선수들의 정신력을 다잡는 역할을 해냈다. 달글리시 감독 역시 본인의 명성을 재입증하는 수완을 발휘했다. 프리미어리그가 출범한 지 28년이 된 지금까지 블랙번은 맨유, 아스널, 첼시, 맨시티, 레스터와 함께 리그 우승 트로피를 들어본 6개 클럽 중 하나로 역사에 남았다.

아쉽게도 블랙번의 영광은 단명했다. 다음 시즌 달글리시는 감독에서 물러나 풋볼 디렉터로 보직을 옮긴 데다 우승 주축 멤버들도 차례차례 팀을 떠났다. 영광의 프리미어리그 우승을 맛본 지 단 4년 만에 블랙번은 2부로 강등됐다. 이듬해 절대적 존재였던 워커 회장마저 세상을 떠났다. 2002년 1부로 복귀하기는 했지만, 워커 회장의 유족은 2010년 클럽을 인도 양계업 회사인 '벤키스'에 넘겼다. 축구 클럽 운영에 통찰력이 부족한 외국인 구단주 아래서 클럽은 방향을 완전히 잃은 채 흔들렸고, 결국 2년 후 다시 2부로 떨어져 좌초하고 말았다.

블랙번은 연고지 시장 자체가 워낙 작고 팬도 부족해 외부 투자를 유치하기가 쉽지 않은 현실이다. 1994/95시즌의 영광이 재현되기까지는 아주 오랜 시간이 걸릴 것으로 보인다.

07

—

축구 세상을 바꾸다: 보스만 판례
(1995년)

축구 선수의 이적은 언제나 초미의 관심사다. 2017년 여름 네이마르Neymar는 바르셀로나에서 파리 생제르맹으로 이적할 때 바이아웃 금액이 2억 2200만 유로(한화 2969억 원)에 달했다. 축구 역사상 역대 최고 이적료였고 이는 전 세계 언론과 팬들에게 근사한 안줏거리가 됐다. 물론 잉글랜드에서 처음 프로축구 리그가 생겼을 때만 해도 이런 일은 불가능했다. 클럽과 선수 간의 계약이 만료돼도 클럽 측은 계속 선수를 등록할 권리를 유지할 수 있었기 때문이다. 선수등록권을 풀어주지 않으면 계약이 만료된 선수라도 전 클럽의 동의 없이 다른 클럽으로 이적할 수가 없었다. 축구 클럽과 선수의 관계는 물론 각종 계약 관련 규정은 오랜 세월을 거치면서 천천히, 아주 천천히 변해왔다.

선보유 후이적

우선 이적의 개념을 알고 가자. 축구 선수는 활동하는 리그에 선수로서 공식 등록돼야 한다. 한 번에 한 클럽, 한 리그에서만 등록이 가능하다. 예를 들어 손흥민은 토트넘 홋스퍼의 선수로 프리미어리그에 등록되어 있다. 토트넘의 경기 일정이 없어도 손흥민은 다른 클럽의 경기에 출전할 수 없다. 손흥민이 다른 클럽이나 리그에서 뛰려면 현재의 선수 등록을 말소하고 새로운 리그에서 등록해야 한다. 선수 등록 현황은 국제축구연맹이 운영하는 이적관리시스템(Transfer Management System)에서 실시간으로 관리되므로 한 선수가 동시에 복수 클럽 소속으로 등록하는 시도는 원천 차단된다. 현 클럽 소속 선수로서 등록을 말소하고 새로운 클럽의 선수로서 해당 리그에 신규 등록하는 과정이 바로 이적이다.

리그별로 선수 등록 기간이 정해져 있는데 유럽 축구에서는 통상적으로 시즌 개막 전 12주, 시즌 중반 4주씩 선수 등록 기간을 설정해놓았다. 언론과 팬 사이에서 '이적 시장'(transfer market)이라는 속칭으로 통용되는 기간이 바로 이때다. 정확히 표현하자면 '선수 등록 기간'이다. 현재 클럽에 소속된 선수가 다른 클럽의 선수로 등록 현황을 바꾸는 행정 처리는 반드시 이 기간 내에 이뤄져야 한다. 단, 현재 소속된 클럽이 없는 무적 신분이라면 선수 등록 기간과 상관없이 새 클럽의 선수로 등록할 수 있다.

현재 손흥민은 토트넘과 2023년 6월까지 계약돼 있어 토트넘은 그때까지 그의 선수등록권을 보유한다. 토트넘이 해당 권리를 포기하지 않으면, 즉 손흥민의 등록을 말소하지 않으면 그 어떤 곳에서도 선수로 신규 등록될 수 없다. 따라서 원소속 클럽은 기존 선수 등록을 말소해주는 대신에 새로운 클럽 측에 금전적 보상을 요구한다. 이게 바로 이적료(transfer fee)다.

1863년 잉글랜드축구협회가 설립되어 규정을 통일한 '협회 축구'(Association Football)는 전국적 인기를 얻기 시작했다. 당시만 해도 축구 선수에게 돈을 지급하는 행위는 불법이었다. 순수한 아마추어 정신으로 운영돼야 한다는 사회적 가치 때문이었다. 하지만 북서부 클럽들이 전력을 강화하기 위해 스코틀랜드에서 우수 선수를 데려와 비공식적으로 임금을 지급하면서 아마추어리즘을 고수하던 남부 클럽들과 분쟁이 끊이지 않았다. A팀에서 뛴 선수가 바로 다음 날 B팀 소속으로 출전하는 일도 다반사였다.

잉글랜드축구협회는 여전히 프로 계약을 인정하지 않았다. 그러자 북서부 31개 클럽이 축구협회에 "프로 계약을 인정하지 않으면 '브리티시축구협회'를 결성하겠다"며 최후통첩을 보냈다. 결국 1885년 축구협회는 프로 계약을 공식 인정했다. 우수 선수들은 1년 단위로 계약을 맺었고, 프로 계약의 합법화에 따라 선수 인건비가 크게 올랐다. 1901년 축구협회와 클럽 측은 연봉 상한선을 주급 4파운드로 제한하기로 합의했는데, 이에 반발한 선수 측은 자신들의 권리를 보호하기 위해 '협회축구노동조합'을 결성했다. 이 단체가 이후 선수들의 대변인 역할을 수행하는 영국프로축구선수협회가 돼 지금까지 이어지고 있다.

클럽들은 선수 임금 인상을 억제하기 위해 추가 장치를 마련했다. 계약이 끝나도 기존 클럽이 선수의 등록권을 계속 보유한다는 내용이었다. 계약이 만료되기 전에 기존 클럽이 합당하다고 판단되는 새로운 계약을 제시하면 선수등록권을 보유하고 유지할 수 있었다. 이를 거부한 선수는 풋볼리그와 경기와 행정 측면에서 연계되지 않은 서던 리그나 스코틀랜드 리그로 가는 수밖에 없었다.

여기서 구단주들 머리에 기막힌 아이디어가 떠올랐다. 등록권을 말소해주는 대가로 현금을 요구하는 것이다. 이적료가 탄생하는 순간이었다. 이렇게 생겨난 '선보유 후이적'(Retain & Transfer) 개념은 잉글랜드 축구는 물론 유럽 축구 어디서나 이적에 관한 기본 원칙이 돼 1995년 12월까지 100년 가까이 유지되며 클럽의 선수 장악력을 지키는 강력한 무기로 작동했다.

'계약 만료자에 대한 클럽의 선수등록권 보유는 부당하다'

1995년 12월 15일, 유럽사법재판소(European Court of Justice)에는 벨기에 출신 프로축구 선수 장마르크 보스만Jean-Marc Bosman과 변호인단, 그리고 벨기에축구협회 및 유럽축구연맹의 변호인단이 상기된 표정으로 최종 판결을 기다리고 있었다. 법원 밖에서는 수많은 취재진이 대기하고 있었다.

보스만은 1990년 벨기에의 RFC 리에주와 계약이 만료됐다. 프랑스 덩케르크로 이적하는 과정에서 양 클럽이 이적료 지급 방법을 놓고 다투다가 선수 등록 기간(이적 시장)이 끝나는 바람에 이적이 무산됐다. 리에주는 낙동강 오리알 신세가 된 보스만에게 기존 연봉에서 무려 75퍼센트를 삭감한 재계약을 제시했다. 보스만은 즉각 벨기에축구협회에 부당함을 호소했다. 협회는 이를 인정해 보스만이 프랑스 2부 올랭피크 생캉탱으로 이적료 없이 이적할 수 있다고 결론 내렸다.

하지만 보스만의 경력은 이미 치명타를 맞았다. 클럽 측의 계약 요구를 거부해 문제를 일으킨 선수라는 낙인이 찍혀 인근 클럽들의 블랙리스트에 올랐기 때문이다. 생캉탱을 떠난 뒤로 보스만은 좀처럼 자신을 고용할 클럽을 찾지 못해 3부와 4부의 아마추어 클럽들을 전전해야 했다.

그때 법대를 갓 졸업한 장루이 뒤퐁Jean-Louis Dupont이 보스만 앞에 나타나 축구계의 '선보유 후이적' 규정이 유럽연합 헌법이 보장하는 '노동의 자유'(1993년 마스트리히트 조약)를 침해한다고 설명했다. 더는 잃을 것이 없던 보스만은 뒤퐁의 제안을 받아들여 곧바로 벨기에축구협회와 유럽축구연맹을 상대로 손해배상 청구소송을 벨기에 법원에 제출했다. 벨기에 법원은 단번에 유럽연합 헌법과 축구계 규정 사이의 불일치를 파악했지만, 법적 판단이 가져올 사회적 파장을 고민한 끝에 사건을 유럽사법재판소로 이관했다. 이른바 폭탄 돌리기였다.

소송 초기만 하더라도 유럽축구연맹은 보스만의 법적 투쟁을 그저 무의미한 몸부림으로 치부해 소극적으로 대처했다. 시간이 흐르면서 상황은 점점 심각하게 흘렀다. '선보유 후이적' 원칙이 유럽연합에 의해 부정된다면 이적 시장의 주도권이 클럽에서 선수 쪽으로 넘어갈 것이 불을 보듯 뻔했다. 발등에 불이 떨어진 유럽축구연맹은 부랴부랴 유럽 최고의 변호인단을 꾸려 대응했다. 유럽축구연맹과 각국 축구협회는 '현 제도가 유럽연합에 의해 위헌 결정이 내려지면 프로축구계는 파멸적 악영향을 받는다'라는 내용의 공동성명서를 발표하며 격렬히 저항했다.

한번 급물살을 탄 보스만의 도전은 거침없었다. 최종 선고일을 앞두고 보스만은 "유럽축구연맹 측으로부터 소송을 취하하는 대가로 현금을 주겠다는 제안을 받았으나 즉각 거절했다"고 폭로해 상대를 더욱 곤경에 빠트렸다. 모든 이의 관심이 쏠린 가운데 이날 유럽사법재판소는 최종 선고를 내렸다. 판결문 내용은 핵폭탄급이 었다.

첫째, 프로축구 선수도 유럽연합 헌법상 노동자에 해당하므로 유럽연합 회원국 어디에서나 자유롭게 경제 생산 활동을 할 수 있 다. 둘째, 계약 만료자에 대한 기존 클럽의 등록 권리 보유는 부당 하며 계약 만료 시점부터 선수는 이적료 없이 자유롭게 타 클럽과 협상할 수 있다. 셋째, 두 가지 내용 모두 유럽연합 회원국에서 즉 시 발효된다.

'선보유 후이적' 원칙은 물론 외국인 출전 수 제한까지 한꺼번 에 없애는 초대형 쓰나미가 유럽 축구 시장을 덮친 셈이었다. 유 럽축구연맹 산하 전 회원국의 리그가 취할 수 있는 유일한 대응 은 1995/96시즌이 진행되고 있다는 점을 들어 해당 법원 명령을 1996/97시즌부터 적용하자는 합의뿐이었다.

1995년에 12월 나온 '보스만 판례'는 프리미어리그에도 엄청 난 지각변동을 일으켰다. 선수들은 날개를 달았다. 이제부터 계약 만료는 곧 선수등록권의 자동 말소를 의미했다. 선수들은 기존 계 약이 끝날 때까지 기다렸다가 새로운 클럽 중 가장 조건이 좋은 곳과 자유롭게 계약을 체결할 수 있게 됐다. 클럽도 나쁘기만 한 것은 아니었다. 외국인 제한이 없어졌으므로 실력만 갖췄다면 유 럽연합 국적자 누구든 영입해도 되는 세상이 열렸다.

두 변화는 자연스레 선수들 몸값이 오르는 요인으로 작용했다. 1992년 360만 파운드였던 앨런 시어러의 이적료는 보스만 판례가 나온 지 6개월 만에 1500만 파운드로 치솟았다. 1999년 아스널은 니콜라 아넬카Nicolas Anelka를 레알 마드리드에 팔아 2250만 파운드를 받았고, 2년 뒤 맨체스터 유나이티드가 후안 세바스티안 베론 Juan Sebastian Veron을 영입하기 위해 라치오에 2810만 파운드를 지급했다.

'공짜 이적 가능성'은 선수 인건비 상승으로 직결됐다. 1994/95 시즌을 기준으로 프리미어리그 최고 연봉자는 주급 1만 파운드를 받는 블랙번 로버스의 크리스 서튼이었다. 보스만 판례가 처음 적용된 1996/97시즌 미들즈브러는 유벤투스의 파브리치오 라바넬리Fabrizio Ravanelli를 주급 4만 2000파운드 조건으로 영입했다. 보스만 판례가 나오고 10년이 지난 2005년 2월 14일 아스널은 단 한 명의 영국인(잉글랜드, 스코틀랜드, 북아일랜드, 웨일스)도 없는, 18인이 전원 외국인으로 이뤄진 출전 명단을 내고 크리스털 팰리스전에 나서는 역사를 썼다.

이적 시장을 크게 바꾼 가장 최근 사건은 스코틀랜드 출신인 앤디 웹스터Andy Webster의 위건 이적이었다. 2001년 국제축구연맹은 선수 등록과 관련한 규정을 다음과 같이 개정했다. 시즌이 끝나고 15일 후 28세 이전 계약자는 기존 계약의 3년, 28세 이후 계약자는 2년이 경과하면 남은 계약 기간의 임금을 기준으로 산정한 보상금을 직접 부담함으로써 팀과의 계약을 일방적으로 파기할 수 있다는 내용이었다.

2006년 스코틀랜드 1부 하츠의 웹스터는 이 규정을 이용해 최초로 이적에 성공한 선수가 됐다. 당시 24세의 웹스터는 계약 4년 중 3년이 지난 상태였다. 하츠는 웹스터의 이적료를 400만 파운드로 책정했지만, 국제축구연맹이 규정한 보호 기간이 경과했기 때문에 웹스터는 본인의 임금을 기준으로 62만 5천 파운드만 내고 계약 파기를 선언했다.

하츠는 사건을 국제스포츠중재위원회(Court of Arbitration for Sport)에 항소했는데, 위원회는 최종 판결에서 웹스터의 보상금을 오히려 15만 파운드로 깎았다. 그 결과 웹스터는 하츠의 요구액 400만 파운드의 3.7퍼센트에 불과한 15만 파운드만 내고 잉글랜드의 위건으로 이적할 수 있었다. 요즘 프리미어리그 클럽이 소속 선수들의 기존 계약 기간이 절반 정도 지난 시점에서 재계약을 서두르는 근본적인 이유가 바로 이 웹스터 판례 때문이다.

08

—

프리미어리그 최초 글로벌 스타
: 위르겐 클린스만(1994/95시즌)

2021년 현재 잉글랜드 리그는 전 세계 슈퍼스타들이 모인 최상급 무대로 통한다. 1990년대 판세는 지금과 크게 달랐다. 당시 세계 최고 리그는 이탈리아였다. 유벤투스와 밀란이라는 거대한 두 클럽을 위시해 세리에A 전체가 높은 인기를 구가하며 축구 선수들의 엘도라도로 인식되던 시절이었다. '축구 종가' 잉글랜드는 당시 유럽축구연맹 랭킹에서 5~6위권을 유지하는 수준이었다. 하지만 잉글랜드 프로축구는 1990년대를 거치면서 급성장하게 된다. 첫 번째 계기는 1992년 프리미어리그 독립 출범에 따른 TV 중계권 수입의 폭증, 두 번째는 1995년 보스만 판례에 따른 외국인 출전 수 제한 금지였다.

'다이버' 오명

1994년 여름 독일의 레전드 위르겐 클린스만Jürgen Klinsmann이 토트넘 홋스퍼로 이적했다. 보스만 판례가 나오기 전이라 당시만 해도 잉글랜드 무대에서 뛰는 외국인 선수는 희귀종 취급을 받았다. 프랑스 국가대표팀 주장인 에릭 칸토나가 있기는 했지만 국제적으로 유명한 스타플레이어는 아니었다. 그런 상황에서 FIFA 월드컵 챔피언이자 세계적 빅클럽 인테르나치오날레 출신인 클린스만이 토트넘에 입단한다는 소식은 잉글랜드 언론과 팬들에게는 엄청난 뉴스였다. 프리미어리그 역사상 최초의 글로벌 스타 영입이었다고 할 수 있다.

당시 토트넘은 위기에 빠져 있었다. 1993/94시즌 승점 3점 차로 겨우 강등을 면한 데다가, 클럽 재정이 악화되면서 잉글랜드축구협회로부터 1994/95시즌 12점 감점 및 FA컵 출전권 박탈의 징계를 받은 상태였다. 토트넘의 오너 앨런 슈거 회장은 뼛속까지 사업가의 피가 흐르는 인물답게 위기를 기회로 삼았다. 토트넘과 슈거 회장은 법적 대응을 총동원해 해당 징계를 모두 피했다. 이어서 외국인 스타를 영입하는 카드를 뽑았다.

그해 1994년 미국월드컵에서 두각을 나타낸 세 선수, 일리에 두미트레스쿠Ilie Dumitrescu(스테아우아 부쿠레슈티)와 지카 포페스쿠Gică Popescu(PSV 에인트호번), 클린스만(모나코)을 한꺼번에 데려왔다. 가장 이름값이 큰 클린스만을 설득하기 위해 슈거 회장은 직접 몬테카를로까지 날아갔다. 클린스만은 "갑자기 슈거 회장의 전화를 받았다. 지금 당장 만나고 싶다고 했다. 어디냐고 했더니 '지금 집 앞에 와 있다'라고 했다. 맨션 앞바다에 본인의 요트를 세워놓고 기다렸던 것이다"고 회상한다.

당시 클린스만은 바르셀로나, 아틀레티코 마드리드, 바이에른 뮌헨 등 이름만 들어도 고개를 끄덕일 만한 빅클럽들로부터 구애를 받던 차였다. 수준 낮은 프리미어리그, 인기는 있다지만 우승 타이틀과는 거리가 먼 토트넘은 그의 수준에 크게 부족한 존재였다. 토트넘의 장점은 슈거 회장의 사업 수완이었다. 모나코의 그림 같은 해변에 정박한 요트 위에서 슈거 회장은 팀 내 최고 연봉 조건과 UEFA컵 출전권 획득 야망을 어필해 결국 대어를 낚았다.

거물 클린스만의 토트넘 입단은 잉글랜드 내에서 큰 화제를 모았다. 그런데 비난 일색이었다. 잉글랜드에서 클린스만은 '다이버'의 대명사로 통했기 때문이다. 시작은 1990년 이탈리아월드컵이었다. 준결승전에서 잉글랜드는 클린스만이 뛴 독일에 패해 탈락했다. 1966년 이후 24년 만에 월드컵 우승을 꿈꾸었지만 하필이면 역사적 악연이 깊은 독일에 의해 깨졌다는 사실에 잉글랜드 팬들은 울분을 토했다. 심사가 뒤틀린 잉글랜드 팬들은 독일과 아르헨티나 간의 결승전을 지켜봤다.

65분 클린스만이 페드로 몬손Pedro Monson의 태클에 넘어졌다. 주심은 월드컵 결승전 역대 1호 레드카드를 꺼냈다. 반칙과 퇴장 판정에는 딱히 문제가 없었으나 이때 클린스만의 리액션이 과했다. 한번 쓰러진 직후 온몸의 반동을 이용해 거꾸로 몸을 솟구치는, 아크로바틱 같은 통증 호소 동작을 연출했다. 유튜브에서 영상을 확인하면 헛웃음이 새어 나올 법한 장면이다. 85분 클린스만은 상대 페널티박스 안에서 페널티킥을 획득했다. 반칙을 저지른 구스타보 데소티Gustavo Dezotti도 경고 누적으로 퇴장당했다. 클린스만 혼자 상대 선수 두 명을 보내버린 셈이다. 곧이어 안드레아스 브레메Andreas Brehme가 페널티킥을 성공시켜 독일은 1-0 승리를 거두며 월드컵 왕좌에 올랐다.

이날 경기 이후 잉글랜드에서 클린스만은 '다이버'로 낙인찍혔다. 모나코 시절 클린스만은 잉글랜드에서 오래 산 독일인 친구로부터 "만약 잉글랜드로 이적하면 기자회견에서 스노클링 마스크를 꺼내봐. 웃길 거야!"라는 농담을 들었다. 토트넘 입단 기자회견에서 역시나 '다이버' 오명에 관한 질문이 나왔다. 클린스만은 "런던에 좋은 수영장이 있는지 알아보겠다"며 웃어넘겼다.

'내가 그를 사랑하는 이유'

비난과 조롱 속에서 클린스만은 8월 20일 셰필드 웬즈데이의 홈구장 힐스브러에서 1994/95시즌 프리미어리그 개막전에 선발 출전했다. 경기 전 팀의 주포인 테디 셰링엄Teddy Sheringham이 클린스만에게 "오늘 네가 골을 넣으면 우리가 전부 다이빙을 할 생각이야"라고 말해 용기를 불어넣었다. 토트넘은 후반 막판 3-2로 앞섰다. 홈팀의 저항을 받던 82분 오른쪽 측면에서 크로스가 올라왔다. 페널티박스 안에서 클린스만은 깔끔한 점프 헤더로 쐐기골이자 자신의 프리미어리그 데뷔골을 터뜨렸다. 골잡이로서 가치를 입증한 순간이었다.

여기서 멈추지 않았다. 클린스만은 금발을 휘날리며 터치라인으로 달려가더니 그라운드를 향해 다이빙 셀러브레이션을 펼쳤다. 뒤따라온 동료들도 함께 다이빙을 하며 데뷔골을 축하했다. 토트넘 원정 팬들은 물론 웬즈데이의 홈 팬들까지 클린스만의 다이빙 셀러브레이션에 웃음을 터뜨렸다. 클린스만은 이 한 장면으로 모든 언론 매체의 헤드라인을 독점해 프리미어리그 개막전의 주연이 됐다.

나흘 뒤 클린스만은 런던 화이트 하트 레인에서 토트넘 홈 데뷔전에 나섰다. 상대는 리버풀의 강호 에버턴이었다. 토트넘 홈 팬들 앞에서 클린스만은 역동적인 바이시클킥으로 골을 넣은 것을 포함해 팀의 두 골을 혼자 도맡아 2-1 승리의 히어로가 됐다. 가뜩이나 웬즈데이전의 다이빙 셀러브레이션으로 인기를 독차지한 상태에서 월드 클래스급 득점 장면을 연출하자 토트넘 홈 팬들은 독일인 스트라이커의 매력에 흠뻑 빠져 헤어나지를 못했다.

8월 30일 입스위치 원정에서 클린스만은 2골을 보태 잉글랜드에서 뛰기 시작한 지 고작 한 달 만에 5골을 넣는 괴력을 발휘하며 '이달의 선수'에 선정됐다. 생소한 잉글랜드 무대에서 득점 행진을 펼치자 팬들의 머릿속에 새겨졌던 '다이버'라는 오명은 눈 깜짝할 사이에 지워졌다. 토트넘의 클럽숍에서는 클린스만의 18번 유니폼이 일찌감치 동났다. 1994/95시즌에만 클린스만의 유니폼은 15만 장 넘게 팔렸다.

경기장 밖에서도 클린스만은 너무나 매력적인 선수였다. 슈퍼스타답지 않게 작은 폭스바겐 비틀을 직접 몰고 출퇴근했다. 지역 사회에 대한 자선 기부 활동에도 앞장서면서 팬들의 찬사를 받았다. 시즌이 열리기 전 '내가 클린스만을 싫어하는 이유'라는 기사를 썼던 일간지 가디언의 앤드루 앤서니Andrew Anthony 기자도 클린스만에게 완전히 매료돼 '내가 클린스만을 사랑하는 이유'라는 제목을 단 기사를 송고했다.

클린스만의 존재감을 실감할 수 있는 또 다른 에피소드도 있다. 11월 슈거 회장은 오스발도 아르딜레스Osvaldo Ardiles 감독을 해고한 뒤에 클린스만에게 선수 겸 감독 자리를 제안했다. 클린스만은 제안을 정중히 거절했고, 제리 프랜시스Jerry Francis가 신임 감독으로 부임했다.

해를 넘겨 1995년 3월 11일 FA컵 8강전에서 토트넘은 리버풀을 상대했다. 안필드 원정의 부담감 속에서 토트넘은 경기 막판까지 1-1 동점을 유지하며 버텼다. 정규 시간이 끝나기 1분 전, 왼쪽으로 파고든 클린스만이 천금 같은 2-1 결승골을 터뜨려 토트넘을 준결승으로 인도했다. 준결승전에서 에버턴에 1-4로 패하는 바람에 타이틀에 대한 꿈은 꺼졌지만, 그의 드라마틱한 준결승전 득점은 토트넘 팬들 사이에서 또 하나의 명장면으로 기억된다.

1994/95시즌 클린스만은 리그 20골, 시즌 29골을 기록하며 누구보다 강렬한 인상을 남겼다. 문제는 토트넘의 리그 순위였다. 강등을 걱정했던 지난 시즌에 비하면 장족의 발전을 이뤘지만, 결국 토트넘은 리그 7위에 그쳐 UEFA컵 출전권(2~5위) 획득에 실패했다. 토트넘과 클린스만의 계약서에는 'UEFA컵 출전에 실패하면 이적을 허용한다'라는 조항이 들어 있었다. 잉글랜드 현지의 뜨거운 인기에 개의치 않고 클린스만은 해당 조항을 이용해 고국 독일의 최강자 바이에른 뮌헨으로 이적했다.

프리미어리그 팬들은 크게 낙담했고 슈거 회장은 슈퍼스타의 냉철함에 분노했다. TV 프로그램에 출연한 슈거 회장은 클린스만의 18번 유니폼을 들고 나와 "이걸로는 내 차도 닦지 못한다!"라며 화를 냈다. 소식을 전해 들은 클린스만도 "슈거 회장은 축구에 관심이 없다. 항상 돈 얘기밖에 하지 않았다"고 맞받아쳤다.

재영입

영원한 적은 없었다. 1997/98시즌 토트넘은 다시 위기에 빠졌다. 성적이 곤두박질치자 시즌 중반 앨런 슈거 회장은 제리 프랜시스 감독을 날리고 스위스 출신 크리스티안 그로스Christian Gross를 신임 감독으로 데려왔다. 별다른 효과 없이 토트넘은 강등권에서 1997년 크리스마스를 맞이했다. 슈거 회장이 손을 댄 반전 카드는 바로 클린스만 재영입이었다. 당시 클린스만은 이탈리아의 삼프도리아에서 적응에 실패해 벤치를 달구는 신세였다. 1998년 프랑스 월드컵을 앞둔 시점이었기 때문에 그도 경기 출전이 절실했다. 양자 간 이해관계가 잘 맞아떨어진 덕분에 토트넘과 클린스만은 재혼에 합의했다.

클린스만을 영입한 효과를 보면서 토트넘은 시즌 하반기에 강등권에서 벗어났지만 마지막 세 경기를 남긴 상태에서 여전히 16위에 머물러 있었다. 불안감에 휩싸인 37라운드 윔블던 원정에서 클린스만은 혼자 4골을 터뜨리며 영웅이 됐다. 토트넘은 6-2 대승을 거둔 것은 물론 이날 승리로 프리미어리그 잔류를 확정했다. 클린스만은 시즌 마지막 세 경기에서 6골을 터뜨리는 맹활약을 펼쳐 토트넘 팬들에게 다시 한 번 구세주가 됐다.

프랑스월드컵이 끝나고 클린스만은 재차 토트넘을 떠나 미국 무대로 적을 옮겼지만, 그의 결정을 원망하는 토트넘 팬은 아무도 없었다. 긴 세월이 흐른 지금까지도 프리미어리그 팬들에게 클린스만은 최초의 글로벌 스타이자 가장 강렬한 인상을 남긴 외국인 공격수로 기억된다.

클린스만을 영입한 슈거 회장도 프리미어리그 역사에서 빼놓을 수 없는 인물이다. 1991년부터 2001년까지 11년 동안 토트넘의 구단주로 활동하며 축구계에 많은 에피소드를 남겼다. 대부분 이성적 사업가 마인드와 비이성적 축구계 인식이 정면충돌하는 파열음이었다. 1993년 테리 베나블스Terry Venables 감독을 경질한 뒤 팬들의 비난이 쇄도했을 때, 슈거 회장은 "누가 보면 내가 새끼 사슴이라도 죽인 줄 알겠어"라며 당황스러워했다.

축구 클럽의 비상식적 경영 방식에 일침을 놓기도 했다. 슈거 회장은 "축구판은 자두 주스 같다. 자두를 넣고 힘껏 짜면 즙이 나오고 물 빠진 자두만 남는다. 모든 돈이 클럽 통장을 빠르게 지나쳐 몽땅 선수와 에이전트에게 가버린다"고 불평을 터뜨렸다. '자두 주스 경제' 어록은 지금도 축구 클럽의 저조한 수익 구조나 선수들의 지나치게 비싼 연봉 등을 비판할 때 주로 쓰인다.

2001년 슈거 회장은 토트넘의 지분 대부분(27퍼센트)을 스포츠 레저 투자회사 ENIC(England National Investment Company) 그룹에 넘기고 축구계를 떠났다. ENIC의 소유주는 의류 유통업으로 큰돈을 번 조 루이스Joe Lewis다. 막대한 재산을 축적한 루이스는 각종 스포츠 레저와 관련한 시설 및 회사에 투자하는 ENIC를 설립했는데, 조직 내에서 그의 오른팔이 바로 토트넘의 대니얼 레비Daniel Levy 회장이다. 토트넘을 인수한 루이스 회장은 38세의 젊은 경영자 레비에게 클럽 경영을 일괄적으로 맡겼다. 2007년 슈거 회장은 토트넘의 잔여 지분까지 몽땅 ENIC 쪽으로 넘겨 토트넘과의 인연을 깨끗이 정리했다.

축구계에서는 '축구를 모른다'라는 비판을 받기는 했지만 슈거 회장은 대중적 인기를 얻은 기업가다. 사회 초년생들이 참가하는 비즈니스 서바이벌 TV 프로그램 '견습생'(The Apprentice) 영국판 (BBC)에서 멘토로 출연해 "넌 해고야!"라는 말도 유행시켰다. 참고로 '견습생'의 미국판에서는 대통령이 되기 전 도널드 트럼프가 멘토 역할로 출연했다.

09

—

역사상 가장 유명한 인터뷰: 케빈 키건
(1995/96시즌)

2018/19시즌은 맨체스터 시티와 리버풀이 우승 경쟁에서 박빙의 승부를 펼쳐 팬들의 사랑을 받았다. 시즌 하반기 들어 두 클럽은 승점 1점 차를 유지하며 살 떨리는 레이스를 펼쳤다. 하지만 프리미어리그 팬들에게 '최고의 우승 경쟁 드라마'를 묻는다면 답은 정해져 있다. 알렉스 퍼거슨 감독의 맨체스터 유나이티드와 케빈 키건 감독의 뉴캐슬 유나이티드가 마지막 순간까지 숱한 화제를 뿌렸던 1995/96시즌이다.

뉴캐슬의 감독

한국의 젊은 팬들에게 낯설게 느껴질 케빈 키건은 잉글랜드 축구가 배출한 최초의 월드 스타다. 1968년 4부 스컨소프 유나이티드에서 프로에 데뷔했고, 1971/72시즌부터 리버풀의 유럽 독점 시대를 만들었다. 붉은 유니폼을 입고 뛴 6시즌 동안 키건은 풋볼리그 1부 우승 3회를 비롯해 유러피언컵(현 챔피언스리그) 우승 1회, UEFA컵 우승 2회 등을 기록해 잉글랜드뿐 아니라 유럽 전체에서도 네덜란드의 요한 크루이프Johan Cruyff, 독일의 프란츠 베켄바워Franz Beckenbauer와 어깨를 나란히 하는 슈퍼스타 대접을 받았다. 1977/78시즌 당대 세계 최고 리그였던 분데스리가로 진출해 함부르크에서 3시즌을 뛰며 전성기를 구가했다. 키건은 1977년과 1978년 연거푸 발롱도르를 차지해 세계 최고 공격수로 인정받았다.

1980년 키건은 현역의 마지막 챕터를 고국 잉글랜드에서 보내기로 했다. 사우샘프턴에서 두 시즌을 보내며 시즌 12골, 30골을 기록해 녹슬지 않은 기량을 입증했다. 1982년 여름 키건은 마음의 고향인 뉴캐슬로 향했다. 대대로 뉴캐슬을 응원하는 집안에서 태어난 그에게는 뉴캐슬이야말로 현역의 마지막 장을 채울 최적의 보금자리였다.

당시 뉴캐슬은 2부에 있었지만 키건은 개의치 않았다. 뉴캐슬 팬들은 슈퍼스타 키건이 자신들과 같은 흑백 스트라이프 유니폼을 입는다는 사실에 열광했다. 30대 초반의 나이여서 체력적으로는 이미 하락세를 보였지만 키건의 클래스는 뉴캐슬의 자긍심을 부추기기에 충분했다. 키건은 첫 시즌 41경기에 나서 21골을 기록했고, 두 번째 시즌에도 44경기에서 28골을 터뜨려 뉴캐슬을 1부에 올려놓으며 세인트제임스 파크의 메시아가 됐다.

1부 승격이 확정된 뒤 뉴캐슬은 키건의 친정인 리버풀을 초대해 은퇴 경기를 마련했다. 친선전인데도 경기장은 키건의 현역 마지막 플레이를 보려는 관중으로 가득 찼다. 키건은 페널티킥으로 한 골을 기록했고 경기는 2-2 무승부로 마무리됐다. 하늘에서 내려온 존재임을 입증하듯이 키건은 팬들이 지켜보는 가운데 센터서클에서 헬리콥터를 타고 경기장을 떠나는 마지막 퍼포먼스를 펼쳤다.

하늘 위로 날아간 지 8년 만에 키건은 감독이 되어 세인트제임스 파크에 재입성했다. 1992년 2월 뉴캐슬은 풋볼리그 2부의 강등권에서 헤매고 있었다. 새롭게 이사회를 장악한 존 홀John Hall이 꺼낸 회심의 카드가 '감독 키건'이었다. 현역에서 은퇴한 뒤 8년 가까이 키건은 축구로부터 떨어져 지냈다. 실제로 이 기간에 그는 축구 경기장 근처에 얼씬도 하지 않았다. 심지어 TV 중계를 시청한 적도 두 번밖에 없었다고 밝혔다. 축구에 대한 관심을 거의 끊은 채로 오랜 기간 지낸 인물을 선임해 치열한 일선에 투입하는 홀 회장의 결심은 도박처럼 보였다. 클럽 환경도 키건에겐 넘어야 할 장벽이었다.

부임 첫날 키건은 엉망진창인 훈련장 잔디를 보고 깜짝 놀랐다. 제대로 관리되지 않은 탓에 그라운드의 여러 곳이 패여 있었다. 키건은 사비를 들여 우선 훈련장을 일주일 동안 대청소했다. 오랜 공백에도 불구하고 키건은 역시 타고난 스타이자 리더였다. 그가 뿜어내는 카리스마는 뉴캐슬 선수들에게 정신이 번쩍 드는 전기충격기 같았다. 뉴캐슬은 당장 성적 반등에 성공해 2부 잔류에 성공했고, 1992/93시즌엔 2부를 제패하며 프리미어리그 승격에 성공했다. 키건은 뉴캐슬을 선수와 감독으로서 모두 1부로 승격시키는 업적을 남긴 것이다.

프리미어리그 승격 첫 도전인 1993/94시즌 키건 감독과 뉴캐슬은 화끈한 공격 축구를 앞세워 리그 3위에 오르고 UEFA컵 출전권을 획득함으로써 강력한 1부 복귀를 신고했다. 20대 초반 스트라이커 앤디 콜은 리그 34골로 득점왕에 올라 뉴캐슬의 새로운 스타로 떠올랐다.

1994/95시즌 뉴캐슬은 개막하고 6연승으로 달리며 당당히 우승 후보의 한 자리를 차지했다. 하지만 시즌 도중 키건은 자신과 관계가 소원해진 주포 앤디 콜을 맨유로 팔아버리는 실책을 범했다. 콜이 이적한다는 소식이 알려지자 뉴캐슬 팬들은 경기장으로 몰려가 이사회와 면담을 요구했다. 마침 이사실에 있던 키건 감독이 "내가 직접 내려가 설명하겠다"고 하자 모든 직원이 극구 만류했다. 화가 난 군중 앞에 섰다가 무슨 일이 벌어질지 모르기 때문이다. 하지만 키건 감독은 누구의 말도 듣지 않을 만큼 자아의식이 거대한 슈퍼스타 출신이었다.

성난 군중 앞에 홀로 나서 콜을 팔아야 했던 이유를 설명했지만, 그런 이성적 설명이 통할 리가 없었다. 감독과 팬들의 일대일 대화는 결국 서로 마음에 상처만 남긴 채 끝나버리고 말았다. 시즌 하반기 뉴캐슬은 콜의 공백을 메우지 못한 채 6위로 시즌을 마쳤다.

시즌이 끝나자마자 존 홀 회장과 키건 감독은 프리미어리그 우승이라는 원대한 꿈을 실현하기 위한 작업에 착수했다. 거액 1600만 파운드를 들여 레딩의 골키퍼 샤카 히즐롭Shaka Hislop을 비롯해 파리 생제르맹의 측면 공격수 다비드 지놀라David Ginola, 퀸즈 파크 레인저스의 골잡이 레스 퍼디낸드, 윔블던의 수비수 워런 바턴Warren Barton까지 손에 넣었다. 당시 주전 미드필더였던 롭 리Rob Lee는 "왼쪽에 스콧 셀라스Scott Sellars가 멀쩡히 잘하고 있는데 지놀라라는 프랑스 선수를 사다니 이해할 수가 없었다. 그런데 첫 훈련부터 지놀라의 실력을 보곤 깜짝 놀랐다"고 회상했다.

두 경기 남겨두고 동률

키건의 전술 키워드는 심플함이었다. "좋은 선수를 영입해 뛰게 하는 것"이 카리스마로 똘똘 뭉친 그의 대답이었다. 1995/96시즌 개막전에서 뉴캐슬은 코번트리 시티를 3-0으로 완파했다. 투톱을 꾸민 피터 비어즐리와 레스 퍼디낸드가 한 골씩 터뜨린 쾌승이었다. 디펜딩 챔피언 블랙번 로버스는 절대적 존재인 케니 달글리시 감독이 행정직으로 물러나면서 선수단 분위기가 와해됐고, 맨체스터 유나이티드는 에릭 칸토나가 지난 시즌에 받은 중징계가 시즌 초반까지 이어지면서 출전하지 못하는 상황이었다.

뉴캐슬은 초반 10경기에서 9승을 챙기며 독주 체제를 군혔다. "상대보다 골을 더 넣으면 된다"라는 키건의 철학대로 뉴캐슬은 초공격적 플레이 스타일을 고수했다. 그 때문에 뉴캐슬은 다득점 경기를 연출하며 '엔터테이너'라는 애칭으로 사랑받았다. 크리스마스 시즌이 되기 전까지 뉴캐슬은 이미 2위에 승점 10점이나 앞서며 선두를 달렸고 이런 강세는 해가 바뀐 1996년 2월 말까지 이어졌다. 15경기를 남긴 상태에서 승점 12점이나 앞섰으니 뉴캐슬의 프리미어리그 제패는 불을 보듯 뻔했다. 여기에 뉴캐슬은 겨울 이적 시장에서 콜롬비아의 공격수 파우스티노 아스프리야Faustino

Asprilla와 프리미어리그 최정상급 수비형 미드필더 데이비드 배티 David Batty를 추가 영입했다. 1월 이적 시장에서도 큰돈을 쓴 클럽의 결단은 우승 열망을 잘 보여줬다.

2월 21일 웨스트햄 원정에서 0-2로 패배한 것이 '역대급' 드라마의 예고편이었다. 이날 패배로 뉴캐슬과 맨유의 승점 차는 9점으로 줄었다. 다음 경기에서 맨시티와 3-3으로 비긴 뉴캐슬은 3월 4일 맨유를 홈으로 불러 리그 1위와 2위가 맞붙는 '식스 포인터Six Pointer'에 나섰다.

전반전을 0-0으로 마친 맨유의 알렉스 퍼거슨 감독은 라커룸에서 선수들에게 "너희가 정말 뉴캐슬만큼 우승하고 싶은 마음을 보였다고 생각해?"라며 '헤어드라이어 처방'(경기가 풀리지 않을 때 라커룸에서 불같이 화를 내는 모습)을 내렸다. 반대편 라커룸에서 키건 감독은 "잘하고 있어"라며 부드러운 팀 토크를 남겼다. 두 감독의 정반대 팀 토크가 결국 승부를 갈랐다. 후반이 시작된 지 6분 만에 칸토나가 선제골을 터뜨려 맨유가 1위와 2위 맞대결에서 승리하며 뉴캐슬과의 승점 차이를 또 줄였다.

압박감을 이기지 못한 뉴캐슬은 2월 말부터 4월 초까지 8경기에서 2승밖에 챙기지 못했다. 맨유의 성적은 정반대로 솟구쳤다. 1월 말부터 저력을 발휘한 맨유는 4월 초까지 11경기에서 9승 2무로 내달렸다. 시즌이 끝나기까지 두 경기씩 남긴 시점에서 두 팀의 승점 차이는 없어지고 말았다. 76점 동률.

4월 17일 맨유는 리즈 유나이티드의 거센 저항에 버티며 1-0 신승을 거뒀다. 경기 후 퍼거슨 감독은 "리즈 선수들을 이해할 수 없다. 맨유를 상대한다는 생각이 동기부여가 되는지 제 실력 이상을 발휘했다. 불쌍해 보였다"고 말했다. 해당 발언은 즉각 반발을 불렀다. 리그를 함께 이루는 동업자들에 대한 큰 결례로 보였다.

2주 뒤 뉴캐슬도 리즈를 1-0으로 꺾었다. 한 경기를 남긴 맨유는 79점, 두 경기를 남긴 뉴캐슬은 76점이었다. 경기 후 키건 감독은 TV 카메라 앞에서 마이크를 잡았다. 그러곤 동업자들을 깔보는 듯한 퍼거슨 감독의 발언을 열정적으로 반박했다. "축구 선수들에 대해 그런 말을 하다니 믿을 수가 없다. 지금까지 내가 입을 다물고 있었는데 퍼거슨의 발언은 그야말로 기대 이하였다. 지금 이걸 보고 있다면 똑똑히 들어라. 우리는 여전히 우승을 위해 싸운다. 맨유는 미들즈브러에 가서(최종전) 꼭 뭔가를 얻어 와야 할 거다. 만약 우리가 맨유를 제치고 우승하면 정말 기쁠 거다. 아주 좋아(Love it)!"

키건의 '폭풍 인터뷰'는 프리미어리그를 발칵 뒤집었다. 뉴캐슬 팬들은 맨유와 퍼거슨 감독의 건방진 콧대를 꺾었다며 열광했다. 하지만 여론의 해석은 달랐다. 승점 12점의 여유를 날린 키건 감독이 평정심을 잃었다는 진단이 대부분이었다. 월요일 리즈전을 치른 뉴캐슬은 목요일과 일요일에 마지막 두 경기를 치러야 했다. 맨유는 일요일 같은 시각 킥오프되는 미들즈브러전만 남겨 놓은 상태였다.

키건 감독의 열변은 결국 역효과를 낳고 말았다. 목요일 노팅엄 포레스트와의 원정 경기에서 허무하게 1-1로 비겼다. 최종전을 앞두고 뉴캐슬은 77점, 맨유는 79점 상태로 변했다. 설상가상 맨유는 골 득실에서 앞서 있었다. 뉴캐슬의 유일한 우승 시나리오는 최종전에서 토트넘을 꺾고 맨유가 미들즈브러전에서 패하는 방법밖에 없었다.

5월 5일 일요일 오후 3시에 각각 시작된 최종전에서 뉴캐슬은 토트넘과 1-1로 허무하게 비겼다. 퍼거슨 감독의 맨유는 무서운 집중력을 발휘해 최종전까지 3-0 완승으로 마무리하며 우승을 확정했다. 3개월 전까지 승점 12점의 여유를 갖고 리그 단독 선두를 달렸던 뉴캐슬의 우승 꿈은 막판 거짓말처럼 추락하며 산산조각 나고 말았다.

시즌이 끝나고 뉴캐슬은 재차 칼을 휘둘렀다. 세계 최고 이적료인 1500만 파운드를 내고 프리미어리그 득점왕 앨런 시어러를 영입했다. 블랙번이 무너진 상태에서 1996/97시즌 프리미어리그는 맨유와 뉴캐슬의 2파전으로 진행됐다. 하지만 키건 감독이 1997년 1월 이사회와 의견 충돌을 겪은 끝에 전격 사임하는 돌발 변수가 발생했다. 또 다른 슈퍼스타 달글리시가 지휘봉을 넘겨받았지만, 뉴캐슬은 2년 연속으로 맨유에 밀려 2위에 만족해야 했다.

세월이 흘러 2008년 1월 키건은 뉴캐슬 감독직에 복귀했다. 당시 뉴캐슬은 논란이 끊이지 않는 구단주 마이크 애슐리Mike Ashley 회장의 소유였다. 역시나 키건 감독은 선수 영입을 놓고 애슐리 회장과 의견 충돌을 벌이다가 부임한 지 8개월 만에 다시 물러났다. 지금까지 키건 감독은 축구계로 돌아오지 않았으니 한 시대를 풍미한 잉글랜드 슈퍼스타를 그라운드에서 다시 볼 일은 없을 것 같다.

10

—

클래스 오브 1992
: 퍼기의 햇병아리들(1995/96시즌)

프리미어리그 역사에서 가장 화려하게 빛난 클럽은 단연 맨체스터 유나이티드다. TV 중계권과 각종 스폰서십 수입이 폭발적 상승 기류를 타기 시작했을 때 맨유는 가장 많은 우승을 거둬 리그 팽창의 최대 수혜자가 됐다. 1995년 보스만 판례가 나오고 외국인 스타들 유입이 줄을 잇는 중에 맨유는 자국 출신 선수들을 활용하는 반대 전략을 펴 성공했다. 알렉스 퍼거슨 감독이 치밀하게 의도했다고 보기는 어렵다.

하지만 운 좋게 등장한 아카데미 황금 세대가 약진하면서 맨유는 영국 현지 팬들의 '국뽕' 응원을 끌어내는 효과를 누렸다. 어느 분야에서든 정상으로 가는 길에는 약간의 행운도 필요한 법이다. 프리미어리그 독립 출범 이후 퍼거슨 감독의 모든 카드가 잭팟을 터뜨리는 초강세는 '맨유 제국'이라는 말까지 만들었다.

"꼬마들 갖고는 아무것도 얻을 수 없다"

1995년 여름 맨유는 오랜 공신인 폴 인스와 마크 휴즈, 안드레이 칸첼스키스가 한꺼번에 팀을 떠났다. 퍼거슨 감독의 리빌딩 계획은 원대했다. 토트넘의 잉글랜드 국가대표 공격수 대런 앤더턴 Darren Anderton, 1993년 발롱도르 수상자 로베르토 바조Roberto Baggio(유벤투스), 아약스의 폭발적 윙어 마르크 오버르마르스Marc Overmars를 영입 목록에 올렸다. 결과적으로 맨유는 1순위 후보를 한 명도 데려오지 못하는 망신을 당했다. 1994/95시즌 우승을 블랙번 로버스에 빼앗긴 맨유가 이적 시장에서도 기를 펴지 못하자 클럽 안팎에서 위기감이 팽배했다. 맨유 팬들은 고위층은 물론 퍼거슨 감독까지 싸잡아 전력 보강에 실패한 책임을 지라고 몰았다.

새 시즌 개막전에서 더 기막힌 일이 벌어졌다. 퍼거슨 감독이 10대 선수들을 다수 포함한 선발진을 내세웠다가 애스턴 빌라에 1-3 완패를 당한 것이다. 여론은 일제히 퍼거슨 감독의 리빌딩 작업이 무모하다며 성토했다. BBC의 간판 프로그램 '매치 오브 더 데이'에서 리버풀의 레전드 앨런 한센Alan Hansen은 해당 경기를 분석하면서 "꼬마들 갖고는 아무것도 얻을 수 없다"고 단언했다. 한센의 발언을 반대하는 목소리는 없었다. 1부 우승이라는 높은 목표를 달성하려면 풍부한 경험이 가장 기본을 이루는 필요조건이라는 믿음이 강했기 때문이다.

유럽에서도 정상급으로 통하는 1선, 2선 베테랑 자원이 3명이나 빠져나간 공백을 20세 전후 유소년 출신 신참들로 메웠다가 개막전부터 완패당했으니 한센의 지적은 매우 타당하게 들렸다. 그로부터 9개월 뒤, 맨유는 승점 12점 차를 뒤집는 대역전 드라마를 쓰면서 리그 우승을 차지했다. '매치 오브 더 데이'에서 나왔던 한센의 발언은 지금까지도 프리미어리그 역사에 남는 어록으로 팬들 사이에서 회자된다.

해당 시즌 영국 언론이 만든 또 하나의 조어가 바로 '퍼기의 햇병아리들'(Fergie's Fledglings)이었다. 1950년대 맷 버스비 감독이 직접 육성한 소년들을 중심으로 맨유가 1부 리그를 제패하자 영국 언론은 젊은 스쿼드를 '버스비의 아이들'(Busby Babes)이라고 명명했다. 1958년 2월 8일 선수 대부분이 뮌헨 공항에서 비행기 추락 사고로 목숨을 잃어 영국 축구 팬들에겐 '버스비의 아이들'이라는 별칭은 더욱 특별히 각인된다. 전 세계에서 애도의 물결이 쇄도하면서 맨유는 로컬 클럽에서 세계적 클럽으로 이름을 알리는 계기가 됐고, 정확히 10년 뒤 버스비 감독이 재건한 맨유가 유러피언 컵에서 우승하면서 맨유는 잉글랜드 최고 인기 클럽으로 등극할 수 있었다.

그로부터 40년 뒤 맨유 아카데미에서 두 번째 황금 세대가 출현하자 언론이 과거의 별칭을 차용하는 것은 매우 자연스러웠다. 햇병아리들의 주축은 1992년 FA유스컵 우승을 전후해 등장한 라이언 긱스, 폴 스콜스Paul Scholes, 데이비드 베컴David Beckham, 니키 버트, 게리 네빌Gary Neville, 필립 네빌Phillip Neville이었다. 이들 6명은 모두 맨유가 아카데미에서 자체 육성한 유소년들로서 전원 20세가 되기 전에 1군에 데뷔했다. 1995/96시즌 당시 나이가 제일 많은 긱스가 22세, 스콜스가 21세, 베컴과 버트, 게리 네빌이 20세, 그리고 게리 네빌의 친동생인 필립 네빌이 18세였다.

거칠기로 악명 높은 잉글랜드 프로 1부에서 아직 신체가 완전히 만들어지지 않은 20세 전후 선수들이 6명이나 선발급으로 뛴 팀이 챔피언에 등극한 것이다. 어느 클럽이든 유소년 아카데미를 운영하고 있지만 1군에서 출전 기회를 얻는 선수는 한 학년에 한 명 나올까 말까 한 것이 현실이다. 유소년 육성의 최고봉이라고 하는 바르셀로나의 라마시아도 사비 에르난데스와 안드레스 이니에스타Andres Iniesta, 리오넬 메시Lionel Messi 이후 안수 파티Ansu Fati가 등장할 때까지 10년 넘게 유의미한 1군 선수를 배출하지 못했다. 이런 현실 속에서 1990년대 초 맨유 아카데미는 거의 비슷한 나이의 1군 주전을 6명이나 한꺼번에 배출했고 그 시점이 1군 주축들이 대거 팀을 떠나는 시기와 맞물렸다. 그야말로 금상첨화였다. 맨유와 퍼거슨 감독으로서는 거대한 행운이 아닐 수 없었다.

'햇병아리들' 6명

아카데미 황금 세대의 맏형인 라이언 긱스는 1995/96시즌 이미 프리미어리그를 대표하는 간판스타였다. 16세 때 긱스가 속한 살포드 보이즈는 맨유 U-15팀으로부터 평가전을 하자는 제안을 받았다. 일찌감치 긱스를 눈여겨봤던 맨유의 스카우트와 코칭스태프가 가까이서 그를 관찰하고 싶어 마련한 일정이었다. 퍼거슨 감독은 연습경기를 클럽하우스 2층 집무실 창문 너머로 지켜봤다. 긱스는 기대를 저버리지 않고 맨유 U-15팀을 상대로 해트트릭을 터뜨렸다. 긱스의 재능에 확신이 생긴 퍼거슨 감독은 이듬해 아카데미 책임자를 대동하고 긱스의 집을 직접 방문해 유소년 장학생 계약을 따냈다.

1991년 3월 에버턴전에서 긱스는 1군 데뷔를 신고했고 두 달 뒤 맨체스터 더비에서 프로 첫 골을 터뜨렸다. 다음 시즌 긱스는 이미 1군 주전을 꿰찼다. 19세와 20세 나이에 긱스는 영국프로축구선수협회가 선정하는 '올해의 영플레이어'를 2연패 하며 축구계의 아이돌로 떠올랐다.

긱스의 부상은 공교롭게 프리미어리그 출범과 겹쳤다. TV를 비롯한 미디어 노출이 현저히 증가하는 세상이 도래한 시점에서 긱스가 가장 빛난 셈이다. 퍼거슨 감독은 긱스가 20세가 되기 전까지 언론 인터뷰를 하지 못하도록 전면 금지하는 등 신동의 올바른 성장을 도모했다. 인터뷰 금지 조치는 스무 번째 생일이 지난 뒤 풀렸는데 이미 긱스는 인터뷰 없이도 슈퍼스타 대접을 받고 있었다.

긱스의 인기는 축구의 테두리를 넘어 일반 대중문화 영역까지 넘쳐흘렀다. 1994년 '긱스의 축구 테크닉'이라는 TV 프로그램과 단행본이 생겼을 정도였다. 잉글랜드에서 축구의 테두리를 훌쩍 넘어 '국민 스타' 입지에 올랐던 선수는 1960년 맨유의 조지 베스트George Best 이후 긱스가 처음이었다. 영국 현지에서는 긱스를 '1990년대 프리미어리그 포스터보이'라고 묘사한다. 프리미어리그의 얼굴이라는 뜻이다.

긱스와 함께 1992년 FA유스컵에서 우승한 데이비드 베컴은 1996/97시즌 스타 반열에 올랐다. 시즌 개막을 알리는 채리티실드(현 커뮤니티실드)에서 뉴캐슬을 상대로 베컴은 1골 2도움의 원맨쇼를 펼쳐 4-0 대승의 주인공이 됐다. 이날 경기에서도 '햇병아리들'

6인이 전원 출전했다.

'대박' 사건은 일주일 뒤 벌어졌다. 런던 셀허스트 파크에서 열린 리그 개막전에서 맨유는 칸토나와 데니스 어윈의 득점으로 윔블던에 2-0으로 앞선 채 후반 추가시간을 맞이했다. 다들 경기를 정리하려던 순간 맨유 진영에서 볼을 주운 브라이언 맥클레어가 베컴에게 패스를 보냈다. 볼을 받아 돌아선 베컴이 하프라인을 넘기 직전 갑자기 앞을 향해 볼을 멀리 내찼다. 베컴의 발을 떠난 볼은 윔블던의 골키퍼 닐 설리번Neil Sullivan의 머리를 넘어 골대 안에 그대로 꽂혔다. 골문에서 멀리 나온 골키퍼의 위치를 미리 간파한 베컴이 의표를 찌른 것이다. 베컴은 자서전에서 "그땐 몰랐지만 그 골이 모든 것의 출발점이었다"고 썼다.

재미있는 일화도 숨어 있다. 당시 경기에서 베컴이 신었던 축구화는 사실 본인 것이 아니었다. 경기를 며칠 앞두고 베컴은 아디다스에 축구화를 요청했다. 하필 그때 아디다스에는 베컴의 사이즈가 레인저스의 찰리 밀러Charlie Miller에게 보낼 예정인 제품 외에 몽땅 소진된 상태였다. 담당자는 어쩔 수 없이 '찰리'라는 자수가 박힌 축구화를 베컴에게 보냈다. 남의 축구화를 신고 베컴이 52미터 초장거리에서 득점을 터뜨려 자신의 인생을 바꿨다는 스토리가 알려지면서 다시 한 번 팬들의 주목을 받았다. 경기 후 현장 취재진은 베컴의 인터뷰를 요청했지만 퍼거슨 감독은 '20세 전 인터뷰 금지'라는 클럽의 원칙을 내세워 모두 거절했다.

베컴은 '신동 선배' 긱스와는 다른 길을 걸었다. 하프라인에서 골을 넣은 개막전으로부터 2주 후 베컴은 잉글랜드 국가대표팀에 소집됐다. 대표팀으로 갔으니 모든 미디어 활동의 관리 권한도 자연히 맨유가 아니라 잉글랜드축구협회에 임시로 넘어갔다. 이때다 싶은 영국 언론이 베컴의 인터뷰를 요구했고 협회는 이를 흔쾌히 받아들였다. 국가대표팀 유니폼을 입은 베컴은 TV 카메라 앞에서 신데렐라 같은 데뷔에 관해 이야기했고, 이를 본 퍼거슨 감독은 불같이 화를 냈다.

1996/97시즌 베컴은 맨유의 리그 2연패 주역으로 활약하며 영국프로축구선수협회 선정 '올해의 영플레이어'를 수상했다. 대상격인 '올해의 선수' 부문에서도 베컴은 앨런 시어러에 이어 두 번째로 많은 표를 얻었다.

폴 스콜스는 1090년대부터 2000년대까지 스티븐 제라드, 프랭크 램퍼드Frank Lampard와 함께 잉글랜드 황금 중앙 미드필더 3인방을 이룬 한 명이다. 맨유 유소년 시절 키가 너무 작아 퍼거슨 감독은 코치에게 "저 녀석은 가망이 없겠어"라고 말한 적이 있다. 1993년 FA유스컵 결승전 멤버인 스콜스는 1994년 9월 리그컵 포트베일전에서 '깜짝' 두 골을 넣어 팀의 2-1 승리를 만들며 퍼거슨 감독의 눈도장을 받았다.

사흘 뒤 처음 출전한 프리미어리그 경기에서도 스콜스는 골을 터뜨리는 혜성처럼 등장했다. 마크 휴즈가 첼시로 떠나고 에릭 칸토나도 장기 징계로 자리를 비우는 바람에 스콜스는 이른 시점부터 출전 기회를 얻었다. 초창기 퍼거슨 감독은 스트라이커, 2선 공격형 미드필더, 중앙과 측면 미드필더 등 구멍이 난 포지션마다 스콜스를 투입했을 정도로 신임했다.

중앙 미드필더로 완전히 굳어진 계기는 1997/98시즌 로이 킨Roy Keane의 장기 결장이었다. 맨체스터 더비에서 킨은 알프잉에 홀란Alf-Inge Haaland(엘링 홀란Erling Haaland의 부친)과 부딪쳐 수개월간 전력에서 이탈했다. 스콜스가 그 자리를 메우면서 본인의 천성에 맞는 포지션을 발견했다.

스포츠 집안에서 함께 자란 게리와 필립 네빌 형제도 1990년대 중반에 걸쳐 맨유의 일원으로 자리 잡았다. 하키와 넷볼 선수였던 모친의 피를 물려받았다. 필립 네빌과 함께 태어난 쌍둥이 트레이시는 잉글랜드 여자 넷볼 국가대표팀에서 선수와 감독으로 활약했다. 네빌 형제는 10대 시절 고향 랭커셔의 크리켓 청소년팀에서 함께 활약하기도 했다.

나란히 축구 선수의 길을 선택한 네빌 형제는 형 게리가 라이트백, 동생 필립이 레프트백으로 각각 1990년대 중반부터 맨유 선발진으로 뛰었다. 게리 네빌은 1994/95시즌 주전 라이트백인 폴 파커Paul Parker의 부상을 기회로 삼아 세대교체에 성공했다. 퍼거슨 감독은 게리 네빌을 놓고 "동시대 잉글랜드 최고의 라이트백"이라고 극찬했다.

필립 네빌은 평범해 보이는 외모와 달리 거친 태클로 악명 높았다. 퍼거슨 감독의 총애를 받던 풀백 데니스 어윈의 벽이 높았던 탓에 본격적인 출전은 1997/98시즌부터 이뤄졌다. 네빌 형제는 1996년 자국에서 유치한 유로 1996에도 나란히 선발되는 영광을 안았다.

베컴, 게리 네빌과 또래이자 지금도 '절친'으로 지내는 니키 버트는 17세에 프로 데뷔를 신고해 19세가 된 1994/95시즌부터 1군 주전으로 자리 잡았다. 1995년 여름 폴 인스가 인테르나치오날레로 떠나고 팀이 대형 영입에 실패하자 퍼거슨 감독은 중앙 미드필

2009년 11월 올드 트래퍼드에서 열린 에버턴전에서
맨체스터 유나이티드의 라이언 긱스.

사진 Gordon Flood

드의 두 자리를 로이 킨과 버트로 구성해 성과를 봤다. 성실한 플레이와 뛰어난 위치 선정을 앞세워 버트는 경쟁이 치열한 자리인데도 2004년 뉴캐슬로 이적할 때까지 맨유의 일원으로 당당히 활약했다. 2002년 한일월드컵 당시 브라질의 축구 황제 펠레^{Pele}로부터 "세계 최고"라는 극찬을 받은 일화가 유명하다.

11

—

일본에서 날아온 프랑스인 감독
: 아르센 벵거(1996/97시즌)

1990년대 잉글랜드 축구계는 대변혁의 시대였다. 100년 넘게 영국인이 고수했던 전통적 가치가 단시간에 새로운 질서로 재편됐다. 관중 감소를 초래한다는 이유로 제한했던 TV 중계 시장이 프리미어리그 독립 출범과 함께 대폭발했다. 선수 이적과 관련해 20세기 초부터 굳어졌던 '선보유 후이적' 원칙은 보스만 판례가 나오면서 하루아침에 폐기됐다. 경기 후 펍에서 맥주잔을 걸치는 낙으로 살아온 잉글랜드 축구 선수들에게 프랑스인 감독의 금주령은 엄청난 문화 충격이 아닐 수 없었다. 축구 선수는 술을 마시면 안 된다고? 햄버거도 먹지 말라고? 무슨 헛소리야?

'아르센 누구라고?'

1995년 2월 런던 축구의 자존심 아스널은 9년간 함께했던 조지 그레이엄을 감독직에서 해고했다. 그레이엄 감독은 잉글랜드 축구계의 거물이었다. 1986년부터 빅클럽 아스널을 맡아 풋볼리그 1부 우승 2회, FA컵 우승 1회, 리그컵 우승 2회 등의 실적을 남겼다. 그레이엄 감독은 결과 지상주의 축구를 추구했다. 수비를 탄탄히 한 뒤에 역습으로 한 골 승부를 보는 스타일이었다. 팬들은 "따분한 아스널"이라며 손가락질했지만, 확실한 실적을 남기는 덕분에 그의 스타일은 언제 어디서나 당당할 수 있었다.

하지만 선수 영입 과정에서 그레이엄 감독이 에이전트로부터 뇌물을 받은 혐의가 드러났다. 영국 경찰은 1992년 아스널이 욘 옌센John Jensen과 팔 리데르센Pål Lydersen을 영입하는 과정에서 두 선수의 에이전트 루네 하그Rune Hauge가 그레이엄 감독에게 42만 5000파운드를 건넸다고 발표했다. 아무리 클럽 레전드라고 해도 아스널 이사회로서는 어려운 결정을 내려야 했다.

당시 클럽 내 실권자였던 데이비드 딘 부회장은 피터 힐-우드Peter Hill-Wood 회장에게 일본 J리그 나고야 그램퍼스에서 감독을 맡고 있던 아르센 벵거Arsene Wenger를 신임 감독으로 추천했다. 힐-우드 회장과 이사회는 프랑스 출신의 낯선 이름, 심지어 축구 변방리그에서 활동하는 지도자를 신뢰하지 않았다. 결국 아스널은 스튜어트 휴스턴Stewart Houston 감독대행 체제로 1994/95시즌을 마쳤고, 오프시즌이 되자 스코틀랜드 출신인 브루스 리오크Bruce Rioch를 신임 감독으로 영입했다.

왜 데이비드 딘 부회장은 뜬금없이 축구 변방의 지도자를 추천했을까? 딘 부회장과 벵거의 인연은 1989년 봄으로 거슬러 올라

간다. 당시 벵거는 AS 모나코를 이끌고 있었다. 유러피언컵 8강전 상대인 터키 갈라타사라이의 경기를 관찰한 벵거는 모나코로 돌아가는 길에 잉글랜드 축구가 보고 싶어 런던을 경유했다. 코치 시절 벵거는 잉글랜드에서 어학연수를 했는데 그때 구경했던 풋볼리그의 저돌적인 스타일과 열정적인 경기장 분위기에 흠뻑 빠졌다. 옛 추억을 소환하며 벵거가 찾은 곳이 바로 아스널의 홈구장인 하이버리였다. 당시 프랑스와 유러피언컵에서 신선한 바람을 일으키고 있던 벵거가 경기장을 찾았다는 소식을 접하고 딘 부회장이 직접 찾아가 통성명을 나눴다. 그날 저녁식사 자리에서 딘 부회장은 벵거의 명석함을 간파하곤 미래의 아스널 감독 후보로 낙점했다.

세월이 흘러 1994년 9월 벵거는 모나코 감독직에서 물러났다. 본인이 열정을 품고 일하던 프랑스 리그앙에서 터진 마르세유의 승부 조작 스캔들에 회의감을 느꼈기 때문이다. 3개월 뒤 벵거는 일본 J리그 나고야 그램퍼스의 감독 제안을 수용했다. 주위에선 일본행을 말렸다. 유럽 축구에서 밀려나는 듯한 인상을 줄 수 있기 때문이다. 가뜩이나 경쟁이 치열한 유럽 시장에서 한번 아시아를 거친 선수나 지도자는 돌아온들 공평한 기회를 얻기가 매우 어려운 게 현실이었다. 그러나 프랑스 축구계에 대한 벵거의 실망은 생각보다 컸다. 평소 다른 문화를 체험하고 싶었던 개인적 욕구도 J리그 도전을 부추겼다.

일본에서 지내는 동안에도 벵거는 유럽 클럽들로부터 감독직을 제안받았다. 유러피언컵 실적이 있어서다. 하지만 잉글랜드에서는 딘 부회장의 아스널뿐이었다. 벵거가 유럽 무대에서 이름을 날릴 당시 잉글랜드 클럽들은 유럽축구연맹 대회에 출전할 수 없다는 징계가 유효해서 유럽 축구의 최신 트렌드에 매우 어두웠다.

1996/97시즌 초반 아스널의 브루스 리오크 감독은 선수단 영입과 관리에서 문제를 일으켜 두 달 만에 경질됐다. 힐-우드 회장은 본인의 판단이 실패로 판명된 마당에 딘 부회장의 '벵거 카드'를 계속 반대할 명분이 없어졌다. 두 사람은 일본으로 직접 날아가는 정성을 보인 끝에 벵거를 클럽 역사상 최초의 외국인 감독으로 영입할 수 있었다. 1996년 8월 28일 벵거는 나고야 고별전을 마지막으로 야인 생활을 청산하고 유럽 축구에 복귀했다. 나고야 측과 계약을 정리하느라 아스널은 한 달 넘게 벵거 감독의 선임 사실을 공표하지 못했다.

벵거 감독은 막후에서 인맥을 동원해 재빨리 선수 영입에 나섰다. 모나코에서 미래형 재목들을 직접 지도하며 키운 노력이 보상을 받기 시작했다고 할 수 있다. 밀란에서 아약스로 이적하기 일보 직전까지 갔던 수비형 미드필더 파트리크 비에이라Patrick Vieira는 전화선을 타고 들어온 벵거 감독의 설득에 최종 행선지를 런던으로 급변경했다. 스트라스부르의 레미 가르드Remi Garde도 합류했다.

모든 행정 절차가 완료되자 아스널은 9월 22일 벵거 감독을 선임했다고 공식 발표했다. 잉글랜드 축구계는 떨떠름한 반응을 보였다. 런던 일간지 이브닝 스탠다드는 다음 날 1면에 '아르센 누구라고?'라는 유명한 제호를 뽑았다. 심지어 아스널 선수들의 반응도 비슷했다. 딘 부회장이 클럽하우스에서 소집한 선수단 전체 회의에서 벵거 감독을 선임한 사실을 알리자 뒤쪽 자리에서 "젠장, 그게 누군데요?"라는 불평이 튀어나왔다.

'아스널 혁명'

벵거 감독은 잉글랜드 축구계에 이른바 선진 축구의 코칭 기법을 최초로 도입한 지도자로 손꼽힌다. 당시 아스널 선수들은 시즌 중에도 음주를 즐겼다. 홈경기를 끝내고는 하이버리 근처에 있는 펍에서 팬들과 어울려 맥주를 마시는 일이 전통처럼 자리 잡았다. 과학적 선수단 관리에 익숙했던 벵거 감독은 이런 후진적 모습에 고개를 가로저었다. 하지만 벵거 감독은 영리했다. 기존 베테랑과 문화를 존중하면서도 단계적인 개선을 선택했다.

우선 휴일 및 선수단 회식에서 음주를 금지했다. 경기 직전 힘을 낸다며 먹던 치킨을 파스타로 바꿨다. 당시 아스널의 영양사는 리버풀을 벤치마킹해 경기 직전 라커룸에서 선수들에게 치킨을 먹도록 했다. 기름기가 많은 치킨이 선수들에게 도움이 될 리가 없었지만, 당시 잉글랜드 축구계에서는 아직 스포츠과학 지식이 크게 뒤떨어져 있었다.

무엇보다 잉글랜드 현지에서 구경할 수 없었던 대륙의 축구 재원들을 속속 영입해 주전 경쟁을 도모했다. 1996/97시즌 중간에 부임해 시즌을 3위로 마친 뒤 벵거 감독은 아약스의 폭발적 윙어 마르크 오버르마르스를 비롯해 엠마뉘엘 프티Emmanuel Petit, 질 그리망디Gilles Grimandi, 루이스 보아 모르테Luis Boa Morte 등 수준 높은 외국인 선수들을 대거 영입했다. 1997년 여름 영입한 선수 7명 중 6명이 외국인이었고 24세 이하가 4명이었다. 시즌 도중 이적 시장에서는 파리 생제르맹의 18세 스트라이커 니콜라 아넬카도 데려왔다. 해외 리그에 관한 정보가 거의 없었던 아스널의 기존 선수들은 한꺼번에 몰려온 외국인 동료들에게 생경함을 느꼈지만, 훈련에서 입증되는 엄청난 실력에 수긍할 수밖에 없었다.

부임하고 맞이한 첫 풀타임 시즌(1997/98), 아스널은 개막하고 첫 12경기에서 무패를 기록하며 상쾌한 스타트를 끊었다. 벵거 감독은 백4 라인에 기존의 토니 애덤스Tony Adams(주장)와 마틴 키언Martin Keown, 리 딕슨Lee Dixon, 나이절 윈터번Nigel Winterburn을 세워 안정감을 높였다. 파트리크 비에이라가 홀딩 미드필더 포지션에서 백4 라인을 보호했다. 중앙 파트너는 전술 수행 능력이 뛰어난 엠마뉘엘 프티였다. 잉글랜드 대표팀 윙어 레이 팔러Ray Parlour와 마르크 오버르마르스가 양쪽 날개를 맡았고, 최전방에는 2년 전 인테르나치오날레에서 영입한 네덜란드 출신의 월드 클래스 데니스 베르캄프Dennis Bergkamp와 아스널의 레전드 이언 라이트Ian Wright를 세웠다.

베르캄프는 4라운드 레스터 시티 원정에서 환상적 볼 컨트롤로 골을 터뜨리며 해트트릭 활약을 펼쳤다. 라이트도 전성기를 지났지만 볼턴전에서 아스널 179호 골을 기록해 클럽 역대 최다 득점자에 등극했다.

11월 아스널에 위기가 닥쳤다. 주축들의 부상과 부진이 이어지면서 리그 4경기에서 1승 3패로 승점을 잃었다. 홈에서 리그 선두인 맨유를 3-2로 잡은 것이 유일한 소득이었다. 12월 22일 윔블던 원정에서는 후반전 도중 장내 조명이 꺼지는 바람에 경기가 취소되는 해프닝도 겪었다. 경기를 치르지 못한 아스널은 리그 선두 맨유보다 13점이나 처진 리그 6위 자리에서 우울한 크리스마스를 맞이했다.

박싱 데이(12월 26일) 매치업에서 아스널은 레스터를 2-1로 꺾고 반등했다. 이날 승리부터 벵거 감독과 아스널은 거침없이 달렸다. 뒤에서는 터프한 잉글랜드 수비진이 중심을 잡았고, 1선과 2선에서는 속도와 기술을 앞세운 외국인 공격진이 위력을 발휘했다. 아스널이 계속 승점을 쌓는 동안 맨유가 12월 말부터 이듬해 1월 말까지 한 달 동안 리그 4경기에서 3패를 당하면서, 우승 경쟁의 불씨가 다시 커졌다.

조명탑 고장으로 연기됐던 윔블던 원정 경기가 1998년 3월 11일 열렸다. 이 경기 전까지 맨유와 아스널의 승점 차는 여전히 11점으로 두 자릿수였다. 아스널은 크리스토퍼 레Christopher Wreh의 시즌 첫 골 덕분에 윔블던을 1-0으로 꺾었다. 같은 날 맨유는 웨스트햄 원정에서 1-1로 비겨 나흘 전 셰필드 웬즈데이와의 원정 경기에서 0-2로 패배한 후 리그 두 경기에서 5점을 날렸다.

3월 14일 맨유의 홈구장 올드 트래퍼드에서 두 클럽이 격돌했다. 운명의 식스포인터에서 79분 오버르마스가 천금 같은 결승골을 터뜨려 아스널이 맨유를 1-0으로 꺾었다. 이어 아스널은 웬즈데이전과 볼턴전까지 무실점으로 틀어막아 리그 8경기 연속으로 클린 시트 행진을 벌였다.

맨유와 아스널의 순위는 결국 4월 11일 뒤집혔다. 아스널은 3월 11일 윔블던전부터 5월 3일 에버턴전까지 리그 10연승을 기록하며 프리미어리그 첫 우승을 확정했다. 1990/91시즌 이후 7년 만의 우승이며 통산 11번째 잉글랜드 챔피언 등극이었다.

남은 두 경기에서 로테이션으로 체력을 정비한 아스널은 5월 16일 웸블리 스타디움에서 열린 FA컵 결승전에서도 마크 오버르마스와 니콜라 아넬카의 연속 득점에 힘입어 통산 7번째 우승을 차지했다. 일본에서 날아온 프랑스인 축구 감독이 부임한 지 2

아르센 벵거 감독

년 만에 콧대 높은 잉글랜드 무대에서 시즌 더블을 달성한 것이다.

블랙번 로버스와 뉴캐슬, 리버풀, 리즈 유나이티드 등이 '반짝' 경쟁에 그친 가운데 벵거 감독의 출현은 이후 프리미어리그 우승 경쟁을 더욱 흥미진진하게 만드는 동력이 된다. 특히 벵거 감독의 '아스널 혁명'은 잉글랜드 축구가 세계 축구 트렌드를 따라갈 수 있는 발판으로 작용했다. 오랜 세월 굳어졌던 관행을 없애고 도입한 과학적 선수단 관리법은 벵거 감독의 성공을 계기로 다른 클럽들에도 보급됐다. 선수 개인의 영양 섭취, 체력 관리, 각종 스포츠 과학 기법은 선수단 전체의 컨디션을 높은 수준으로 유지하게 해 줘 리그 전체의 경기력 향상으로 이어졌다. 콧대 높은 잉글랜드 축구계에서 프랑스인 벵거 감독이 축구 현대화의 결정적 기여자로서 존경받는 이유다.

12
—

유러피언 트레블: 맨체스터 유나이티드
(1998/99시즌)

유럽 클럽계 최고의 영예가 있다. '유러피언 트레블European Treble'
이다. 한 시즌에 자국 리그와 컵대회, 그리고 UEFA 챔피언스리그
를 모두 제패하는 업적을 의미한다. 최고의 영예를 쟁취했던 유럽
클럽은 지금까지 총 7곳이다. 1967년 셀틱을 시작으로 1972년 아
약스, 1988년 PSV 에인트호번, 1999년 맨체스터 유나이티드, 2010
년 인테르나치오날레, 그리고 유러피언 트레블을 두 번이나 기록
한 바르셀로나(2009년, 2015년)와 바이에른 뮌헨(2012년, 2020년)이다.
1998/99시즌 유럽 3관왕을 차지한 맨유는 영국 2호, 잉글랜드 1호
에 해당한다.

골 득실까지 동률

트레블을 거머쥐었다고 하니까 1998/99시즌 맨유가 절대 강자였다고 생각하기 쉽다. 하지만 트로피 3개를 수집하기 위해 맨유는 세 대회에서 모두 험난한 장애물을 극복해야 했다. 직전 시즌 프리미어리그 타이틀을 아스널에 빼앗긴 맨유는 1998년 여름 이적 시장에서부터 돈지갑을 활짝 열었다.

알렉스 퍼거슨 감독은 애스턴 빌라에서 3시즌 연속으로 두 자릿수 득점을 기록한 트리니다드 토바고 출신 스트라이커 드와이트 요크(1260만 파운드), 아약스의 대형 센터백 야프 스탐Jaap Stam(1060만 파운드), 스웨덴 출신 윙어 예스페르 블롬크비스트Jesper Blomqvist(440만 파운드)를 각각 영입했다. 디펜딩 챔피언 아스널의 전력 강화는 윙어 프레디 융베리Freddie Ljungberg와 공격수 카바 디아와라Kava Diawara 정도로 다소 소극적이었다. 오히려 1998년 월드컵 우승 멤버인 마르셀 데사이Marcel Desailly를 손에 넣은 런던 라이벌 첼시가 화제를 모았다.

시즌 초반부터 첼시가 신선한 바람을 일으키며 선두로 치고 나갔다. 아스널과 맨유도 서서히 기어를 올리면서 승부처를 향해 달렸다. 데이비드 오리어리David O'leary 감독이 이끄는 리즈 유나이티드도 공격적 전력 강화의 효과를 드러내면서 상위권 다툼에 참여했다.

빡빡한 경기 일정을 치르며 선수단 전체에 부하가 걸리게 되는 12월부터 우승 경쟁은 맨유와 아스널의 2강 체제로 정리돼갔다. 아스널은 전력 강화에 소극적이었는데도 역시 디펜딩 챔피언다운 힘을 선보였다. 특히 토니 애덤스와 마틴 키언의 센터백, 나이절 윈터번과 리 딕슨의 좌우 풀백, 그 앞에 서는 파트리크 비에이라는 그야말로 '통곡의 벽'(해당 시즌 리그 38경기 17실점)을 세워 승점을 지켰다. 맨유의 라이트백 게리 네빌은 은퇴 후 인터뷰에서 "1998/99 시즌 아스널은 속도와 힘, 체력, 수비까지 전부 갖췄다. 게다가 좋은 골키퍼와 골잡이까지 보유한 완성형 스쿼드였다"고 칭찬했다.

맨유는 새로 영입한 드와이트 요크와 기존 골잡이 앤디 콜이 치명적 투톱 플레이를 선보이며 상대를 압도했다. '퍼거슨의 햇병아리들'은 어엿한 주전으로 성장해 감독의 기대에 부응했다. 맨유가 창이라면 아스널은 방패였다.

두 클럽은 12월부터 우승 경쟁 모드에 돌입했다. 양쪽 모두 질 경기를 비기거나 비길 경기를 승점 3점으로 바꾸는 강자 본능을 발휘하며 무패 행진을 벌였다. 결국 맨유가 아스널에 4점 앞선 상태로 1999년 4월 일정을 시작했다. 마지막 8경기에서 우승 향배가 갈린다는 뜻이었다.

4월 첫 경기에서 맨유는 윔블던 원정에서, 아스널은 사우샘프턴 원정에서 각각 무승부에 그쳤다. 하지만 사흘 뒤 아스널은 홈에서 블랙번을 1-0으로 꺾어 맨유와의 승점 차를 1점으로 줄였다. 맨유는 챔피언스리그 준결승 1차전에서 유벤투스를 상대하느라 리그 일정이 뒤로 밀렸다.

4월 둘째 주 두 클럽은 FA컵 준결승전에서 격돌했다. 1차전에서 연장전까지 무득점으로 끝나는 바람에 사흘 뒤 중립 지역인 빌라 파크에서 재경기를 치러야 했다. 퍼거슨 감독은 체력 안배를 위해 라이언 긱스를 선발에서 뺐다. 전반 17분 데이비드 베컴이 멋진 중거리포를 터뜨려 선제골을 뽑아냈다. 아스널이 컵대회를 포함해 8경기 만에 처음 허용한 실점이었다. 후반 24분 아스널의 골잡이 데니스 베르캄프가 천금 같은 동점골을 터뜨려 승부를 원점으로 돌렸다.

후반 29분 변수가 발생했다. 맨유의 주장 로이 킨이 두 번째 경고를 받아 퇴장당한 것이다. 승기를 잡은 아스널은 후반 추가시간에 라이트윙어 레이 팔러가 페널티킥을 획득했다. 베르캄프가 키커로 나섰다. 절체절명의 순간에 맨유의 수호신 피터 슈마이켈이 베르캄프의 페널티킥을 막았다. 결국 경기는 1-1 동점에서 다시 연장전에 돌입했다.

양쪽 모두 체력 저하가 두드러진 가운데 긱스가 자기 진영에서 비에이라의 횡패스를 끊어냈다. 후반 교체로 들어온 긱스에겐 배터리가 충분했다. 긱스는 혼자 아스널 수비수 4명을 통과해 페널티박스 안 왼쪽까지 진입했다. 이 과정에서 잉글랜드 국가대표 풀백인 리 딕슨은 긱스에게 두 번이나 돌파를 허용하는 흑역사를 썼다. 긱스는 통렬한 왼발 슛으로 잉글랜드 국가대표팀 골키퍼 데이비드 시먼David Seaman까지 무너뜨렸다. 맨유는 남은 시간을 잘 버텨내 FA컵 결승 진출에 성공했다.

경기 후 퍼거슨 감독은 "우리 팬들, 우리 선수들 모두 아주 오랫동안 이 골에 관해 이야기할 것이다. 그런 게 바로 축구"라며 흥분했다. 4명을 돌파해 득점으로 연결한 긱스의 솔로 골은 잉글랜드 축구계에서 역사상 가장 위대한 골 중 하나로 손꼽힌다.

맨유는 챔피언스리그 준결승전에서도 선전했다. 유럽 무대에서 지긋지긋한 악연을 이어가던 이탈리아 최강자 유벤투스와 맞붙어 홈 1차전에서 1-1로 비긴 뒤 원정 2차전에 나섰다. 토리노의 저녁은 암울하게 시작했다. 유벤투스의 골잡이 필리포 인자기Filippo

Inzaghi가 킥오프를 한 지 6분, 11분 만에 연속으로 두 골을 터뜨렸다.

일찌감치 승부가 갈린 것처럼 보인 상황에서 전반 24분 로이 킨이 회심의 추격 헤더골을 터뜨렸다. 10분 뒤에는 앤디 콜의 크로스를 드와이트 요크가 머리로 받아 넣어 2-2 동점을 만들었다. 일방적으로 밀리는 가운데 킨의 투혼이 돋보였다. 끈질기게 버틴 맨유는 후반 38분 요크가 만든 기회를 콜이 마무리해 합산 스코어 4-3으로 대망의 결승행 티켓을 거머쥐었다. 하지만 이긴 뒤에도 킨과 폴 스콜스는 웃지 못했다. 이날 받은 경고로 인해 결승전 출전이 불가능해졌기 때문이다.

맨유가 유럽에서 싸우는 동안 프리미어리그에서 아스널은 윔블던과 미들즈브러를 상대로 11골을 퍼부어 네 경기를 남겨둔 상태에서 리그 선두를 탈환했다. 두 경기 연속으로 대량 득점하면서 맨유와 벌어졌던 골 득실 차도 없앨 수 있었다. 이후 맨유가 리즈, 리버풀과의 경기에서 비기는 바람에 아스널은 우승을 향한 희망이 커졌다.

5월 9일 맨유가 미들즈브러 원정에서 1-0으로 승리해 두 팀은 승점은 물론 골 득실까지 동률을 이루는 박빙 경쟁을 이어갔다. 남은 두 경기에 걸린 승점 6점으로 1998/99시즌 타이틀의 주인이 가려지는 상황이었다. 5월 11일 아스널이 리즈 원정에 나섰다. 후반 41분 리즈의 네덜란드 출신 스트라이커 지미 플로이드 하셀바잉크Jimmy Floyd Hasselbaink가 선제골을 터뜨려 갈 길 바쁜 아스널을 넘어뜨렸다. 6분이나 주어진 후반 추가시간에도 아스널은 반전하지 못한 채 패했다. 리그에서 20경기 만에 처음 패한 결과는 치명적이었다.

같은 날 맨유는 블랙번 원정에서 승점 1점을 따냈다. 맨유는 76점, 아스널은 75점 상태로 리그 최종전에 임했다. 동시에 시작된 리그 최종전에서 맨유가 토트넘에 전반 24분 선제 실점을 허용하자 런던에서 빌라를 상대하던 아스널의 팬들이 큰 함성을 질렀다. 하지만 맨유는 챔피언이었다. 전반 42분에 베컴이, 후반 시작하자마자 콜이 연이어 골을 터뜨려 승부를 2-1로 뒤집었다. 아스널도 2월에 영입한 은완코 카누Nwanko Kanu가 후반 21분 터뜨린 골로 1-0 승리를 거뒀지만, 결국 우승 폭죽은 맨체스터 올드 트래퍼드에서 터졌다.

누캄프의 기적

리그 우승을 확정한 지 엿새 뒤 맨유는 웸블리 스타디움에서 열린 FA컵 결승전에 출전했다. 상대는 뉴캐슬 유나이티드였다. 5월 들어 맨유가 22일 사이에 치르는 여섯 번째 경기였다. 선수들의 체력은 바닥을 드러냈지만, 프리미어리그 우승 탈환이 큰 동기부여가 됐다. 전반 초반 테디 셰링엄, 후반 초반 폴 스콜스가 각각 골을 터뜨린 맨유가 뉴캐슬을 2-0으로 제압하고 시즌 더블을 달성했다.

나흘 뒤 맨유는 스페인 바르셀로나 누캄프에서 열리는 챔피언스리그 결승전에 임해야 했다. 상대는 독일의 천하무적 바이에른 뮌헨이었다. 퍼거슨 감독은 중앙 척추에 해당하는 로이 킨과 폴 스콜스의 공백을 메워야 했다. 전문가들은 긱스가 중앙 미드필더에 기용될 것이라고 예상했다. 퍼거슨 감독은 모두의 예상을 깨고 그 자리에 베컴을 세웠다. 스웨덴 출신 윙어 블롬크비스트가 왼쪽, 긱스가 오른쪽 날개를 각각 맡았다.

영국 언론조차 퍼거슨 감독의 '깜짝 카드'에 의문을 지우지 못했다. 크로스 능력이 압도적인 베컴은 어디까지나 측면 자원이라는 이미지가 강했다. 그뿐 아니라 거친 몸싸움을 펼쳐야 하는 중앙 미드필더 역할을 수행하기에 베컴은 너무 약해 보였다. 하지만 퍼거슨 감독은 베컴의 축구 센스를 높이 평가했다. 신체 접촉보다 경기를 읽는 눈과 흐름을 놓치지 않는 위치 선정을 믿어보기로 한 셈이다.

유럽 축구 시즌의 피날레 격인 단판 승부는 시작한 지 6분 만에 균형이 깨졌다. 바이에른의 전문 키커 마리오 바슬러^{Mario Basler}의 프리킥이 절묘하게 맨유 골문 안으로 꽂혔다. 천하의 피터 슈마이켈도 선 채로 당할 수밖에 없었다. 시종일관 경기는 바이에른의 주도로 진행됐다. 맨유는 이렇다 할 장면을 만들지 못한 채 바이에른의 확실하고 단단한 경기 운영에 일방적으로 끌려갔다.

후반전 상황도 나아지지 않았다. 오히려 후반 중반 메흐메트 숄^{Mehmet Scholl}의 슛이 골대에 맞고 나오는 행운에 가슴을 쓸어내려야 했다. 경기는 바이에른의 1-0 리드 상태로 후반 추가시간에 들어갔다. 유럽축구연맹의 렌나르트 요한손^{Lennart Johasson} 회장과 일행은 시상식을 준비하기 위해 후반전 막판 VIP석을 떠나 엘리베이터를 타고 1층으로 이동했다.

후반 추가시간이 시작하는 동시에 베컴이 코너킥을 준비했다. 골키퍼 슈마이켈까지 올라왔다. 혼전 중에 흐른 볼을 아크 왼쪽에 있던 긱스가 오른발로 때렸고, 앞서 있던 셰링엄이 방향만 살짝 바꿔 천금 같은 1-1 동점골을 터뜨렸다. 믿을 수 없는 동점골에 맨유

벤치와 팬들은 환호성을 질렀다. 바이에른 선수들은 그 자리에서 얼어붙었다.

혼돈은 계속됐다. 재개되자마자 맨유가 다시 같은 곳에서 코너킥을 획득했다. 이번에도 키커는 베컴이었다. 코너킥은 니어 코너 지점으로 날카롭게 휘어 들어갔다. 뒤에 있던 셰링엄이 쇄도해 머리로 방향을 돌려놓았다. 문전에 있던 올레 군나르 솔셰르Ole Gunnar Solskjær가 본능적으로 뻗은 오른발에 맞고 굴절된 볼이 바이에른의 골문 안에 꽂혔다. 챔피언스리그 결승전이라는 1년 중 최대 빅매치에서 맨유가 후반 추가시간에만 두 골을 넣어 승부를 뒤집은 것이다. 맨유 쪽 벤치조차 믿을 수 없다는 표정을 지었다. 한순간에 지옥에 떨어진 바이에른에는 회생할 시간이 없었다. 피에를루이지 콜리나Pierluigi Collina 주심이 경기 종료를 알리는 휘슬을 불면서 '누캄프의 기적'은 맨유의 통산 두 번째 챔피언스리그 우승으로 마무리됐다.

바이에른이 한 골 앞선 상태에서 자리를 뜬 요한손 유럽축구연맹 회장은 1층에 도착해보니 스코어가 맨유의 2-1 리드로 뒤바뀐 것을 보고 어리둥절해했다. 요한손 회장은 "이긴 팀은 울고 진 팀이 춤을 추고 있더라"며 당시를 회상했다. 경기 후 TV 인터뷰에서 첫 질문에 퍼거슨 감독은 "아, 축구, 젠장"이라며 말을 잇지 못했다. 이 발언은 지금까지 영국 축구에서 가장 유명한 어록 중 하나로 남는다.

역대 유러피언 트레블 달성자들은 대부분 압도적 전력을 앞세워 자국 리그나 컵대회를 무난히 확보한 뒤에 챔피언스리그 결승전에 임하는 사례가 대부분이었다. 당시 맨유는 전혀 달랐다. 프리미어리그부터 FA컵, 챔피언스리그 모두에서 마지막 순간까지 손에 땀을 쥐는 접전을 펼쳤다. 5월 16일, 22일, 26일로 이어지는 열흘 내내 가시밭길을 거쳐 유러피언 트레블의 영광을 썼으니 맨유의 성취감은 누구보다 클 수밖에 없었다. 1998/99시즌은 맨유 역사에서 가장 찬란히 기억된다.

13

—

잉글랜드 유일의 유럽 득점왕
: 케빈 필립스(1999/2000시즌)

'유러피언 골든슈'는 유럽 리그 최고 득점왕에게 시상되는 개
인상이다. 1967/68시즌 프랑스 일간지 레퀴프가 시작해 독일 스
포츠 브랜드 아디다스가 잇다가 1996/97시즌부터 유럽 굴지의 축
구 전문 언론사 연합체인 '유러피언 스포츠 미디어'가 행사를 주관
하고 있다. 유러피언 스포츠 미디어는 유럽축구연맹 회원국에 리
그별 가중치를 적용해 매년 '유러피언 골든슈'의 주인공을 선정한
다. 역대 최다 수상자 목록에서 리오넬 메시가 여섯 차례로 1위, 크
리스티아누 호날두Cristiano Ronaldo가 네 차례로 2위를 기록하고 있다.
프리미어리그 클럽은 지금까지 '유러피언 골든슈' 수상자를 5명
배출했는데 이중 잉글랜드 국적자는 케빈 필립스Kevin Phillips 한 명뿐
이다.

몸값 저렴하고 성공에 굶주린

필립스는 축구에 관한 한 흙수저 출신이다. 10대 시절 사우샘프턴 아카데미에서 프로를 꿈꿨지만, 18세가 되던 해에 필립스는 클럽으로부터 버림받는다. 작은 키가 치명적 단점이었다. 성인이 된 이후에도 키가 170센티미터밖에 되지 않았다. 갑자기 축구의 길이 막힌 그는 고향 허트퍼드셔로 돌아와 세미프로 클럽인 발독 타운에서 뛰기로 했다.

프로 클럽이 아니었던 탓에 동네 제과점에서 빵을 굽는 일로 용돈을 벌어야 했다. 하위 리그의 클럽이라 선수 구성도 아마추어 수준을 벗어나지 못했다. 하루는 경기를 앞두고 팀의 스트라이커들이 전부 다치는 해프닝이 벌어졌다. 감독은 스트라이커로 뛰고 싶은 사람이 있는지 선수들에게 물었고, 여기서 라이트백이었던 필립스가 번쩍 손을 들었다. 어릴 때부터 키가 작았던 필립스는 유소년 내내 풀백으로만 뛰었다. 하지만 필립스의 가슴속엔 골잡이 DNA가 숨어 있었다. 스트라이커로 처음 뛴 경기에서 두 골을 터뜨렸고, 이날부터 포지션은 최전방으로 옮겨졌다.

하위 리그에서 소문이 나자 챔피언십(2부)의 왓퍼드가 필립스를 영입하겠다고 나섰다. 발독 타운은 이적료 1만 5000파운드에 그를 왓퍼드의 글렌 로더^{Glenn Roeder} 감독에게 넘겼다. 사우샘프턴 유소년에서 쫓겨난 지 3년 만에 프로축구 선수가 된 것이다. 21세가 돼서야 프로에 데뷔한 필립스는 첫 시즌에 리그 16경기에서 9골을 기록해 합격점을 받았다.

1996/97시즌 3부로 강등된 왓퍼드가 첫 시즌을 마쳤을 때 선덜랜드의 피터 리드^{Peter Reid} 감독이 왓퍼드 쪽에 필립스를 팔라고

제안했다. 1997년 여름 선덜랜드는 프리미어리그에서 챔피언십으로 강등된 충격을 완화해야 했다. 또 리드 감독은 31세 베테랑 스트라이커 나이얼 퀸Niall Quinn의 파트너였던 데이비드 코놀리David Conolly를 네덜란드의 페예노르트에 판 공백을 메워야 했다. 몸값이 저렴하고 성공에 굶주렸으며 발전 가능성이 큰 선수여야 했다. 왓퍼드에서 이제 막 득점력을 입증하고 있던 필립스가 제격이었다. 선덜랜드는 이적료 기본 32만 5000파운드, 최대 60만 파운드에 왓퍼드의 주전 스트라이커를 영입할 수 있었다.

1997/98시즌 선덜랜드의 리드 감독은 최전방에 193센티미터의 퀸과 170센티미터의 필립스를 투톱으로 배치했다. 교과서에나 볼 법한 '빅 앤 스몰' 조합의 전형이었다. 심지어 두 공격수는 장단점도 상호 보완적이었다. 퀸은 큰 키와 경험을 갖춰 몸싸움과 위치선정에 능숙했다. 필립스는 작지만 빠른 순간 스피드로 상대 수비의 뒤쪽 공간을 파고드는 움직임이 일품이었다. 필립스와 퀸은 리그에서만 43골을 합작해 승격으로 가는 희망을 키웠다. 필립스는 시즌 48경기에서 35골을 기록해 제2차 세계대전 이후 선덜랜드 역대 단일 시즌 최다 득점 신기록을 작성했다.

승격이 걸린 플레이오프 결승전에서 선덜랜드는 찰턴 애슬레틱에 승부차기로 패하는 바람에 1부 복귀의 꿈이 깨지고 말았다. 하지만 다음 시즌에도 필립스와 퀸이 이룬 투톱은 리그에서만 41골을 합작했다. 필립스는 발가락이 골절되는 부상을 겪고도 리그 23골을 기록했고, 퀸은 30대 나이가 무색하게도 리그 39경기에 출전해 18골을 보탰다. 필립스는 잉글랜드 국가대표팀에 승선하는 영광까지 맛봤다. 완벽해 보이던 1998/99시즌의 마지막은 프리미어리그 승격 성공이라는 값진 결실로 마무리됐다.

선덜랜드 돌풍

1999/2000시즌을 앞두고 선덜랜드 주변에서는 검증된 스트라이커가 필요하다는 의견이 지배적이었다. 지난 두 시즌 동안 필립스가 60골을 넣었다고 해도 프리미어리그에서는 통하기 힘들다는 이유였다. 심지어 선수 본인조차 프리미어리그와 챔피언십의 차이를 인정했다. 개막을 앞둔 인터뷰에서 필립스는 "프리미어리그는 전혀 다를 것이다. 한 경기에서 한두 번밖에 없는 기회를 꼭 살려야 한다. 내 안에 있는 자신감과 신념을 의심해본 적은 없지만, 챔피언십에서 두 시즌 뛴 뒤에 프리미어리그로 넘어가는 것이 큰 도전이기는 하다"고 밝히며 신중한 모습을 보였다.

대망의 프리미어리그 개막전은 첼시 원정이었다. 당시 첼시는 로만 아브라모비치Roman Abramovich 시대가 열리기 전이었지만 여전히 선덜랜드에 비해 큰 차이를 보이는 스쿼드를 보유한 팀이었다. 유벤투스에서 챔피언스리그를 제패한 잔루카 비알리Gianluca Viali 감독을 위시해 이탈리아 출신 테크니션 잔프랑코 졸라Gianfranco Zola, 한때 잉글랜드 최고 몸값을 기록했던 크리스 서튼, 1998년 월드컵 우승 멤버인 디디에 데샹Didier Deschamps과 마르셀 데사이, 우루과이 스타 거스 포예트Gus Poyet 등 이름값만으로 웬만한 상대의 기를 죽일 만큼 화려한 스쿼드를 자랑했다.

선덜랜드의 리드 감독은 필립스와 나이얼 퀸이 이루는 투톱으로 승격 첫 경기에 나섰고, 결과는 0-4 참패로 끝났다. 객관적 전력상 자연스러운 결과였기에 4-0이라는 스코어라인은 특별한 이슈를 만들지 못했다. 런던에서 돌아온 선덜랜드는 사흘 만에 리그 두 번째 경기에서 왓퍼드를 상대했다. 필립스는 친정을 상대로 두 골을 터뜨려 팀에 승격 첫 승리를 안겼다.

이후 선덜랜드는 기대 이상의 성적을 내기 시작했다. 4라운드 리즈전에서 패배한 뒤 5라운드 뉴캐슬전부터 14라운드 미들즈브러전까지 10경기에서 연속 무패로 달렸다. 9월 18일에 있었던 더비 카운티 원정이 선덜랜드의 돌풍을 상징했다. 변함없이 선발로 출전한 필립스는 이날 해트트릭을 달성해 리그 득점 수를 8골로 늘렸다. 공격 파트너 퀸도 한 골을 보태 팀의 5-0 대승을 견인했다. 순위가 4위까지 치솟은 선덜랜드는 12월의 첫 경기에서 첼시를 홈으로 불러들였다. 개막전에서 0-4 참패의 굴욕을 안겨준 바로 그 런던 클럽이었다.

선덜랜드는 프리미어리그 분위기에 적응하지 못했던 개막전 때와는 전혀 다른 팀이 돼 있었다. 스타디움 오브 라이트를 가득 메운 선덜랜드 팬들은 킥오프 1분도 되기 전에 터진 퀸의 선제골에 열광했다. 한 골 앞선 23분, 상대 골문 22미터 앞 지점에서 필립스 앞으로 볼이 떨어졌다. 마크맨은 챔피언스리그와 월드컵에서 모두 우승한 월드 클래스 센터백 마르셀 데사이였다. 필립스는 본능적인 판단을 내렸다. 볼을 잡지 않고 그대로 오른발로 때린 것이다. 필립스의 드롭 슛은 첼시의 수문장 에트 더후이^{Ed de Goey}가 뻗은 손과 크로스바 사이를 정확히 지나쳐 골네트를 흔들었다. 지금도 필립스는 이 골을 "인생 최고의 골"이라고 말한다.

선덜랜드의 환희는 계속된다. 전반전 막판 퀸의 영리한 슛이 골키퍼의 손을 맞고 나오자 필립스가 팀의 세 번째 골로 연결해 스코어를 3-0으로 만들었다. 2분 뒤 이번에는 퀸이 본인의 두 번째, 팀의 네 번째 골을 터뜨렸다. 경기 막판 실점을 허용했지만 선덜랜드는 4-1 완승을 거두며 개막전 굴욕을 완벽히 갚았다. 선덜랜드는 다음 경기에서도 사우샘프턴을 2-0으로 제압해 리그 3위에 등극하는 쾌거를 이뤘다.

시즌 하반기가 되자 선덜랜드는 힘에 부치기 시작했다. 박싱데이에 치른 맨유전에서 0-5 대패를 당한 뒤 2000년 3월 18일 미들즈브러전까지 11경기 연속으로 무승 부진에 빠져 순위가 10위로 밀려났다. 특별한 문제는 아니었다. 막 승격한 팀으로서 넘어설 수 없는 스쿼드의 한계에 부딪쳤을 뿐이다. 하지만 선덜랜드는 시즌 막판 다시 경기력을 정비해 리그 7위로 시즌을 마치는 개가를 올렸다. 8위인 레스터가 리그컵을 차지하는 바람에 선덜랜드는 UEFA컵 출전권을 양보하는 불운을 겪었지만 선덜랜드 팬들 중 1999/2000시즌의 결과를 아쉬워하는 사람은 없었다.

최대 수확은 선덜랜드가 프리미어리그 득점왕을 배출했다는 점이다. 필립스는 5월 6일 리그가 끝나기까지 한 경기 남겨둔 웨스트햄전에서 1-0 결승골을 터뜨려 첫 프리미어리그 도전에서 30골 고지에 서는 '작은 기적'을 만들었다. 공격 콤비 퀸도 리그 35경기에서 14골을 보태 황혼기에 접어든 경력에 반짝이는 빛을 첨가했다.

시즌이 끝난 뒤 필립스는 '유러피언 골든슈' 계산에서 프리미어리그 가중치인 '2'가 적용되어 총 60점으로 유럽 득점왕에 오르는 기쁨을 안았다. 1966년 해당 개인상이 출범한 이후 지금까지 '유러피언 골든슈'를 차지한 잉글랜드 선수는 필립스가 유일하다.

참고로 필립스 이후 프리미어리그에서 잉글랜드 국적 득점왕이 나오기까지는 16년(2015/16시즌 해리 케인^{Harry Kane})이나 걸렸다.

득점 기록만 보면 필립스는 1999/2000시즌의 영광을 재현하지는 못했다. 하지만 '한 시즌 반짝'이라는 평가는 부당하다. 필립스는 2002/03시즌 선덜랜드가 강등된 뒤에 사우샘프턴과 애스턴 빌라에서 계속 프리미어리그 활약을 이어갔다. 부상을 당해 경기에 제대로 출전하지 못한 시즌을 제외하곤 두 자릿수 득점도 꾸준히 기록했다. 2007/08시즌에는 34세 나이에도 웨스트브로미치 앨비언의 주포로 뛰면서 2부 리그 35경기에서 22골을 넣는 맹활약을 펼쳐 팀의 프리미어리그 승격을 이끌었다. 시즌이 끝난 뒤 필립스는 챔피언십 '올해의 선수'로 선정됐다. 시즌 도중 임대로 합류한 김두현과 호흡을 맞춰 한국 팬들에게 이름을 알리기도 했다.

프리미어리그로 올라간 웨스트브로미치가 1년 계약을 제안하자 필립스는 2년을 보장한 2부 버밍엄 시티로 이적하는 현명한 판단을 내렸다. 30대 중반이 되어 프리미어리그에서 그저 그런 선수 취급을 받느니 2부에서도 규모가 큰 버밍엄의 주전을 선택하는 편이 낫기 때문이다. 필립스는 2008/09시즌 챔피언십에서 리그 36경기에 나서 14골을 넣음으로써 제 몫을 해냈다.

필립스의 조연으로서 기억에 남지만, 나이얼 퀸 역시 큰 존재로서 역사에 남는다. 빛나는 1999/2000시즌으로부터 3년이 지난 2003년 퀸은 현역 은퇴를 선언했다. 아스널에서 프로 무대에 데뷔해 맨체스터 시티에서도 다년간 활약했지만, 그가 마음의 고향으로 삼은 곳은 선덜랜드였다. 은퇴하고 3년 뒤, 퀸은 투자자들을 모아 선덜랜드를 인수한 다음 직접 회장직을 수행했을 정도로 애착을 보였다. 선덜랜드 현지에서도 퀸은 마음씨 좋은 레전드로서 팬들로부터 존경을 받는다. 아일랜드 국가대표팀에서 91경기 21골이나 되는 기록을 남긴 레전드다.

필립스도 퀸과 함께 프리미어리그 무대를 누비던 시절을 아름답게 회상한다. "퀸의 몸이 젊은 시절만큼 빠르지 않았던 탓에 내가 뛰는 플레이를 맡았다. 그래서 둘의 호흡이 잘 맞았다. 퀸이 상대 진영에서 볼을 따내는 동안 나는 뒤로 돌아 들어가 기회를 잡을 수 있었다. 나중에 상대가 그런 플레이에 적응하기는 했지만, 첫 시즌은 우리 둘을 제대로 막는 팀이 별로 없었다."

14

—

1990년대 프리미어리그 빌런
: 로이 킨, 윔블던 FC, 폴 머슨

20세기 잉글랜드 축구를 상징하는 단어는 피지컬이었다. 격렬한 충돌을 마다하지 않는 터프함, 쓰러져도 벌떡 일어나는 사내다운 자세, 축구가 아니라 전쟁에 임한다는 투쟁심이야말로 잉글랜드 축구의 미덕이었다. 문화적으로 축구는 남성성의 상징처럼 여겨져오면서 나약하거나 정정당당하지 못한 모습이 잉글랜드에서는 '안티 풋볼'로 통했다. 심판 역시 웬만한 태클에는 휘슬을 불지 않았다. 1990년대 들어 가속화되는 시장과 각종 변화를 겪으면서도 100년 넘게 이어진 잉글랜드 축구의 '싸나이 문화'는 쉽게 사라지지 않았다.

축구와 폭력

잉글랜드의 터프한 축구 문화는 다양한 악당을 양산했다. 경기 중 상대를 윽박지르거나 거친 몸싸움을 불사한다. 반칙을 범해도 자기 팬들로부터 박수를 받는다. 넓은 의미에서는 상대 선수도 동업자 범주에 들어가지만, 이들에겐 쓰러뜨려야 할 적일 뿐이다. 종목 특성상 축구와 폭력은 떼려야 뗄 수 없다. 그런 환경은 어느 종목보다 많은 터프가이를 생산하고, 팬들 사이에서는 축구 실력과 별개로 '컬트 히어로'로 추앙받는다.

가장 먼저 떠오르는 '프리미어리그 빌런'은 단연 맨체스터 유나이티드와 아일랜드 국가대표팀에서 절대적 존재로 추앙받았던 로이 킨이다. 노팅엄 포레스트에서 킨은 독보적 전술 수행 능력과 투쟁심 가득한 허슬 플레이를 보여 단번에 빅클럽의 눈길을 사로잡았다. 1993년 포레스트가 강등되자 킨은 계약 조항을 이용해 블랙번 로버스로 이적하기로 했다. 그런데 문제가 생겼다. 행정 처리에 필요한 서류가 빠지는 바람에 블랙번과 킨의 계약이 지연된 것이다. 맨유의 알렉스 퍼거슨 감독에게 이 소식이 전달됐다. 퍼거슨 감독에게도 킨은 놓치기에 너무 아까운 투사였다. 재빨리 움직인 덕분에 맨유는 어부지리로 킨의 영입에 성공했다.

프리미어리그 원년 시즌 우승의 공로자인 브라이언 롭슨Bryan Robson(당시 36세)이 부상으로 경기에 나서지 못하게 되면서, 킨이 행운처럼 빈자리를 메우고 맨유에 연착륙할 수 있었다. 2년 뒤 퍼거슨 감독이 리빌딩을 개시할 때 킨의 주전 입지는 더욱 확고해졌다.

퍼거슨 감독은 킨을 사랑했다. 다른 스타처럼 사치나 유명세를 즐기지 않았기 때문이다. 킨은 축구 외에는 관심이 없었다. 동료들의 수천만 원짜리 손목시계를 저주하고 초고액 연봉에 감사하지 않는 선수들의 문화를 신랄하게 꼬집었다. 팀을 위해 헌신하고 끝까지 포기하지 않는 자세도 일품이었다. 1997년 여름 에릭 칸토나가 돌연 은퇴했을 때 퍼거슨 감독은 주장 완장을 곧바로 킨에게 넘겼을 정도로 총애했다.

킨이 주장을 맡은 시즌은 개막한 지 1개월 만에 끝나버렸다. 1997년 9월 리즈 유나이티드를 상대하던 킨은 상대 미드필더 알프 잉에 홀란과 엉켜 넘어졌다. 큰 충돌이 아니었다고 생각한 홀란은 누워서 고통스러워하는 킨에게 "당장 일어나!"라고 윽박질렀다. 실제로 해당 영상을 확인해도 킨은 가볍게 넘어진 것처럼 보인다. 하지만 킨은 운이 없었다. 무릎 인대가 파열되어 이 경기를 끝으로 1997/98시즌을 마감해야 했다. 해당 시즌 맨유는 아르센 벵거 감독이 이끄는 아스널에 밀려 리그 우승에 실패했다. 빈자리를 메운 20대 초반의 폴 스콜스와 니키 버트에게 킨의 공백은 너무 컸다.

킨이 부상에서 돌아온 1998/99시즌 맨유는 역사적 트레블을 달성했다. 당시 킨은 그라운드 안팎에서 절대적 카리스마를 앞세워 맨유를 장악했다. 경기력만큼 고지식한 성격도 위력을 발휘했다. 2000/01시즌 챔피언스리그 홈경기에서 1-0 신승을 거둔 뒤 킨은 "원정까지 따라오는 팬들은 환상적인데, 홈경기에는 술 마시고 새우 샌드위치 먹느라 경기에는 신경도 쓰지 않는 사람이 많다"라며 조용한 경기장 분위기를 꼬집었다.

영국 축구 경기장에서 일반적인 먹거리는 애플파이와 홍차, 맥주 등이다. 고급 재료인 새우를 넣어 만든 샌드위치는 축구 전통에

어울리지 않는 부자의 미식이다. 킨의 발언에 열혈 팬들은 열광했다. 그들 눈에는 프리미어리그가 흥행하면서 급격히 늘어난 신규 팬들, 즉 축구를 잘 모르는 돈 많은 뜨내기들이 박스석을 차지하는 꼴이 아니꼽게 보였기 때문이다. 이때부터 언론은 '새우 샌드위치 부대(prawn sandwich brigade)'라는 신조어를 사용하기 시작했다.

2001년 4월 맨체스터 더비에서 킨의 '악당 본색'이 드러났다. 상대 팀 맨체스터 시티에는 4년 전 크게 다친 자신에게 소리를 지른 알프잉에 홀란이 있었다. 1-1로 경기가 마무리되던 85분 홀란이 볼을 소유하자 킨은 기다렸다는 듯이 발을 들어 홀란의 오른쪽 무릎을 가격했다. 홀란은 하늘에서 반 바퀴를 돌아 머리부터 그라운드에 고꾸라졌다. 너무나 악의적이었기에 주심도 지체 없이 레드카드를 꺼냈다. 잉글랜드축구협회는 킨에게 3경기 출장정지 및 제재금 5000파운드의 징계를 내렸다.

이듬해 발행한 자서전에서 킨은 홀란에게 가한 태클이 의도적이었다고 당당히 밝혔다. 협회는 추가적으로 5경기 출장정지 및 제재금 15만 파운드의 징계를 결정했다. 홀란이 다음 시즌 교체 출전 4회를 끝으로 현역에서 은퇴하자 여론은 '킨이 홀란을 끝장냈다'고 단정했다. 피해자인 홀란은 자신의 은퇴 원인을 킨이 가격한 오른쪽이 아니라 오래전부터 있었던 왼쪽 무릎의 통증이었다고 밝혔지만, 지금도 대다수 팬은 '킨이 홀란의 선수 생활을 끝낸 장본인'이라고 믿는다.

2005년 킨은 특유의 욱하는 성격을 참지 못하고 클럽 자체 인터뷰에서 미들즈브러전에서 1-4로 참패한 동료들의 실명을 거론하며 맹비난해 클럽을 발칵 뒤집었다. 해당 영상을 직접 확인한 퍼거슨 감독은 방송을 내보내지 말라고 지시했다. 거대한 자아를 지닌 퍼거슨 감독과 킨은 면담했고, 결국 계약 해지라는 결론에 도달하고 말았다. 유러피언 트레블 등 맨유와 함께 영광을 공유했던 절대적 존재의 마지막치곤 너무나 허무했다.

시즌 도중 무적 신분이 된 킨은 스코틀랜드 명문 셀틱으로 이적했다. 현역에서 은퇴한 뒤에도 킨은 특유의 독설로 축구 팬들 사이에서 은근한 인기를 얻고 있다.

'미친 패거리'

테니스 대회로 유명한 윔블던을 연고지로 사용하는 윔블던 FC는 1980년대와 1990년대 '가장 더티한 팀'이라는 악명을 얻었다. 1982년 윔블던은 4부 강등의 나락에 빠졌다. 데이브 바셋Dave Bassett 감독은 승격을 위해 특단의 조치를 취했다. 매 경기 슛 18개, 코너킥 12개, 롱스로인 12개를 채울 것을 지시했다. 주어진 과제를 달성하기 위해 선수들이 몸을 내던지면서 거친 플레이가 윔블던의 트레이드마크처럼 굳어졌다.

윔블던은 4년 만에 풋볼리그 1부까지 초고속으로 승격하기에 이르렀다. 적은 예산과 빈약한 스쿼드 탓에 윔블던은 매 시즌 강등 영순위로 지목됐지만 이때부터 무려 14시즌 동안 1부 클럽의 지위를 지켰다.

1988년 FA컵 결승전에서 윔블던은 당대 잉글랜드 대표 클럽이던 리버풀과 만났다. 킥오프 1분 만에 윔블던의 돌격대장 비니존스Vinnie Jones가 리버풀 스티브 맥마흔Steve McMahon의 발목을 향해 거친 태클을 가해 경고를 받았다. 놀랍게도 이 태클은 사전에 계획된 작전이었다. 리버풀은 윔블던의 거친 플레이에 당황했고 결국 로리 산체스Lawrie Sanchez(설기현의 풀럼 시절 감독)에게 결승 헤딩골을 허용해 0-1로 패했다.

생중계를 담당하던 BBC의 명앵커 존 못슨John Motson은 윔블던의 우승이 확정되자 "미친 패거리가 문화 클럽을 쓰러뜨렸습니다!"라고 소리쳤다. 이때부터 '미친 패거리'(Crazy Gang)는 윔블던의 영광스러운 별명으로 굳어졌다.

윔블던은 폭력이 일상화된 클럽이었다. 최전방 공격수 존 패셔누John Fashanu는 1993/94시즌 토트넘전에서 팔꿈치로 상대 팀 주장 게리 매버트Gary Mabbutt의 두개골과 안와를 부러뜨렸다. 패셔누가 훈련 중에 자신의 권위에 도전한 후배를 흠씬 두들겨 팬 에피소드도 유명하다. 은퇴 후 인터뷰에서 패셔누는 "지나치다고? 지나침의 정의가 뭐지? 누군가 죽었다면 지나치다고 해야겠지만 아무도 죽지 않았다. 거친 플레이는 경기의 일부다. 우리에게 매주 토요일 오후 3시에 열리는 것은 축구 경기가 아니라 전쟁이었다"라며 당시 팀 분위기를 설명했다.

비니 존스는 첼시에서 뛰던 1992년 FA컵 경기에서 킥오프 3초 만에 경고를 받는 진기록도 작성했다. 선수뿐이 아니었다. 프리미어리그 시절 윔블던은 원정팀 라커룸의 냉난방기를 일부러 고장 냈다. 설탕통에 소금을 집어넣거나 화장실에 구비된 화장지도 경기에 맞춰 전부 치워버리는 등 좀스러운 방해로 원정팀들의 원성을 샀다. 원정 경기를 떠나는 구단 버스 안에서 동료끼리 주먹질 난투극을 벌이기도 했다.

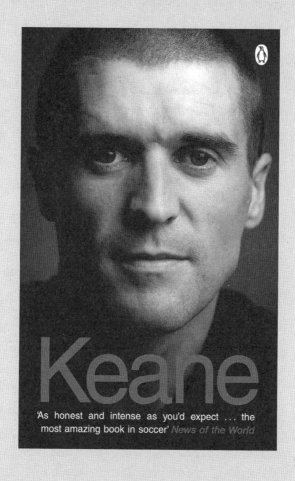

'As honest and intense as you'd expect ... the most amazing book in soccer' *News of the World*

2002년 출간된 로이 킨의 자서전

폴 머슨, 파올로 디카니오

1980년대 중반부터 1990년대에 걸쳐 아스널에서 활약했던 공격형 미드필더 폴 머슨Paul Merson은 그라운드 밖에서 온갖 문제를 일으켰다. 18세가 되던 해 머슨은 아스널의 최고 유망주로 평가받아 프로 데뷔를 앞두고 있었다. 아직 성인이 되지 않았던 머슨은 이미 과음이 몸에 밴 청춘이었다. 하루는 친구들과 술을 진탕 마신 뒤 만취 상태로 차를 몰고 귀가하다가 가로등과 남의 집 정원을 박살 냈다. 번쩍 정신을 차린 머슨은 현장에서 줄행랑을 친 뒤 자동차를 도난당한 것으로 꾸미기로 했다. 하지만 펍에서부터 음주운전 현장을 목격한 증인이 나타나 머슨의 계획은 수포로 돌아갔다.

최소한 그라운드에서 머슨은 특별한 재능을 선보였다. 1988/89 시즌 아스널과 함께 우승했고, 머슨 본인은 영국프로축구선수협회 '올해의 영플레이어'로 선정됐다. 문제는 술이었다. 당시 아스널 선수단에서는 시즌 중 음주가 일상적이었다. 머슨은 술에 취하면 자제력을 잃고 마약과 도박에 손을 댔다. 도박은 그의 인생을 밑바닥까지 떨어뜨렸다. 머슨은 세상 모든 스포츠 이벤트에 돈을 걸었다. 그레이하운드 경주, 경마, 축구, 심지어 미식축구(NFL)에도 거금을 걸었다.

1994년 1월 머슨은 결국 자신이 알코올과 코카인, 도박에 중독됐다고 양심선언을 했다. 잉글랜드축구협회가 마련한 3개월짜리 재활 프로그램을 소화한 뒤 머슨은 실전에 복귀했다. 천부적 재능으로 그라운드에서는 승승장구했지만, 2006년 현역에서 은퇴할 때까지 그가 도박으로 탕진한 액수는 700만 파운드에 달했다.

이탈리아 출신 테크니션 파올로 디카니오Paolo Di Canio는 1990년대 프리미어리그 최고의 컬트 히어로였다. 이미 라치오 시절 극우파를 상징하는 로마식 경례(나치식 경례로 더 유명하다)를 해 물의를 일으킨 그는 천부적 재능과 엉뚱한 돌발 행동으로 화제를 뿌렸다. 1997년 9월 셰필드 웬즈데이 소속으로 아스널을 상대하던 디카니오는 상대와 거친 몸싸움을 벌였다. 폴 알콕Paul Alcock 주심이 레드카드를 꺼내자 흥분한 디카니오는 주심을 밀어 넘어뜨리는 대형 사고를 저질렀다. 디카니오는 리그 11경기 출장정지의 중징계를 받았다.

그런데 악동의 안에는 천사도 있었다. 3년 뒤 웨스트햄 소속으로 디카니오는 에버턴을 상대하고 있었다. 에버턴의 골키퍼 폴 제라드Paul Gerrard가 볼을 걷어내는 과정에서 부상을 당해 쓰러졌다. 상대 골키퍼가 고통스러워하며 누워 있는 상태에서 동료가 페널티박스 안으로 크로스를 보냈다. 디카니오는 자신에게 날아온 볼을 손으로 잡아 경기를 끊었다. 상대 골키퍼가 쓰러진 상황을 이용하지 않겠다는 디카니오의 스포츠맨십은 지금까지 프리미어리그 역사에 남는 명장면으로 기억된다.

15

—

몰락한 왕가의 컵 트레블: 리버풀
(2000/01시즌)

프리미어리그가 독립 출범하면서 잉글랜드 축구 하늘 위엔 돈 다발이 뿌려졌다. TV 중계권 수입은 물론 스폰서십과 상품 판매 등 클럽의 모든 매출이 폭발적 신장을 기록했다. 선수의 몸값도 덩달아 치솟아 남는 건 별로 없어도('자두 주스 효과') 판 자체가 전례 없이 커지고 이곳저곳에서 돈이 넘쳤다. 맨체스터 유나이티드, 아스널, 블랙번, 뉴캐슬, 첼시 같은 클럽들은 전 세계적 인지도를 쌓아 갔다. 이런 활황 중에 혼자 눈물을 흘린 클럽이 있었다. 몰락한 왕가 리버풀이었다.

악순환의 쳇바퀴

프리미어리그가 탄생하기 전까지 리버풀은 자타가 공인하는 잉글랜드 대표 클럽이었다. 1970년대와 1980년대 20년간 리버풀은 잉글랜드 축구계를 독점했다. 이 기간에 리버풀은 리그 우승 11회, FA컵 우승 4회, 리그컵 우승 4회, 채리티실드 우승 10회를 기록했다. 국내뿐 아니라 유럽에서도 리버풀은 유러피언컵 우승 5회, UEFA컵 우승 2회, UEFA 슈퍼컵 우승 1회를 거둬 눈부신 업적을 남겼다. 1973년부터 1992년까지 무관 시즌이 한 번뿐이었을 정도로 리버풀은 타이틀이 일상적인 최강자였다. 리버풀의 최전성기와 동시대를 보낸 많은 이가 자연스레 리버풀의 팬이 됐다.

'리버풀 제국'의 또 다른 유산은 바로 인적 네트워크다. 스타플레이어들을 워낙 많이 배출한 덕분에 리버풀 출신들은 일선 현장은 물론 언론과 행정직 등 축구계의 다양한 곳에서 활약을 이어가고 있다. BBC의 간판 프로그램 '매치 오브 더 데이'는 축구 여론의 방향성을 설정한다고 해도 과언이 아닐 정도로 영향력이 큰데, 1990년대와 2000년대까지 리버풀 출신들인 앨런 한센과 마크 로렌슨Mark Lawrenson이 고정 출연했다. 1990년대 블랙번에서 우승을 차지한 케니 달글리시 감독, 뉴캐슬 유나이티드를 이끌며 숱한 화제를 낳은 케빈 키건 감독도 리버풀 출신이다. 2021년 현재, 리버풀 출신 미드필더인 제이미 레드냅과 수비수 제이미 캐러거Jamie Carragher도 스카이스포츠의 해설위원으로 활동 중이며, 풋볼리그(2~3부)의 회장직을 맡은 릭 패리Rick Parry도 리버풀 대표이사 출신이다.

너무나 화려했던 리버풀의 영광은 공교롭게 프리미어리그의 막이 오른 1990년대부터 빠르게 빛을 잃기 시작했다. 알렉스 퍼거슨 감독의 맨유가 득세하고 아르센 벵거 감독의 아스널이 추격에 나서는 권력 지형으로 재편되면서 리버풀은 좀처럼 과거의 명성을 되찾지 못했다. 마지막 리그 우승 이후 리버풀은 악순환의 쳇바퀴 속에 갇히고 말았다. '절대자' 케니 달글리시 감독은 안필드를 떠나 블랙번 로버스와 뉴캐슬에서 우승을 다퉜다. 하늘에 닿아 있는 팬들의 눈높이를 충족하지 못하는 경기력은 매 시즌 비난 대상이 됐다. 감독과 선수들은 부담감에 억눌렸다. 우승 실패와 챔피언스리그 출전 공백은 고스란히 '쩐의 전쟁'에서 마이너스 요인으로 작용했다.

리버풀의 이미지와 현실 간의 차이를 가장 잘 보여준 경기가 1996년 FA컵 결승전이었다. 경기 전 리버풀의 스타플레이어들은 화려한 흰색 정장 차림으로 나타나 눈길을 끌었다. 가장 눈부신 역사를 지닌 리버풀의 선수들에게 조르조 아르마니 수트는 너무나 잘 어울렸다. 그때만 해도 잉글랜드 축구에서 가장 멋지고 가장 화려하고 가장 인기가 좋은 클럽은 리버풀이었다. 하지만 경기에서 리버풀은 맨유에 0-1로 무릎을 꿇었다. 클럽 이미지는 일류, 현실은 이류인 셈이었다.

FA컵, 리그컵

몰락한 왕가에 부활의 가능성을 제시한 첫 번째 인물이 바로 프랑스 출신 지도자 제라르 울리에였다. 1998년 11월 리버풀 수뇌부는 울리에를 영입했다. 당시 팀을 지도하던 로이 에번스Roy Evans와 감독 업무를 분담한다는 그림이었다. 클럽의 공동 감독 계획은 에번스의 사임으로 틀어져 결국 울리에 단독 체제가 시작됐다. 더는 밀려서는 안 된다는 각오로 리버풀은 울리에 감독의 전력 강화를 전폭 지원했다.

2000년 1월 레스터 시티의 골잡이 에밀 헤스키Emil Heskey를 클럽 역대 최고액인 1100만 파운드에 영입했다. 리버풀은 1999/2000시즌 3위 리즈 유나이티드에 승점 2점이 처져 챔피언스리그 출전권을 아깝게 놓쳤다. 당시 프리미어리그는 유럽축구연맹 랭킹에서 밀려 시즌당 대회 출전권이 3장밖에 주어지지 않았다.

2000/01시즌을 앞두고 리버풀과 울리에 감독은 이적 시장에서 팔을 걷어붙였다. 에버턴의 공격수 닉 밤비Nick Barmby(600만 파운드)를 비롯해 미들즈브러의 독일 현역 국가대표 크리스티안 지게 Christian Ziege(550만 파운드), 동유럽 강호 디나모 자그레브의 이고르 비슈찬Igor Bišćan(550만 파운드)을 영입하며 큰돈을 투자했다.

보스만 판례를 이용한 '공짜 영입'도 빛을 발했다. 코번트리 시티의 프리킥 달인 게리 맥칼리스터Gary Mcallister를 필두로 바르셀로나의 야리 리트마넨Jari Litmanen, 바이에른 뮌헨의 마르쿠스 바벨Marcus Babbel을 이적료 없이 데려와 전력을 대폭 강화했다. 기존 스쿼드도 탄탄했다. 젊은 혈기인 마이클 오언Michael Owen과 스티븐 제라드가 쑥쑥 자라고 있었다. 로비 파울러, 제이미 레드냅, 대니 머피Danny Murphy, 제이미 캐러거, 사미 히피아Sami Hyypia, 디트마르 하만Dietmar Hamann 등 능력자도 즐비했다.

2000/01시즌 리버풀은 10월부터 상위권 경쟁을 시작했다. 오언과 헤스키 투톱이 득점을 양산하고, 중앙 미드필드에서는 맥칼리스터와 제라드가 신구 조화를 이뤄 상대를 압도해나갔다. 해를 넘겨 1월이 되자 리버풀은 아스널을 제치고 리그 2위로 올라섰지만 아무래도 우승 경험을 지닌 맨유와 아스널의 벽을 넘기엔 역부

족이었다. 리그에서는 아직 챔피언스리그 출전권(1~3위)이 현실적 목표였다.

2001년 1월 24일 워딩턴컵(리그컵) 준결승전에서 리버풀은 크리스털 팰리스를 제치고 결승에 진출했다. 리버풀의 마지막 타이틀은 1994/95시즌에 거둔 워딩턴컵 우승으로, 이후 무관 5년을 보냈던 터라 작은 대회라도 우승이 절실했다.

2월 22일 UEFA컵 8강 진출을 확정한 지 사흘 뒤인 25일 리버풀은 버밍엄 시티와 워딩턴컵을 놓고 격돌했다. 런던의 웸블리 스타디움이 재건축 중이어서 잉글랜드축구협회는 국내 컵대회 결승전을 웨일스 카디프에 있는 밀레니엄 스타디움에서 치렀다. 전반 30분 로비 파울러가 그림 같은 드롭 슛으로 선제골을 터뜨려 리버풀이 앞섰지만, 경기 종료 직전 페널티킥 실점을 허용하는 바람에 경기는 연장전에 돌입했다.

연장 30분에도 골은 나오지 않아 결국 승부차기로 결착해야 했다. 페널티키커 5인이 4-4로 비긴 뒤 서든데스 방식에서 리버풀의 수문장 산데르 베스터펠트Sander Westerveld가 버밍엄의 여섯 번째 키커로 나선 앤드루 존슨Andrew Johnson의 킥을 막아 리버풀이 6년 만에 타이틀을 들어 올렸다.

4월 8일 리버풀은 FA컵 준결승 2차전에서 위콤 원더러스를 2-1로 제쳐 결승 티켓을 확보했다. 하지만 시즌 막판이 되자 선수들의 체력이 떨어지기 시작했다. 리그와 3개 컵대회를 병행한 탓에 체력 소모가 컸다. 리버풀은 리그 32라운드, 33라운드에서 연달아 미끄러져 순위가 5위까지 떨어졌다. 한계에 도달했다는 불안감 속에서 하필 다음 리그 경기가 원정으로 치르는 머지사이드 더비였다.

　직전 경기에서 스티븐 제라드가 퇴장당해 자리를 비운 상태에
서도 리버풀은 리드를 두 번이나 잡았다. 홈팀 에버턴은 그때마다
끈질기게 동점으로 따라붙어 2-2 동점 상태에서 후반전 추가시간
이 됐다. 추가시간 4분, 리버풀은 골문 36미터 지점에서 프리킥을
얻었다. 모든 이가 크로스를 예상한 순간 게리 맥칼리스터가 먼 거
리에서 직접 골대를 노려 천금 같은 3-2 결승골을 뽑아냈다. 리버
풀로서는 자신감을 되찾는 결정적 계기가 됐다.

　사흘 뒤 리버풀은 유럽 강호 바르셀로나를 따돌리고 UEFA컵
결승전에 올랐다. 바닥난 체력을 정신력으로 만회하기 시작한 것
이다. 머지사이드 더비 승리를 포함해 리버풀은 남아 있는 리그 7
경기에서 6승을 거둬 시즌을 3위로 마치며 프리미어리그 출범 후
처음으로 챔피언스리그 출전권을 획득했다.

　5월 12일 리버풀은 시즌 두 번째로 밀레니엄 스타디움을 찾았
다. 아스널을 상대하는 FA컵 결승전이었다. 객관적 전력에서는 아
스널이 우위에 있었다. 티에리 앙리Thierry Henry와 로베르 피레Robert
Pires, 파트리크 비에이라 등으로 이뤄진 아스널의 프렌치 커넥션은
이미 맨유와 우승을 다투는 잉글랜드 축구의 쌍벽이었다. 아스널
은 화려한 패스 콤비네이션으로 리버풀의 골문을 두드렸다. 후반
들어 리버풀 수비진은 골라인 클리어링을 두 번이나 연출하며 버
텼다.

　하지만 후반 25분 아스널의 프레디 융베리에게 선제 실점을
내주고 말았다. 한 골 뒤진 상태로 이제 시간은 10분도 남지 않았
다. 후반 37분 프리킥으로 만든 혼전 상황에서 마이클 오언이 귀

중한 동점골을 터뜨려 카디프를 찾은 콥Kop(리버풀 팬)을 흥분시켰다. 정규 시간이 끝나기 2분 전, 리버풀의 미드필더 파트릭 베르거Patrik Berger가 자기 진영에서 롱패스를 보냈다. 아스널의 라이트백 리 딕슨이 앞섰지만 뒤에서 출발한 오언이 폭발적 가속으로 볼을 따내 극적인 2-1 역전골을 터뜨렸다. 타이틀에 목말랐던 리버풀이 2000/01시즌에만 우승 트로피를 두 개나 따낸 것이다.

UEFA컵 우승

쉴 틈이 없었다. 나흘 뒤 리버풀은 도르트문트의 베스트팔렌 슈타디온에서 시즌 62번째 경기에 나섰다. UEFA컵 결승전이었다. 챔피언스리그는 아니었지만 유럽축구연맹이 주관하는 대회의 결승전에 리버풀이 출전한다는 사실은 세계적 화제였다. 1985년 헤이젤 대참사로 인해 리버풀은 유럽축구연맹이 주관하는 대회에 무기한 출전을 금하는 징계를 받았다. 1990년대 들어 징계가 풀렸지만, 유럽 대회에 나가지 못한 오랜 공백 탓에 리버풀은 스쿼드가 크게 약해지면서 유럽축구연맹 대회에 출전하기가 어려웠다. 이번 시즌의 UEFA컵 결승전은 헤이젤 참사 이후 16년 만에 리버풀에서는 유럽축구연맹 대회 파이널이었다. 리버풀과 팬들, 그리고 안필드 전성시대를 기억하는 올드 팬까지 감회가 새로울 수밖에 없었다.

상대는 라리가의 다크호스 알라베스였다. 리버풀은 마르쿠스 바벨과 스티븐 제라드가 연속으로 득점해 킥오프 16분 만에 상쾌한 2-0 리드로 시작했다. 이후 결승전은 희대의 난타전으로 돌변했다. 맥칼리스터의 페널티킥으로 전반전은 3-1로 마무리됐다. 후반 들어 알라베스가 3-3으로 따라붙었다. 교체 투입된 로비 파울러가 4-3을 만들었지만 정규 시간이 끝나기 2분 전, 요한 크루이프의 아들 조르디 크루이프Jordi Cruyff가 천금 같은 4-4 동점골을 터뜨려 승부를 연장전으로 끌고 갔다.

당시 결승전에서는 연장전 득점 즉시 경기가 끝나는 골든골 제도가 적용됐다. 승리의 여신은 연장전에만 알라베스 선수 두 명을 퇴장시키며 리버풀 쪽에 미소를 보냈다. 연장 26분 상대 페널티박스 왼쪽에서 맥칼리스터가 프리킥 크로스를 올렸다. 박스 안으로 날아든 볼은 비운의 수비수 델피 헬리Delfi Geli의 머리를 스쳐 알라베스의 골문 안으로 들어갔다. 리버풀이 전대미문의 컵 트레블을 달성한 것이다.

우승이 확정된 순간 리버풀 벤치에서는 혼란이 벌어졌다. 골든골을 인지하지 못한 코칭스태프와 일부 선수들이 자리를 박차고 그라운드 안으로 뛰어 들어가는 선수들을 말리면서 "아직 경기 끝나지 않았어!"라며 혼비백산했기 때문이다. 순간의 착각이 부른 해프닝은 금방 정리됐고 리버풀은 도르트문트에서 컵 트레블을 달성한 기쁨에 포효했다.

울리에 감독이 이끄는 리버풀은 컵 트레블이라는 독특한 방식으로 패망감에 젖어 있던 클럽 분위기를 일신했다. 2001/02시즌 초반인 8월에만 리버풀은 채리티실드와 UEFA 슈퍼컵까지 차지했다. 2001년 2월부터 8월까지 6개월 동안 리버풀은 무려 다섯 개의 트로피를 휩쓸었다. 기세를 몰아 리버풀은 2001/02시즌 프리미어리그에서도 맨유를 제치고 리그 2위를 차지해 챔피언스리그 클럽의 입지를 다지고 부활의 초석을 깔았다.

16

—

'리즈 시절'의 시작과 끝
: 리즈 유나이티드(1997~2003년)

'리즈 시절'은 누군가 잘나갔던 시절, 화려했던 왕년, 전성기 한 때 등을 의미한다. 2000년대 한국의 프리미어리그 팬들이 맨체스터 유나이티드로 옮긴 앨런 스미스Alan Smith가 리즈 유나이티드 시절의 경기력을 재현하지 못하는 모습을 보면서 고안해낸 신조어다. 어찌나 유명한지 영국 본토에까지 역수출됐다. 웹사이트 '위키피디아'의 영문판에 '리즈하다'(Doing a Leeds: 재정 관리 부실로 축구 클럽이 망가진다는 뜻)를 설명한 페이지가 있는데 여기에 "한국에서는 '리즈 시절'(Leeds Days)이라는 표현이 있다"고 등재돼 있다!

1997~2001년

프리미어리그가 출범했을 당시만 해도 맨유의 최대 라이벌은 리즈였다. 거리상으로 가까운 데다 최강자 리버풀 바로 아래 자리를 놓고 다퉜기 때문이다. 특히 리즈 팬들은 맨유를 저주했다. 풋볼리그 시절 마지막 1부 챔피언이 리즈(1991/92시즌)였는데 프리미어리그에서 맨유가 갑자기 승승장구하는 상황이 아니꼬울 수밖에 없다. 가뜩이나 거친 서포팅 문화로 악명 높았던 두 클럽은 맞대결을 펼칠 때마다 크고 작은 사건 사고가 이어졌다. 맨유와 리즈의 라이벌전은 영국 경찰 당국의 주요 관리 대상이 되어 평소보다 많은 병력이 경기 현장에 투입되곤 했다.

우리가 아는 '리즈 시절'은 1997년부터 시작된다. 리즈 U-18팀이 FA유스컵에서 크리스털 팰리스를 합산 스코어 3-1로 제쳐 우승했다. 당시 팀에는 골키퍼 폴 로빈슨Paul Robinson, 센터백 조너선 우드게이트Jonathan Woodgate, 윙어 해리 큐얼Harry Kewell(호주), 스트라이커 앨런 스미스가 있었다. 1992년 같은 대회 우승팀인 맨유 U-18팀에도 처지지 않을 정도로 미래가 밝은 재목들이었다.

한꺼번에 배출된 특급 재능들이 1군으로 승격하자 리즈 스쿼드에 생기가 돌기 시작했다. 지난 시즌 초반 지휘봉을 잡은 조지 그레이엄 감독은 특유의 수비 조직 강화를 발판 삼아 1997/98시즌 프리미어리그 5위를 차지했고, 이로써 UEFA컵 출전권을 획득하는 실적을 남겼다. 그런데 바로 이어진 1998/99시즌에서 리그 7경기를 치르곤 그레이엄 감독은 토트넘 홋스퍼의 감독직 제안을 받자마자 런던으로 돌아가버렸다. 피터 리즈데일Peter Ridsdale 회장은 후임자 선임 작업에 난항을 겪은 뒤 결국 수석코치였던 데이비드 오리어리에게 감독대행을 맡겨 급한 불을 껐다.

초짜 감독을 바라보는 우려는 금세 사라졌다. 오리어리 감독은 엄격한 조직 유지를 강조했던 전임자와 달리 선수들 스스로 창의력을 발휘해 자유롭게 뛰는 플레이 스타일을 주문했다. 당시 스쿼드에는 개인기가 뛰어난 선수들이 많아서 오리어리 감독의 노림수는 효과를 보였다. 경험이 부족한 젊은 선수가 많은 탓에 경기력에 기복이 있기는 해도, 새 감독 아래서 리즈는 패기 넘치는 공격 축구로 변신해 팬들로부터 환영받았다.

11월 14일 오리어리 감독은 안필드 원정에서 막판까지 0-1로 끌려갈 때 과감히 18세 스트라이커 앨런 스미스를 투입했다. 프로 무대에 처음 선 스미스는 교체로 들어간 지 4분 만에 첫 슈팅으로 귀중한 1-1 동점골을 터뜨렸다. 리즈는 막판 10분 동안 지미 플로이드 하셀바잉크가 연속으로 두 골을 넣어 짜릿한 3-1 역전승을 거뒀다. 스미스는 다음 경기인 찰턴전에서도 교체로 들어가 또 골을 넣어 일약 리즈의 희망으로 떠올랐다.

아무도 기대하지 않았던 오리어리 감독은 시즌 후반기 11경기 연속으로 무패를 기록하며 맨유, 아스널, 첼시에 이어 4위로 시즌을 마감했다. 잉글랜드 축구계에서 대스타인 전임자 그레이엄 감독 때보다 한 단계 오른 순위였다. 시즌을 마친 리즈는 팀 내 주포인 하셀바잉크를 아틀레티코 마드리드로 보내고 현금 1200만 파운드를 확보했다. 리즈데일 회장과 오리어리 감독은 그 돈으로 젊은 선수들을 영입해 '젊고 빠른 공격 축구'라는 팀 빌딩 기조를 이어갔다.

오리어리 감독의 공격적 전술하에 1997년 아카데미 황금 세대, 잉글랜드 각지에서 모인 준척들은 1999/2000시즌 프리미어리그에서 가장 화끈한 팀이 되어 진격했다. 공격에 방점을 찍은 젊은 팀답게 리그 38경기에서 무승부가 다섯 번밖에 없을 정도로 리즈의 플레이 스타일은 '모 아니면 도' 식으로 극단적이었다. 하지만 고비마다 승점 3점을 획득하면서 리즈는 리버풀을 승점 2점 차로 제치고 3위에 올라 대망의 챔피언스리그 출전권을 거머쥐었다.

UEFA컵에서도 굵직한 성과를 남겼다. 2라운드, 3라운드에서 모스크바를 연고로 하는 동유럽 강호 두 클럽을 잇달아 제쳤고, 4라운드에서는 명문 클럽 로마를 합산 스코어 1-0으로 꺾는 파란을 일으켰다. 세리에A가 천하를 호령했던 시기에 리즈의 로마전 승리는 프리미어리그 팬들에게 큰 자신감을 줬다.

리즈는 8강에서 슬라비아 브라하까지 합산 4-2로 따돌려 UEFA컵 준결승전까지 치고 올라가는 성과를 남겼다. 결승으로 가는 마지막 길목에서 터키 강호 갈라타사라이 앞에 무릎을 꿇었지만, 유럽축구연맹이 주최한 대회에서 4강에 오른 성적을 내면서 리즈의 젊은 선수들은 '우리도 할 수 있다'라는 확신을 갖게 됐다.

2000년 여름 리즈는 매출 2900만 파운드, 이익 600만 파운드를 각각 신고했다. 2000/01시즌부터는 챔피언스리그 수입까지 확보했다는 계산하에 리즈데일 회장은 과감한 투자를 결심했다. 셀틱의 마크 비두카Mark Viduka를 영입한 데 이어 11월 웨스트햄의 대형 센터백 기대주 리오 퍼디낸드를 잉글랜드 축구 역사상 최고액인 1800만 파운드에 계약하는 파격을 단행했다.

시즌 초반 리즈는 챔피언스리그 일정을 소화하느라 애를 먹으면서 프리미어리그에서 부진한 출발을 보였다. 12월에만 리즈는 리그 5경기에서 1승 4패로 미끄러졌다. 하지만 리버풀전에서 혼자 4골을 터뜨린 마크 비두카가 득점력을 제공했고, 앨런 스미스도 처음으로 리그에서 두 자릿수 득점을 기록해 리그 정상급 골잡이로 성장해갔다.

험난한 4개 대회 일정에도 적응을 끝마친 리즈는 챔피언스리그에서 밀란과 라치오 같은 빅클럽을 꺾는 등 챔피언스리그 첫 출전에서 준결승에 오르는 돌풍을 일으켰다. 준결승전에서 아쉽게 엑토르 쿠페르Hector Cuper 감독이 이끄는 발렌시아에 합산 0-3으로 패했지만, 리즈의 4강 업적은 팬들을 흥분시키기에 충분했다.

프리미어리그에선 아쉽게도 전반기에 날린 승점이 끝내 리즈의 발목을 잡았다. 리즈는 막판 16경기에서 1패만 허용하며 선전했지만 결국 리버풀에 1점 뒤져 4위로 마감했다. 이로써 다음 시즌 챔피언스리그 출전권을 놓치게 됐다.

챔피언스리그 출전에서 짭짤한 맛을 본 리즈데일 회장은 2001년 여름 이적 시장에서도 로비 킨Robbie Keane과 로비 파울러, 세스 존스Seth Jones를 영입하는 데에만 1년 치 총수입에 맞먹는 2800만 파운드를 지출했다. 리즈데일 회장에게는 자기 나름대로 계산이 있었다. 최근 챔피언스리그에서 프리미어리그 클럽들이 꾸준히 성적을 낸 덕분에 유럽축구연맹 랭킹이 3위로 상승했다. 그 덕분에 4위였던 프리미어리그는 분데스리가를 제치고 3위에 올라 2002/03 시즌부터 대회 출전권 배분에서 4장을 받게 됐다. 이론적으로 리즈는 지난 시즌 순위인 리그 4위만 유지해도 챔피언스리그에 나설 수 있고, 대회 출전에 따른 막대한 수입을 확보할 수 있다. 객관적 전력만 보더라도 프리미어리그 4위는 리즈 선수단이 충분히 달성할 수 있는 현실적 목표였다. 이런 상황이 리즈 수뇌부의 공격적 전력 보강을 부추긴 셈이다.

2002~2004년

리즈의 2001/02시즌 출발은 상쾌했다. 2002년 새해에 벌어진 경기에서 리즈는 웨스트햄을 3-0으로 꺾어 리그 단독 선두로 치고 나갔다. 프리미어리그 우승이 사정권에 들어온 상황에서 리즈의 평정심이 흔들리기 시작했다. 우승 경험이 없는 데다 새로 합류한 선수들이 많은 스쿼드 구성이 독으로 작용했다. 이날 승리한 뒤 리즈는 3월까지 리그 7경기에서 4무 3패에 그쳐 수직 낙하했다. 같은 기간 UEFA컵에서도 PSV 에인트호번에 패해 4라운드 탈락을 맛봤다.

그라운드 밖에서도 사고가 터졌다. 혈기 왕성한 조너선 우드게이트와 리 보여Lee Bowyer가 1년 전 벌인 폭행치사 혐의로 법정에 서면서 일간지 사회면에 리즈가 등장했다. 바야흐로 선수단 안팎에서 균열이 가고 있었다. 결국 리즈는 뉴캐슬에 승점 5점이나 뒤져 리그 5위로 시즌을 마무리하고, 2년 연속으로 챔피언스리그 출전권 획득에 실패하고 말았다. 결과적으로 해당 시즌은 리즈 전체의 운명을 결정했다.

이때부터 리즈는 빛의 속도로 추락하기 시작한다. 시즌이 끝난 뒤 리즈데일 회장은 오리어리 감독을 내쫓고 테리 베나블스 전 잉글랜드 국가대표팀 감독을 영입했다. 이때 클럽의 회계 장부에서 핵폭탄이 터졌다. 1년 전 공격적 영입을 감행했던 자금의 출처가 알고 보니 리즈데일 회장이 향후 챔피언스리그 출전에 따른 예상 수입을 금융권에 담보로 잡혀 빌린 돈이었음이 밝혀졌다. 챔피언스리그 출전 실패는 곧 금융권이 돈이 빌려준 담보였던 대회 출전 수당이 사라졌음을 의미했다. 채권자들이 당장 리즈에 대출 상환을 요구했다.

신나게 스타들을 매집했던 리즈는 하루아침에 연간 매출의 두 배가 넘는 8000만 파운드의 빚을 갚아야 할 처지에 빠졌다. 돈 벌 구석이 없는 클럽이 현금을 만들 방법은 자산 처분밖에 없었다. 축구 클럽의 3대 자산 구성은 경기장, 훈련장 그리고 보유 선수들이다. 2002년 여름 리즈데일 회장은 리오 퍼디낸드를 맨유에 3000만 파운드에 팔아 급한 불을 껐다. 하지만 빚잔치는 이제 겨우 시작일 뿐이었다.

부임 기자회견에서 베나블스 감독은 "이제야 리그에서 우승할 만한 팀을 맡았다"며 기뻐했지만, 리즈는 시즌 도중인 겨울 이적시장에서 로비 킨을 비롯해 리 보여, 올리비에 다쿠르Olivier Dacourt, 조너선 우드게이트, 로비 파울러를 헐값에 줄줄이 처분해 밑 빠진 독을 채워야 했다. 설상가상 리즈데일 회장은 홈구장인 엘런 로드와 클럽하우스가 있는 소프아치 트레이닝그라운드까지 처분해버렸다.

성적이 제대로 나올 리가 없었다. 챔피언스리그 출전권은커녕 리즈는 순위표 아래에서 강등을 걱정해야 할 판이었다. 2003년 3월 베나블스 감독은 해고되고 피터 리드가 뒤를 이었다. 2002/03 시즌 리그 37라운드 원정에서 리즈는 홈팀인 아스널을 3-2로 꺾고 극적으로 잔류를 확정했다. 전년도 챔피언스리그 4강 팀이 1년 만에 프리미어리그 15위로 추락할 만큼 클럽의 재정 파탄은 선수단에 큰 타격을 입혔다.

시즌이 끝난 뒤 리즈데일 회장이 사퇴했지만 혼돈은 계속됐다. 해리 큐얼과 올리비에 다쿠르도 헐값에 처분됐다. 엉망진창인 분

2004년 6월 셀틱과의 친선전에 앞서 훈련 중인
맨체스터 유나이티드의 앨런 스미스.
사진 Toni Marsh

위기에서 리즈는 2003/04시즌 결국 리그 19위에 그쳐 2부로 강등되고 말았다. 2004년 여름 리즈의 미래를 상징하던 앨런 스미스가 앙숙 맨유로 팔리면서 마지막 남은 자존심까지 산산조각이 났다. 제임스 밀너James Milner는 뉴캐슬 유나이티드, 마크 비두카는 미들즈브러, 폴 로빈슨은 토트넘 홋스퍼, 백업 골키퍼 스콧 카슨Scott Carson은 리버풀로 뿔뿔이 흩어졌다. 2년 뒤 리즈는 3부로 강등됐다.

1997/98시즌부터 2001/02시즌까지 리즈는 프리미어리그에서 5시즌 연속으로 5위권(5위, 4위, 3위, 4위, 5위)을 유지했다. 해당 기간 챔피언스리그와 UEFA컵에서 모두 준결승까지 진출해 유럽 당대 최고 클럽들과 어깨를 나란히 했다. 맨유의 리오 퍼디낸드와 앨런 스미스, 호주의 영웅 마크 비두카와 리버풀 2005년 챔피언스리그 우승 멤버 해리 큐얼, 맨시티와 리버풀에서 프리미어리그 우승을 경험한 제임스 밀너, 한때 레알 마드리드의 일원이었던 조너선 우드게이트, 토트넘의 로비 킨과 폴 로빈슨에 이르기까지 수많은 스타플레이어가 이 기간에 리즈의 올 화이트 유니폼을 입고 맹활약했다. 리즈의 '리즈 시절'은 1990년대 말 세리에A의 파르마 황금 멤버와 함께 축구계의 대표적 불나방 케이스로 기억된다.

17

—

너무 빨리 타버린 월드 클래스
: 마이클 오언(2001년)

1956년 프랑스 축구 주간지 프랑스풋볼은 매년 유럽에서 활동하는 최고의 선수에게 수여하는 상을 만들었다. 이름하여 발롱도르Ballon d'Or다. 영어로 바꾸면 '골든볼Golden Ball'에 해당한다. 첫해 수상자는 잉글랜드 블랙풀의 폭발적 윙어 스탠리 매슈스Stanley Matthews였다. 잉글랜드는 1966년 월드컵의 우승 주역인 보비 찰턴Bobby Charlton을 거쳐 함부르크에서 뛰던 케빈 키건이 1978년과 1979년 발롱도르를 2회 연속 수상한다. 그리고 2002년 월드컵이 열리기 바로 직전인 2001년 12월에야 네 번째 수상자를 배출했다. 리버풀의 '원더 보이' 마이클 오언이다.

1998년 월드컵

세기가 바뀌는 1990년대 말부터 2000년대 초까지 프리미어리그 최고 스타는 단연 오언이었다. 별명 '원더 보이'에서 알 수 있듯이 오언은 어릴 때부터 잉글랜드 축구를 이끌어갈 희망으로 큰 주목을 받았다. 1979년 리버풀 근교 체스터에서 태어난 오언은 프로 축구 선수였던 부친 테리 오언의 운동 DNA를 이어받아 초등학생 시절부터 두각을 나타냈다. 여덟 살 때부터 디사이드 초등학교 11세 이하 팀에서 뛰기 시작했고 아홉 살에 두세 살 많은 동료로 구성된 팀의 주장이 됐다. 오언은 독보적이었다. 해당 리그에서 역대 시즌 최다 득점 기록은 오언보다 한 세대 위인 이언 러시Ian Rush가 세웠던 72골이었다. 오언은 이 기록을 25골이나 넘겨 경신하는 괴력을 선보였다.

축구 신동의 소문은 잉글랜드 전역으로 퍼져 나갔다. 근거리에 있는 맨체스터 유나이티드는 물론 런던의 첼시와 아스널까지 오언을 보기 위해 리버풀시로 영입 담당자들을 파견했다. 경쟁 분위기를 눈치 챈 리버풀의 유소년 육성 책임자 스티브 헤이웨이Steve Heighway가 움직였다. 어린 아들을 믿고 맡길 수 있는 클럽임을 부모에게 어필해야 했다. 고전적인 방법인 진심을 담은 친필 편지였다. 다행히 이게 오언 가족의 마음을 사로잡았다.

2년 뒤 리버풀 아카데미는 오언에게 릴셜 학교에 진학할 것을 권유했다. 릴셜은 잉글랜드축구협회가 운영하는 축구 유망주를 위한 특성화 학교였다. 이곳에서도 오언은 이른바 원톱이었다. 잉글랜드 15세, 16세, 18세 국가대표팀에서 각종 득점 기록을 갈아치우며 주위의 기대에 부응했다. 참고로 오언보다 한 살 어린 스티븐 제라드는 릴셜의 선택을 받지 못해 큰 좌절감을 느꼈는데 이를 동기부여 삼아 리버풀 아카데미에서 두각을 나타낼 수 있었다.

리버풀 산하 연령대별 팀에서도 오언은 2년을 월반해 16세에 이미 18세 팀 경기에 출전했다. 1996년 FA유스컵에 참가한 오언은 8강에서 맨유를 상대로 해트트릭을 터뜨렸다. 크리스털 팰리스와 만난 준결승 1차전을 연령별 국가대표팀에 차출되는 바람에 건너뛴 오언은 2차전에야 복귀했다. 해외 원정에서 막 돌아온 오언은 벤치에서 경기를 지켜봤다. 리버풀과 팰리스의 18세 팀은 90분 동안 5-5 난타전을 벌여 연장전에 돌입했다.

리버풀 벤치는 '사기 유닛' 오언을 투입했다. 피곤한 상태였는데도 오언은 경기에 들어가 압도적 기량으로 두 골을 터뜨려 팀에 7-5 승리를 안겼다. 결승전에서 리버풀은 오언의 득점에 힘입어 리오 퍼디낸드와 프랭크 램퍼드가 있던 웨스트햄 18세 팀을 2-1로 꺾고 클럽 사상 첫 FA유스컵 우승을 달성했다.

1996/97시즌을 앞두고 리버풀과 오언은 첫 프로 계약을 체결했다. 당시 팀을 이끌던 로이 에번스 감독은 오언의 능력을 의심하지 않았다. 1997년 5월 6일 리버풀은 런던 셀허스트 파크에서 윔블던과의 원정 경기에 나섰다. 0-2로 끌려갈 때 에번스 감독은 57분 파트릭 베르거를 빼고 17세 스트라이커 오언을 투입했다. 생애첫 프로 경기에서 오언은 팀의 추격골을 터뜨려 재능을 입증했다.

1997/98시즌 개막전에서 리버풀은 주포 로비 파울러가 부상을 입어 빠진 자리에 새로 영입한 독일 국가대표 칼하인츠 리들레 Karl-Heinz Riedle와 함께 오언을 투톱으로 내세웠다. 오언은 윔블던을 상대로 페널티킥 득점을 기록했다. 리버풀이라는 빅클럽이 17세에 불과한 오언에게 페널티킥을 맡긴 결정은 놀랍기만 하다.

오언이 UEFA컵 경기에서도 골을 넣자 리버풀은 기존 계약을 1년 만에 주급 1만 파운드, 5년 계약, 총 250만 파운드의 파격적 조건으로 갱신했다. 리버풀의 화끈한 제안을 받아들인 오언은 잉글랜드 역대 최고액 10대 선수라는 명예를 얻었다.

성인 무대에서도 오언은 압도적이었다. 폭발적 스피드 앞에서 프리미어리그 수비수들은 추풍낙엽이었다. 페널티박스 안에서 골 냄새를 맡는 능력도 출중했다. 1998년 2월 글렌 호들 잉글랜드 국가대표팀 감독은 웸블리 스타디움에서 열린 칠레 평가전에 오언(18세 59일)을 처음 기용했다. 자신의 첫 풀타임 프로 시즌에서 오언은 리그 18골을 터뜨려 디온 더블린, 크리스 서튼과 함께 공동 득점왕에 오르는 기염을 토했다. 리그컵(4골)과 UEFA컵(1골) 득점까지 합치면 23골이었다. 잉글랜드 축구계가 흥분할 만한 기록이었다.

시즌이 끝난 뒤 오언은 1998년 프랑스월드컵에 출전할 잉글랜드 대표팀에 이름을 올렸다. 당시 잉글랜드의 주포는 뉴캐슬의 앨런 시어러였지만 오언은 G조 두 번째 경기인 루마니아전(1-2 패)에서 월드컵 데뷔골을 터뜨려 호들 감독에게 확신을 심어줬다.

16강에서 잉글랜드는 숙적 아르헨티나와 격돌했다. 양국은 1982년 포클랜드 전쟁을 벌인 사이로 사회 전반에 걸쳐 불편한 관계를 유지했다. 서로 총을 쏜 기억이 16년밖에 지나지 않은 때라 월드컵 맞대결을 앞두고 양국의 국민감정에 불이 붙었다. 이렇게 중요한 경기에서 호들 감독은 과감히 오언을 선발 기용했다.

킥오프 5분 만에 잉글랜드는 세리에A 스타 가브리엘 바티스투타Gabriel Batistuta에게 선제 실점을 허용했다. 4분 뒤 오언은 특유의 스피드를 살려 페널티킥을 얻음으로써 1-1 동점의 발판을 만들었다. 당시 페널티박스 안에서 오언을 넘어뜨려 페널티킥을 허용한 아르헨티나 수비수가 바로 미래의 토트넘 감독 마우리시오 포체티노Mauricio Pochettino(당시 에스파뇰 소속)였다.

그리고 16분 희대의 명장면이 탄생했다. 센터서클에서 수비수 두 명 사이에 있던 오언은 데이비드 베컴의 패스를 자기 앞에 떨군 뒤 그대로 내달렸다. 아르헨티나의 수비를 책임지는 로베르토 아얄라Roberto Ayala의 추격은 무용지물이었다. 가속도가 붙은 오언은 골키퍼까지 제치고 팀의 두 번째 골을 터뜨렸다. '원더 보이'가 탄생하는 순간이었다.

전반전을 2-2 동점으로 마친 뒤 시작된 후반전 초반 베컴이 디에고 시메오네Diego Simeone와 엉켜 넘어지는 과정에서 퇴장을 당하는 변수가 발생했다. 두 팀은 연장전에도 승부를 내지 못해 승부차기에 들어갔는데, 18세 스트라이커 오언이 팀의 네 번째 페널티킥을 성공시켰다. 하지만 잉글랜드는 승부차기에서 3-4로 패해 대회에서 탈락했다. 16강에서 탈락했는데도 오언은 월드 스타가 되어 안필드로 금의환향했다.

햄스트링 부상, 발롱도르

오언은 '반짝 스타'가 아니었다. 월드컵의 기세를 몰아 1998/99 시즌에도 개막전에서 득점한 데 이어 3라운드 뉴캐슬 원정에서 전반전에만 해트트릭을 달성해 팀의 4-1 대승을 견인했다. 이날 경기가 주관 방송사 스카이스포츠에 의해 전국으로 생중계되면서 '오언 열풍'은 잉글랜드 전체를 강타했다. 오언은 시즌 후반기인

1999년 4월 12일 리즈 원정에서 25분 만에 햄스트링을 다쳐 남은 7경기를 모두 결장하고도 리그 18골로 두 시즌 연속으로 공동 득점왕에 올랐다. 성인식을 치르기 전에 프리미어리그 득점왕을 두 번이나 차지하는 선수는 흔치 않다.

이 시점에서 리버풀은 치명적 실수를 저질렀다. 리즈전에서 다친 오언의 햄스트링에 대해 수술이 아니라 자연 치유로 대응한 것이다. 한쪽 다리의 햄스트링은 3개로 구성되는데 이때 잘못된 처방으로 인해 오언은 이후 은퇴할 때까지 햄스트링을 2개만 사용해야 했다. 주변 근육에 하중이 가해지면서 결국 그의 몸은 20대 중반으로 넘어갈 무렵 곳곳에서 문제가 발생한다. 20대 초반의 근육이 싱싱했던 덕분에 후유증이 당장 드러나지는 않았다. 결과적으로 그게 더 큰 문제를 초래했다.

22세가 된 2000/01시즌 오언은 리버풀의 컵 트레블을 견인해 이른 전성기를 구가했다. 2001년 5월 12일 웨일스 카디프의 밀레니엄 스타디움에서 열린 FA컵 결승전은 이른바 '오언 결승전'으로 통한다. 상대는 당시 맨유와 프리미어리그 우승을 다투던 아르센 벵거 감독의 아스널이었다. 프랑스와 잉글랜드의 국가대표팀 멤버로 구성된 아스널이 72분 프레디 융베리의 선제 득점으로 앞서나갔다.

리버풀에는 오언이 있었다. 패색이 짙던 83분과 88분 오언은 혼자 두 골을 터뜨려 승부를 뒤집는 원맨쇼를 펼친 끝에 FA컵 트로피에 입을 맞췄다. 오언은 2001년 8월 채리티실드에서 맨유를, UEFA 슈퍼컵에서 바이에른 뮌헨을 각각 상대로 골을 터뜨려 절정의 결정력을 입증했다. 오언의 폭발적 득점에 힘입어 리버풀은

2001년 한 해에만 우승 트로피를 다섯 개나 휩쓰는 잉글랜드 최초의 클럽이 됐다.

UEFA 슈퍼컵의 환희는 바로 이어진 2002년 한일월드컵 유럽 지역 예선에서 독일을 만났을 때 증폭됐다. 뮌헨의 올림피아 슈타디온에서 열린 원정 경기에서 잉글랜드는 경기 초반 카르스텐 얀커Carsten Jancker에게 선제 실점을 내줬다. 하지만 오언이 해트트릭을 달성하고 리버풀 동료인 스티븐 제라드와 에밀 헤스키까지 골을 보태, 잉글랜드는 적지에서 영원한 숙적 독일을 5-1로 대파하는 역사적 승리를 거뒀다. 오언은 눈부신 득점력과 확실한 실적을 남기며 전 세계 축구 팬들의 지지를 받았고, 2001년 말 축구 선수 최고의 영예인 '발롱도르'까지 손에 넣었다. 잉글랜드 선수로서는 21년 만에 올린 개가였다.

2004년 여름 오언은 감독 교체, 우승에 대한 열망, 계약 만료 도래 등이 겹쳐 레알 마드리드로 이적했다. 플로렌티노 페레스Florentino Perez 회장은 이미 2년 전부터 "최고의 선수는 레알에서 뛰어야 한다"라며 오언 영입을 천명한 터였다. 오언의 레알 생활은 시즌 16골을 넣은 준수한 기록에도 불구하고 1년 만에 막을 내렸다.

잉글랜드 복귀처는 당연히 리버풀이 될 것으로 예상됐다. 2005년 챔피언스리그에서 거짓말 같은 우승을 달성한 라파엘 베니테스Rafael Benitez 감독도 오언의 복귀를 원했다. 친정 복귀의 꿈은 레알의 사업적 판단으로 인해 깨지고 말았다. 뉴캐슬이 더 높은 금액을 제시했기 때문이다. 오언은 리버풀 이적을 원했지만, 선택지는 뉴캐슬 이적과 레알 잔류뿐이었다. 레알의 홈구장인 산티아고 베르나베우에 남는다면 오언에게 미래는 없었다. 결국 돈의 논리에 따

2002년 슬로바키아와 잉글랜드 대표팀 경기에서
골을 넣은 마이클 오언.
사진 England football team 동영상 캡처

라 오언은 안필드가 아니라 세인트제임스 파크로 향해야 했다.

이때 오언은 겨우 26세로 축구계 상식에서는 아직 전성기에 도달하기도 전이었다. 하지만 10대 후반부터 성인 무대에서 혹사하고 1999년 햄스트링 부상을 잘못 치료한 것이 부메랑이 되어 그의 등에 칼을 꽂았다. 2005년 12월 31일 경기에서 오언은 중족골이 부러져 시즌 아웃 판정을 받았다. 시즌이 끝나고 2006년 독일 월드컵 첫 경기에 무리하게 출전했다가 또 전방 십자인대가 끊어지는 큰 부상을 당해 1년 가까운 시간을 날려야 했다.

오랜 공백 끝에 복귀했지만 오언은 이미 예전의 빛을 잃은 상태였다. 뉴캐슬에서 4년간 출전 수가 79경기에 그쳤고, 이후 맨체스터 유나이티드와 스토크 시티를 거쳐 2013년 현역 은퇴를 선언했다.

2018년 오언은 "사람들은 웨인 루니Wayne Rooney, 긱스, 스콜스, 제라드와 함께 내 이름을 올린다. 하지만 22세가 되기 전까지 나는 그런 선수들보다 두 배나 많은 경기에 출전했다. 너무 많이 뛰었다"라며 진한 아쉬움을 표시했다. 맨유의 알렉스 퍼거슨 감독도 "오언이 맨유 선수였다면 절대로 그렇게 혹사시키지 않았다"라며 리버풀의 처사를 비난해 논란을 낳았다. 희대의 골잡이 오언의 전성기는 남들보다 10년이나 빨리 찾아왔고 그만큼 너무 일찍 꺼졌다.

18

—

1997년 8월 '이달의 골'
: 데니스 베르캄프(1997/98시즌)

1990년대가 시작될 때까지만 해도 아스널은 수비 축구의 대명사였다. 조지 그레이엄 감독의 결과 지상주의는 스타일을 희생해 리그 챔피언 타이틀을 따냈다. 1996년 9월 아르센 벵거 감독의 부임을 기점으로 아스널의 팀 컬러는 획기적으로 변했다. 벵거 체제에서 아스널은 아기자기한 숏패스 연결, 유기적 전술 구사, 빠른 공격 축구가 융합하면서 지금 우리가 아는 스타일로 변신했다.

아스널이 축구의 미를 추구하며 변화하는 과정에서 선봉에 섰던 주인공이 바로 데니스 베르캄프였다. 득점 수라는 결과보다 득점을 만드는 내용이 더 돋보였던 궁극의 예술가였다.

아약스, 인테르, 아스널

베르캄프는 1969년 네덜란드 암스테르담에서 태어났다. 어린 시절부터 특별한 재능을 보인 베르캄프는 11살이 되던 해에 네덜란드 최고 명문인 아약스의 아카데미에서 실력을 연마했다. 연령별 팀을 거치면서 실력을 인정받아 프로 데뷔도 그리 오래 걸리지 않았다.

1986/87시즌 아약스를 이끌던 네덜란드의 레전드 요한 크루이프 감독은 12월 14일 로다와의 홈경기에 67분 17세 베르캄프를 교체로 기용했다. 해를 넘겨 프로 첫 골이 나왔다. 1987년 하를렘을 상대한 홈경기에서 베르캄프는 선발 출전해 64분 팀의 네 번째 골을 터뜨려 아약스 역사에 이름을 남겼다. 이날 경기에서 아약스는 6-0 대승을 거뒀다. 베르캄프는 첫 시즌 23경기에 나서 2골을 기록했다.

시즌 후 당시 아약스의 슈퍼스타였던 마르코 판바스턴^{Marco van Basten}이 세리에A 빅클럽 밀란으로 이적했다. 어린 베르캄프에겐 기회를 의미했다. 1군에서 자리를 잡은 베르캄프는 세 번째 해인 1988/89시즌 34경기에서 16골의 두 자릿수 득점 기록을 작성해 아약스의 새로운 골잡이로 도약했다.

1989/90시즌 아약스는 PSV 에인트호번의 리그 5연패를 저지하며 리그 정상에 올랐다. 21세가 된 베르캄프는 1990/91시즌부터 3시즌에 걸쳐 26골, 30골, 33골을 기록하며 대폭발했다. 에레디비시는 베르캄프에게 너무 좁은 무대였다. 큰 도전을 원하는 젊은 스트라이커가 갈 곳은 당연히 당대 세계 최고 리그였던 세리에A였다.

1993년 2월 16일 인테르나치오날레 밀라노가 현금 710만 파운드와 빔 용크Wim Jonk를 묶어 베르캄프를 영입했다. 장밋빛처럼 보이던 세리에A 도전은 단 두 시즌 만에 막을 내렸다. 1995년 봄 마시모 모라티Massimo Moratti가 인테르를 인수한 뒤 선수단 물갈이 작업에 착수했다. 시즌이 끝난 뒤 베르캄프는 런던의 맹주 아스널 로 처분됐다. 이적료는 비교적 저렴한 750만 파운드였다.

베르캄프는 새롭게 아스널의 지휘봉을 잡은 브루스 리오크 감 독의 첫 영입 작품이었다. 1995/96시즌 베르캄프는 꾸준한 출전 기회를 받아 41경기에서 16골을 기록했다. 이탈리아 시절의 악몽 보다는 향상됐지만 빅클럽 출신 스트라이커에게 향한 눈높이를 완전히 충족시키기에는 어려운 수치였다.

런던에서 두 번째 시즌이 시작되자마자 베르캄프는 감독 교체 라는 변수와 맞닥뜨렸다. 새 감독과 베르캄프 간의 상성을 둘러싸 고 주변에서 엇갈린 관측을 내놓았다. 결과적으로 아르센 벵거 감 독의 하이버리 입성은 베르캄프에게 날개를 달아준 신의 한 수가 됐다. 1996/97시즌 베르캄프의 리그 득점은 12골에 그쳤으나 도 움을 13개나 작성해 높은 팀 공헌도를 선보였다. 벵거 감독이 도 입한 선진적 선수단 관리도 베르캄프에겐 재능을 극대화할 수 있 는 원동력이 됐다.

벵거 감독의 첫 풀타임이자 베르캄프의 세 번째 시즌인 1997/98 시즌은 새로운 아스널 역사가 시작되는 원년이었다. 베르캄프는 개막하고 세 번째 경기였던 사우샘프턴 원정에서 베테랑 파트너 이언 라이트와 함께 투톱으로 출전했다. 양 팀은 마크 오버르마 르스의 선제골과 상대 닐 매디슨Neil Maddison의 동점골로 1-1 균형 을 유지하며 후반전에 돌입했다. 57분 하프라인 근처에서 베르캄프가 롱패스를 가슴으로 받아냈다. 돌아서자마자 베르캄프는 상대 골문을 향해 돌진했다. 최고 속도로 달리면서도 볼이 발에서 떨어지지 않았다. 순식간에 페널티박스 정면까지 닿은 베르캄프가 깔끔한 방향 전환으로 마크맨을 벗긴 뒤 오른발 인사이드킥으로 골대 오른쪽 구석을 찔렀다. 주위 상황 인식과 플레이 판단, 완벽한 볼 컨트롤, 확실한 피니시가 어우러진 원더골이었다. 경기가 끝나기 11분 전 베르캄프는 쐐기골을 보태 아스널의 3-1 승리를 견인했다.

나흘 뒤 아스널은 2연속 원정을 위해 레스터 시티의 홈구장을 방문했다. 현장에 있던 축구 팬들은 킥오프 9분 만에 월드 클래스 기량을 목격했다. 왼쪽에서 짧게 내준 코너킥을 페널티박스 바깥에서 베르캄프가 받았다. 그러곤 오른발로 강하게 감아 찼다. 베르캄프의 슛은 박스 안에 엉켜 있던 양 팀 선수들, 그리고 레스터의 수문장 케이시 켈러Kasey Keller까지 모든 이의 머리 위로 날아가 톱 코너에 정확히 꽂혔다.

61분 베르캄프가 추가골을 넣으면서 아스널은 손쉽게 승점 3점을 얻으리라는 희망을 품었다. 다급해진 홈팀 레스터가 총공세에 나섰다. 레스터는 84분 에밀 헤스키의 추격골에 이어 90분 맷 엘리엇Matt Elliott이 2-2 동점골을 터뜨려 홈 팬들을 열광시켰다.

어이없게 2골 리드를 날린 아스널 선수들은 어깨가 축 처졌다. 이때 추가시간 2분 하프라인 근처에서 데이비드 플라트David Platt가 페널티박스 안에 있던 베르캄프를 향해 롱패스를 보냈다. 마크맨이 근접한 상태여서 득점 확률은 커 보이지 않았다. 박스 안 왼쪽에서 베르캄프가 오른쪽 다리를 쭉 뻗어 롱패스를 발등으로 받아냈다. 거칠었던 볼의 움직임이 거짓말처럼 멈추고 공중에서 풍선처럼 얌전히 정지했다. 볼이 떨어지기 전에 베르캄프는 왼발 터치로 달려드는 수비수를 벗겼다. 그리고 오른발 슛, 골인. 볼 컨트롤이 예술이 되는 순간이었다.

추가시간이 끝나기 직전 레스터가 극적인 동점에 성공해 경기는 3-3 무승부로 종료됐다. 경기 후 레스터의 마틴 오닐^{Martin O'Neil} 감독은 "내가 본 해트트릭 중 단연 최고였다"라고 침이 마르도록 베르캄프를 칭찬했다.

일주일 뒤 놀라운 일이 벌어졌다. BBC의 프로그램 '매치 오브 더 데이'가 '8월의 골' 10개 후보를 선정해 시청자 투표를 실시했다. 베르캄프의 사우샘프턴전 선제골(단독 드리블), 레스터전 첫 번째 골(중거리 슛)과 세 번째 골(볼 컨트롤)이 후보에 올랐다. 한 선수가 10개 후보 중 세 자리나 차지하는 것은 극히 이례적인 결과였다.

하지만 3골이나 후보에 포함되는 성과는 예고편에 불과했다. 유선전화 투표 방식으로 진행된 설문조사에서 놀랍게도 베르캄프의 레스터전 세 번째 골과 첫 번째 골이 1위와 2위, 그리고 사우샘프턴전 선제골이 3위를 차지했다. 해당 시즌 베르캄프는 리그 16골을 포함해 22골로 아스널의 프리미어리그 및 FA컵 더블 달성의 일등 공신이 됐고, 시즌이 끝난 뒤 '8월의 골'은 '올해의 골' 타이틀을 보탰다. 영국프로축구선수협회 '선수가 뽑은 올해의 선수' 부문에서 베르캄프는 외국인 최초로 수상자에 올랐다.

1998년 월드컵

시즌이 끝난 뒤 프랑스에서는 1998년 FIFA 월드컵이 개최됐다. 베르캄프의 볼 컨트롤이 전 세계 축구 팬들에게 각인된 무대였다. 네덜란드의 거스 히딩크^{Guus Hiddink} 감독은 1994/95시즌 챔피언스리그에서 우승한 아약스 멤버들을 중심으로 대표팀을 구성했다. 베르캄프는 E조 2차전에서 대한민국을 상대로 첫 골을 신고했고 16강 유고슬라비아전에서 결승골이자 대회 2호 골을 뽑아냈다. 8강전에서 네덜란드는 잉글랜드를 꺾고 올라온 아르헨티나를 상대했다.

경기 초반 한 골씩 주고받은 두 팀은 정규 시간이 종료될 때까지 1-1로 팽팽히 맞섰다. 연장 승부가 눈에 보일 때쯤 수비수 프랑크 더부르^{Frank de Boer}의 롱패스가 아르헨티나 페널티박스 안까지 날아갔다. 레스터전에서 득점할 때처럼 상대를 위협하기에는 부족해 보이는 상황이었다. 베르캄프가 따라가 오른쪽 다리를 뻗었다. 볼은 발등에 닿자 모든 운동에너지를 상실한 채 그의 앞에 온순히 떨어졌다. 바닥에 튕겨 오른 볼을 향해 아르헨티나 센터백 로베르토 아얄라가 도전했다. 베르캄프가 다시 오른발로 볼을 바운드시켜 아얄라의 가랑이 사이로 빼낸 뒤 아웃프런트로 골키퍼 카를로스 로아^{Carlos Roa}를 무너뜨리는 결승골을 터뜨렸다.

시간이 흐른 뒤 인터뷰에서 아르헨티나의 아얄라는 "실점 영상을 여러 번 돌려봐도 나의 수비 동작에서 잘못을 찾지 못했다. 나는 실수하지 않았다. 베르캄프의 경이적 컨트롤만 있었을 뿐이다"고 극찬했다. 이 골은 월드컵 토너먼트 무대에서 나온 가장 위대한 골 중 하나로 평가된다.

아스널이 두 번째 시즌 더블을 달성했던 2001/02시즌에도 베르캄프는 또 하나의 원더골 컬렉션을 추가했다. 2002년 3월 2일 프리미어리그 28라운드에서 아스널은 뉴캐슬의 홈구장 세인트제임스 파크 원정에 나섰다. 킥오프 11분 상대의 공격을 끊은 뒤 패스가 센터서클에 있던 베르캄프에게 넘어갔다. 베르캄프는 왼쪽 측면으로 벌려 나가는 로베르 피레에게 긴 횡패스를 보내곤 상대 진영으로 전진했다. 피레는 천천히 왼쪽 하프 스페이스로 진입하다가 상대 페널티아크에 도착한 베르캄프를 향해 전진 패스를 보냈다.

베르캄프가 왼쪽, 상대 센터백 니코스 다비자스Nikos Dabizas가 오른쪽에 있는 상태였다. 골대를 등진 상태로 베르캄프는 왼발로 볼을 건드리고 본인은 왼쪽으로 돌아 들어갔다. 패스의 본래 이동 방향을 쫓던 다비사스는 역동작에 걸려 눈앞으로 천천히 떨어지는 볼에 반응하지 못했다. 다비자스는 겨우 몸을 뒤로 돌렸지만 그곳에는 자신을 가운데에 놓고 좌우로 벌어졌다가 다시 합체된 볼과 베르캄프의 등만 보일 뿐이었다. 베르캄프는 뉴캐슬의 수문장 셰이 기븐Shay Given의 오른쪽 구석을 찔러 선제골을 터뜨렸다. 아무도 상상하지 못한 볼 컨트롤과 움직임으로 완성한 뉴캐슬전 선제골은 시즌 종료 후 '올해의 골'로 선정됐다.

2006년 베르캄프는 아스널에서 현역 은퇴를 선언했다. 아스널에서 베르캄프가 남긴 120골 기록은 클럽 역대 득점 부문 10위에도 들지 못한다. 하지만 지금 홈구장 에미레이트 스타디움의 밖에는 역대 최다 득점자 티에리 앙리(228골)와 함께 베르캄프의 동상이 세워져 있다. 1990년대 따분했던 아스널이 아름다운 공격 축구를 구사하는 팀으로 환골탈태하는 데에 가장 결정적 공헌을 남긴

데니스 베르캄프

덕분이다.

베르캄프의 영향력은 비단 소속 팀 아스널에만 한정되지 않는다. 프리미어리그 역시 1990년대 중반부터 월드 클래스 선수들이 속속 당도하면서 세계적 인기를 끄는 최정상급 리그로 발돋움했다. 발전 과정에서 베르캄프가 연출한 득점 장면은 잉글랜드 무대에도 세계적 수준의 공격수가 있다는 사실을 입증하는 증거 자료였다. 21세기로 접어들면서 출전과 득점 모두 줄기는 했지만 베르캄프는 세리에A에서 겪은 불명예를 만회할 터전이 되어준 아스널을 배신하지 않았다. 이런 태도는 '외국인 선수는 돈만 밝힌다'라는 편견을 깼다. 고소공포증 탓에 비행기 이동이 불가피한 장거리 원정 경기를 포기하는 단점이 있었는데 이를 꼬집는 아스널 팬은 한 사람도 없다.

19

—

역사상 유일무이한 연고 이전: MK돈스
(2003/04시즌)

미국과 유럽의 프로스포츠는 영 딴판이다. 미국 프로스포츠는 중앙 집권형 시스템이다. 리그 자체가 하나의 영업 주체가 되어 움직인다. 회원사(클럽)는 프랜차이즈 방식으로 운영된다. 야구를 예로 들자. 메이저리그가 본사, LA 다저스는 메이저리그의 '로스앤젤레스 지점' 개념이다. 만약 로스앤젤레스에서 장사가 되지 않으면 작업장 등을 철수하거나 다른 시장으로 옮길 수 있다. 미국의 4대 스포츠에서는 연고지 이전이 드물지 않다. 상하위 리그의 계층 개념도 없어 승강제가 존재하지 않는 폐쇄형 리그 방식이다.

유럽은 권력 분산형 시스템이다. 리그 사무국은 여러 회원사가 공동으로 운영하는 연합체에 가깝다. 아마추어리즘 전통이 승강제라는 형태로 계승된다. 연고지와 클럽은 떼려야 뗄 수 없는 일심

동체 관계를 형성한다. 특히 영국에서는 축구 클럽이 해당 연고지에서 공적 기능을 담당하는 기관처럼 자리매김한다. 그런 곳에서 2002년 연고지 이전이 일어났다. 영국 축구사에서 유일무이한 대사건이었다.

더 돈스

윔블던은 런던 남서쪽에 자리 잡은 소도시다. 세계 최고 권위를 자랑하는 테니스 대회가 열리는 곳으로 유명하다. 우리에겐 유럽 내 최대 한인 커뮤니티인 뉴몰든과 가깝다는 인연도 있다. 물론 이곳에도 축구 클럽이 있다. 1889년 창단한 '윔블던 FC'는 오랜 세월 논리그(5부 이하를 지칭)에서 소소한 역사의 길을 걸어왔다. 팬들은 클럽명(Wimbledon)의 마지막 음절인 '돈don'을 따서 '더 돈스The Dons'라는 애칭을 사용했다.

1970년대 말 프로리그인 풋볼리그로 승격한 윔블던은 1980년대 들어 승승장구를 거듭하며 전국에 이름을 알리기 시작했다. 특유의 거친 플레이 스타일로 내달린 윔블던은 1988년 FA컵 결승전에서 잉글랜드 최고 명문 리버풀을 꺾고 우승을 차지해 '크레이지 갱' 선풍을 일으켰다. 1992/93시즌 독립 출범한 프리미어리그에서도 윔블던은 당당히 원년 멤버로서 많은 전국구 클럽과 어깨를 나란히 했다.

최상위 리그에서 경쟁한다는 현실과 달리 윔블던의 살림은 궁핍했다. 워낙 팬 베이스가 얇아 항상 적자를 면치 못했다. 1991년 테일러 보고서에 따라 내려진, 전좌석제 경기장 설비를 의무화하는 조치는 가난한 윔블던의 호주머니 사정에 청천벽력이나 다를 바 없었다. 그때까지 사용하던 플러 레인에서 1부 경기를 치르려면 대규모 설비 투자가 필요했다. 국가에서 어느 정도 지원금이 나와도 나머지 부분을 댈 여유가 없었다. 샘 하맘Sam Hammam 당시 구단주는 자금 마련을 위해 관할 지방자치단체와 협상을 벌였으나 결국 실패로 돌아갔다.

부득이하게 윔블던은 크리스털 팰리스의 홈구장인 셀허스트 파크에서 홈경기를 치르기로 했다. 시즌 단위로 계약한 세입자 신세였다. 플러 레인에서 셀허스트 파크까지 거리가 9.7킬로미터밖에 되지 않는다는 사실이 유일한 위안이었다. 윔블던의 어려운 살림과 남의 홈구장까지 빌려 쓴다는 현실이 외부에 알려진 뒤 팬들 사이에서 '팰리스가 윔블던을 흡수 합병할 것'이라는 소문이 퍼졌다.

날이 갈수록 재정이 악화하는 가운데 윔블던 의회마저 미온적으로 나오자 하맘 회장은 오기가 발동했다. 언론 인터뷰에서 하맘 회장은 "클럽을 아일랜드 더블린으로 이전하겠다"고 폭탄선언을 내놓았다. 프리미어리그 중계권사인 스카이스포츠와 협상을 통해 더블린까지 가는 팬들의 비행기 삯을 대주겠다는 청사진까지 밝혔다.

아일랜드의 수도 더블린은 윔블던 FC 유치를 환영했다. 과거 인연은 없어도 윔블던 유치는 곧 프리미어리그 경기 유치를 뜻하기 때문이다. 맨체스터 유나이티드, 리버풀, 아스널, 첼시 등 스타 선수들이 많은 인기 팀이 리그 경기를 위해 더블린에 와야 하는 것은 물론, 원정 팬들까지 따라온다면 지역 경제를 활성화할 수 있다는 노림수였다. 하지만 더블린 지역 팬심에 붙은 불길이 거셌다. 아일랜드축구협회마저 반대하고 나서면서 더블린 이전 방안은 좌초하고 말았다. 결국 윔블던은 셀허스트 파크 세입자 신세로 1990년대를 보냈고, 1997년 하맘 회장은 자신의 지분을 노르웨이 기업가인 셸 잉에 뢰케Kjell Inge Røkke와 비에른 루네 옐스텐Bjørn Rune Gjelsten에게 현금 2600만 파운드에 넘기고 클럽 운영에서 손을 뗐다.

비슷한 시기에 윔블던에서 북쪽으로 80킬로미터쯤 떨어진 신도시 밀턴 킨스에서는 공연 사업으로 부자가 된 피트 윈켈먼Pete Winkelman이 부동산 사업에 뛰어들었다. 밀턴 킨스는 1967년 영국 정부가 런던의 주택난을 해소하기 위해 추진한 신도시 개발 계획(New Town)의 일환으로 조성된 신생 도시였다. 런던에서 중부(미들랜드) 거점인 버밍엄으로 통하는 중간 지점인 데다 루턴 공항과 고속도로 등 사회 기반 시설과 가까운 점에 주목해 영국 정부는 인구 25만 명 규모를 상정해 개발 사업에 착수했다. 젊은 도시답게 밀턴 킨스는 현재 인구당 스타트업 설립 횟수가 영국 내에서 다섯 번째로 높으며 서비스업 종사자가 90퍼센트에 달한다.

1990년 말이 되자 윈켈먼은 월마트 산하 대형 창고형 마트인 아스다(ASDA)와 세계적 가구 브랜드 이케아(IKEA)의 지원을 등에 업고, 밀턴 킨스에 축구 경기장을 중심으로 한 대규모 상업 레저 단지를 개발하는 부동산 프로젝트 컨소시엄을 꾸몄다. 부지와 자금, 밀턴 킨스 지방자치단체의 적극적 인허가 지원까지 확보한 윈켈먼은 이제 제일 중요한 기본 요소를 갖춰야 했다. 바로 축구 클럽이다.

2만~3만 석 규모로 계획한 경기장 규모에 비해 해당 지역에는 죄다 8부, 9부에 속한 동네 클럽밖에 없었다. 사업 기회를 놓치지 않기 위해 윈켈먼은 과감히 기존 1부, 2부 클럽들을 대상으로 유치 작업에 들어갔다. 그리고 2002년 기회가 찾아왔다. 런던 인근에 있는 퀸즈 파크 레인저스와 윔블던이 재정난을 버티지 못해 나란히 법정관리에 들어간 것이다.

밀턴 킨스의 윔블던

2001년 5월 풋볼리그는 홈구장을 보유한 퀸즈 파크 레인저스가 윔블던을 흡수 합병하는 방안을 양 클럽에 제안했다. 하지만 양쪽 팬들이 거세게 들고 일어나 해당 계획은 철회됐다. 그러던 중 밀턴 킨스의 윈켈먼이 윔블던을 접촉했다. 윔블던의 실무를 담당하던 인물은 5개월 전 노르웨이 공동 구단주가 회장 자리에 앉힌 찰스 코펠Charls Coppell이었다. 코펠 회장은 이전까지 단 한 번도 축구를 현장에서 관전한 경험이 없는 축구 문외한이었다. 클럽과 팬 사이 관계의 깊이를 정확히 인지하지 못하는 그에게 윈켈먼이 제안한 밀턴 킨스로의 연고지 이전은 클럽 재정을 단번에 개선할 황금 카드처럼 보였다.

2001/02시즌이 개막하기 직전 윔블던의 코펠 회장은 잉글랜드축구협회에 연고지 이전을 승인해달라고 요청하는 공문을 발송했다. 당연하게도 협회는 윔블던 측의 요청을 기각했다. 데이브 번Dave Burn 협회 회장은 "축구의 모든 것을 파괴하는 시도"라고 비난했다. 윔블던 측은 "클럽을 살릴 수 있는 유일한 방법"이라며 물러서지 않았다. 협회는 외부 인사 3인을 초빙해 중재위원회를 설치하고 윔블던의 항소를 심의하도록 맡겼다. 이듬해 1월 위원회는 협회의 바람과 달리 "해당 결정(연고지 이전 거부)은 법적 절차에 부합하지 않으며 과정도 공정하지 않았다"라는 결론을 내렸다. 윔블

던 연고지 이전을 둘러싼 논의는 원점으로 돌아갔다.

2002년 4월 17일 협회 이사회는 윔블던 건의 최종 결정을 외부 위원회에 일임하기로 했다. 대형 로펌의 라즈 파커Raj Parker 변호사, 애스턴 빌라의 스티브 스트라이드Steve Stride 이사, 이스미언 리그(7~8부)의 앨런 터비Alan Turvey 회장으로 구성된 위원회는 5월 31일을 기한으로 삼고 최종 심의에 돌입했다. 위원회는 축구협회, 풋볼리그, 윔블던, 윈켈먼, 관련 분야 전문가, 팬 등 다양한 목소리를 직접 청취했다. 연고지 이전을 원하는 윔블던과 밀턴 킨스 프로젝트를 추진하는 윈켈먼은 "윔블던의 시즌 티켓을 소유한 3400명 중 해당 지역에 거주하는 이는 20퍼센트밖에 되지 않는다" "클럽의 전통과 역사, 명칭, 유니폼 등을 보존한다" "클럽이 아예 사라지는 것보다 연고지만 이전하는 쪽이 축구계에 미치는 악영향이 덜하다"라는 점을 적극적으로 어필했다.

여론은 백이면 백 연고지 이전에 반대했다. 윔블던의 기존 서포터즈는 이미 장외에서 각종 시위 및 클럽 상품 불매 운동 등을 벌였다. 연고지 이전 계획이 알려지면서 윔블던의 홈경기는 제2차 세계대전 이후 1부와 2부 통틀어 최소 관중 신기록을 연일 경신했다.

위원회의 분위기는 여론과 반대 방향으로 돌아갔다. 시장 조사 기관인 '드라이버스 조나스'는 "플러 레인을 2만 석 규모로 증축한다고 해도 클럽의 재정 상황을 개선할 가능성은 희박하다"라는 조사 결과를 위원회에 제출했다.

최종 기한을 이틀 남겨둔 2002년 5월 28일 위원회는 비밀투표를 실시했다. 윔블던의 밀턴 킨스 이전이 2대 1로 승인됐다. 잉글랜드 축구 역사상 처음이자 마지막 연고지 이전이 실현되는 순간이었다. 후폭풍은 거셌다. 윔블던의 원래 서포터즈는 연고지 이전 승인이 떨어지자마자 자체적으로 'AFC 윔블던'을 창단했다. 서포터즈는 자체 이사회 구성과 선수 공개 선발, 리그 등록 등을 거쳐 2002/03시즌 9부에 해당하는 컴바인드 카운티스 리그 프리미어 디비전에서 첫발을 뗐다. 한편 '밀턴 킨스의 윔블던'은 홈구장이 준비되지 않아 일단 기존 셀허스트 파크에서 시즌을 소화했는데, 10월 29일 화요일 저녁에 치른 홈경기에서 849명이 입장해 재차 최소 관중 기록을 갈아치웠다.

우여곡절 끝에 윔블던은 80킬로미터 떨어진 밀턴 킨스에서 새둥지를 틀 수 있었다. 축구계의 냉대가 이어졌다. 2003년 여름 오프시즌 윔블던은 토트넘, 찰턴, 루턴과 각각 평가전을 치른다고 발표했다. 상대 클럽의 팬들이 즉각 반발했다. 팬들은 각자의 클럽을 향해 연고지를 이전한 클럽과는 친선전도 해서는 안 된다며 거칠게 반응했다. 결국 세 클럽 모두 윔블던과 합의했던 프리시즌 친선전을 취소했다.

2004년 윈켈먼은 클럽을 아예 인수해 클럽명을 'MK 돈스'로 바꿨다. 2007년에는 드디어 새 홈구장 '스타디움 MK'가 개장했다. 버림받은 윔블던 팬들이 창단한 AFC 윔블던은 9부 데뷔전에서 무려 4000명이 모이는 진풍경을 연출했다. 승격을 거듭한 AFC 윔블던은 2016/17시즌 풋볼리그 리그1(3부)에서 MK 돈스와 맞대결을 펼쳐 전국적 관심을 받기도 했다.

2020년 11월 3일에는 새롭게 개장한 옛 윔블던의 홈구장 플러레인에서 AFC 윔블던이 역사적인 첫 홈경기를 치렀다. 잉글랜드

축구 역사에 처음이자 마지막 연고지 이전이 잉태한 새로운 두 클럽 MK 돈스와 AFC 윔블던이야말로 눈을 뗄 수 없는 '연고 이전 더비'로 팬들의 이목을 끌었다. 2021/22시즌도 두 클럽은 EFL 리그1(3부)에서 맞붙을 예정이다. 시간이 흐르면서 MK 돈스의 악명이 예전보다 희석됐다는 사실이 그나마 다행이다.

연고지 이전은 아니지만 팬들의 반발로 창단된 클럽의 사례로는 'FC 유나이티드 오브 맨체스터'가 있다. 2005년 맨체스터 유나이티드의 일부 팬들은 미국 자본의 클럽 인수에 반대해 자체적으로 '유나이티드 오브 맨체스터'를 창단했다. 2021/22시즌 기준 노던 프리미어리그(7부)에 속해 있으니 아직 갈 길이 멀다.

Part 2

외국인 공습 시대

보스만 판례가 새로 짠 판 위에 전대미문의 러시아 슈퍼리치가 올라섰다. 스타플레이어들이 젖과 꿀이 흐르는 스탬퍼드 브리지로 몰려들면서 프리미어리그의 기존 질서는 간단히 재편되었다. 프랑스인 감독은 선발 11인을 전부 외국인으로 채운 라인업을 짜 잉글랜드 축구사를 새로 썼다. '사이즈'가 다른 미국 자본이 휘젓고 다니기가 무섭게 아부다비 왕자까지 직접 등판했다.

20

—

첼스키 탄생: 로만 아브라모비치
(2003년)

1995년 보스만 판례는 유럽 축구 시장을 완전히 뒤바꿨다. 계약이 만료된 뒤에도 존재했던 이적료와 외국인 등록 수 제한이 동시에 없어져 축구 시장이 급속도로 팽창했다. 8년 뒤인 2003년 여름 런던에서 시장이 크게 변하는 두 번째 계기가 생겼다. 러시아 갑부 로만 아브라모비치의 첼시 인수다. 이후 첼시는 단기간에 전력을 강화하기 위해 막대한 자금력을 앞세워 우수 선수를 매집했다. 외국인 구단주의 야망은 선수 몸값이 두 배 이상 폭등하는 결과를 초래했다. 시장 조사 기관 딜로이트는 매년 발행하는 축구산업 시장보고서에서 '축구 선수 인건비 수준이 첼시에 의해 크게 왜곡되고 있다'고 분석하기도 했다.

프리미어리그 클럽 인수

로만 아브라모비치는 러시아 경제 개방이 낳은 자수성가형 갑부다. 리투아니아 출신의 유대인 집안에서 태어났지만 세 살이 되기 전에 부모를 차례로 잃은 뒤 삼촌의 보호 아래 자랐다. 어린 시절 모스크바로 온 아브라모비치는 대학까지 졸업했으나 여전히 구소련은 사회주의식 경제체제를 유지하던 시절이라 개인의 이윤 추구에는 많은 걸림돌이 있었다. 학창 시절을 함께 보낸 학우들은 아브라모비치를 "말이 별로 없는 내성적인 친구"로 기억한다. 하지만 돈 냄새를 맡는 본능은 특별했다.

아브라모비치는 자신이 살던 아파트에서 외제 고무오리 인형을 파는 등 조금씩 사업 수완을 발휘했다. 그러던 중 구소련에 획기적 사건이 발생했다. 1985년 공산당 서기장에 취임한 미하일 고르바초프가 추진한 페레스트로이카였다. 정치, 경제, 사회 등 국가의 거의 모든 분야에서 페레스트로이카는 거대한 변화를 불러왔다. 다양한 분야에서 사기업 설립이 가능해지자 아브라모비치는 고무오리 인형을 대량 생산하는 공장을 설립했다. 폭발적으로 늘어난 시장에서 품목을 가리지 않는 제품 생산 및 공급으로 빠르게 사세를 확장했다. 그 결과 페레스트로이카로 시장이 개방된 지 10년도 되기 전에 그는 20개가 넘는 사업체를 거느린 청년 기업가로 변신했다.

1995년 또 다른 결정적 기회가 찾아왔다. 자동차 제조사를 소유한 기업가 보리스 베레조프스키Boris Berezovsky의 소개로 러시아 최고 권력자인 보리스 옐친 대통령을 만났다. 옐친 대통령은 페레스트로이카가 만든 젊은 기업가 아브라모비치를 마음에 들어해 크렘린 궁전 내에 있는 아파트까지 내줄 정도로 총애했다. 이후 옐친 대통령은 두 사업가의 로비에 따라 석유산업의 민영화를 결정하기에 이른다.

사업가 두 사람은 민영화된 석유회사 '시브네프트'에 1억 달러를 투자해 대주주 자리에 오르면서 결국 러시아 최고 부자 반열에 서게 된다. 아브라모비치는 옐친의 후계자로 간택된 블라디미르 푸틴을 최측근에서 보좌했을 뿐 아니라 2000년에는 추코트카 주지사에 당선되어 정치계에 공식 입문했다. 이후 추코트카 지역에 학교와 병원 등 다양한 사회 기반 시설을 사재를 출연해 설립함으로써 러시아 국민 사이에서 큰 인기를 누렸다.

막대한 부를 축적한 아브라모비치는 새로운 투자를 위해 눈을 서쪽으로 돌렸다. 당시 유럽에서 가장 '핫'한 분야는 축구 산업이었다. UEFA 챔피언스리그와 프리미어리그가 흥행 대박 행진을 벌여 전 세계 갑부들의 관심을 끌었다. 프리미어리그 클럽 인수를 결심한 아브라모비치는 보좌진과 함께 잉글랜드 현지에서 후보로 정한 클럽들을 돌아다니며 실사 작업을 벌였다. 유명한 에피소드인 맨체스터 유나이티드와 레알 마드리드 현장 관전도 이때 일이다.

2003년 4월 23일 아브라모비치는 맨체스터 유나이티드와 레알 마드리드의 챔피언스리그 8강 2차전이 열린 올드 트래퍼드를 찾았다. 당시 경기에서 레알의 브라질 레전드 호나우두는 슛 3개로 해트트릭을 작성하는 원맨쇼를 펼쳤다. 4강 진출에 실패했는데도 맨유 홈 팬들은 교체되어 나오는 호나우두에게 기립 박수를 보냈을 정도로 보기 드문 퍼포먼스였다. 이날 현장에서 아브라모비치는 호나우두의 압도적 기량과 뜨거운 현장 열기에 큰 감명을 받아 클럽 인수 작업에 박차를 가했다고 한다. 당시 아브라모비치가 인수 대상 후보로 낙점한 클럽은 맨유는 물론 뉴캐슬 유나이티드, 토트넘 홋스퍼 등으로 다양했다. 최종 선택은 알다시피 런던을 연고로 하는 첼시였다.

스타 쇼핑

당시 첼시의 소유주는 켄 베이츠Ken Bates였다. 1982년 베이츠 회장은 첼시의 부채를 떠안는 조건으로 현금 단 1파운드에 인수해 화제를 낳았다. 베이츠 회장은 구린 구석은 많아도 돈 냄새를 맡는 능력만큼은 출중했다. 막대한 빚을 진 상태를 유지하던 차에 1992/92시즌부터 프리미어리그 TV 중계권 수입이 폭증했다. 1995년 보스만 판례가 나온 이후엔 외국인 선수 시장 자유화를 발판으로 클럽 운영 기조를 공격적으로 바꿔 호성적을 거두기 시작했다.

베이츠 회장은 밀란의 뤼트 휠릿Ruud Gullit를 비롯해 유벤투스의 잔루카 비알리, 파르마의 잔프랑코 졸라 등 챔피언스리그 및 당시 세계 최고 리그였던 세리에A 무대를 주름잡던 스타플레이어들을 영입했다. 전력이 급상승한 첼시는 1990년대 중반부터 FA컵, 리그컵, UEFA 컵위너스컵, UEFA 슈퍼컵 등을 쟁취했다.

자국 리그에서도 꾸준히 챔피언스리그 출전권을 유지했다. 2002/03시즌 첼시는 리그 최종전에서 기어이 다음 시즌 챔피언스리그 출전권을 따냈다. 5월 11일 리그 최종전에서 첼시는 리버풀과 만났다. 경기가 시작하기 전까지 두 팀은 승점 64점으로 동률을 이뤘기에 그날 승자가 챔피언스리그 출전권을 가져가는 상황이었다. 킥오프 11분 만에 첼시는 리버풀의 수비수 사미 히피아에게 선제 실점을 허용했다. 하지만 3분 뒤 마르셀 데사이가 곧바로 동점골을 터뜨렸고, 27분 예스페르 그뢴키에르Jesper Grønkjær가 뽑아낸 역전골을 끝까지 지켜 2-1 역전승을 거뒀다.

베이츠 회장으로서는 로또에 당첨된 격이었다. 챔피언스리그 출전 여부는 클럽 가치 평가에서 결정적 기준으로 작용하기 때문이다. 이날 리버풀전 승리는 베이츠의 이윤 극대화를 가능하게 해준 보증서나 다를 바 없었다. 2003년 6월 베이츠 회장은 부채 8000만 파운드 위에 클럽 평가액 6000만 파운드를 보태 총 1억 4000만 파운드에 본인이 보유했던 지분 전량을 아브라모비치에게 팔았다. 채무를 제외하면 인수 20년 만에 1파운드 투자로 6000만 파운드를 번 셈이다. 참고로 베이츠 회장은 2010년대 들어 리즈 유나이티드를 비슷한 방법으로 손에 넣은 뒤에 비싼 값에 되팔아 재차 막대한 수익을 챙겼다.

2003년 여름 드디어 '첼스키' 시대가 출발했다. 야망가 아브라모비치 회장의 행보에는 거침이 없었다. 2003년 여름 이적 시장에서만 첼시는 1억 2000만 파운드를 뿌려 에르난 크레스포Hernan Crespo(인테르나치오날레), 대미언 더프Damien Duff(블랙번), 후안 세바스티안 베론(맨유), 클로드 마켈렐레Claude Makelele(레알 마드리드), 아드리안 무투Adrian Mutu(파르마), 스콧 파커Scott Parker(찰턴), 웨인 브리지Wayne Bridge(사우샘프턴), 조 콜Joe Cole, 글렌 존슨Glen Johnson(이상 웨스트햄), 알렉세이 스메르틴Alexey Smertin(보르도) 등 A급 선수들을 싹쓸이했다.

첼시의 스타 쇼핑은 유럽 이적 시장 전체에 큰 파문을 던졌다. 프리미어리그는 물론 유럽 빅클럽들은 오래전부터 낙점했던 영입 대상을 느닷없이 첼시에 빼앗기는 동병상련의 처지에 빠졌다. 부랴부랴 대체자를 찾아야 했지만 이 또한 쉽지 않았다. 첼시의 돈다발 앞에서 선수 시세가 마구 치솟았기 때문이다. 차선책으로 노리는 선수를 보유한 클럽들은 약속이라도 한 듯이 첼시의 이적료를 기준 삼아 빅클럽들과의 협상에 나섰다. 아브라모비치가 등장하기 전까지만 해도 이적료 1000만 파운드는 대형 거래에 속했다. 하지만 2003년 여름부터 A급 스타들의 이적료는 두 배 이상 뛴 2000만 파운드 수준에서 형성됐다.

런던 라이벌인 아스널의 아르센 벵거 감독은 첼시의 행보를 "재정적 도핑"(financial doping)이라고 표현하며 우려를 나타냈다. 그때까지만 해도 폐쇄적 분위기였던 영국 언론은 아브라모비치 회장의 첼시 인수를 부정적으로 보도하기 바빴다. 언론에서는 잉글랜드축구협회의 '구단주 적격심사'(Fit and Proper Test) 규정이 제대로 작동하지 않는다고 비판했다. 프리미어리그 클럽을 소유하려는 인물은 협회가 정한 적격심사를 통과해야 한다. 과거 범법 경력, 사회적 명망, 축구계 공헌도 등의 조항으로 구성된 심사였다.

아브라모비치 회장은 러시아에서 재산을 형성한 과정이 불투명했다. 특히 거대 기업 '시브네프트'를 인수하는 과정에서 거의 마피아 내전 수준의 피비린내 나는 암투가 벌어졌다는 소문이 파다했다. 최종 승자인 아브라모비치가 반대파 제거를 몰랐을 가능성은 현저히 떨어졌다. 그러나 2000년대 프리미어리그 시장에서는 도덕적 잣대보다 통장 크기를 우선시하는 배금주의가 팽배했다. 아브라모비치처럼 클럽 인수 비용을 금융권 대출이 아니라 자체 자금으로 해치우는 재력가라면 '구단주 적격심사'에서 문제없이 적합 판정을 받을 수 있었다. 참고로 2014년 리즈를 인수하려던 이탈리아 출신 기업가 마시모 첼리노Massimo Cellino는 엄격해진 적격심사를 통과하지 못해 잉글랜드 축구계에서 쫓겨났다.

어느 날 갑자기 하늘에서 구세주가 뚝 떨어진 첼시 팬들은 열광했다. 클라우디오 라니에리Claudio Ranieri 감독은 큰 폭의 선수단 변화 안에서 노련한 통솔력으로 팀을 이끌었다. 조직력은 다소 흔들렸지만 첼시가 새롭게 영입한 스타플레이어들은 팀의 약점을 개인의 능력으로 상쇄할 만큼 능력이 뛰어났다. 2003/04시즌 첼시는 리버풀 원정에서 2-1 승리를 거둔 것을 시작으로 개막 이후 8경기에서 무패를 기록하며 단숨에 리그 단독 선두로 치고 나갔다. 11월 30일 홈에서 열린 리그 14라운드에서는 프랭크 램퍼드의 결승골을 앞세워 맨유를 1-0으로 제압했다.

리그 최고 인기 클럽인 맨유를 꺾은 결과는 '첼스키'의 화려한 자기 선언일 수밖에 없었다. 아스널이 '무패 우승'의 괴력을 발휘하지 않았다면 아브라모비치 회장과 첼시는 인연을 맺은 첫 시즌에 곧바로 잉글랜드 무대를 평정했을지도 모른다. 첼시는 아스널에 승점 11점이 뒤진 79점을 기록하고 리그 38경기 일정을 마쳤다. 첼시가 거둔 최고의 수확은 최고 인기 팀인 맨유를 자신의 발아래에 두었다는 사실이었다. 리그 2위는 첼시가 마지막으로 우승했던 1955년 이후 1부 리그에서 거둔 최고 성적이었다.

유럽 엘리트 클럽들이 모이는 챔피언스리그에서도 신나게 달렸다. G조 1위로 토너먼트에 진출해 16강에서 슈투트가르트를 넘어 8강에 올랐다. 8강 상대는 런던 라이벌이자 당시 프리미어리그

로만 아브라모비치

에서 무패 행진을 벌인 아스널이었다. 홈 1차전에서 1-1로 비긴 첼시는 아스널의 홈구장 하이버리에서 벌인 2차전에서 전반이 끝나기 직전 호세 안토니오 레예스Jose Antonio Reyes에게 선제 실점을 내줘 탈락 위기에 빠졌다. 하지만 첼시는 승부를 단번에 뒤집을 능력을 지닌 선수가 많았다.

후반 초반 프랭크 램퍼드가 동점골을 터뜨려 합산 스코어 2-2 균형을 맞췄다. 라니에리 감독은 예스페르 그뢰킨에르와 조 콜, 에르난 크레스포를 연거푸 투입해 결승골을 노렸다. 정규 시간이 끝나기 3분 전, 레프트백 웨인 브리지가 오버래핑과 원투 패스를 거쳐 천금 같은 합산 3-2 역전골을 터뜨렸다. 결국 첼시는 '무패' 전력의 아스널을 꺾고 챔피언스리그 4강 중 한 자리를 차지하며 기염을 토했다. 준결승전에서 첼시는 디디에 데샹 감독이 이끄는 프랑스의 복병 모나코에 덜미를 잡혀 결승 진출의 꿈을 실현하지는 못했다.

프리미어리그 2위, 챔피언스리그 4강, 다음 시즌 챔피언스리그 출전권 획득은 '첼스키'로 거듭난 첫 시즌의 만족스러운 성적표로 전혀 손색이 없었다. 불만을 지닌 사람은 딱 한 사람이었다. 바로 러시아 출신 구단주였다. 2004년 여름 아브라모비치 회장은 라니에리 감독을 쫓아내고 챔피언스리그에서 우승을 차지한 '스페셜 원' 조제 모리뉴Jose Mourinho를 데려왔다. 맨유와 아스널이 점했던 2강 체제가 깨지는 출발점이었다.

21

—

영국의 오른발, 마드리드로 떠나다
: 데이비드 베컴(2002/03시즌)

2007년 레알 마드리드는 데이비드 베컴이 LA 갤럭시로 이적한다는 소식을 공식 발표하며 한 가지 뉴스를 덧붙였다. 베컴이 홈구장 산티아고 베르나베우에서 뛴 4시즌 동안 레알이 베컴을 활용한 각종 비즈니스 매출액이 3억 유로(3967억 원)를 넘겼다고 밝혔다. 2003년 영입한 지 6개월 만에 베컴의 레알 유니폼이 100만 장 넘게 팔렸다. 레알은 "베컴이 있는 동안 클럽 상품 판매가 137퍼센트 증가했다"고 밝혔다. 베컴은 문자 그대로 '황금알을 낳는 거위'였다.

1995~1999년

세상에서 제일 유명한 축구 선수가 만들어진 곳은 알다시피 맨체스터였다. 1995년 여름 맨유의 오랜 공신들인 폴 인스와 마크 휴즈, 안드레이 칸첼스키스가 팀을 떠났다. 이후 알렉스 퍼거슨 감독은 의욕적으로 대체자를 영입하려고 시도했으나 수포로 돌아가다. 그러면서 '클래스 오브 1992' 멤버들에게 문이 활짝 열렸다. 칸첼스키스가 없어진 오른쪽 측면 자리에서 20세 베컴은 리그 33경기를 포함해 시즌 40경기에 나서 6골을 기록하며 1군 주전으로 우뚝 섰다.

맨유는 1995/96시즌 아카데미 황금 세대 멤버들의 성장을 발판으로 삼아 프리미어리그와 FA컵을 모두 차지하는 시즌 더블을 달성했다. FA컵 결승전에서는 맨유와 리버풀 간의 노스웨스트 더비가 성사됐다. 이미 확고한 주전이 된 베컴도 당연히 선발 출전했다. 정규 시간이 끝나기 5분 전, 베컴이 찬 코너킥은 혼전을 거듭하다 에릭 칸토나의 극적인 1-0 결승골로 연결됐다.

1996/97시즌은 베컴이 전국구 스타플레이어로 떠오른 시간이었다. 압도적 킥 능력을 지닌 금발의 '훈남' 미드필더라고만 정의하기에는 프로 5년차 베컴은 너무 많은 능력을 지니고 있었다. 측면에서 베컴은 자로 잰 듯한 크로스뿐 아니라 폭발적 순간 스피드를 앞세운 일대일 돌파가 위력적이었다. 좁은 공간에서 볼을 다루는 컨트롤 능력도 일품이었다.

베컴은 잉글랜드는 물론 유럽 대륙을 통틀어 가장 주목받는 차세대 미드필더였다. 윔블던을 상대한 리그 개막전에서 베컴의 위상은 수직 상승했다. 경기가 끝나기 직전 하프라인에서 때린 슛이 상대 골키퍼의 키를 넘어 골대 안으로 빨려 들어갔다. 해당 득점은 지금까지 프리미어리그 개막전 최고의 골로 평가될 정도로 역사에 강렬한 족적을 새겼다. 해당 시즌 베컴은 49경기에 출전해 두 자릿수(12골) 넘는 득점을 올리고 영국프로축구선수협회 '올해의 영플레이어'로 선정됐다.

1997년 여름 에릭 칸토나가 은퇴를 선언하면서 베컴은 맨유 내에서 최고의 에이스를 상징하는 등번호 7번의 주인이 됐다. 아무도 이견을 달지 않았다. 1997/98시즌에도 베컴은 50경기에서 11골을 넣으며 맹활약했고, 리그에서만 도움 13개를 기록해 도움왕을 차지했다.

베컴의 존재감이 날이 갈수록 커졌지만 퍼거슨 감독은 딱히 걱정하지 않았다. 당시만 해도 베컴은 팀 내에서 누구보다 성실한 훈련 태도를 보이고 있었다. 퍼거슨 감독은 "정말 특별한 선수다. 오전, 오후 훈련장에 제일 먼저 나타난다. 그러고 저녁에 다시 와서 아카데미 선수들과 함께 또 훈련한다. 매 시즌을 시작하기 전에 우리는 선수 전원의 몸 상태를 확인하는 검사를 실시하는데 베컴의 수치가 항상 제일 좋았다"고 극찬했다. 베컴도 퍼거슨 감독을 "맨유에서 처음부터 끝까지 나를 이끌어준 제2의 아버지 같은 존재"라며 따랐다.

1998년 프랑스월드컵에서 베컴의 인생은 크게 바뀐다. G조 최종전에서 베컴은 콜롬비아를 상대로 그림 같은 프리킥으로 2-0 쐐기골을 터뜨려 잉글랜드를 16강에 올려놓았다. 프랑스 생테티엔에서 열린 16강전에서 잉글랜드는 아르헨티나를 상대했다. 1982년 포클랜드 전쟁, 1986년 멕시코월드컵 8강전 악연이 쌓이면서 축구에서 견원지간이 된 두 국가의 맞대결이었다.

전반전에만 두 팀은 두 골씩 주고받는 난타전을 벌였다. 후반전이 시작된 지 2분 만에 베컴이 상대 미드필더 디에고 시메오네 (현 아틀레티코 마드리드 감독)에게 거칠게 밀려 넘어졌다. 쓰러진 상태에서 베컴이 분을 참지 못하고 발로 시메오네를 가격했고, 바로 앞에서 이 장면을 목격한 덴마크 출신 킴 밀튼 닐센Kim Milton Nielsen 주심은 주저 없이 레드카드를 꺼냈다. 수적 열세에 빠진 잉글랜드는 고전 끝에 승부차기에서 3-4로 패하고 말았다.

영국 언론은 일제히 베컴을 대역 죄인으로 몰았다. 다음 날 한 일간지 1면에는 '용감한 사자 10명과 멍청이 한 명이 돌아온다'라는 제호가 등장했다. 한 선술집 밖에는 베컴이라고 쓴 인형이 목이 매달린 채 걸렸다. 언론에서는 베컴이 해외 진출로 프리미어리그 탈출을 노린다는 추측성 기사를 쏟아냈다.

트라우마를 겪는 베컴을 다시 일으킨 은인이 바로 퍼거슨 감독이었다. 1998/99시즌 맨유가 가는 곳마다 베컴은 상대 팬들의 야유 세례를 받았다. 퍼거슨 감독은 기자회견마다 팬들의 지나친 반응을 비판하는 동시에서 베컴을 옹호했다. 다행히 베컴은 축구 테크닉뿐 아니라 정신력까지 최고 수준이었다. 위력적인 측면 크로스를 쏘아 올려 맨유의 새로운 투톱 앤디 콜과 드와이트 요크에게 무수한 득점 기회를 제공함으로써 공격 엔진 역할을 톡톡히 해냈다. 해당 시즌 맨유는 역사적인 유러피언 트레블을 달성했다.

맨유가 프리미어리그와 FA컵, 챔피언스리그를 차례로 접수했던 세 경기에서 베컴은 모두 풀타임으로 출전했다. 프리미어리그 우승을 가능하게 한 1-1 동점골을 직접 터뜨렸고, 챔피언스리그 결승전에서 후반 추가시간에 넣은 두 골도 모두 베컴의 코너킥에서 나왔다. 유러피언 트레블을 계기로 베컴에겐 행복과 영광이 한꺼번에 쏟아졌다. 1999년 여름 오프시즌에 팝스타 빅토리아와 결혼해 세계적 이슈를 만들었고, 연말에는 발롱도르와 국제축구연맹 '올해의 선수' 투표에서 바르셀로나의 히바우두Rivaldo에 이어 모두 2위에 오르는 개가를 올렸다.

2000~2003년

세기가 바뀌면서 베컴의 인생 그래프는 다시 출렁거렸다. 그라운드 위에서 베컴은 절정의 기량을 선보이며 활약을 이어갔다. 맨유도 1999년부터 2001년까지 프리미어리그 3연패를 달성하며 독점자 입지를 굳혔다. 하지만 퍼거슨 감독과 베컴의 관계에 금이 가기 시작했다. 보수적인 퍼거슨 감독은 축구밖에 모르던 베컴이 점점 유명 인사나 연예인처럼 행동하는 변화를 마음에 들어하지 않았다. 하루는 베컴이 장염에 걸린 아들을 돌봐야 한다며 훈련에 불참했다. 하지만 당일 저녁 아내 빅토리아가 런던패션위크 행사에 참석한 사진이 공개됐다.

다음 날 퍼거슨 감독은 베컴을 1군이 아니라 유소년 훈련에 보냈다. 훈련 후 감독실에서 퍼거슨 감독은 "마누라가 밖으로 싸돌아다니지 않았으면 네가 애 보느라 훈련에 빠질 일도 없었겠지!"라고 쏘붙였다. 베컴은 "제가 사모님을 그런 식으로 얘기하면 기분 좋으시겠어요?"라며 언쟁을 벌였다. 주말 경기에서 퍼거슨 감독은 베컴을 1군에서 제외했다. 일주일 뒤 퍼거슨 감독과 스티브 매클래런Steve McClaren 코치, 게리 네빌, 베컴이 모인 자리에서 두 사람은 모든 것을 잊고 축구에 집중하기로 합의하면서 상황은 겨우 정리됐다.

베컴은 역시 정신력의 화신이었다. 영국 최고의 셀럽, 맨유의 에이스, 한 아이의 아버지 역할을 모두 성공적으로 수행했다. 2001년 10월 6일에는 그의 인생에서 가장 유명한 프리킥 골이 나왔다. 2002년 한일월드컵을 위한 유럽 지역 예선 마지막 경기에서 잉글랜드는 그리스를 상대했다. 잉글랜드가 본선행 티켓을 따내려면 최소한 무승부 이상의 결과가 필요했다. 패하면 험난한 플레이오프 단계를 거쳐야 했다.

맨유의 홈구장인 올드 트래퍼드에서 시작된 경기에서 잉글랜드는 뜻밖에 고전을 겪으며 1-2로 끌려갔다. 후반 추가시간도 거의 끝나갈 무렵에 옛 맨유의 동료 테디 셰링엄이 프리킥을 얻었다. 월드컵 본선 직행을 위한 마지막 기회에서 베컴이 때린 오른발 프리킥은 활처럼 휘어 그리스의 골문 왼쪽 톱코너에 꽂혔다. 1998년 프랑스월드컵 당시의 대역 죄인이 국민 영웅으로 거듭나는 순간이었다. 2001년 말 베컴은 영국 체육계 최고 권위인 BBC '올해의 체육인'에 선정됐다. 시즌이 끝난 뒤 퍼거슨 감독과 베컴이 3년 재계약을 축하하는 악수를 나누며 활짝 웃는 사진이 보도돼 맨유 팬들을 즐겁게 했다.

2002년 월드컵에서 돌아와 시작된 2002/03시즌은 결국 베컴의 마지막 맨유 챕터가 됐다. 2003년 2월 15일 FA컵 5라운드에서 맨유는 아스널에 0-2로 패해 탈락했다. 경기 도중 발목을 다쳐 교체된 베컴은 라커룸에서 귀가를 준비하고 있었다. 잔뜩 화가 난 퍼거슨 감독은 선수들을 향해 고래고래 소리를 지르며 헤어드라이어를 풀가동했다. 퍼거슨 감독이 분을 참지 못해 바닥에 놓인 축구화를 발로 걸어찼다. 운명의 장난처럼 축구화는 반대편에 앉아 있던 베컴의 왼쪽 눈썹 부위를 직격했다. 부주의한 접촉 사고 같은 해프닝이었지만 영국 언론에는 맛있는 사냥감이었다.

눈썹 부위에 큼지막한 밴디지를 붙인 베컴의 사진이 모든 신문의 1면을 장식하면서 언론은 두 사람의 관계가 돌아올 수 없는 다리를 건넜다고 단언했다. 스포츠 베팅 업계에서 '퍼거슨 감독과 베컴 중 누가 먼저 맨유를 떠날까'라는 항목이 등장하는 등 여론은 두 사람의 결별을 기정사실화했다. 언론의 집요한 추궁에도 퍼거슨 감독은 "두 바늘 꿰맸다는 보도는 사실이 아니다. 의사가 반창고를 붙였을 뿐이다. 드문 해프닝이었다. 내가 100번, 아니 백만 번 차도 아마 맞히지 못할 거다. 그걸 할 수 있으면 내가 다시 선수로 뛰겠지!"라고 항변하며 공식 사과를 거부했다. 베컴도 "우리는 지금 다음 경기(유벤투스전)에 집중해야 한다"며 말을 아꼈다. 베컴은 2010년 펴낸 자서전에서 "맨유에서 내가 가장 마지막까지 등을 돌리고 싶지 않은 사람이 바로 퍼거슨 감독이었다"고 말해 당시의 마음고생을 인정했다.

축구화 사건이 벌어진 2002/03시즌을 끝으로 베컴은 이적 결심을 굳힌다. 가장 유력했던 클럽은 바르셀로나였다. 조안 라포르타Joan Laporta 회장 당선자가 선거에서 가장 먼저 내세운 공약이 바로 베컴 영입이었다. 하지만 바르셀로나와 맨유, 베컴 3자 사이에서 협상이 난항을 겪었다. 베컴은 단순한 축구 선수가 아니라 각종 마케팅과 관련한 권리나 제약 사항이 할리우드 스타급으로 복잡하게 얽힌 거물이었기 때문이다. 그 틈에 바르셀로나의 라이벌 레알 마드리드가 치고 들어와 협상을 마무리했다.

베컴은 자신의 이적처가 플로렌티노 페레스 회장의 갈락티코

데이비드 베컴

(레알 마드리드)로 정해졌다는 소식을 동아시아 투어 중에 전해 들었다. 2003년 6월 18일 맨유는 런던 주식시장에서 "베컴이 이적료 2450만 파운드에 레알 마드리드로 이적한다"고 공시했다. 맨유는 베컴을 팔아 얻은 현금 수입으로 파리 생제르맹의 브라질 스타 호나우지뉴Ronaldinho를 데려온다는 계획이었지만, 바르셀로나에 선수를 빼앗기고 말았다.

낙담한 퍼거슨 감독은 스포르팅과 연습경기에 나섰다가 18세 윙어 크리스티아누 호날두를 발견했다. 경기 후 퍼거슨 감독은 피터 케니언Peter Kenyon 맨유 사장을 붙잡고 "저 녀석과 계약할 때까지 나는 여기서 한 발짝도 못 움직인다"고 으름장을 놓았다. 맨유와 스포르팅은 1200만 파운드에 호날두 이적을 결정했다.

베컴의 이적은 결과적으로 맨유에 큰 위기를 초래했다. 슈퍼스타가 없어지면서 맨유는 눈부신 브랜드 이미지에 큰 타격을 입었다. 하필 베컴이 떠난 직후 2003/04시즌 아스널이 최강 전력을 구축해 무패 우승 신화를 썼고, 그다음 두 시즌은 포르투갈 출신 조제 모리뉴 감독이 이끄는 첼시가 리그 2연패를 달성한다. 프리미어리그의 독점자였던 맨유는 3년 연속으로 우승에서 밀리면서 여론이 거세지고 퍼거슨 감독은 사퇴 일보 직전까지 몰리게 된다. 베컴의 저주는 맨유가 2006/07시즌 왕좌에 복귀함에 따라 겨우 풀렸다.

22

—

무패 우승 신화: 아스널
(2003/04시즌)

　　2021/22시즌 프리미어리그는 잉글랜드 프로축구 1부의 127번째 시즌이다. 1992년 독립 출범한 프리미어리그 기준으로는 30번째에 해당한다. 127년 역사에서 한 번이라도 리그를 제패한 적이 있는 클럽은 총 20개다. 잉글랜드 프로축구 역사상 가장 위대한 챔피언을 뽑는 일은 잉글랜드 현지에서 자주 이뤄지는 토론 주제 중 하나다. 다양한 의견이 존재해도 2003/04시즌 챔피언인 아스널이 강력한 '최고의 팀' 후보 중 하나라는 사실에는 이견의 여지가 없다.

강팀의 전력

　　2002/03시즌 개막을 앞두고 디펜딩 챔피언 아르센 벵거 감독

의 기자회견 내용이 시선을 끌었다. 벵거 감독은 "시즌 무패도 불가능하지 않다. 내가 하는 말이 놀랄 만한 공약이라고 생각할 이유가 없다"라며 시즌 무패라는 목표를 공개했다. 아무리 벵거 감독이라고 해도 그 말을 직접 들은 영국 기자들은 코웃음을 쳤다. 잉글랜드 축구 역사상 무패로 리그를 제패한 사례는 풋볼리그 원년인 1888/89시즌 우승팀 프레스턴 노스 엔드가 유일했다. 하지만 여러 환경이 지금과 크게 달랐을 때의 기록이라 큰 의미를 부여하기는 어렵다. 당시 한 시즌은 22경기에 불과했고, 12개 참가팀은 대부분 잉글랜드 북서쪽에 몰려 있어 사실상 지역 리그 형태에 가까웠다.

21개 프리미어리그 참가팀은 시즌당 리그 38경기를 치러야 한다. 여기에 FA컵과 리그컵이 있고, 우승 경쟁자라면 전력이 강하므로 유럽 대회까지 소화할 확률이 높다. 상위권 팀들은 대부분 시즌당 50경기 안팎의 일정을 치러야 한다. 여러 변수가 발생하기 충분한 환경에서 리그 38경기를 무패로 마치는 일은 거의 불가능에 가깝다. 영국 언론은 물론 팬들도 벵거 감독의 공약을 현실성 없는 이상주의, 더 나아가 오만한 태도로 받아들였다.

2002/03시즌이 개막되어 아스널은 초반 9경기에서 7승 2무를 거두며 리그 30경기 연속 무패 행진을 펼쳤다. 벵거 감독의 호언장담이 조금씩 설득력을 얻어가려던 즈음, 아스널은 10라운드에서 경기 막판 에버턴의 16세 신인 웨인 루니에게 통한의 중거리 결승골을 내줘 무너지고 말았다. 여론은 이때다 싶어 벵거 감독과 아스널을 조롱하기 바빴다. 원대한 꿈과 달리 아스널은 리그에서 38전 26승 9무 6패의 성적을 기록했다. 무패 우승은커녕 우승도 맨유에 내준 채 시즌을 마쳤다. 선수단 내에서는 "감독이 시즌

이 시작하기도 전에 섣불리 내부 목표를 공개하는 바람에 선수들이 큰 부담을 느꼈다"라는 목소리가 나왔다.

2003년 여름 프리미어리그에 지각 변동이 일어났다. 러시아의 슈퍼리치 로만 아브라모비치가 첼시를 전격 인수한 것이다. 야망 가답게 아브라모비치 회장은 여름 이적 시장에서만 거액 1억 2000만 파운드를 뿌려 우수 자원을 싹쓸이함으로써 단번에 우승 후보로 떠올랐다. 챔피언 맨유도 가만있지 않았다. 스포르팅의 18세 신성 윙어 크리스티아누 호날두를 영입하는 데에만 1200만 파운드를 투자했다. 2002년 월드컵에서 재능을 입증한 브라질 국가대표 미드필더 클레베르송Kleberson(590만 파운드)과 미국 국가대표팀 골키퍼 팀 하워드Tim Howard(220만 파운드)도 맨유에 가세했다.

하이버리는 지나치게 조용했다. 도르트문트의 수문장 옌스 레흐만Jens Lehmann과 세스크 파브레가스Cesc Fabregas, 가엘 클리시Gael Clichy, 요안 주루Johan Djourou, 필리페 센데로스Philippe Senderos를 각각 영입했지만, 현실적으로 당장 1군 경기에 투입할 만한 선수는 150만 파운드짜리 골키퍼 레흐만이 유일했다. 그마저 맨체스터 시티로 떠난 데이비드 시먼의 후임이어서 아스널은 전력 답보 상태나 다를 바 없었다. 설상가상 시즌 개막을 일주일 앞두고 열린 커뮤니티실드에서 아스널은 라이벌 맨유에 승부차기로 패해 기분을 잡쳤다.

부정적 기운이 감도는 가운데 뱅거 감독은 정중동을 유지했다. 본인이 만든 팀에 자신감이 있었기 때문이다. 지난 시즌에 이어 아스널이 기술과 경험, 스쿼드 깊이를 두루 갖춘 강팀이라는 사실에는 변함이 없었다. 기본 포메이션은 4-4-2였다. 티에리 앙리와 데니스 베르캄프는 득점력과 플레이 메이킹 능력을 겸비한 세계 최고 수준의 투톱이었다. 중앙 미드필드에 배치된 파트리크 비에이라와 지우베르투 시우바Gilberto Silva는 경기 조율과 강력한 맨 마크, 뛰어난 위치 선정을 겸비했다. 좌우 날개에는 빠르고 정교한 드리블로 크랙crack(수비를 돌파해 시합의 흐름을 뒤집는 선수) 역할을 해내는 로베르 피레와 프레디 융베리가 건재했다.

무엇보다 무게중심을 잡는 백4 라인이 강력했다. 2001년 영입한 솔 캠벨Sol Campbell의 존재감은 유럽에서도 톱클래스였다. 센터백 파트너 자리에는 백전노장 마틴 키언과 그의 후임자 콜로 투레Kolo Touré가 있었다. 레프트백 애슐리 콜Ashley Cole은 압도적 페이스로 측면 공격 가담에 최적화된 자원이었고, 라이트백 로렌Lauren도 공수 양면에서 부족함이 없었다. 새로 영입한 수문장 레흐만은 노련한 수비 리딩과 위치 선정 능력을 보장했다. 4-4-2와 4-2-3-1을 자유롭게 오가는 아스널은 강한 중원 압박과 빠른 역습, 눈부신 패싱 콤비네이션으로 어떤 상대를 만나도 경기를 장악할 수 있는 최정상급 전력을 갖추고 있었다.

그해 하이버리

시즌 초반 첼시의 기세가 거셌다. 선수단을 대폭 물갈이하는 통에 조직력이 불안하다는 우려가 있었지만, 이를 비웃기라도 하듯 첼시의 새로운 스타들은 개인의 힘을 앞세워 리그 선두에 서는 퍼포먼스를 선보였다. 아스널도 리그 개막 후 4연승을 달리며 선두권 경쟁에 참전했다.

챔피언스리그에서 먼저 위기가 찾아왔다. 홈에서 치른 B조 첫 경기에서 인테르나치오날레에 0-3으로 완패한 것이다. 더 큰 문제는 나흘 뒤에 잡힌 리그 경기가 맨유 원정이라는 점이었다. 벵거가 아스널에 온 1996년부터 맨유와 아스널의 맞대결은 시즌 우승의 향배를 결정하는 프리미어리그 최고 빅매치로 입지를 굳혔다. 양쪽 선수들 사이에서 라이벌 의식이 커지면서 둘의 맞대결은 거친 플레이가 난무하는 열전 양상으로 흐르기 십상이었다.

2003년 9월 21일 올드 트래퍼드에서도 맨유와 아스널은 뜨겁게 맞붙었다. 80분 공중 볼 다툼에서 아스널의 비에이라가 뤼트 판니스텔로이Ruud van Nistelrooy에 깔려 넘어졌다. 넘어진 상태에서 비에이라는 판니스텔로이를 발로 걷어차는 듯한 제스처를 보였다. 맨유 홈 관중의 엄청난 야유가 쏟아지는 중에 스티브 베닛Steve Bennett 주심은 비에이라에게 두 번째 옐로카드를 꺼내 보였다. 아스널 선수들은 판니스텔로이가 과장된 반응을 보였다며 거세게 항의했지만 소용없었다.

후반 추가시간이 끝나기 직전 맨유는 승리를 가져올 페널티킥을 얻었다. 모두가 숨죽인 가운데 판니스텔로이가 찬 페널티킥이 크로스바를 강하게 때리고 튕겨 나오면서 경기는 종료됐다. 이번에는 아스널의 차례였다. 센터백 마틴 키언이 환호성을 지르며 점프했다가 내려오면서 의도적으로 판니스텔로이의 목덜미를 건드렸다. 로렌은 화를 참지 못해 판니스텔로이의 등을 세게 밀쳤다. 순식간에 양 팀 선수들이 엉켜 몸싸움으로 번지면서 0-0 혈투가 마무리됐다. 잉글랜드축구협회는 로렌(4경기 출장정지)을 포함한 아스널 선수 6인에게 중징계를 내렸다.

10월 4일 아스널은 리버풀 원정에서 짜릿한 역전승을 기록했다. A매치 휴식기가 끝난 뒤 첼시전이 이어졌다. 이날 전까지 시즌 리그에서 한 번도 패한 적이 없는 두 팀의 맞대결이었다. 승점에서는 첼시가 3점 앞서 있었다. 전반전 한 골씩 주고받은 뒤 75분 로베르 피레의 패스를 티에리 앙리가 결승골로 연결해 아스널이 런던 더비에서 2-1 승리를 장식했다. 아스널은 우승 경쟁자를 2-1로 꺾고 자신감을 얻었을 뿐 아니라 첼시와 승점 동률을 만들어 두 마리 토끼를 전부 잡았다.

초반 조별리그 세 경기에서 승점 1점에 그쳐 탈락 위기에 몰렸던 챔피언스리그에서도 아스널은 남은 세 경기를 모두 잡아 16강행 티켓을 획득하는 등 시간이 흐를수록 집중력이 점점 강해졌다. 경기력 안정은 리그 선두 다툼에서도 큰 힘으로 작용했다. 우승 경쟁자 첼시와 맨유가 고비마다 미끄러진 반면 아스널은 연말연시 살인적인 일정을 소화하면서도 실수 없이 승점을 쌓아갔다. 해를 넘겨 아스널은 2004년 2월 15일 FA컵 8강전과 21일 프리미어리그 26라운드에서 첼시를 상대로 두 경기 연속으로 2-1 승리를 거둬 격차를 벌렸다.

시즌의 마지막 1개월로 접어든 4월 두 번째 위기가 닥쳤다. 4월 3일 빌라 파크에서 열린 FA컵 준결승전에서 아스널은 맨유에 0-1(폴 스콜스)로 패해 탈락의 고배를 마셨다. 아스널의 FA컵 패전은 2001년 결승전 이후 19경기 만이었다. 나흘 뒤 하이버리에서 챔피언스리그 8강 2차전이 열렸다. 상대는 1차전에서 1-1로 비긴 첼시였다. 통상적으로 챔피언스리그 토너먼트 단계에서는 자국 라이벌을 만나는 경기가 더 까다롭다.

1월 이적 시장에서 영입한 호세 안토니오 레예스가 선제골을 터뜨렸는데, 후반전 초반 곧바로 첼시의 프랭크 램퍼드에게 동점골을 허용했다. 합산 스코어 2-2 상황이 이어져 연장전 분위기가 형성되던 87분 첼시의 시즌 영입생 웨인 브리지에게 통한의 역전골을 내주고 말았다. 아스널은 나흘 간격을 두고 두 대회에서 탈락해 좌절감에 빠질 수밖에 없었다.

설상가상 프리미어리그 32라운드 리버풀전이 이틀 뒤에 열렸다. 아스널은 킥오프 5분 만에 사미 히피아에게 선제 실점을 허용했다. 최악의 시나리오로 흐르는 듯했다. 하지만 아스널에는 리그 득점 선두에 선 티에리 앙리가 있었다. 전반전을 1-2로 마친 뒤 시작된 후반전에서 아스널은 3골을 몰아쳐 4-2 역전승을 거뒀다. 앙리가 혼자 1-1 동점골과 3-2 역전골, 4-2 쐐기골을 기록하며 해트트릭 원맨쇼를 펼쳤다.

4월 25일 첼시가 뉴캐슬에 패한 덕분에 아스널은 토트넘전에서 2-2 무승부를 기록하며 리그 우승을 확정했다. 물론 아스널은 멈출 수가 없었다. 남은 네 경기까지 잘 막으면 역사적 대업인 무패 우승을 달성할 수 있었다. 아스널은 버밍엄, 포츠머스와 연달아 비긴 뒤 풀럼을 원정에서 1-0으로 잡았다. 이제 무패 우승까지 한 경기만 남았다.

5월 15일 홈구장 하이버리에서 리그 최종전이 열렸다. 상대는 레스터 시티(미키 애덤스Micky Adams 감독)였다. 레스터는 지난 시즌 챔피언십(2부) 2위 자격으로 프리미어리그로 승격했다가 높은 벽을 실감한 채 한 시즌 만에 다시 2부 강등이 확정된 상태였다. 두 팀 간에 객관적인 전력 차가 컸으므로 아스널의 무패 우승 달성은 무난해 보였다. 하지만 축구공은 둥글었다.

아스널의 일방적인 주도로 진행되던 26분 레스터가 역습을 시도했다. 레스터의 라이트백 스콧 싱클레어Scott Sinclair가 올린 크로스가 골문 왼쪽에 있던 폴 디코프Paul Dickov의 머리를 거쳐 아스널의 골대 안으로 들어갔다. 레스터의 선제 득점은 하이버리에 찬물을 끼얹었다. 아스널 공격수들이 쉴 새 없이 대시했지만 슛들은 전부 골대를 외면했다. 레스터의 골키퍼 이언 워커Ian Walker까지 선방을 연발했다.

아스널은 후반전에 들어서야 반전 기회를 만들었다. 선제골을 도운 싱클레어가 페널티박스 안에서 아스널의 레프트백 애슐리 콜을 넘어뜨려 페널티킥을 허용했다. 키커는 티에리 앙리였다. 최근 4경기 연속으로 득점에 실패해 부진에 빠져 있던 앙리가 페널티킥을 성공시켜 리그 30호, 시즌 39호 골로 1-1 동점을 만들었다. 아스널 팬들은 비로소 안도의 한숨을 내쉬었다.

65분 상대 진영에서 데니스 베르캄프가 패스 타이밍을 엿보다가 레스터의 수비수 사이로 스루패스를 찔렀다. 3선에서 박스 안으로 파고드는 비에이라를 발견했기 때문이다. 비에이라는 골키퍼까지 제친 뒤 2-1 역전골을 터뜨렸다. 베르캄프의 환상적인 센스가 돋보인 장면이었다. 폴 더킨Paul Durkin 주심의 경기 종료 휘슬이 울리는 순간, 하이버리를 가득 메운 팬들이 일제히 환호성을 질렀다. 불가능해 보였던 무패 우승 신화가 완성되는 순간을 현장에서 목격했다는 만족감이었을 것이다.

2003/04시즌 아스널은 완벽했다. 리그에서 가장 많은 득점(73골)을 기록했고 무실점 경기도 21차례나 됐다. 선제 실점을 허용했던 9경기에서 전부 역전 또는 무승부로 따라가는 끈질긴 집중력을 선보였다. 리그 30골 고지로 커리어 하이를 찍은 앙리는 영국프

2007년 5월 첼시전에서 승리한 뒤 관중들을 향해 인사하는
아르센 벵거 아스널 감독.
사진 Ronnie Macdonald

로축구선수협회 '올해의 선수', 벵거 감독은 '올해의 감독'에 각각 선정됐다. 14골을 넣은 로베르 피레와 팀플레이에 집중한 베르캄프의 공헌도 빼놓을 수 없었다. '통곡의 벽'을 세운 로렌-캠벨-투레-콜의 백4 라인도 무패 우승 신화의 주춧돌 역할을 해냈다. 무엇보다 '묻지마' 투자 시류에 휩쓸리지 않고 '진짜 팀'을 만든 벵거 감독의 위대한 레거시였다.

23

—

파이트 클럽: 맨유 vs 아스널
(1996~2005년)

맨체스터 유나이티드와 아스널, 알렉스 퍼거슨과 아르센 벵거,
로이 킨과 파트리크 비에이라. 1990년대 중후반부터 프리미어리
그의 10여 년은 두 클럽의 라이벌 역사로 상징된다. 순위표의 1위,
2위 자리에는 언제나 두 클럽이 있었기에 맞대결에서 승리는 곧
챔피언을 의미했다. 맨유와 아스널의 경쟁이 뜨거워질수록 쟁쟁한
스타플레이어와 열혈 팬들의 자존심이 부딪치는 충돌음도 커졌다.
그라운드 안에선 거친 태클을, 밖에선 독을 머금은 설전을 주고받
았다. 조제 모리뉴가 이끄는 첼시에 리그 우승을 내줬던 2004/05
시즌에 맨유와 아스널 간의 적개심이 극에 달했다는 사실은 아이
러니했다.

뷔페 전투

시즌 개막을 알리는 커뮤니티실드에서부터 둘은 격돌했다. 2004년 8월 8일 밀레니엄 스타디움에서 지난 시즌 리그 챔피언 아스널과 FA컵 챔피언 맨유가 만났다. 선수단의 컨디션이 아직 정상이 아닌 시점에서 열리는 한계 탓에 맨유와 아스널은 모두 힘을 살짝 빼고 경기에 나섰다. 물론 긴장감은 최고조에 달했다. 직전 맞대결(지난 시즌 두 번째 경기)에서 거칠게 충돌했던 앙금이 남아 있었기 때문이다. 해당 경기에서 득점 없이 비긴 양쪽 선수들은 경기가 끝나고도 그라운드 위에서 거친 몸싸움을 벌였고, 아스널 선수 6명이 무더기 징계를 받았었다.

커뮤니티실드에서 최정예를 내세운 아스널에 비해 맨유는 뤼트 판니스텔로이와 크리스티아누 호날두 등 주축들이 빠진 상태였다. 경기가 열린 시점에서 웨인 루니는 아직 에버턴 소속이었다. 객관적 전력에서 앞선 아스널은 후반 들어 지우베르투 시우바와 호세 안토니오 레예스의 골, 그리고 상대 수비수 미카엘 실베스트르Mikael Silvestre의 자책골을 묶어 앨런 스미스의 1골 만회에 그친 맨유를 3-1로 제압하며 기선 제압에 성공했다.

시즌 두 번째 만남은 프리미어리그 10라운드(2004년 10월 24일)였다. 아스널은 2년 전 시즌 후반부터 이날 경기 전까지 리그에서 '49경기 연속 무패'로 질주하고 있었다. '천하무적'(The Invincibles)이라는 영광스러운 별칭답게 당시 아스널은 잉글랜드뿐 아니라 유럽 전역에서도 독보적 경기력으로 추앙받았다. 2004/05시즌도 맨유와 만나기 전까지 아스널은 개막 후 9경기에서 8승 1무를 기록하며 신흥 강호 첼시보다 2점 앞서 단독 선두를 지키고 있었다.

맨유는 모든 면에서 뒤졌다. 개막전에서 모리뉴 감독의 첼시에 0-1로 패해 자존심을 구겼다. 리그 9경기 중 다섯 번이나 비기면서 6위까지 처져 있었다. 이번 안방 맞대결에서 이기지 못하면 앙숙 아스널이 '50경기 연속 무패'라는 위업을 달성할 때 조연으로 전락할 처지였다. 맨유는 무슨 수를 써서라도 아스널의 병풍이 되는 시나리오를 막아야 했다.

경기를 앞둔 기자회견에서부터 양쪽 감독이 설전을 개시했다. 퍼거슨 감독은 "그날(지난 시즌 9월 0-0 무승부) 아스널 선수들의 행동은 스포츠계에서 내가 목격했던 최악이었다. 그들은 경기 결과에 대만족했을 것이다"라며 상대를 도발했다. 상대가 맨유를 우러러본다는 식의 발언은 퍼거슨 감독이 자주 구사하는 심리전 레퍼토리였다. 상대의 실력이 아니라 계급 자체를 발아래에 둠으로써 자존심을 건드려 결국 집중력을 흩트리는 전략이다.

두 팀의 맞대결이 과열 양상을 보이자 경찰까지 나섰다. 맨체스터 경찰 당국은 휘슬을 부는 마이크 라일리Mike Riley 주심에게 양팀 간 충돌 자제를 별도로 당부했다. 경기장 주변에 평소보다 많은 병력을 배치한 것은 당연한 안전 조처였다. 맨유와 아스널의 시즌 첫 리그 맞대결은 시작 전부터 뜨겁게 달아올랐다. 시한폭탄의 뇌관 같은 로이 킨이 부상을 입어 빠졌다는 사실이 현장 관계자들에겐 유일한 위안이었다.

아니나 다를까 경기 중 양쪽 선수들은 그라운드 곳곳에서 거칠게 충돌했다. 현실적으로 객관적 전력에서 처지는 맨유로서는 상대를 거칠게 다루는 플레이가 아스널전에서 결과를 얻는 유일한 방법이었을지도 모른다. 경기 시작부터 맨유 선수들은 그야말로 '깡'으로 뛰었다. 경기 초반 판니스텔로이가 아스널의 라이트백 애슐리 콜의 발목을 강하게 가격했다. 느린 그림상 레드카드가 나와도 될 정도로 고의성이 다분했다. 라일리 주심이 경고도 없이 지나치자 아스널 선수들이 극도로 흥분하며 항의했다. 커뮤니티실드에서 골을 넣었던 호세 안토니오 레예스는 맨유 네빌 형제의 거친 태클에 나동그라졌다. 전반전에만 게리, 필립 네빌 형제는 나란히 경고를 받았다.

득점 없이 경기가 점점 과열됐다. 팽팽한 균형이 이어지던 73분 신입생 웨인 루니가 페널티박스 안에서 드리블 돌파를 시도했다. 아스널의 센터백 솔 캠벨이 충돌 직전에 다리를 뒤로 뺐지만 루니가 큰 동작으로 엎어졌다. 다이빙이라고 확신한 캠벨은 쓰러진 루니를 향해 분노를 퍼부었다. 하지만 라일리 주심의 페널티킥 선언이 뒤따랐다. 아스널 선수들의 거친 항의는 상황을 바꾸지 못했다.

판니스텔로이가 키커로 나섰다. 지난 시즌 아스널전에서 후반 추가시간에 페널티킥을 놓친 직후 상대 선수들에게 둘러싸여 수모를 당했던 바로 그 주인공이었다. 긴장감이 최고조에 달한 순간 판니스텔로이의 페널티킥이 레흐만의 반대편으로 정확히 꽂혔다. 손쉬운 페널티킥 득점이었는데도 맨유 선수들은 챔피언스리그에서 우승이라도 한 듯이 환호했다.

분위기가 꺾인 아스널은 반격 기회를 만들지 못했다. 1-0으로 앞선 상태에서 루이 사하Louis Saha와 교체되어 나오는 판니스텔로이는 홈 관중들한테 열정적인 기립 박수를 받았다. 후반 추가시간 루니가 얇아진 상대 수비진을 뚫고 2-0 쐐기골을 터뜨렸다. 아스널의 역사적인 연속 무패 행진이 49경기에서 멈추는 순간이었다. 맨유가 2-0으로 아스널을 꺾었다.

경기 종료 휘슬이 울려도 맨유와 아스널 선수들은 전투 모드를 그대로 유지했다. 페널티킥의 두 주인공 솔 캠벨과 웨인 루니는 서로 악수도 하지 않고 엇갈렸다. 그러다가 경기장 내 양쪽 라커룸으로 통하는 복도에서 사달이 났다. 아스널의 마틴 키언과 맨유의 리오 퍼디낸드 등이 서로 엉켜 거친 주먹 다툼을 벌이기 시작했다. 이를 말리는 양쪽 관계자들까지 엉키는 바람에 선수 복도는 삽시간에 혼돈의 결투장으로 변했다. 그 와중에 아스널 선수들 뒤쪽에서 갑자기 피자 한 조각이 날아갔다. 운명의 장난인가? 피자 조각이 날아가 안착한 곳이 공교롭게 퍼거슨 감독의 얼굴이었다. 이성의 끈을 놓지 않은 중재자들의 눈물겨운 노력 덕분에 현장은 겨우 수습됐지만 퍼거슨 감독은 피자로 얼룩진 정장을 벗고 트랙톱 차림으로 TV 인터뷰를 소화해야 했다.

TV 카메라가 없었던 구역에서 벌어진 소동이어서 소문은 입에서 입을 타고 왜곡, 과장됐다. "피자를 던졌다" "파이였다" "음료수통이었다" 식의 확인할 수 없는 루머가 언론의 추측 기사에 담겨 세상으로 퍼졌다. 이날 경기는 영국 언론 특유의 제호 뽑기 신공을 거쳐 '뷔페 전투' 또는 '피자게이트'로 기억된다. 피자를 던진 범인은 오랫동안 밝혀지지 않았다. 아스널 동료들조차 당시 정신이 없었던 데다 실명을 거론해봤자 아스널에 긁어 부스럼밖에 되지 않을 것이기에 다들 입을 다물었다.

시간이 흐른 후 애슐리 콜은 자서전에서 "피자를 던진 친구가 최소한 잉글랜드나 프랑스 출신은 아니었다"고 밝혔다. 모든 시선이 당시 17세였던 스페인 출신 세스크 파브레가스로 향했다. 2017년 10월이 돼서야 모든 진실이 밝혀졌다. TV 예능 프로그램에 출연한 파브레가스는 진행자 제임스 코든James Corden(영국 인기 코미디언)의 집요한 추궁에 결국 "나였다!"고 실토했다. 파브레가스의 고백과 시청자들의 큰 웃음은 '뷔페 전투'의 흥분으로부터 13년이나 지났기에 가능했다. 당시 경기에서 콜의 발목을 거칠게 짓밟았던 판니스텔로이는 사후에 영상 자료를 검토한 잉글랜드축구협회로부터 3경기 출장정지의 징계를 받았다.

"너, 저기 밖에서 봐!"

맨유와 아스널은 리그컵 8강전에서 로테이션 기용을 통한 약식 라이벌전을 거친 뒤 이듬해 2005년 2월 1일 하이버리에서 리그 두 번째 맞대결을 펼쳤다. 리그에서는 첼시가 단독 선두를 달리고 있었지만, 맨유와 아스널의 안중에는 첼시 추격 여부보다 오직 서로에 대한 증오만 있을 뿐이었다. 경기 후에 주먹을 주고받은 '뷔페 전투'와 달리 이번에는 입장에 앞서 마주친 복도에서 불꽃이 튀었다. 아스널의 돌격대장인 파트리크 비에이라가 피레의 부상 앙금을 건드리며 게리 네빌에게 시비를 걸었다. 체격 차이가 워낙 커서 비에이라의 완승으로 끝날 듯한 순간 맨유의 폭탄 로이 킨이 등장했다.

비에이라와 킨은 과거 경기 중 몸싸움을 벌였던 악연을 공유하는 사이였다. 좁은 복도에서 주먹다짐 일보 직전까지 갔던 두 사람의 으르렁거림은 양쪽 동료들의 만류로 겨우 멈췄다. 파스칼 시강Pascal Cygan과 데니스 베르캄프가 번갈아 비에이라에게 자제를 당부했다. 하지만 이미 눈이 돌아간 킨은 계속 비에이라에게 욕설을 퍼부으며 싸울 기세였다. 그레이엄 폴Graham Poll 주심이 상황을 정리했지만 비에이라를 향해 킨이 "너, 저기 밖에서 봐!"라고 소리 지르는 장면은 TV 카메라를 통해 전 세계로 생중계됐다.

킥오프 8분 만에 아스널이 코너킥에서 선제골을 터뜨렸다. 운명의 장난처럼 비에이라의 득점이었다. 아스널은 전반전을 2-1로 앞선 채 마쳐 복수혈전의 희망을 키웠다. 하지만 이번에도 맨유 쪽 투쟁심이 더 뜨거웠다. 후반 들어 맨유는 크리스티아누 호날두가 두 골을 넣어 스코어를 3-2로 뒤집었고, 경기가 끝나기 직전 존 오셰이John O'Shea가 영리한 칩슛으로 쐐기골까지 터뜨려 원정 4-2 대승을 거뒀다.

희대의 라이벌전을 연출했던 아스널과 맨유는 2004/05시즌을 각각 2위와 3위로 마무리했다. 우승의 영광은 '스페셜 원' 조제 모리뉴의 첼시에게 돌아갔다. 이대로 끝났느냐고? 아직 한 경기가 더 남았다. 2005년 5월 21일 밀레니엄 스타디움에서 두 팀은 FA컵의 주인을 놓고 시즌 다섯 번째이자 마지막 맞대결을 벌였다.

시즌 도중 체육부와 리그 사무국, 경찰 당국으로부터 거친 발언을 자제하라는 지시를 받은 터라 양쪽 감독은 '톤 다운'한 문장으로 FA컵 결승전에 임하는 각오를 밝혔다. 리그 두 경기와 리그컵 8강전에서 맨유에 세 번이나 내리 패한 아스널 쪽이 더욱 절박했다.

경기 중 맨유는 두 번이나 골대를 맞히는 득점 불운에 땅을 쳤다. 연장전이 끝나기 직전 호세 안토니오 레예스는 호날두의 얼굴을 가격해 두 번째 경고로 빨간 딱지를 받았다. 정해진 시간에 승부를 가리지 못한 두 팀은 잔인한 승부차기 운명을 받아들여야 했다. 맨유의 두 번째 키커 폴 스콜스가 찬 킥을 레호만이 정확한 예측으로 막아냈다. 아스널은 마지막 키커 비에이라까지 5명이 모두 페널티킥을 성공시켰다. 이로써 앙숙 맨유를 제치고 통산 10번째 FA컵 타이틀을 차지했다. 아스널이 마지막에 웃은 셈이다.

맨유와 아스널이 벌였던 희대의 장외 신경전은 시간이 흐르면서 크게 희석됐다. 축구의 사회적 영향을 우려하는 목소리도 점점 커져 최근 들어서는 심리전, 독설, 경기 중 거친 몸싸움은 예전보다 줄고 있다. 잉글랜드 축구의 대표적 라이벌전인 머지사이드 더비에서도 몸싸움이나 퇴장 발생이 드물어졌다. 정정당당히 실력을 겨룬다는 측면에서는 당연히 환영해야 할 변화다. 하지만 격렬한 신체 접촉이 허용되는 축구의 종목 특성상 서로 이기려는 투쟁심은 여전히 승부를 가르는 중대 요소다. 폭력으로 변질되면 곤란하지만 가끔은 맨유와 아스널처럼 앞뒤 보지 않고 경쟁하는 라이벌전이 주는 흥분이 그리워질 때가 있다.

24

—

'스페셜 원'은 특별하다: 조제 모리뉴(2004/05 시즌)

프리미어리그에 도전하는 외국인 스타들은 누구나 영국 언론과 대중의 날 선 테스트를 거친다. 자국 대스타라도 프리 패스는 그냥 주어지지 않는다. 크게 두 가지 원인이 있다. 우선 영국 축구 여론은 자국 리그 외에 관심이 적다. 영국 내에선 해외 리그 중계가 드물어 관련 정보가 부족하다. 초대형 스타를 제외하곤 '듣보잡'으로 분류되기 십상이다.

또 다른 이유는 비싼 몸값이다. 프리미어리그를 보유한 영국 축구계는 세계 최대 시장이다. 당연히 인건비도 최고 수준이다. 영국 대중의 눈으로 보자면, 매년 이름도 들어보지 못한 외국인들이 초고액 연봉을 약속받고 속속 밀려오는 셈이다. 이런 마당에 포르투갈에서 날아온 젊은 축구 감독 한 명이 처음 만난 자리에서 "나는 특별한 존재(special one)다"라고 자처했다면?

지도자 수업 시절

본명은 조제 마리우 도스 산투스 모리뉴 펠릭스. 우리가 조제 모리뉴라고 줄여 부르는 축구 감독은 2004년 6월 런던에 발을 내디뎠다. 첼시를 인수하고 2년째인 그해 로만 아브라모비치 회장은 지난 시즌 나무랄 데 없는 성과를 낸 클라우디오 라니에리 감독을 내쫓고 모리뉴 감독을 전격 영입했다. 물론 모리뉴 감독이 무명은 아니었다. 바로 직전 챔피언스리그에서 FC포르투를 최정상으로 이끈 성과를 대중들은 생생히 기억하고 있었다. 하지만 그가 정확히 어떤 캐릭터를 가졌는지, 영어를 자유자재로 구사할 수 있는지, 어떤 스타일의 축구를 지향하는지 등 상세한 정보는 부족했다.

궁금증이 폭발하는 가운데 첼시의 신임 감독은 기자회견을 열었다. 모리뉴 감독은 수많은 영국 취재진 앞에서 당당한 말투로 "나더러 건방지다고 하지 말아달라. 하지만 나는 유럽 챔피언이다. 그러니 나는 내가 특별한 존재라고 생각한다"고 말했다. 다음 날 영국의 모든 신문은 약속이라도 한 듯이 '스페셜 원'이라는 단어를 제호로 뽑아 포르투갈 신예의 당찬 선언을 보도했다. 속마음도 비슷했다. '스페셜 원이라고? 그래, 어디 두고 보자.'

모리뉴 감독은 선수 출신이 아니다. 10대 시절 부친이 뛰는 클럽에서 축구를 배웠지만, 일찌감치 자신이 프로에서 뛰기에는 재능이 부족하다는 걸 깨달았다. 평범한 샐러리맨이 되기를 원했던 가족의 바람을 뒤로한 채 모리뉴는 대학교에서 스포츠과학을 전공해 축구를 향한 열정의 불씨를 이어갔다. 곧 축구 지도자가 되겠다는 인생 계획을 세웠다. 영어를 배우며 지도자 자격증까지 한꺼번에 해치울 생각으로 모리뉴는 잉글랜드 및 스코틀랜드축구협회가 운영하는 지도자 과정을 선택했다.

리스본에서 짧은 체육 교사 생활을 거친 모리뉴는 비토리아 세투발의 유소년팀에서 지도자로서 첫발을 디뎠다. 2년 뒤 뜻밖의 기회가 찾아왔다. 1992년 7월, 포르투갈 빅3 클럽 중 한 곳인 스포르팅이 영국인 지도자 보비 롭슨Bobby Robson을 감독으로 영입했다. 당시 롭슨 감독은 네덜란드 명문 PSV 에인트호번에서 에레디비시 2연패를 거두는 등 확실한 실적을 남긴 직후였다. 그런데 롭슨 감독이 포르투갈어를 전혀 구사하지 못하는 까닭에 스포르팅은 급히 통역사를 구해야 했다. 모리뉴는 축구 지도자 자격증과 유창한 영어 능력을 겸비한 이른바 준비된 인재였다.

모리뉴는 기회를 낭비하지 않았다. 유명 감독의 보좌 역할은 통역에 그치지 않고 선수단 관리, 상대 분석, 경기 준비 등 지도자의 업무 전반에 걸친 범위로 퍼졌다. 2005년 언론과의 인터뷰에서 롭슨 감독은 "모리뉴가 다음 경기에 대한 분석 자료를 내게 제출했다. 특급 보고서였다. 선수나 감독 경험이 없는 30대 초반의 젊은 친구가 내가 받아본 것 중 최고의 보고서를 작성했다"고 회상했다.

스포르팅에서 두 번째 시즌을 출발할 때 모리뉴의 역할은 이미 사실상 코치로 격상된 상태였다. 1995년 12월 스포르팅의 소자 신트라Sousa Cintra 회장은 UEFA컵 탈락을 빌미 삼아 롭슨 감독을 내쫓았다. 그러자 라이벌 포르투가 곧바로 롭슨 감독을 영입했다. 이제 두 번째 클럽에서 모리뉴는 통역이 아니라 당당히 수석코치로서 롭슨 감독과 함께했다.

두 사람은 포르투에서 리그 2연패, 국내 컵대회 우승 1회, 슈퍼컵 우승 3회, 챔피언스리그 4강 진출 등 굵직한 실적을 합작했다. 성향 면에서도 롭슨과 모리뉴 콤비는 조화를 이뤘다. 공격을 앞세우며 선수들에게 동기부여를 잘하는 롭슨과 수비를 중시해 세세한 기술 파트를 조련하는 모리뉴가 상호 보완해 시너지 효과를 냈다.

1996년 여름 빅클럽 바르셀로나의 조안 가스파르트Joan Gaspart 회장은 요한 크루이프의 드림팀 이후를 롭슨 감독에게 맡기기로 했다. 롭슨 사단에는 당연히 모리뉴가 기본 옵션이었다. 팀 운영의 오른팔이었으며 이제 스페인어 통역까지 담당했다. 모리뉴 개인에게도 바르셀로나행은 황금 같은 기회였다. 전 세계 최정상급 무대에서 최고의 선수단을 직접 지도하고 경험할 절호의 찬스였다.

한 시즌 뒤 롭슨은 단장 격인 제너럴 디렉터로 승진하고 아약스에서 1994/95 챔피언스리그 트로피를 거머쥔 루이스 판할Louis van Gaal이 새 감독으로 부임했다. 선수단 전체를 파악하고 있던 모리뉴는 제자리에 남아 판할 감독을 보좌했다. 판할 감독도 모리뉴를 아꼈다. 이후 모리뉴가 벤피카로부터 수석코치직 제안을 받았을 때, 판할 감독은 "벤피카가 감독으로 데려갈 거면 가겠다고 전해라. 코치 영입이라면 여기 남아라"라며 리스본행을 만류했다. 시간이 흐른 뒤 판할 감독은 "건방진 젊은 친구(모리뉴)는 권위를 존중하지 않았다. 나는 그런 성격이 마음에 들었다. 선을 넘기도 했다. 하지만 시간이 갈수록 결국 나도 코칭스태프 중에서 모리뉴의 의견에 가장 귀를 기울이게 됐다"며 그때를 회상했다.

포르투 우승, 첼시 우승

2000년 9월 모리뉴는 벤피카에서 유프 하인케스Jupp Heynckes 감독을 보좌하는 코치로서 출발했다. 개막한 지 두 달 만에 벤피카는 하인케스를 해고하고 모리뉴를 감독대행에 앉혔다. 생애 처음으로 감독을 맡았으나 도전은 짧고 굵었다. 클럽 고위층은 포르투갈 U-21 국가대표팀 감독을 맡고 있던 제주알두 페헤이라Jesualdo Ferreira를 수석코치로 선임했다. 모리뉴는 자신의 자리를 위협하는 인사에 반발해 페헤이라 코치를 거부한 채 독불장군식으로 밀고 나갔다.

정치 싸움에도 불구하고 모리뉴는 특유의 카리스마를 발휘해 9경기에서 분위기를 반전했다. 라이벌 스포르팅을 3-0으로 대파한 뒤 모리뉴는 마누엘 빌라리뉴Manuel Vilarinho 신임 회장에게 장기 계약을 요구했다. 빌라리뉴 회장이 이를 거절하자 모리뉴는 미련 없이 벤피카를 떠났다.

이듬해인 2001년 여름 모리뉴는 중위권 우니앙 데 레이리아의 감독으로 부임해 팀을 단번에 우승 경쟁권에 올려놓았다. 팀을 맡은 지 반 시즌 만에 모리뉴는 포르투로 점프했다. 옥타비오 마차도 Octavio Machado 감독을 해고한 빅클럽 포르투는 당시 리그 5위까지 처져 있었다. 2002년 1월 시즌 도중 선수단을 넘겨받은 모리뉴는 리그 15경기에서 11승을 쓸어 담아 3위로 시즌을 마쳤다. 그리고 "내년에 우승하겠다"고 공언했다.

빅클럽에서 처음 준비하는 풀타임 시즌(2002/03)에서 모리뉴의 진가가 입증됐다. 포르투는 포르투갈 리그와 컵에 이어 UEFA 컵까지 차지해 시즌 트레블을 달성했다. 반짝 성공이 아니었다. 2003/04시즌 포르투는 리그 타이틀을 지키는 데 성공했다.

무엇보다 챔피언스리그에서 돌풍을 일으켰다. F조 2위로 오른 16강에서 포르투는 알렉스 퍼거슨 감독이 이끄는 맨체스터 유나이티드와 격돌했고, 2차전에서 막판 짜릿한 결승골을 넣어 따돌렸다. 코스티냐^{Costinha}의 합산 3-2 결승골이 터지자 모리뉴는 올드 트래퍼드의 터치라인을 따라 질주하며 기뻐했다. 이날 골 셀러브레이션은 유럽 최정상 무대에서 모리뉴가 존재감을 알린 첫 번째 장면으로 꼽힌다.

포르투는 멈추지 않았다. 8강에서 리옹, 준결승전에서 데포르티보 라코루냐를 각각 따돌리고 결승전에 올랐다. 독일 겔젠키르헨에서 열린 대망의 결승전에서 포르투는 디디에 데샹 감독의 AS 모나코를 3-0으로 꺾고 창단 첫 유럽 챔피언에 오르는 쾌거를 이뤘다.

챔피언스리그에서 우승한 직후 모리뉴는 리버풀과 첼시로부터 동시에 감독 제안을 받았다. 모리뉴는 '갑부 구단주(로만 아브라모비치)가 돈을 빼면 끝'이라는 불안감 때문에 리버풀을 선호했다. 하지만 갑자기 리버풀이 라파엘 베니테스 쪽으로 방향을 틀었다. 모리뉴는 2순위였던 첼시를 선택했다.

강렬한 첫 기자회견을 마친 모리뉴는 러시아 갑부의 든든한 지갑을 등에 업고 휘황찬란한 선수 쇼핑에 나섰다. 친정 포르투에서 히카르두 카르발류^{Ricardo Carvalho}와 파울루 페헤이라^{Paulo Ferreira}(이상 3000만 파운드)를 데려왔다. 마르세유의 대형 스트라이커 디디에 드로그바^{Didier Drogba}(2400만 파운드), 올랭피크 리옹의 중앙 미드필더 마이클 에시앙^{Michael Essien}(2440만 파운드), 스타드 렌의 골키퍼 페트르 체흐^{Petr Čech}(1200만 파운드), PSV 에인트호번의 마테야 케즈만^{Mateja}

Kezman과 아리언 로번Arjen Robben(이상 1240만 파운드), 벤피카의 티아구 Thiago Mendes(1000만 파운드)를 쓸어 담았다.

2004/05시즌을 앞두고 영국 언론은 디펜딩 챔피언 아스널과 맨유, 첼시의 우승 경쟁 구도를 전망했다. 당시 아르센 벵거 감독이 이끄는 아스널은 무패 우승 신화를 달성한 강력한 전력을 유지하고 있었다. 맨유도 여름 이적 시장에서 잉글랜드의 미래 웨인 루니를 최대 3000만 파운드 이적료 조건에 영입했다. 첼시도 공격적 투자로 눈길을 사로잡았지만 감독부터 선수까지 물갈이 폭이 크다는 점이 불안 요소로 지적됐다.

공교롭게 첼시와 맨유는 개막전부터 맞붙었다. 지난 시즌 챔피언스리그 16강전에서 나온 골 셀러브레이션을 기억하는 맨유 팬들에겐 첼시 원정이 모리뉴 감독에게 복수할 기회처럼 보였다. 하지만 맨체스터에서 내려온 팬들은 고개를 숙여야 했다. 모리뉴 감독이 새롭게 짠 스쿼드는 무척 단단했다.

킥오프 11분 만에 첼시의 에이뒤르 그뷔드욘센Eidur Gudjohnsen이 선제골을 뽑았다. 존 테리John Terry와 윌리엄 갈라스William Gallas가 센터백을 지키고, 파울루 페헤이라와 웨인 브리지가 양쪽에 배치된 풀백 포지션의 조직력은 모리뉴 축구의 수비 전술을 완벽히 실천했다. 바로 앞에 자리 잡은 레알 마드리드 출신 클로드 마켈렐레는 천재적인 위치 선정과 맨 마크로 맨유의 전진을 차단했다. 개막전부터 최고 인기 팀인 맨유를 1-0으로 잡은 모리뉴 감독은 "오늘은 아마 맨유와 열 번 싸워도 무실점으로 막을 수 있다는 생각이 들 정도로 우리 수비가 단단했다"고 소감을 밝혔다.

2004/05시즌은 시간이 흐를수록 첼시의 독주 분위기로 흘렀

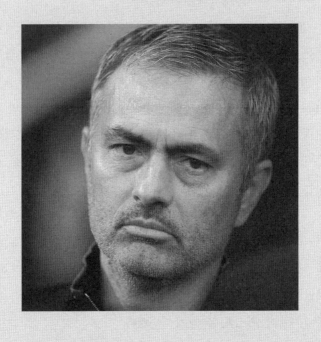

2015년 10월 UEFA 챔피언스리그 조별예선 키예프전에서
첼시를 이끌던 조제 모리뉴 감독.

사진 Aleksandr Osipov

다. 첼시는 개막하고 9번째 경기에서 첫 패배를 기록했다. 10월 16일 맨체스터 시티를 상대로 한 원정에서 0-1로 진 경기였다. 다음 라운드에서 아스널은 맨유와의 원정 경기에서 0-2로 패해 리그 연속 무패 행진을 49경기에서 마감했다. 이때만 해도 아스널이 첼시에 승점 2점 앞선 선두였다. 하지만 모리뉴 감독의 첼시는 맨시티전 원정 경기에서 패한 뒤 시즌이 끝날 때까지 29경기 모두 무패로 내달린 끝에 마지막 3경기를 남겨둔 상태에서 50년 만에 1부 리그 우승을 확정했다.

첼시는 2~5위(아스널, 맨유, 에버턴, 리버풀) 4개 팀을 상대한 8경기에서 6승 2무의 압도적 강세를 보여 챔피언의 자격을 입증했다. 첼시가 거둔 승점 95점은 역대 1부 최다 승점 신기록(2017/18시즌 맨시티가 100점으로 경신한다)이었으며 15실점 역시 역대 최소 실점 신기록이었다. 무실점 경기 수가 무려 25차례에 달했다는 통계 또한 첼시의 안정감을 말해준다.

첼시는 그해 FA컵과 챔피언스리그에서는 우승에 실패했지만 리그컵을 추가해 시즌 더블에 성공했다. 러시아 갑부가 쏟아 부은 현금의 위력을 무시할 수 없지만, 첼시가 프리미어리그의 기존 판세를 뒤집을 만큼 힘을 붙일 수 있었던 원동력은 누가 뭐래도 모리뉴 감독이었다. 물 한 방울 샐 것 같지 않은 수비력, 확실한 압박을 통한 볼 탈취와 빠른 측면 역습, 수준 높은 선수들의 정상급 개인 기량이 합쳐진 첼시는 이후 잉글랜드 축구계를 이야기할 때 빼놓을 수 없는 주인공의 한 자리를 차지한다.

25
—
잉글랜드 최고 재능: 웨인 루니
(2003/04시즌)

1990년대 프리미어리그 활황 속에서 맨체스터 유나이티드의 이미지는 라이언 긱스와 데이비드 베컴으로 상징됐다. 정교한 킥과 날쌘 드리블 돌파, 축구의 테두리를 넘어 국민 스타라는 수식어가 어울릴 만큼 압도적인 슈퍼스타라는 공통점이 있다. 베컴은 잉글랜드 국가대표팀 주장이자 연예인을 능가하는 외모를 앞세워 맨유의 브랜드 이미지를 더욱더 눈부시게 했다. 2000년대 들어 잉글랜드와 맨유는 또 한 명의 히어로를 손에 넣었다. 그런데 이전 주인공들과는 캐릭터가 약간 달랐다. '슈렉'이라는 별명부터 스타 플레이어와 어울리지 않았다.

프리미어리그 역대 최연소 득점

아르센 벵거 감독과 아스널은 2002/03시즌을 상쾌하게 출발했다. 커뮤니티실드에서 리버풀을 1-0으로 꺾고 첫 타이틀을 획득했다. 개막 8월부터 10월 초까지 프리미어리그와 챔피언스리그 12경기에서 아스널은 10승 2무로 압도적 행보를 보였다. 10월 6일 하이버리에서 거둔 선덜랜드전 3-1 승리는 지난 시즌부터 이어진 리그 연속 경기 무패 행진을 30경기로 늘렸다. 시즌이 개막하기 전, 벵거 감독은 "무패 우승도 가능하다"라고 말해 여론으로부터 '지나친 자신감'이라는 비판을 받았던 터라 아스널로서는 시즌 초반 질주가 더욱 짜릿하게 느껴졌다.

10월 16일 아스널의 원정 경기 상대는 리버풀시 구디슨 파크를 홈구장으로 사용하는 에버턴이었다. 역대 우승 기록에서는 아스널에 미치지 못해도 에버턴은 잉글랜드 축구의 터줏대감이라고 해도 좋을 만큼 역사와 전통을 자랑하는 명문 클럽이다. 물론 경기 전 예상은 아스널 쪽으로 기울었다. 데이비드 모이스David Moyes 감독이 이끄는 에버턴에 경기력이 최고조에 다다른 아스널은 버거운 상대였다.

킥오프 8분 만에 아스널이 선제골에 성공했다. 에버턴의 페널티박스 안에서 중국인 미드필더 리티에李鐵가 잘못 건드린 볼이 프레디 융베리의 선제골을 도왔다. 다행히 에버턴은 캐나다 출신 스트라이커 토마스 라진스키Tomasz Radzinski가 전반 중반 1-1 동점골을 뽑아 승부를 원점으로 돌렸다. 팽팽한 균형은 경기 막판까지 이어졌다.

경기 종료를 10분 남긴 상황에서 모이스 감독은 라진스키를 대신해 16세 신예 웨인 루니를 투입했다. 루니는 2주 전 리그컵 경기에서 렉섬을 상대로 프로 데뷔골을 포함해 두 골을 터뜨린 뒤라 자신감이 충만해 있었다. 17세 생일을 닷새 앞둔 루니는 프로 계약도 맺지 않은 유소년 신분이었다.

1-1 동점인 채로 시계는 90분을 가리켰다. 센터서클에서 에버턴의 토마스 그라베센Thomas Gravesen이 전방으로 길게 찬 볼을 루니가 잡아 돌아섰다. 골문까지 거리가 있었기 때문에 아스널 센터백들은 대인 마크를 하기보다는 뒤로 물러났다. 골문까지 거리는 20미터가 조금 넘어 보였다. 루니는 오른발 인프런트로 볼을 강하게 감아 찼다. 곡선 궤적을 그리며 날아간 슛은 잉글랜드 국가대표 수문장 데이비드 시먼의 손끝과 크로스바 사이를 아슬아슬하게 통과해 골네트를 세차게 흔들었다.

중계를 맡은 앵커 클라이브 타일데슬리Clive Tyldesley가 떨리는 목소리로 "이 이름을 기억하세요! 웨인 루니입니다!"라며 소리쳤다. 구디슨 파크는 용광로로 변했다. 16세 루니가 프리미어리그 역대 최연소 득점으로 리그 30경기 연속 무패 행진을 벌이던 아스널을 격침한 것이다. 다음 날 모이스 감독의 집무실로 에버턴 팬들의 제보 전화가 쇄도했다. "감독님, 어제 경기 끝나고 루니가 동네 골목에서 친구들과 또 축구를 하더라고요. 선수 관리 좀 하셔야 할 것 같아요."

에버턴은 재빨리 루니에게 주급 8000파운드(한화 1200만 원, 연봉 환산시 6억 2000만 원) 조건의 첫 프로 계약서를 전달했다. 빅클럽들이 몰려들 게 뻔한 상황에서 에버턴은 반드시 루니를 장기 계약으로 묶어야 했다. 루니 측은 에이전트를 교체했다는 이유로 계약을 미뤄 클럽 고위층과 팬들의 애를 태웠다. 레알 마드리드가 뛰어들었다는 소문도 퍼졌다. 2002년 12월 새로 고용된 에이전트 폴 스트레트퍼드Paul Stretford는 2003년 1월 주급을 5000파운드나 올려 받는 수완을 발휘해 루니의 생애 첫 프로 계약을 마무리했다. 전 세계 20세 이하 프로스포츠 선수 중에서는 가장 비싼 연봉이었다.

한 달 뒤 루니는 잉글랜드 성인 국가대표팀의 호주 평가전에서 A매치 데뷔를 신고했다. 당시 루니의 정확한 나이는 17세 110일로 마이클 오언이 보유했던 기존 역대 최연소 A매치 출전 기록(18세 59일)을 1년여 앞당겼다. 같은 해 9월 루니는 유로 2004 예선전에서 마케도니아를 상대로 A매치 첫 골을 기록했는데, 이 역시 역대 최연소 A매치 득점 신기록(17세 317일)이었다.

에버턴, 맨유

2004년 여름 잉글랜드 축구계는 루니로 시작해 루니로 끝났다고 해도 과언이 아니다. 루니는 에버턴에서 보낸 프로 두 번째 시즌(2003/04)을 40경기 9골로 마감했다. 스벤-예란 에릭손Sven-Göran Eriksson 잉글랜드 국가대표팀 감독은 포르투갈에서 열리는 유로 2004 본선을 준비하면서 23인 명단에 루니(당시 18세)를 넣었다. 심지어 선발 멤버였다.

루니는 잉글랜드의 유로 2004 네 경기에서 모두 선발 출전했을 뿐 아니라 스위스전과 크로아티아전에서 각각 두 골씩 터뜨려 팀 내 최다 득점자에 올랐다. 스위스전에서 전반 23분에 올린 득점은 대회 역대 최연소 득점 기록(18세 236일)이었는데, 나흘 후 스위스의 요한 폰란텐Johan Vonlanthen에 의해 경신됐다. 8강전에서 루니는 초반 오른쪽 발을 다치는 바람에 27분 만에 교체 아웃됐고, 잉글랜드는 승부차기에서 패해 탈락했다. 하지만 루니는 대회 전체 베스트 XI에 선정되어 10대 소년 센세이션을 입증했다.

유로 2004에서의 눈부신 활약은 틴에이저 루니를 단번에 잉글랜드 축구의 최고 스타로 만들었다. 대회가 끝나자 모든 초점이 루니의 거취에 쏠렸다. 이적 가능성은 컸다. 에버턴은 규모와 경쟁력 면에서 루니를 오랫동안 담기에는 너무 작은 그릇이었다. 에버턴의 재정 악화도 이유 중 하나였다. 당시 에버턴은 부채 규모가 연매출과 맞먹는 3000만 파운드에 달했다. 루니를 다른 클럽으로 보내고 이적료를 챙기는 것이 빚을 청산할 유일한 방법이었다.

게다가 이적 시장은 '첼스키'가 불러온 인플레이션이 한창이었다. 2004년 여름이야말로 에버턴이 루니를 처분할 최적의 매도 타이밍이었다. 6월 에버턴의 최대 주주가 된 빌 켄라이트Bill Kenwright 회장은 물론 데이비드 모이스 감독도 루니의 이적 가능성을 부인하지 않았다. 모이스 감독은 "5000만 파운드를 내는 클럽이 나타난다면 누구든 '당연히 받아들여야 한다'고 말할 것이다. 값을 매기지 않은 선수가 존재한다는 말을 내가 믿는다고 한다면 그건 거짓말이다"고 말해 빅클럽들을 향한 무언의 제안 요청을 보냈다. 8월 15일 2004/05시즌이 개막하고도 에버턴은 뉴캐슬의 2000만 파운드짜리 제안을 거절하며 고자세를 유지했다.

이적 시장 마감을 일주일 앞둔 시점에서 루니는 언론의 사회면을 장식했다. 타블로이드판 주간지 선데이 미러가 10대 청년 루니의 '어른 놀이' 취미를 폭로한 것이다. 신문은 루니가 프로로 뛰기 시작한 16세부터 성인 퇴폐 업소에 출입했다고 보도했다. 업소 앞 골목의 방범용 CCTV에 잡힌 루니의 모습뿐 아니라 업소에서 그를 봤다는 다수 목격자의 증언, 심지어 그를 상대했던 업소 여성까지 세세히 지목했다. 한 제보자는 "한번은 루니가 왔다는 사실이 팬들 사이에 실시간으로 퍼져 30명 정도가 업소 앞에 몰려 와 그의 이름을 연호하며 박수를 쳤다"고 증언했다. 루니의 어긋난 행동에 대해 각계각층에서 비난이 빗발쳤다. 여성계에서는 여자친구 콜린을 동정했다. 루니는 곧바로 대국민 사과문을 발표해 추문을 가까스로 수습했다.

이적 시장 마감이 코앞으로 다가왔을 때 루니 측은 에버턴에 이적요청서를 제출했다. 하지만 이적요청서는 실제 효력이 없는 일종의 여론전 도구에 불과하다. 자금력을 갖춘 첼시와 맨유가 마지막까지 남아 에버턴과 이적료 협상을 벌였다. 아스널은 홈구장 신축 사업에 모든 자금이 묶여 욕심을 부릴 여유가 없었다. 첼시 쪽의 제시액이 컸지만 루니는 전통의 빅클럽 맨유를 선택했다. 2004년 8월 31일 루니는 이적료 2560만 파운드를 기록하며 맨유로 이적했다. 퍼거슨 감독은 "지난 30년간 내가 봤던 영국 최고의 재능"이라며 루니를 반겼다.

에버턴 팬들이 느낀 배신감은 엄청났다. 어려서부터 에버턴 팬으로 자란 루니는 언제 어디서나 에버턴에 대한 사랑을 숨기지 않았다. 2002년 5월 FA유스컵 결승전에서는 옷 위에 '한 번 블루는 영원한 블루'라고 쓴 티셔츠를 선보이는 골 셀러브레이션을 펼쳐 열혈 팬들의 가슴을 웅장하게 만들었다. 첫 프로 계약을 맺은 자리에서도 "다른 클럽으로 갈 생각은 한 번도 해본 적이 없다"라며 '푸른 충성심'을 과시했다.

에버턴은 지리적으로 리버풀과 맨유에 인접한 클럽이다. 1부 통산 우승 횟수가 9회나 되는 명문이지만 프리미어리그 시대에 들어 기를 펴지 못했다. 머지사이드 더비에서는 리버풀에 밀리고, 리그 내 경쟁력에서는 맨유 앞에서 고개를 들기 어려웠다. 최근 상황에 대한 열등감이 상존했고, 이러한 심리가 나이테처럼 쌓여 더욱 거칠게 표출되는 경우가 드물지 않았다. 그런 상황에서 유럽 최고의 재능이 "나의 피는 파랗다!"고 외쳤으니 팬들의 가슴이 부풀어 오를 수밖에 없다. 바로 그 어린 영웅이 푸른 유니폼을 붉은색으로 갈아입었으니 팬들의 분노는 자연스러운 반응이었다.

루니의 이적이 발표되자 구디슨 파크 외벽에는 '신이 될 수도 있었지만 악마가 되기로 했다'는 내용의 그래피티가 등장했다. 루니가 떠난 뒤로 에버턴 팬들과 맨유 팬들 간의 관계는 최악으로 치달았다. 맨유 유니폼을 입은 루니가 구디슨 파크를 처음 찾은 2005년 2월 19일, 프리미어리그 경기 현장에서는 양쪽을 합쳐 30명 이상이 경찰에 연행됐을 정도로 곳곳에서 크고 작은 패싸움이 벌어졌다.

폭풍 같았던 2004년 여름이 지났다. 유로 2004 8강전에서 다친 루니의 발도 두 달여 만에 완벽한 상태로 돌아왔다. 루니의 데뷔전은 9월 28일 챔피언스리그 D조 두 번째 경기인 페네르바체전으로 정해졌다. 퍼거슨 감독은 뤼트 판니스텔로이와 루니를 최전방 투톱으로 선발 기용했다. 아무리 루니라고 해도 부담스러운 데뷔전이었다. 이적료 2560만 파운드짜리 신입생이 새 클럽에서 처음 뛰는 경기가 챔피언스리그라는 유럽 최고의 무대였으니까.

다행히 경기는 쉽게 풀렸다. 맨유의 젊은 선발진은 템포에서 상대를 압도했다. 킥오프 7분 만에 라이언 긱스가 헤더 득점으로 포문을 열었다. 10분 뒤 역습 상황에서 판니스텔로이가 전방으로 쇄도하는 루니에게 스루패스를 보냈다. 단번에 만들어진 골키퍼와의 일대일 상황에서 루니가 왼발로 해결해 맨유 데뷔골을 신고했다. 올드 트래퍼드를 가득 메운 맨유 팬들은 새로운 잉글랜드 축구 영웅의 득점 선물에 열광했다.

자신감이 생긴 루니는 엔진에 기어를 올렸다. 28분 긱스가 보낸 횡패스를 루니가 받아 낮고 빠른 슛으로 두 번째 골을 터뜨렸다. 전반전에만 맨유가 3-0으로 앞서갔다. 후반이 시작되는 동시에 페네르바체가 한 골을 만회했다. 스코어 3-1 상황에서 맨유는 아크 정면에서 프리킥을 얻었다. 긱스가 준비했지만 혈기 왕성한 루니가 끼어들어 영점을 조절했다. 너그러운 대선배는 신참에게 양보하고 자리를 떴다. 루니가 때린 프리킥은 수비벽을 넘어 페네르바체의 골문 왼쪽에 적중했다. 맨유 데뷔전에서 해트트릭을 달성하는 순간이었다.

이후 루니는 다비드 벨리옹David Bellion의 팀 여섯 번째 골을 도와 어시스트까지 보탰다. 세상에서 제일 비싼 틴에이저의 만점 데뷔전은 앞으로 루니가 보낼 화려한 맨유 시대를 예언하고 있었다.

26

—

리버풀시의 원래 주인은 파랗다
: 데이비드 모이스(2004/05시즌)

2003/04시즌 프리미어리그에서 에버턴의 최종 순위는 17위였다. 최악의 부진을 겪으면서 시즌 내내 강등될지도 모른다는 불안감을 끼고 살아야 했다. 클럽이 진 빚은 날이 갈수록 불어나 1년 매출과 비슷한 지경이었다. 파산을 막기 위해 10대 구세주인 웨인 루니를 라이벌 클럽으로 넘겨야 했다. 2004/05시즌을 앞두고 팬들은 좌절했고, 에버턴은 새 시즌 강등할 후보를 예상하는 자리에서 빠지지 않았다. 통산 우승 횟수가 역대 4위인 전통의 클럽이 이렇게 끝나는 걸까? 반세기 만에 2부로 내려가는 걸까?

부채와 이적

해외 시장에서 리버풀시는 곧 '리버풀 FC'를 의미한다. 프리미어리그 본고장에선 조금 다르다. 붉은 리버풀과 푸른 리버풀이 공존한다. 엄밀히 말하면 리버풀시의 터줏대감은 에버턴이다. 1884년 개장한 안필드 스타디움의 첫 주인이 에버턴이었다. 1888년 9월 8일 에버턴과 애크링턴의 경기가 안필드에서 치러진 최초의 풋볼리그 공식전으로 기록돼 있다. 에버턴의 창단 첫 1부 리그 우승(1890/91시즌)도 바로 안필드에서 거둔 것이다.

이듬해 안필드 임대 및 클럽 운영 현안을 놓고 이사회 내부에서 의견 충돌이 벌어진 끝에 존 홀딩John Houlding을 제외한 나머지 다수파가 에버턴을 들고 구디슨 파크로 떠나버렸다. 경기장 주인인 존 오럴John Orrell과 홀로 남은 홀딩은 어쩔 수 없이 안필드를 사용할 축구 클럽을 직접 차리기로 했다. 그게 바로 리버풀 FC다. 외부인에게 리버풀시는 비틀스와 리버풀 FC의 고향으로 알려져 있지만, 실제로 현지에 가면 에버턴의 지분이 의외로 많다는 사실을 쉽게 체감한다.

프리미어리그 시대가 열리고부터는 에버턴은 1995년 FA컵과 채리티실드에서만 우승 타이틀을 따냈다. 이후 에버턴은 거대한 우승 후보들과 큰 격차를 보이면서 중위권에 만족하는 나날을 보냈다. 1990년대 말 시작된 스코틀랜드 출신 월터 스미스Walter Smith 감독 체제에서도 상황은 나아지지 않았다. 클럽 이사회는 당시 하위 리그에서 두각을 나타내고 있던 데이비드 모이스 감독에게 희망을 걸기로 했다. 글래스고 출신인 모이스 감독은 처음 맡았던 프레스턴 노스 엔드를 4년 만에 4부 강등권에서 2부 승격을 위한 플레이오프 직전까지 견인했다.

2002년 3월 구디슨 파크의 주인이 된 모이스 감독은 처음 맞이하는 풀타임 시즌(2002/03)에 리그 7위를 차지해 희망의 축포를 쐈다. 혜성처럼 등장한 그는 해당 시즌 알렉스 퍼거슨과 아르센 벵거, 제라르 울리에 등 빅클럽 지도자들을 제치고 리그지도자협회(League Managers Association)가 선정하는 '올해의 감독' 영예를 안았다. 에버턴 팬들은 모이스 감독과 웨인 루니의 출현에 열광하며 지난날 영광을 재현할 꿈을 꿨다.

성적 기복은 돈주머니가 홀쭉한 클럽의 숙명이었다. 2003/04 시즌 모이스 감독과 에버턴은 당혹스러운 경기력 하락을 겪다가 리그 17위(승점 39점)로 마무리해 간신히 강등을 피했다. 팬들 사이에서 인기가 좋은 공격수 던컨 퍼거슨Duncan Ferguson과 모이스 감독이 훈련 도중 거친 말다툼을 벌이는 해프닝도 있었을 만큼 팀 분위기가 떨어졌다. 2부 리그로 떨어진 18위 레스터 시티와의 승점 차가 6점에 불과했다.

에버턴으로서는 시즌이 끝나고 맞이한 2004년 여름 오프시즌 준비 작업이 너무나 중요했다. 자신감 회복이 급선무였다. 그런데 상황은 악화됐다. 실질적 에이스라고 할 수 있는 웨인 루니는 유로 2004에 참가했다가 포르투갈전에서 중족골이 부러지는 부상을 입어 전지훈련에서 제외됐다. 무엇보다 그해 여름 이적 시장에서 루니가 에버턴을 떠날 것이라는 관측이 지배적이었다. 각종 최연소 기록을 갈아치우며 유럽 전체를 통틀어 가장 뜨거운 신예 스타로 떠오른 루니가 뛰기에는 에버턴의 현실이 너무 남루한 것도 사실이었다.

루니의 투톱 파트너인 토마스 라진스키도 말썽을 피웠다. 재계약을 협상하는 과정에서 클럽으로부터 1년 연장밖에 제시받지 못하자 자존심이 상한 라진스키는 공식적으로 이적을 요청하고 결국 풀럼으로 옮기면서 유니폼을 갈아입었다. 주전 스트라이커 두 명이 한꺼번에 떠날지 모른다는 사실은 팀 분위기를 흔들었다.

더 큰 문제는 따로 있었다. 빌 켄라이트가 클럽의 최대 주주에 올랐지만, 신임 회장 역시 3000만 파운드에 달하는 부채를 단번에 상환할 만큼 갑부가 아니었다. 2004년 여름 에버턴은 새 선수를 사려면 기존 선수를 팔아야만 하는 재정난에 빠진 상태였다. 루니의 이적에 따른 수금 시점이 9월로 예상됐으므로 당장 이적 시장에서 쓸 자금이 부족했다. 결국 하부 리그에서 가능성 있는 선수를 데려오는 방법밖에 없었다.

에버턴은 밀월의 팀 케이힐Tim Cahill과 입스위치의 마커스 벤트Marcus Bent를 영입했는데 두 선수의 이적료 합계액이 고작 200만 파운드밖에 되지 않았다. 미드필드에서 중추적 역할을 하던 토마스 그라베센도 재계약을 거부한 채 팀을 떠날 결심을 굳힌 듯했다. 모이스 감독은 경험 많은 주전들의 빈자리를 하부 리그 출신이나 자체적으로 키운 젊은 선수들로 채워야 했다.

새 시즌 일정도 에버턴의 편을 들어주지 않았다. 2004년 8월 15일 에버턴은 구디슨 파크에서 리그 개막전을 치렀다. 그런데 상대가 지난 시즌 무패 우승에 빛나는 아스널이었다. 전반 45분 만에 아스널은 데니스 베르캄프와 호세 안토니오 레예스가 골을 터뜨리며 2-0으로 앞섰다. 후반 들어서도 아스널은 두 골을 보탰다. 에버턴의 반격은 64분에 터진 리 카슬리Lee Carsley의 만회골이 유일했다. 가뜩이나 강등 후보로 지목되는 에버턴이 2004/05시즌 첫 경기부터 1-4 대패를 당하자 고난의 시즌을 보낼 것이라는 예상이 큰 설득력을 얻었다.

두 번째 경기인 크리스털 팰리스 원정에서도 에버턴은 킥오프 9분 만에 선제 실점을 허용했다. 막 승격한 팀을 상대하면서도 먼저 골을 내주자 에버턴의 원정 서포터즈는 '멘붕'에 빠진 표정이 됐다. 암울한 상황에서 상대팀 골키퍼인 훌리안 스페로니^{Julian Speroni}가 뜻밖의 선물을 줬다. 수비수의 백패스를 받은 스페로니를 향해 마커스 벤트가 압박을 시도했다. 스페로니는 안전한 클리어링이 아니라 어눌한 동작으로 벤트를 제치려는 무리수를 뒀다. 결국 볼을 빼앗긴 스페로니는 엉겁결에 벤트를 넘어뜨려 페널티킥을 헌납했다.

토마스 그라베센이 침착하게 1-1 동점 페널티킥을 성공시켰다. 후반 들어 그라베센이 정확한 감아 차기로 2-1 역전골을 터뜨렸다. 그라베센은 경기 막판 절묘한 스루패스로 벤트의 쐐기골까지 돕는 원맨쇼를 펼쳐 팀의 3-1 완승을 이끌었다.

에버턴은 웨스트브로미치까지 제쳐 2연승으로 분위기 반전에 성공했다. 이어진 8월 30일 경기의 상대는 하필 맨유였다. 이적 시장 마감이 코앞으로 다가온 상황에서 두 클럽은 루니의 이적을 놓고 힘을 겨루는 중이었다. 이런 분위기가 자극이 됐는지 에버턴은 90분 내내 열세에 처했던 올드 트래퍼드 원정 경기를 0-0 무승부로 막으며 선방했다. 다음 날 루니는 이적료 2560만 파운드를 기록하며 맨유로 이적했다.

루니의 이적은 악영향보다 선수단 전체에 동기부여로 작용한 듯했다. 에버턴은 팰리스전부터 9월 26일 포츠머스전까지 리그 6경기에서 5승 1무로 내달렸다. 새로 영입한 벤트와 팀 케이힐이 1

선과 2선을 오가며 맹활약을 펼쳤다. 중원의 레온 오스만Leon Osman 과 케빈 킬베인Kevin Kilbane, 리 카슬리도 제 역할을 충실히 하면서 모이스 감독은 팀을 맡은 지 2년 반 만에 자기 색깔을 내기 시작했다.

이때의 무패를 발판으로 삼아 에버턴의 순위는 3위까지 치솟았다. 토트넘과 첼시에 각각 0-1 패배를 당했지만, 승점을 차곡차곡 쌓은 덕분에 에버턴의 호성적은 12월까지 지속됐다. 12월 11일 상승세 속에서 연고지 앙숙 리버풀을 홈으로 불러들였다. 잉글랜드 축구에서 가장 거칠다는 머지사이드 더비에서 에버턴은 그동안 1997년 이후 10경기 연속으로 승리를 거두지 못했다. 이번 더비는 분위기부터 달랐다.

경기 전 에버턴은 리버풀보다 승점 9점이나 앞선 상태였다. 리버풀은 새로 출범한 라파엘 베니테스 체제에서 고전하고 있었다. 4만 관중이 들어찬 구디슨 파크, 홈구장에서 치른 머지사이드 더비에서 에버턴은 68분 리 카슬리의 1-0 결승골로 10년 만에 승리를 쟁취했다. 이날 승리로 에버턴은 아스널을 제치고 리그 2위에 오르는 쾌거를 이뤘다. 다음 라운드에서 다시 아스널에 2위 자리를 내줘야 했지만, 에버턴은 12월과 이듬해 1월에 다시 리그 7경기에서 연속 무패(5승 2무)를 기록해 리버풀은 물론 맨유보다 앞선 순위를 유지함으로써 세간을 놀라게 했다.

갑부들 틈바구니에서

리그 3위가 유지되자 켄라이트 회장을 포함한 이사회가 야망을 품기 시작했다. 겨울 이적 시장에서 사우샘프턴의 골잡이 제임스 비티^{James Beattie}를 클럽 역대 최고액인 600만 파운드에 전격 영입했다. 비티는 최근 두 시즌 동안 사우샘프턴에서 리그 23골, 17골을 기록한 검증된 자원이었다. 레알 소시에다드의 중앙 미드필더 미켈 아르테타^{Mikel Arteta}도 완전 영입 조건을 포함한 임대 계약으로 데려왔다.

상승세를 타는 분위기는 에버턴 팬들에게 다음 시즌 챔피언스리그에 출전할 것이라는 꿈을 심어줬다. 하지만 토마스 그라베센이 레알 마드리드로 이적한 뒤 후유증이 생각보다 컸다. 아르테타의 적응은 다소 느렸다. 에버턴은 연말부터 시작된 시즌 하반기에서 승점을 잃으면서 맨유에 추월을 허용해 4위로 한 단계 후퇴했다. 2005년 3월 들어서는 블랙번, 리버풀, 웨스트브로미치에 연달아 패해 5위 리버풀과 승점 차가 조금씩 줄었다.

그러던 중 리버풀의 극단적 기복이 에버턴을 도왔다. 라파엘 베니테스 감독 아래서 리버풀은 챔피언스리그 결승전에 진출할 정도로 좋은 성적을 거두면서도 프리미어리그에서는 이상하리만치 힘을 내지 못했다. 당시 챔피언스리그 규정은 디펜딩 챔피언의 자동 출전 권한을 보장하지 않았다. 잉글랜드축구협회는 은연중에 리버풀이 우승하면 다음 시즌에 한해 잉글랜드에 출전권 5장(리그 1~4위, 대회 우승팀)을 부여받을 수 있도록 유럽축구연맹을 상대로 로비를 펼쳤다. 유럽축구연맹도 디펜딩 챔피언이 출전하지 못하는 상황을 원하지 않는 눈치라서 잉글랜드 측의 어필은 설득력이 충분했다.

4위 에버턴은 불안해질 수밖에 없었다. 유럽축구연맹이 '1개국 최대 4개 팀 출전' 원칙을 고수할지 모를 일이다. 만약 리버풀

2006년 7월 프리시즌 당시 에버턴을 이끌던
데이비드 모이스 감독.
사진 Jason Gulledge

이 우승하고 디펜딩 챔피언의 자동 출전이 확정되면 그 대신 리그 4위가 UEFA컵으로 밀릴 가능성도 있었다. 에버턴과 리버풀 모두 미래를 예측할 수 없었기에 4위권 달성에 총력을 기울여야 했다.

프리미어리그 두 경기를 남긴 상태에서 에버턴과 리버풀 간의 승점 차는 6점이었다. 골 득실에서 앞선 리버풀은 두 경기를 모두 잡고 에버턴이 미끄러지기만 바라야 했다. 하지만 프리미어리그에서 리버풀은 끝까지 경기력을 회복하지 못했다. 5월 8일 리버풀이 아스널과의 원정 경기에서 1-3으로 완패하면서 에버턴의 리그 4위가 최종 확정됐다. 에버턴은 남은 두 경기에서 아스널에 0-7 대패, 볼턴에 2-3 패배를 당하고도 리버풀보다 승점 3점 앞선 상태로 시즌을 마감했다.

에버턴의 챔피언스리그 진출은 1970/71시즌 이후 25년 만에 이룬 경사였다. 앙숙 리버풀을 밀어내고 쟁취한 성과라서 더 꿀맛이었다. 무엇보다 시즌 전에 드리운 거대한 비관론을 보기 좋게 날려버렸다는 사실에 구디슨 파크에선 찬가가 울려 퍼졌다. 시즌이 끝난 뒤 모이스 감독은 생애 두 번째로 '올해의 감독'에 선정됐다. 맨유와 아스널, 리버풀, 첼시 등 거대한 자금을 굴리는 갑부들 틈바구니에서 당당히 챔피언스리그 출전권을 따낸 에버턴의 성과는 최고의 찬사가 아깝지 않았다.

에버턴에 밀려 톱4 피니시에 실패한 리버풀로서는 밀란을 만나는 챔피언스리그 결승전에 모든 것을 걸어야 했다. 2005년 5월 25일 이스탄불 아타튀르크 스타디움에서 열린 결승전에서 리버풀은 전반전에만 3연속 실점하면서 패색이 짙었다. 하지만 후반전 초반 리버풀 특유의 근성이 갑자기 터져 눈 깜짝할 사이에 3-3 동점을 만들었고 승부차기 끝에 통산 다섯 번째 유럽의 별을 차지하는 '이스탄불의 기적' 드라마를 완성했다.

대회가 끝난 뒤 유럽축구연맹은 다음 챔피언스리그에는 프리미어리그 1~4위 4개 팀이 기존대로 출전하고, 디펜딩 챔피언 리버풀엔 특별 예외 조항을 적용해 1차 예선부터 치르는 조건하에 출전을 허용했다. 2004/05시즌 프리미어리그의 왕좌에는 첼시가 앉았지만, 리버풀시의 두 클럽이 거둔 성과도 그에 못지않게 눈부셨다.

27

—

프리미어리그 역대 최다 득점자
: 앨런 시어러(2005/06시즌)

앨런 시어러는 우리가 아는 화려한 슈퍼스타의 전형과 거리가 멀다. 앞머리가 벗어진 겉모습은 영락없는 동네 아저씨다. 딱히 발이 빠르지도 않은 데다 화려한 퍼포먼스도 없다. 언변까지 교과서적 문장으로 가득해 다소 심심하다. '뉴캐슬의 아재' 시어러는 아무리 봐도 최고의 전설처럼 보이지 않는다. 골 셀러브레이션도 무척 평범하다. 오른손을 하늘 위로 죽 뻗고 손바닥을 정면으로 향한 채 활짝 웃으며 앞으로 달리는 게 전부다. 그런데 그게 프리미어리그 역사를 통틀어 가장 유명한 골 셀러브레이션이다. 260번이나 반복된 결과다.

사우샘프턴, 블랙번

시어러의 10대 시절이었던 1980년대만 해도 잉글랜드 축구에서는 유소년 아카데미가 저연령까지 커버하지 않았다. 풀뿌리 축구는 전국 각지에 산재한 아마추어 클럽이 맡고, 프로 클럽의 아카데미는 엘리트 지망생을 조련하는 데 초점을 맞췄다. 시어러도 고등학생 때까지 학교 축구부와 아마추어 클럽에서 뛰었다. 아마추어 클럽에서 뛰다가 우연히 사우샘프턴 스카우트의 선택을 받았다.

사우샘프턴은 시어러의 고향인 뉴캐슬로부터 520킬로미터나 떨어진 남해안 도시다. 팀 훈련과 입단 테스트를 무난히 통과한 시어러는 16세가 되던 해에 사우샘프턴과 유소년 계약을 맺고 1년 뒤에 프로 경기에 데뷔했다. 요즘처럼 어릴 때부터 정교하게 조련되는 환경이 아니었는데도 시어러는 축구 실력 하나만으로 타지에서 당당히 프로축구 선수가 된 것이다.

1991/92시즌 시어러는 리그 41경기에 나서 13골을 기록하면서 프로에 데뷔한 지 5년 만에 처음으로 두 자릿수 득점을 달성했다. 시즌 후 여러 곳에서 영입 제안을 받았는데 맨체스터 유나이티드가 가장 적극적이었다. 이전 시즌 퍼거슨 감독이 이끄는 맨유는 리즈 유나이티드에 승점 4점 차로 우승 타이틀을 내줬다. 28세 동갑내기 스트라이커인 브라이언 맥클레어와 마크 휴즈가 득점을 책임지는 상황에서 20대 초반의 신예 골잡이까지 확보한다면 더할 나위 없었다. 맨유로서는 시어러야말로 팀 공격력을 높일 카드였다.

그때 블랙번 로버스라는 뜻밖의 변수가 등장했다. 1965/66시즌 이후 26년 만에 1부 복귀를 달성한 팀치고는 '스펙'이 대단했다.

구단을 소유한 잭 워커 회장은 '팬심'을 발휘해 돈 보따리를 풀어 헤쳤다. 단순히 돈만 뿌리는 신입생이 아니었다. 감독의 자리에 앉은 주인공이 슈퍼스타 케니 달글리시였다. 포지션별 리그 정상급 선수들이 달글리시 감독 아래로 모이기 시작했다. 당시만 해도 퍼거슨 감독과 맨유의 위상은 달글리시 한 사람의 명성보다 작았다. 시어러도 블랙번을 선택했다. 블랙번은 영국 축구 역대 최고 이적료인 360만 파운드를 지급했다.

승격하고 맞는 첫 시즌(1992/93)에 블랙번은 4위를 차지하며 기존 판세를 흔들었다. 시어러도 시즌 전반기 21경기에 나서 16골을 터뜨리며 질주했다. 하지만 반환점을 도는 12월 리즈와의 경기에서 전방 십자인대를 다치는 큰 부상을 입어 나머지 시즌을 통째로 날렸다.

23세의 무릎은 싱싱했다. 시어러는 반년 만에 실전에 복귀했고, 블랙번에서의 두 번째 시즌에서 31골을 터뜨리며 대폭발했다. 옥에 티가 있다면 시즌 30골 고지를 밟고도 뉴캐슬 유나이티드의 앤디 콜(34골)에게 밀려 득점 부문 2위에 그쳤다는 점이다. 팀도 비슷한 불운을 겪었다. 블랙번은 막판까지 맨유와 우승을 놓고 경쟁했지만 결국 승점 4점 차로 뒤져 2위에 그쳤다. 챔피언 맨유를 상대로 1승 1무로 앞섰다는 결과가 유일한 위안이었다.

1994년 여름 골잡이 크리스 서튼을 영입한 것은 신의 한 수였다. 팀 득점의 61퍼센트를 해치운 'SAS 라인'의 맹폭에 힘입어 블랙번은 리그 최종전에서 대망의 리그 우승을 확정했다. 이날 경기에서 시어러는 리그 34호 골을 넣어 본인의 현역 기간을 통틀어 단일 시즌 최다 리그 득점 기록을 작성했다. 시어러와 서튼이 이룬

'SAS 라인'은 1994/95시즌에만 무려 49골 34도움을 합작하는 괴력을 휘둘렀다. 시어러가 34골 16도움, 서튼은 15골 17도움을 각각 기록했다. 서튼이 시어러에게 제공한 도움이 11개, 그 반대가 9개였다.

1994/95시즌 시어러는 해트트릭을 세 차례나 기록했다. 1994년 11월 퀸즈 파크 레인저스를 상대로 시즌 첫 해트트릭을 신고했고, 이듬해 1월에만 웨스트햄(2일)과 입스위치(28일) 경기에서 두 번이나 해트트릭을 작성하는 진기록을 남겼다. 참고로 2021년 기준 프리미어리그 역대 최다 해트트릭 부문에서 11회를 기록한 시어러는 맨체스터 시티의 세르히오 아궤로Sergio Agüero(12회)에 이어 2위에 랭크되어 있다.

1995/96시즌을 앞두고 블랙번은 달글리시 감독을 단장으로, 로이 하퍼드Roy Harford 수석코치를 감독으로 각각 승격시켰다. 그해 시즌의 가장 큰 변화는 리그 경기 수 감소였다. 프리미어리그는 챔피언스리그 일정을 원활히 소화하기 위해 팀 수를 22개에서 20개로 줄였다. 팀당 경기 수가 여기에 연동돼 42경기에서 38경기로 감소했다. 스트라이커에게는 득점을 넣을 기회 자체가 줄었다는 뜻이었다.

시어러에게는 아무런 문제가 없었다. 절정의 기량을 향해 달려가는 25세의 체력과 자신감은 그를 리그에서 공포의 대상으로 만들었다. 1995/96시즌에만 시어러는 해트트릭을 무려 다섯 차례나 기록했다. 8월 코번트리 시티를 시작으로 11월 노팅엄 포레스트, 12월 웨스트햄, 1996년 2월 볼턴 원더러스, 3월 토트넘 홋스퍼가 해트트릭의 희생양이 됐다. 4월 17일 윔블던과의 경기에서 시어러는 리그 30호, 31호 골을 터뜨려 3시즌 연속으로 30골 금자탑을 세웠다. 지난 시즌보다 출전 수가 7경기나 줄어든 상황에서 나온 기록이라 더욱 의미가 컸다. 1993/94시즌부터 시어러의 리그 경기당 득점률은 0.77골, 0.8골, 0.88골로 3년 연속으로 상승했다.

뉴캐슬, 260골

1996년 여름 잉글랜드를 뜨겁게 달군 유로 1996이 끝나자 모든 이가 이적 시장을 주목했다. 프리미어리그 최고 스트라이커가 된 시어러를 놓고 벌어지는 쟁탈전이 초미의 관심사였다. 맨유와 뉴캐슬 같은 국내파가 치열하게 경쟁하는 가운데 해외 빅클럽인 레알 마드리드도 참전했다. 맨유와 뉴캐슬 간의 경쟁은 알렉스 퍼거슨 감독과 케빈 키건 감독의 자존심 대결이기도 했다. 두 사람은 시어러의 마음을 잡기 위해 사생결단하고 맞섰다.

시어러의 마음은 일단 맨유 쪽으로 기울었다. 4년 전 이미 퍼거슨 감독이 자신을 얼마나 원하는지 확인했기 때문이다. 뉴캐슬의 키건 감독도 포기하지 않았다. 자금력 면에서 자신 있는 데다 시어러가 바로 뉴캐슬 출신이라는 인연을 집중 공략했다. 시어러는 훗날 "같은 날 오전에 키건 감독, 오후에 퍼거슨 감독을 만났다. 퍼거슨 감독의 첫 질문이 '내가 오늘 처음 만나는 사람이냐, 아니면 두 번째냐?'였다. 키건 감독을 먼저 만났다고 솔직히 털어놓았다"고 회상한다.

시어러 쟁탈전의 승자를 가린 최종 결정권자는 퍼거슨도 키건도 아니었다. 바로 시어러의 소속 팀 블랙번을 소유한 잭 워커 회장이었다. 맨유의 마틴 에드워즈 회장은 "워커 회장이 시어러를 맨유나 레알 마드리드로 보내기 싫어한다. 특히 맨유에는 절대 팔지 않겠다고 하더라"고 밝혔다. 맨체스터와 블랙번은 같은 랭커셔 지방에 있다. 다른 곳은 몰라도 같은 랭커셔 클럽으로는 절대 보내지 않겠다는 의지가 워커 회장의 마지노선이었다. 평소 시어러는 워커 회장과 부자지간의 정을 나누고 있었다. 내심 맨유로 가고 싶었지만 워커 회장의 뜻을 거스를 수 없었다.

사실 뉴캐슬도 딱히 불만스러운 선택지는 아니었다. 시어러는 뉴캐슬 토박이다. 자신을 부르는 키건 감독도 이름값만 놓고 보면 퍼거슨 감독에 뒤지지 않는 거물이었다. 1996년 7월 30일 뉴캐슬은 세계 이적료 신기록인 1500만 파운드를 지급하고 시어러를 영입했다. 축구의 꿈을 안고 사우샘프턴으로 떠났던 16살 청소년 시어러는 세상에서 가장 몸값이 비싼 축구 선수가 되어 고향으로 돌아왔다.

뉴캐슬에서 보낸 첫 시즌(1996/97)의 하이라이트는 키건 감독이 돌연 사임하고 한 달 뒤에 있었던 1997년 2월 레스터 시티전이었다. 홈구장에서 뉴캐슬은 경기 막판까지 1-3으로 끌려갔다. 패색이 짙은 상황에서 시어러가 77분 통렬한 프리킥으로 추격골을 터뜨렸다. 6분 뒤 시어러는 페널티박스 안 오른쪽에서 극적인 3-3 동점골을 넣어 승부를 원점으로 돌렸다.

패배에서 살아난 뉴캐슬 팬들은 안도의 한숨을 내쉬었다. 그런데 정규 시간이 종료된 90분, 라이트윙 롭 리가 오른쪽 측면을 돌파해 완벽한 땅볼 크로스를 보냈고, 시어러는 스트라이커다운 위치 선정을 발휘해 4-3 역전골까지 해치웠다. 두 골이나 뒤진 경기에서 시어러 혼자 마지막 13분 동안 해트트릭을 작성해 승부를 뒤집은 것이다.

시어러는 시즌 도중 부임한 블랙번 시절의 감독 케니 달글리시와 재회하면서 리그 25골을 기록해 리그 최초로 '3년 연속(1994~1997년) 득점왕'에 올랐다. 하지만 뉴캐슬은 맨유에 밀려 2년 연속으로 리그 2위에 그쳤다.

1998년 7월 뤼트 휠릿이 감독으로 부임하면서 시어러의 뉴캐슬 경력은 위기를 맞이한다. 슈퍼스타 출신인 휠릿 감독은 팬들로부터 절대적 지지를 받던 시어러와 롭 리를 푸대접했다. 휠릿 감독은 "시어러야말로 가장 과대평가된 선수"라며 노골적으로 반감을 드러냈다. 본인의 권위를 세우기 위해 팀 내 우두머리를 치는 수법이었다. 감독의 홀대를 받는 동안 시어러는 1998/99시즌 리그 30경기에서 14골에 그쳐 평범한 스트라이커로 전락했다.

휠릿 감독은 리그 13위의 저조한 성적에도 불구하고 팀을 FA컵 결승전에 올려놓음으로써 감독직을 지켰다. 웸블리 스타디움에서 열린 결승전에서 뉴캐슬은 시즌 트레블을 향하는 맨유를 만나 그 두 번째 희생양이 되고 말았다. 휠릿 감독은 롭 리에게서 등번호 7번을 빼앗아 새로 영입한 키론 다이어Kieron Dyer에게 넘기면서 새로운 논란을 낳았다.

팀 분위기가 무너진 가운데 뉴캐슬은 1999/2000시즌 개막 4경기에서 1무 3패로 추락했다. 5라운드에서는 부담스러운 지역 앙숙 선덜랜드를 만났다. 치열한 타인위어 더비를 치르는 동안 휠릿 감독은 시어러와 던컨 퍼거슨을 벤치로 내리는 무리수를 둔 끝에 홈에서 1-2로 패했다. 그리고 사흘 뒤 감독직에서 쫓겨났다.

후임은 연륜과 인덕을 갖춘 노장 감독 보비 롭슨이었다. 시어

앨런 시어러

러로서는 반가운 인사였다. 롭슨 감독은 2년 전 바르셀로나에서 시어러를 또 다른 세계 기록 2000만 파운드에 영입하려고 한 인물이었기 때문이다. 롭슨 감독의 뉴캐슬 데뷔전에서 시어러는 셰필드 웬즈데이를 상대로 혼자 5골 맹폭을 가해 8-0 대승으로 새로운 보스를 환영했다.

롭슨 감독과 뉴캐슬은 2001/02시즌부터 3년 연속으로 리그 5위권을 유지하며 챔피언스리그 출전권을 다투는 강자로 부활했다. 해당 기간 시어러의 시즌 득점은 27골, 25골, 28골에 달했다.

시어러의 현역 마지막은 2005/06시즌이었다. 그레임 수네스 감독이 만류하는 바람에 현역 생활을 1년 더 연장한 시어러는 30대 중반을 넘긴 나이에도 리그 두 자릿수 득점을 기록했다. 2006년 2월 4일 시어러는 포츠머스전에서 터뜨린 골로 49년째 깨지지 않던 재키 밀번Jackie Milburn의 뉴캐슬 역대 최다 득점 기록(200골)을 경신해냈다. 4월 17일 열린 타인위어 더비에서 시어러는 페널티킥 득점에 성공한 지 10분 만에 무릎을 다쳐 원정 경기를 마무리했다. 시어러의 현역 마지막 출전이었다.

시어러가 달성한 프리미어리그 통산 441경기 260골 기록은 아직도 건재하다. 최다 득점 2위인 웨인 루니(은퇴)가 208골, 앤디 콜(은퇴)이 187골로 각각 뒤를 따르고 있다. 현재 시어러를 넘어설 가능성이 조금이라도 있는 후보는 170골(2021년 12월 기준)을 기록 중인 토트넘의 해리 케인이 유일하다.

시어러의 프로 통산 기록은 733경기 379골(경기당 0.51골)이다. 1992/93시즌부터 지금까지 프리미어리그에서는 단일 시즌 30골 고지를 밟은 골잡이가 총 7명(앤디 콜, 티에리 앙리, 케빈 필립스, 크리스티아누 호날두, 로빈 판페르시Robin van Persie, 루이스 수아레스Luis Suarez, 앨런 시어러)인데 2회 이상 기록한 선수는 시어러가 유일하다. 앞서 말했듯이 시어러는 3시즌 연속으로 30골 고지를 밟았다. 현재 블랙번에는 '시어러 웨이'라는 도로가 있고, 뉴캐슬의 홈구장 세인트제임스 파크 앞에는 그의 동상이 서 있다.

28

—

극적 잔류, 강등, 또 극적 잔류
: 해리 레드냅(2005/06시즌)

영국의 공중파 방송국 ITV의 '셀럽을 구해줘!'(I'm a Celebrity… Get Me Out of Here!)는 인기 예능 프로그램이다. 다양한 분야의 유명인들이 정글 속에서 각종 미션을 수행하며 최종 승자인 정글의 왕을 뽑는 내용이다. 2002년 시작해 2020년 시즌 20까지 이어질 정도로 장수하고 있다. 2018년 방영된 시즌 18에서 정글의 왕이 된 이는 71세의 노익장을 과시한 축구 지도자 해리 레드냅Harry Redknapp 이었다. 일선에서 활동할 때부터 다양한 에피소드를 쏟아내더니 TV 예능까지 섭렵하는 주인공 본능이 정말 대단하다.

본머스 감독

레드냅의 축구 경력은 그야말로 최고의 이야기보따리다. 극적인 승격, 암울한 강등, 유럽 대회에서의 영광, 불법 뇌물 수수 혐의, 잉글랜드 국가대표팀에서 활약한 아들과 조카, 그리고 요단강을 건널 뻔한 교통사고에 이르기까지 다양하고 방대한 에피소드로 채워진다. 먼저 가족 관계부터 훑어보자.

레드냅은 선수 시절 동료였던 프랭크 램퍼드 시니어Frank Lampard Sr.와 함께 미녀 쌍둥이 자매 산드라와 파트리시아를 만나 각각 결혼했다. 레드냅은 본머스 감독으로 일하는 동안 친아들 제이미 레드냅을 선발해 직접 프로에 데뷔시켰다. 다음 직장이었던 웨스트 햄에서는 조카 프랭크 램퍼드를 프로에 데뷔시켰다. '아빠 찬스'나 '이모부 찬스'라고 하기는 어렵다.

아들 제이미는 리버풀에서만 200경기를 넘게 뛴 리그 정상급 미드필더였다. 잘생긴 외모 덕에 데이비드 베컴이 등장하기 전까지 여성 팬들의 인기를 한 몸에 받았던 원조 '꽃미남' 스타이기도 했다. 조카 램퍼드는 설명이 필요 없을 정도로 이름을 날린 스타플레이어였다. 첼시에서 프리미어리그, FA컵, 리그컵은 물론 UEFA 챔피언스리그와 유로파리그를 모두 거머쥐었다. 두 선수 모두 잉글랜드 국가대표팀에서도 활약했기 때문에 인맥 논란이 있을 수 없는 실력파들이었다. 레드냅 본인도 FA컵을 차지한 마지막 영국인 감독으로 영국 축구사에 이름을 남겼으니 문자 그대로 '셀럽 패밀리'다.

레드냅은 1960년대와 1970년대 현역 생활을 마치고 1983년 친정 본머스에서 프로 감독으로 첫발을 뗐다. 당시 3부에 있던 본머스는 4부 강등을 걱정하고 있었다. 클럽 레전드인 레드냅은 부임하자마자 선수단의 분위기를 일신함으로써 잔류에 성공했고,

1987년에는 팀을 2부로 올려놓았다. 그러던 중 본머스의 감독 경력은 불의의 사고로 끝나고 말았다.

1990년 여름 레드냅은 지인들과 함께 이탈리아월드컵 경기를 보러 갔다. 당시 본머스는 예산이 빠듯한 하부 클럽이어서 영입 후보를 살펴보는 일은 언감생심이었다. 레드냅 스스로 "출장이 아니라 친구들과 함께 월드컵을 핑계로 떠난 여름휴가"라고 말한다. 여행에 동행한 이는 본머스의 브라이언 틸러Brian Tiller 단장, 애스턴 빌라의 프레드 화이트하우스Fred Whitehouse 회장, 요크 시티의 마이클 싱클레어Michael Sinclair 회장이었다. 월드컵과 이탈리아의 여름 분위기를 만끽하던 중 일행을 태운 미니밴이 이동하다가 반대편 차선을 달리던 차량과 정면충돌했다. 미니밴은 전복되어 50미터나 굴렀을 정도로 대형 사고였다.

이 사고로 틸러 단장과 상대 차량에 탑승한 3명이 목숨을 잃었다. 기적적으로 경상에 그친 싱클레어 회장이 의식을 잃은 레드냅을 자동차에서 끌어냈다. 현장에 도착한 이탈리아 구급대원들은 피범벅이 된 레드냅을 사망자로 오인해 얼굴까지 담요로 덮은 상태로 앰뷸런스에 실었다고 한다. 레드냅은 두개골과 코뼈, 갈비뼈가 골절됐고 왼쪽 다리에 큰 자상을 입었다. 다행히 이틀 뒤 혼수상태에서 깨어났고, 2주가 지나 앰뷸런스 비행기 편으로 귀국할 수 있었다.

사고 후유증으로 레드냅은 후각을 상실했고 미각은 6개월이 지나서야 서서히 회복됐다. 얼굴 근육 일부가 마비된 탓에 지금도 뚱한 표정일 때가 많다. 레드냅이 차 안에서 자고 있었던 덕분에 사고 당시를 전혀 기억하지 못한다는 점이 유일한 위안이었다. 감독 업무에 복귀했지만 후유증으로 인해 레드냅은 1991/92시즌을 끝으로 본머스 감독직에서 물러났다.

포츠머스 대탈주

이제부터는 좌충우돌의 시대로 넘어간다. 본머스 감독직을 그만두고 2년 뒤인 1994년 레드냅은 웨스트햄 유나이티드에서 두 번째 감독 경력을 시작했다. 팀을 맡은 지 네 번째 시즌부터 레드냅은 웨스트햄 아카데미 출신의 유망주들을 조련해 프리미어리그 8위, 5위, 9위로 중상위권 도약에 성공했다. 웨스트햄의 테리 브라운Terry Brown 회장은 레드냅 감독의 능력을 인정해 4년 재계약을 약속했다.

2000/01시즌 최종전을 앞두고 레드냅 감독은 웨스트햄 팬들이 직접 제작하는 '팬진'과 인터뷰에 나섰다. 서포터즈는 당연히 레드냅 감독의 재계약 여부를 궁금해했다. 이미 계약 연장에 대해 구두로 약속받은 레드냅 감독은 기분이 좋은 데다 팬들과 만나는 자리의 편안함에 취해 클럽의 내부 기밀을 털어버리는 실수를 저질렀다. 해당 내용을 팬진을 통해 접한 브라운 회장이 노발대발하며 그를 호출했다. 레드냅 감독은 "나는 새로운 계약서에 서명하라는 줄 알고 회장실에 들어갔는데 다시 나올 때는 백수가 돼 있었다"고 회상했다. 가벼운 입 때문에 보장받을 수 있었던 4년 치 연봉을 날린 셈이었다.

다음 자리는 영국 남해안 도시인 포츠머스의 클럽 단장직이었다. 첫 시즌 도중 포츠머스의 성적이 곤두박질치는 바람에 그레이엄 릭스Graham Rix 감독이 쫓겨나고 그 자리를 레드냅이 메꿨다. 이듬해 레드냅은 팀을 챔피언십(2부) 우승으로 이끌며 프리미어리그 승격을 달성했다. 공교롭게 그때 프리미어리그에서 2부로 강등된 클럽은 자신을 쫓아냈던 웨스트햄이었다.

승격해 출발한 2003/04시즌 포츠머스는 프리미어리그의 높은 벽에 부딪쳐 하위권을 맴돌았다. 2004년 3월 17일 리그 28번째 경기였던 리버풀 원정에서 포츠머스는 0-3으로 완패하며 강등권으로 떨어졌다. 리그에 잔류하느냐, 강등하느냐의 운명은 남은 10경기에 달려 있었다. 첫 상대는 하필 포츠머스의 최대 앙숙인 사우샘프턴이었다.

거친 태클이 난무하는 사우스 코스트 더비에서 포츠머스는 나이지리아 출신 골잡이 야쿠부Yakubu의 결승골로 짜릿한 1-0 승리를 거뒀다. 이날 경기부터 레드냅 감독의 마법이 통했는지 포츠머스는 놀라운 집중력을 발휘해 마지막 10경기에서 6승 3무 1패로 내달림으로써 리그 잔류에 성공했다. 앞선 28경기에서 승점 24점(경기당 0.85점)에 그쳤던 포츠머스는 남은 10경기에서만 승점 21점(경기당 2.1점)을 쓸어 담아 14위로 프리미어리그 신분을 방어해냈다.

행복은 오래가지 않았다. 다음 시즌을 준비하는 동안 레드냅 감독은 밀란 만다리치Milan Mandarić 회장과 전력 보강 규모를 놓고 불화를 겪었다. 그러던 차에 만다리치 회장은 벨리미르 자예치Velimir Zajec라는 인물을 데려와 '풋볼 디렉터' 자리에 앉혔다. 레드냅 감독은 자신을 감시하려고 회장이 꽂은 참견꾼이라고 여겼다. 불만이 폭발하기 직전 레드냅 감독은 하위권으로 떨어진 사우샘프턴의 루퍼트 로우Rupert Lowe 회장으로부터 영입 제안을 받았다. 라이벌 클럽으로 가기가 부담스러웠지만, 레드냅 감독에게는 지금 당장 만다리치 회장이 너무 꼴 보기 싫었다.

2004년 11월 24일 포츠머스 감독직을 사임한 레드냅 감독은 2주 뒤 사우샘프턴의 새 감독으로 취임했다. 소문이 돌 때부터 귀를 의심했던 포츠머스 팬들은 사우샘프턴의 공식 발표에 대폭발해 레드냅 감독을 대역 죄인으로 낙인찍고 거친 욕설을 퍼부었다. 포츠머스 팬들의 저주가 먹혔는지 사우샘프턴에서는 '레드냅 매직'이 작동하지 않아 결국 2004/05시즌이 끝나고 강등되고 말았다.

2부에서 맞이하는 2005/06시즌에서도 경기력은 나아질 기미가 보이지 않았다. 암울한 상황을 겪는 동안 로우 회장과 레드냅 감독의 관계도 틀어졌다. 시즌이 개막하고 5개월이 채 안 된 2005년 12월 레드냅 감독은 스스로 사우샘프턴의 문을 박차고 나와버렸다. 나흘 뒤 보란 듯이 일선 현장에 복귀했다. 포츠머스였다.

만다리치 회장이 자존심을 구기면서까지 레드냅 감독을 다시 데려온 이유는 뻔했다. 그해 초반 15경기에서 2승에 그치면서 순위가 강등권인 19위로 처졌기 때문이다. 레드냅 감독의 복귀전에서도 포츠머스는 토트넘에 1-3으로 패해 리그 5연패 부진에 빠졌다. 급한 불을 끄기 위해 또 다른 주주 알렉산드르 가이다마크Alexandre Gaydamak 회장이 2006년 1월 이적 시장에서 현금을 풀었다. 레드냅 감독은 유럽 전역에서 준척급 실력파를 9명이나 쇼핑했다.

하지만 3월 4일 애스턴 빌라에 0-1로 패해 2006년 새해 들어 치른 리그 8경기에서도 1무 7패의 늪에서 벗어나지 못했다. 이대로 가다간 레드냅 감독은 지난 시즌 사우샘프턴에 이어 2년 연속으로 1부에서 강등되는 불명예를 쓸 수밖에 없었다. 극적으로 잔류에 성공했던 2년 전보다 상황이 더 나빴다. 당시 포츠머스는 28

경기를 치러 승점 24점을 얻은 상태에서 잔여 10경기에 돌입했는데, 이번에는 28경기에서 얻은 승점이 18점에 불과했다.

그런데 포츠머스의 홈구장 프래턴 파크에서 레드냅 감독의 마법은 아직 유효했다. 3월 11일 맨체스터 시티전에서 2-1 승리를 거둔 것을 시작으로 잔여 10경기에서 6승 2무 2패를 거두며 또다시 잔류에 성공하는 기적을 썼다. 1월 이적 시장에서 440만 파운드에 영입한 벤자니 음와루와리Benjani Mwaruwari는 15경기에서 무득점으로 허덕이다가 리그 37라운드 위건전에서 천금 같은 동점골을 터뜨려 잔류를 확정 짓는 공신이 됐다. 최종 순위는 강등권 바로 위인 17위였다.

두 번째 기적의 대탈주를 이끈 지 3개월 만에 레드냅 감독은 또 다른 위기를 맞이했다. BBC의 탐사 프로그램 '파노라마'가 레드냅 감독이 다른 클럽 선수들을 불법적으로 사전에 접촉하고 선수를 영입하는 과정에서 뇌물을 수수한 정황을 폭로한 것이다. 이 듬해인 2007년 런던 경찰 당국이 회계 장부 불법 조작 및 불법 거래 혐의로 레드냅 감독과 피터 스토리Peter Storrie 재무이사, 만다리치 회장을 긴급 체포했다. 특히 런던 경찰은 새벽 6시에 레드냅 감독의 자택을 기습적으로 압수수색하는 초강경책을 폈다. BBC의 폭로와 런던 경찰의 압수수색은 그의 이미지를 추락시켰다.

영국 축구계가 발칵 뒤집힌 사건이었지만 레드냅 감독은 불사조처럼 되살아났다. 경찰 조사에서 무죄 석방된 레드냅 감독은 런던 경찰 당국을 명예훼손으로 고소해 1년 만에 승소했다. 2008년 5월 영국 대법원은 경찰의 압수수색이 불법적이었다고 선고했다.

레드냅 감독은 2년 뒤인 2010년에도 영국 국세청으로부터 탈세 혐의로 고소를 당했는데 2년여의 송사 끝에 또 무죄판결을 받았다.

음모와 스릴러, 서스펜스 요소로 가득한 그의 마지막 에피소드는 해피엔딩으로 마무리하고자 한다. 경찰의 압수수색이 있었던 2007/08시즌 레드냅 감독이 이끄는 포츠머스는 프리미어리그에서 8위에 오르는 기염을 토했다. 무엇보다 FA컵에서 승승장구했다. 2008년 3월 올드 트래퍼드에서 열린 FA컵 8강전에서 포츠머스는 설리 문타리Sulley Muntari의 결승골에 힘입어 거함 맨유를 1-0으로 물리치고 4강 진출에 성공했다. 한 달 뒤에 열린 준결승전에서도 포츠머스는 아스널 출신 공격수 은완코 카누의 결승골로 웨스트브로미치를 1-0으로 꺾고 대망의 결승 무대에 올랐다.

시즌의 마지막 일정인 5월 17일 웸블리 스타디움에서 열린 FA컵 결승전에서 포츠머스는 카디프 시티와 만났다. 경기가 시작되고 37분, 카누가 준결승전에 이어 두 경기 연속으로 골을 터뜨렸다. 야수의 피지컬을 보유한 솔 캠벨과 실뱅 디스탱Sylvain Distin이 남은 시간을 철벽 방어한 끝에 포츠머스는 69년 만에 FA컵 우승을 차지하는 환희를 만끽했다. 16강전부터 4경기 연속으로 '무실점 1-0' 승리를 거두는 극도의 실용주의 축구를 구사함으로써, 레드냅은 FA컵에서 우승한 마지막 영국인 감독이라는 영광의 타이틀을 안았다.

29

—

멱살 잡고 우승: 스티븐 제라드
(2005/06시즌)

1970년대부터 1980년대까지 잉글랜드 축구 20년은 리버풀 시대였다. 빌 샹클리Bill Shankly, 밥 페이즐리Bob Paisley, 조 페이건Joe Fagan, 케니 달글리시 감독으로 바통이 이어지면서 리버풀은 이 기간에만 1부 리그 우승 11회, 유러피언컵(현 챔피언스리그) 우승 4회를 기록하고 유럽 최강으로 군림했다. 공교롭게 리버풀의 전성기는 프리미어리그 시대가 출발하면서 막을 내렸다. 1990년 마지막 풋볼리그 우승을 끝으로 리버풀은 30년의 긴 암흑기를 거치고서야 잉글랜드 챔피언으로 복귀할 수 있었다. 맨체스터 유나이티드, 아스널, 첼시에 밀리던 그때 그 시절 미드필드에서 혼자 리버풀의 멱살을 잡고 이끈 영웅이 바로 스티븐 제라드였다.

리버풀의 상징

제라드는 리버풀 FC를 상징한다. 리버풀의 알레고리, 리버풀의 의인화라고 해도 좋다. 1980년 리버풀에서 태어난 제라드는 어릴 적부터 '붉은 스카우즈Scouse(리버풀 토박이)'로 자랐다. 1989년 4월 15일 힐스브러 참사가 리버풀을 강타했다. 셰필드의 힐스버러 스타디움에서 열린 FA컵 준결승전에서 리버풀 팬 96명이 압사하는 영국 축구계 최악의 인재가 발생했다. 리버풀이라는 도시와 클럽 모두에 끔찍한 트라우마를 남긴 사건은 당시 여덟 살 꼬마 제라드에게도 큰 슬픔을 안겼다. 제라드는 두 살 터울의 사촌형 존폴 길홀리Jon-Paul Gilhooley를 잃었다. 길홀리는 당시 힐스버러 현장에서 참변을 피하지 못한 최연소 희생자였다. 힐스버러 희생자를 위해 뛴다는 선수들의 다짐은 이후 리버풀의 '끝까지 포기하지 않는 정신'으로 각인됐다.

어느 클럽의 팬이라도 연고지 출신 유망주를 아끼는 마음은 인지상정이다. 리버풀처럼 큰 사고로 생긴 트라우마와 성적 부진에서 오는 박탈감이 뒤섞인 1990년대는 더욱더 그렇다. 1998/99시즌 18세 나이에 프로 데뷔를 신고한 제라드는 두 번째 시즌부터 1군 주전으로 자리매김했다. 리버풀이 컵 트레블이라는 독특한 업적을 남겼던 2000/01시즌을 계기로 제라드는 팀 내 리더로서 존재감을 드러냈다.

그해 가장 상징적인 경기는 2001년 3월 31일 프리미어리그 31라운드에서 치러진 맨유 원정이었다. 이날 전까지 맨유는 리그 30경기에 나서 2패밖에 기록하지 않으며 단독 선두를 달렸다. 시즌 두 번째 패전이 바로 2000년 12월 17일 안필드 원정에서 맞본 0-1

패배였다. 맨유는 12월 리버풀전에서 패배한 뒤 리그에서 12경기 연속 무패로 질주해 우승 타이틀에 성큼 다가선 상태였다.

경기가 시작되고 16분, 맨유의 골키퍼 파비앙 바르테즈Fabien Barthez가 걷어낸 볼이 센터서클에서 끊겼다. 로비 파울러의 패스를 잡은 제라드가 중앙 지역으로 드리블해 들어갔다. 골대까지 32미터쯤 떨어진 지점이었다. 공격에 가담한 인원이 부족한 상황에서 제라드가 그대로 오른발 강슛을 때렸다. 엄청난 힘이 실린 장거리포가 맨유의 골네트를 찢을 듯이 꽂혔다. 공교롭게 골대 뒤가 맨유의 열혈 홈 팬들이 자리 잡는 스트레트퍼드 엔드였다. 스무 살 미드필더가 뿜어낸 엄청난 슛에 올드 트래퍼드는 적막에 잠겼다.

전반전이 끝나기 직전 파울러가 추가골을 보태면서 리버풀은 라이벌의 안방에서 2-0 쾌승을 거두었다. 리그에서 맨유를 상대로 22년 만에 기록한 2연승이었다. 제라드는 리그컵, FA컵, UEFA컵 결승전에 전부 선발 출전해 팀이 3관왕에 오르는 데 공신이 됐다.

2002/03시즌에도 제라드는 맨유를 상대로 짜릿한 기억을 만들었다. 2003년 3월 2일 리그컵 결승전에서 리버풀과 맨유가 격돌했다. 해당 시즌 리그 첫 맞대결에서 리버풀은 맨유에 1-2로 패했다. 하지만 밀레니엄 스타디움에 선 리버풀에는 컵대회 결승전마다 발휘되는 본능이 살아 있었다. 맨유의 주도로 진행되던 39분, 제라드가 상대 페널티박스 밖 왼쪽에서 볼을 잡았다. 중거리슛의 위력을 나날이 키우던 제라드에겐 골대까지 거리는 안중에 없었다. 오른발로 강하게 때린 슛은 앞에서 루트를 막아섰던 데이비드 베컴의 다리에 맞아 굴절되고도 맨유의 골문 안으로 빨려 들어갔다.

한 골 앞선 리버풀은 남은 시간 내내 맨유의 거센 공격을 버텨야 했다. 후안 세바스티안 베론의 스루패스, 라이언 긱스의 드리블 돌파, 베컴의 크로스, 뤼트 판니스텔로이의 슛이 밀려드는 가운데, 리버풀은 경기 종료 직전 마이클 오언이 2-0 쐐기골을 터뜨려 통산 일곱 번째 리그컵 우승을 달성했다. 컵대회 결승전에서 맨유를 상대하는 리버풀은 평소 리그에서 보는 리버풀과 다르다는 동기 부여야말로 제라드가 머지사이드 팬들에게 준 선물이었다.

2005년 챔피언스리그 우승

컵대회 성공에도 불구하고 리버풀과 프리미어리그 우승의 거리는 줄지 않았다. 빈약한 통장이 원인이었다. 리버풀의 자금력으로는 긴 시즌에서 꾸준히 싸울 스쿼드를 구축하기는 버거웠다. 그런 와중에 찾아온 2004/05시즌은 제라드와 리버풀의 역사에 기념비적 시간이 됐다. 2004년 여름 리버풀은 발렌시아에서 엘클라시코 체제를 무너뜨린 라파엘 베니테스 감독을 제라르 울리에의 후임자로 영입했다.

감독 교체와 스타일 변화로 인해 리버풀은 경기력 기복을 보이며 느리게 출발했다. 프리미어리그에서 초반부터 승점을 잃었고, 챔피언스리그에서도 A조 최종전을 남겨둔 시점에서 조 3위로 처져 탈락 위기에 몰렸다. 2004년 12월 홈 최종전에서 리버풀(7점)은 올림피아코스(10점)를 2골 차 이상으로 꺾어야만 16강에 오를 수 있었다.

올림피아코스의 발롱도르 수상자 히바우두가 26분 프리킥으로 선제골을 터뜨렸다. 리버풀은 상대 전적 합산 스코어에서 원정 실점을 포함해 0-2로 뒤지게 됐다. 승부를 뒤집으려면 반드시 3골이 필요했다. 후반 들어 플로랑 시나마 퐁골Florent Sinama Pongolle과 닐 멜러Neil Mellor가 2골을 넣어 2-1까지 따라갔지만, 합산 스코어 2-2 동점에 몰리면서 원정 득점이 있는 올림피아코스가 여전히 앞선 상태였다. 남은 시간이 4분을 끊었을 때 아크 에어리어 정면에서 제라드의 선더볼트 중거리포가 작렬했다. 16강행을 확정 짓는 순 간이었다. 이때의 골 장면은 스카이스포츠의 해설위원 앤디 그레 이Andy Gray(에버턴 레전드)의 "아, 아름다워요! 이 친구, 엄청난 슛이에 요! 엄청나요!"라는 강렬한 어록과 함께 잉글랜드 축구 팬들의 기 억에 남아 있다.

어렵사리 올라간 챔피언스리그 토너먼트에서 리버풀은 2005 년 5월 25일 이스탄불에서 열리는 대회 마지막 경기까지 치고 나 갔다. 8강에선 불굴의 수비를 펼쳐 유벤투스의 화력을 막았고, 4강 에서는 막강 스쿼드를 보유한 조제 모리뉴의 첼시를 합산 1-0으 로 따돌렸다. 하지만 결승전 상대는 거함 밀란이었다. 파올로 말디 니Paolo Maldini를 위시한 선발 11인은 이름값으로 상대를 압도하는 '역대급' 면면을 자랑했다.

경기가 시작된 지 1분 만에 리버풀은 말디니에게 선제 실점을 허용했다. 전반 막판에는 에르난 크레스포가 절정의 결정력을 앞 세워 2골을 연속으로 넣으며 밀란은 3-0으로 앞선 채 전반전을 마 쳤다. 하프타임에 이미 승부는 갈린 분위기였다. 결승전에서 3골 을 따라가기란 불가능에 가까웠다. 베니테스 감독은 디트마르 하 만을 넣고 제라드를 2선으로 올린 3-5-2 포메이션으로 전환했다. 감독의 작전 지시가 끝나자 제라드는 "우리끼리 있게 해달라"며 모든 코칭스태프를 내보냈다. 밖에서 리버풀 팬들이 응원가 '당신은 홀로 걷지 않아'(You'll Never Walk Alone)를 합창하는 소리가 들려 왔다.

선수들만 남은 라커룸에서 제라드는 "내게는 리버풀이 전부다. 내 클럽이 챔피언스리그의 웃음거리로 남기를 바라지 않는다. 팬들은 아직 포기하지 않았다. 저 사람들에게 우리가 갚아야 한다. 15분 안에 골을 넣으면 이길 수 있다"라고 말했다. 당시 동료였던 지브릴 시세Djibril Cissé는 "15분 안에 제라드가 골을 넣었다. 내 인생 최고의 주장 팀 토크였다"고 회상한다.

시세의 말처럼 제라드는 54분에 첫 골을 넣었고, 이를 시작으로 리버풀은 60분까지 6분 사이에 3골을 넣어 거짓말 같은 3-3 동점을 만들었다. 세 번째 골도 제라드가 얻은 페널티킥이었다. 연장전과 승부차기에서 수문장 예르지 두덱Jerzy Dudek이 기적 같은 선방 쇼를 펼친 끝에 리버풀은 0-3 지옥에서 생환해 통산 다섯 번째 챔피언스리그 우승을 차지했다.

제라드는 유럽 챔피언이 된 환희를 오래 즐길 여유가 없었다. 결승전이 끝나고 6주 뒤 제라드와 리버풀은 결별 일보 직전까지 갔다. 모리뉴 감독이 이끄는 첼시가 거액의 이적료를 제시하며 영입을 시도했기 때문이다. 리버풀에 대한 애정과 프리미어리그 우승을 향한 열망 사이에서 제라드는 잠시 길을 잃었다. 2005년 7월 5일 리버풀과 첼시의 이적 협상, 리버풀과 제라드의 재계약 협상이 연달아 결렬되자 릭 패리 당시 사장은 "우리는 최선을 다했지만 제라드는 이적 결심을 분명히 밝혔다. 협상은 이제 끝난 것 같다"고 발표했다.

하지만 제라드의 속마음은 결국 리버풀을 버리지 못했다. 다음 날 리버풀과 제라드는 의사소통 과정에서 불거진 오해를 풀고 전격적으로 재계약에 합의했다. 리버풀 팬들로서는 천만다행인 결론이었지만, 제라드가 이적요청서를 제출한 사실은 라이벌 팬들 사이에서 좋은 놀림감이 되기는 했다.

'제라드 결승전'

지난 시즌 프리미어리그에서 5위에 그친 리버풀이 2005/06시즌 챔피언스리그에 출전할 자격이 있는지를 놓고 업무 혼선이 벌어졌는데, 유럽축구연맹은 잉글랜드에 5개 클럽 출전을 특별히 허용한다고 결정함으로써 정리됐다. 예외적 출전권을 인정받은 대신에 리버풀은 새 시즌 챔피언스리그를 2005년 7월 13일부터 시작하는 1차 라운드부터 소화해야 했다. 프리미어리그 경쟁자들보다 시즌을 한 달이나 먼저 시작해야 한다는 뜻이었다.

같은 해 12월 리버풀은 유럽 챔피언 자격으로 일본에서 열리는 FIFA 클럽월드컵까지 출전하는 통에 체력을 소모해야 했다. 경기력이 흔들리는 와중에도 제라드는 굳건히 팀의 허리를 지켰을 뿐 아니라 프리미어리그에서 생애 첫 시즌 두 자릿수 득점에 도달했다. 이로써 리버풀이 리그 3위로 시즌을 마감하고 다음 시즌 챔피언스리그 출전권을 획득하는 데 일등 공신이 됐다.

2005/06시즌의 하이라이트는 제125회 FA컵 결승전이었다. 리버풀은 16강에서 라이벌 맨유를 1-0으로 따돌렸고, 준결승전에서는 당시 최강 전력을 과시하던 첼시를 2-1로 제쳐 컵대회에 강한 본능을 유감없이 발휘했다. 결승전 상대는 웨스트햄이었다. 리그에서 만난 두 번의 맞대결에서 리버풀이 웨스트햄에 2연승을 거두

스티븐 제라드

었기에 경기 전 예상은 리버풀 쪽으로 기울어 있었다.

2006년 5월 13일 뚜껑을 열어보니 경기 양상은 정반대로 흘렀다. 21분 수비수 제이미 캐러거의 선제 자책골에 이어 리버풀은 28분에도 상대 골잡이 딘 애시턴Dean Ashton에게 추가 실점을 허용해 0-2로 끌려갔다. 암울한 분위기 속에서 32분 제라드의 롱패스가 정확히 시세에게 연결되어 추격골이 나왔다. 한 골 뒤진 상태에서 리버풀은 54분 기어이 2-2 동점을 만들었다. 골의 주인공은 당연히 제라드였다. 10분 뒤 상대 풀백 폴 콘체스키Paul Konchesky의 크로스가 엉뚱한 방향으로 날아가 리버풀의 골문에 꽂히면서 리버풀의 기세가 다시 꺾였다.

경기 막판까지 리버풀의 공격은 웨스트햄의 끈질긴 수비를 뚫지 못했다. 골운이 따르지 않는 공격 시도가 반복되면서 승리의 여신이 웨스트햄에 미소를 보내는 듯했다. 2-3으로 뒤진 상태에서 정규 시간 90분이 다 흘렀다. 경기장에 "추가시간 4분입니다"라는 안내 방송이 흐르는 순간이었다. 웨스트햄 진영의 정중앙, 골대까지는 32미터 떨어진 지점에서 제라드가 오른쪽 발등으로 볼을 강하게 때렸다. 제라드의 슛은 먼 거리를 허리 높이로 곧게 날아가 골키퍼 샤카 히즐롭이 지키는 웨스트햄의 골문 왼쪽 구석에 정확히 꽂혔다. 그야말로 '슈퍼 제라드' '캡틴 판타스틱'이었다.

카디프의 밀레니엄 스타디움까지 원정 응원에 나선 리버풀 팬들은 1년 전 이스탄불에서 만든 기적을 떠올리며 환호했다. 연장전 끝에 승부차기가 시작됐다. 리버풀의 골문을 지키는 수문장은 베니테스 감독이 영입한 스페인 출신 페페 레이나Pepe Reina였다. 절체절명의 순간에 레이나는 웨스트햄의 1번, 3번 키커에 이어 4번

키커 앤턴 퍼디낸드(리오 퍼디낸드의 동생)의 페널티킥까지 막아내 리버풀의 통산 일곱 번째 FA컵 우승을 확정했다. 영국 팬들은 이날의 경기를 '제라드 결승전'(The Gerrard Final)이라고 부른다.

30

—

맨체스터 유나이티드의 한국인: 박지성
(2005/06시즌)

2002년 월드컵은 한국과 유럽의 거리를 크게 줄였다. 세계적 수준의 인프라 시설이 한꺼번에 들어섰고, 국가대표 선수들에겐 유럽 진출의 물꼬가 트였다. 거스 히딩크 감독이 데려간 박지성과 이영표를 비롯해 이천수, 김남일, 이을용, 송종국, 차두리, 현영민 등이 차례차례 세계 축구의 중심인 유럽 리그에 도전했다. 3년 뒤 박지성이 세계 최고 인기 클럽인 맨체스터 유나이티드에 입단하는 순간은 또 다른 도약이었다. 1996년 박찬호의 LA 다저스 첫 승, 1998년 박세리의 US 오픈 우승에 이어 2005년 한국인 맨유 선수의 탄생을 보면서 한국 스포츠 팬들은 마음속 유리 천정이 시원하게 깨지는 듯한 대리 성취감을 느꼈다.

PSV, 맨유

박지성과 이영표가 프리미어리그에 입성할 수 있었던 결정적 발판은 2004/05시즌 챔피언스리그였다. 2004년 여름 PSV 에인트호번은 최전방 스트라이커 마테야 케즈만과 측면 자원 아리언 로번, 데니스 롬메달Dennis Rommedahl을 한꺼번에 잃어 고전이 예상됐다. 비관론과 달리 히딩크 감독이 이끄는 팀은 전술 종축이 단단한 데다 박지성이 잠재력을 대폭발해 강세를 이어갔다. 챔피언스리그 E조에 속한 PSV는 1차전 패배 이후 3연승으로 반등해 16강 진출에 성공했다.

16강전과 8강전에서 PSV는 모나코, 올랭피크 리옹을 각각 따돌리고 준결승에 올랐다. 1995년 보스만 판례 이후 셀링 리그selling league로 전락한 네덜란드 클럽으로서는 챔피언스리그 4강 진출이 대단한 성과가 아닐 수 없었다. 준결승에서 PSV는 밀란과의 원정 1차전에서 기록한 0-2 패배를 뒤집으려면 홈 2차전에서 3골 차 이상으로 승리해야 했다. 유럽 최강 클럽인 밀란을 상대로 도저히 가능할 것 같지 않았다.

2차전 킥오프 9분 만에 박지성은 선제골을 터뜨려 희망의 불씨를 댕겼다. 한국인 동료 이영표가 65분 필립 코퀴Phillip Cocu의 2-2 동점 헤더골을 도왔다. PSV가 승부를 원점으로 돌린 것이다. 하지만 정규 시간이 끝나는 동시에 마시모 암브로시니Massimo Ambrosini가 극적인 원정골을 터뜨려 PSV의 꿈을 깨뜨렸다. 코퀴가 다시 한 골을 보태 2차전 스코어는 3-1이 됐지만, 합산 3-3 동점인 상황에서 PSV는 원정 득점에서 밀려 고배를 마셔야 했다.

이영표는 PSV가 치른 대회 12경기에 전부 풀타임으로 출전했고, 박지성도 부상 결장한 조별리그 4차전을 제외하고 11경기에서 풀타임 소화를 기록했다. 시즌이 끝난 뒤 박지성은 유럽축구연맹이 선정하는 '올해의 스쿼드'에 안드리 셰브첸코Andriy Shevchenko, 호나우지뉴, 아드리아누Adriano, 카카Kaka 등과 함께 이름을 올렸다.

박지성의 '미친 경기력'을 눈여겨본 이가 바로 맨유의 알렉스 퍼거슨 감독이었다. 2005년 여름 퍼거슨 감독은 박지성에게 직접 전화를 걸어 영입에 성공했다. 맨유 이적을 가능하게 한 최대 이유는 박지성의 챔피언스리그 실적이었지만 당시 맨유가 첼시의 싹쓸이 쇼핑에 밀려 영입 후순위 선수들을 선택할 수밖에 없었다는 변수도 작용했다. 실제로 2005년 여름 맨유는 골키퍼 2명(에드빈 판데르사르Edwin van der Sar, 벤 포스터Ben Foster) 외에 아웃필더 선수로는 박지성밖에 영입하지 못했다. 2006년 1월 이적 시장에서도 맨유의 선택은 당시만 해도 무명에 가까웠던 네마냐 비디치Nemanja Vidić와 파트리스 에브라Patrice Evra였다.

"벤치에 앉을 것"이라는 히딩크 감독의 우려와 달리 박지성은 2005/06시즌 프리미어리그 개막전부터 선발 출전할 정도로 코칭스태프로부터 인정을 받았다. '반짝' 출전이 아니었다. 박지성은 이적 첫 시즌부터 주전 멤버로 활약했다.

잉글랜드 현지 팬들에게 자신의 이름을 각인한 첫 경기는 10월 1일 리그 8라운드였던 풀럼 원정이었다. 맨유는 킥오프 2분 만에 수비가 흔들리며 선제 실점을 허용했다. 홈팀 풀럼의 거친 수비에 막혀 맨유는 좀처럼 득점 기회를 만들지 못했다. 공격의 맥이 꽉 막힌 17분 박지성이 상대 수비 블록의 틈을 과감히 노린 드리블 시도로 페널티킥을 얻었다. 뤼트 판니스텔로이가 스코어를 1-1

로 만들었고, 1분 뒤 박지성은 완벽한 원터치 패스로 웨인 루니의
역전골을 도왔다.

맨유는 리오 퍼디낸드의 실책성 플레이로 다시 2-2 동점을 허
용했다. 혼란스러운 전반전이 끝나기 직전, 박지성이 오프사이드
를 허무는 공간 쇄도로 판니스텔로이에게 공을 연결해 팀 세 번째
이자 3-2 결승골을 도왔다. 이적 후 득점이나 도움이 없었던 박지
성이 이날 하루에만 맨유의 득점 세 골 전부를 만든 것이다. 이듬
해 2006년 4월 2일 박지성은 자신의 프리미어리그 첫 골도 풀럼을
상대로 기록하는 인연을 만들었다.

시즌 막판에는 PSV 동료이자 대한민국 국가대표팀 선배 이영
표와 맞대결하는 과정에서 작은 에피소드를 낳기도 했다. 당시 토
트넘은 챔피언스리그 출전권 4위 자리를 놓고 런던 라이벌 아스널
과 접전을 벌이는 중이었다. 한 골 뒤진 상황에서 토트넘의 레프트
백 이영표가 자기 진영에서 불필요하게 시간을 끌다가 박지성에
게 볼을 빼앗기는 바람에 추가 실점의 빌미를 제공했다. 이날 토트
넘은 저메인 제나스Jermaine Jenas의 한 골에 그쳐 1-2로 패하고 말았
다. 경기 후, 좌절한 이영표와 미안해하는 박지성이 손을 잡은 순
간을 포착한 사진 한 장이 한국 팬들의 심금을 울렸다.

토트넘은 시즌 최종전을 남긴 상태에서 아스널에 승점 1점 앞
서 챔피언스리그에 출전할 가능성이 컸다. 하지만 웨스트햄전을
하루 앞두고 선수단이 호텔에서 제공한 라자냐를 먹다가 집단 식
중독에 걸리는 뜻밖의 사고가 벌어졌다. 혼란 속에서 결국 리그 최
종전은 강행됐다. 토트넘은 약체 웨스트햄에 1-2로 패했지만, 동
시에 진행된 최종전에서 아스널은 위건을 4-2로 제압했다. 이로써

최종전에서 아스널이 극적으로 4위 자리를 낚아채며 시즌을 마무리했다. 당시 토트넘 선수단에서 벌어진 해프닝은 영국 팬들 사이에서 '라자냐 게이트'로 불린다.

빅매치 플레이어

2006년 독일월드컵에 출전하면서 박지성은 체력을 크게 소모했다. 체력이 떨어지면 부상 확률이 높아진다. 첫 번째 부상 폭탄은 2006/07시즌 초반인 9월 토트넘전에서 터졌다. 발목을 다친 박지성은 시즌 전반기 대부분을 치료와 재활로 허비해야 했다. 12월 웨스트브로미치전에서 복귀한 박지성은 2007년 1월부터 3월까지 프리미어리그에서만 5골을 기록하며 장기 결장의 악몽을 털어버리는 듯했다. 시즌 5호 골이 나온 3월 31일 블랙번전이 끝나고 두 번째 시한폭탄이 터졌다. 무릎 연골 파열이라는 최악의 진단이 나왔다. 2002년 월드컵 이후 4년 내내 쉬지 못하고 달린 부작용이었다.

경기력 회복 여부를 걱정해야 할 정도로 심각한 상황에서 박지성은 미국 콜로라도로 날아가 세계적 무릎 수술 권위자 리처드 스테드먼Richard Steadman 박사한테 수술을 받았다. 유일한 위안은 맨유의 2006/07시즌 우승이었다. 박지성은 시즌의 절반가량을 날렸지만 최소 출전 수 기준을 충족해 아시아인 최초로 프리미어리그 우승 메달을 받을 수 있었다.

전열에서 이탈한 지 9개월 만인 2007년 12월 26일 박지성은 선덜랜드와의 원정 경기에서 복귀했다. 예전 경기력을 회복할 수 있을지가 가장 큰 걱정이었지만 그동안 달라진 팀 내 경쟁 상황도 박지성에겐 압박감으로 다가왔다. 지난 시즌 프리미어리그 우승 탈환을 계기로 퍼거슨 감독은 스쿼드 리빌딩에 총력을 기울였다. 특히 2007년 여름 전력 강화의 초점이 박지성이 있는 미드필드 라인에 집중됐다. '만능키' 오언 하그리브스Owen Hargreaves, 브라질의 신성 안데르송Anderson, '제2의 호날두' 나니Nani가 합류하는 바람에 박지성의 팀 내 입지가 매우 불안해 보였다.

박지성은 생각보다 훨씬 강한 선수였다. 팀 공격이 호날두와 웨인 루니에게 집중되는 동안, 박지성은 중원에서 특정 영역을 가리지 않고 전 방위로 뛰며 전술의 허점을 메웠다. 퍼거슨 감독은 챔피언스리그 토너먼트 단계에서 전술 이행 능력이 뛰어난 박지성을 우선 기용했다.

챔피언스리그에서 박지성은 8강 로마전, 준결승 바르셀로나전을 모두 선발 풀타임으로 소화하며 9년 만의 결승 진출에 크게 공헌했다. 경기 전부터 나온 모든 현지 언론의 예상과 달리, 러시아 모스크바에서 열린 첼시와의 결승전에서 퍼거슨 감독은 오언 하그리브스를 선택하는 전술적 판단을 내렸다. 박지성은 18인 명단에서 제외된 탓에 2008년 5월 동료들의 결승전을 관중석에서 바라보는 아픔을 겪어야 했다.

경기 후 퍼거슨 감독은 "박지성을 엔트리에서 제외한 일은 감독 경력에서 내렸던 가장 어려운 결정 중 하나였다"라며 박지성과 부친 박성종 씨에게 사과했다. 모스크바에서부터 잘못 꿴 '챔피언스리그 단추'는 내내 박지성을 괴롭혔다. 2009년과 2011년 박지성은 아시아 선수로서는 최초로 챔피언스리그 결승전에 선발 출전하는 영예를 얻었지만, 두 번 모두 리오넬 메시가 주포인 바르셀로나에 완패하고 말았다.

　프리미어리그에서 박지성이 돋보였던 경기는 2009/10시즌 리버풀전과 2010/11시즌 울버햄프턴전이라고 할 수 있다. 2009/10시즌 맨유는 카를로 안첼로티Carlo Ancelotti 감독이 이끄는 첼시와 치열한 선두 경쟁을 벌였다. 박지성은 2010년 1월 아스널과의 원정 경기에서 시즌 첫 골을 신고해 팀의 3-1 완승을 견인했다. 경기 상대가 라이벌 아스널이었던 데다 순위표에서도 2위와 3위 간의 맞대결이었기에 박지성의 득점 활약은 팬들의 뇌리에 깊이 남았다. 3월 들어 박지성은 챔피언스리그 16강 2차전에서 밀란을 상대로 득점포를 가동해 4-0 대승에 일조하며 '빅매치 플레이어'로 이미지를 굳힌다.

　바로 다음 경기가 홈에서 맞이한 리버풀전이었다. 어떤 상황에서든 노스웨스트 더비는 맨유와 리버풀 모두에게 무조건 잡아야 할 빅매치다. 올드 트래퍼드에서 시작된 경기에서 맨유는 5분 만에 페르난도 토레스Fernando Torres에게 선제 실점을 내줬다. 다행히 7분 뒤 루니가 1-1 동점골을 터뜨려 승부를 원점으로 돌렸다. 팽팽한 승부가 이어지던 60분 오른쪽에서 대런 플레처Darren Fletcher가 올린 크로스를 박지성이 몸을 사리지 않는 다이빙 헤더로 2-1 역전골을 터뜨렸다. 슛 동작에서 상대 수비수 글렌 존슨의 스터드에 귀부위가 찢겨 피를 봐야 했지만, 이날 리버풀전 득점은 박지성의 프리미어리그 경력을 통틀어 가장 인상 깊은 득점 장면으로 남는다. 박지성의 빅매치 공헌에도 불구하고 맨유는 첼시에 승점 1점이 뒤져 리그 우승을 양보해야 했다.

　2010년 11월 6일 홈에서 열린 울버햄프턴전에서의 활약도 박지성 스토리에서 빼놓을 수 없다. 맨유는 시즌 초반부터 선두권에 진입했다. 눈을 홀리는 화려함이나 상대를 압도하는 강세는 없었지만 패배를 무승부로, 무승부를 승리로 뒤집는 저력과 근성이 돋보였다. 개막하고 첫 10경기에서 무패를 기록한 맨유는 11월 6일 홈에서 울버햄프턴을 불러들였다. 맨유는 전반이 끝나기 직전 대런 플레처의 스루패스를 받은 박지성이 선제골을 터뜨려 앞서갔다. 후반 들어 경기가 꼬였다. 66분 동점을 허용했고 경기 막판까지 좀처럼 골운이 터지지 않았다.

리그 챔피언의 기본 덕목 중 하나는 아래 순위 팀과의 경기에서 확실히 승점 3점을 따는 능력이다. 정규 시간이 끝나고 추가시간도 2분이나 지난 상황에서도 스코어는 여전히 1-1이었다. 관중석에서는 팀의 무딘 공격을 나무라는 원성이 쏟아졌다. 그 순간 박지성이 오른쪽 측면에서 볼을 잡았다. 막판이었던 탓에 페널티박스 안에 양 팀 선수들이 밀집해 있었다. 박지성은 중앙으로 볼을 끌고 들어온 뒤 패스 타이밍에서 기습적으로 상대의 골문 오른쪽 구석을 노렸다. 레딩 시절 설기현의 동료인 울버햄프턴의 수문장 마커스 하네만Marcus Hahnemann이 몸을 날렸지만, 박지성의 슛은 정확히 골문 오른쪽 구석으로 낮고 빠르게 꽂혔다. 영국 현지 중계진은 "박지성이 팀을 구합니다!"라고 소리쳤고 올드 트래퍼드 안에서는 박지성 응원가가 울려 퍼졌다.

다들 "벤치에 앉을 것"이라고 예상했던 박지성은 세계 최고 인기 클럽인 맨유에서 재계약을 두 번이나 제안받으며 7년이나 뛰었다. 7시즌 동안 거둔 공식 기록은 205경기 27골이었다. 이 기간에 맨유와 박지성은 프리미어리그 우승 4회, 리그컵 우승 3회, 커뮤니티실드 우승 4회, FIFA 클럽월드컵 우승 1회, UEFA 챔피언스리그 우승 1회를 각각 기록했다. 챔피언스리그 결승전에만 세 차례나 진출했을 정도로 박지성과 맨유는 창단 이래 최대 황금기를 구가했다.

2012/13시즌 박지성은 챔피언십에서 승격한 퀸즈 파크 레인저스의 공식 주장으로 짧은 도전을 경험한 뒤 PSV 에인트호번을 거쳐 화려한 경력을 마쳤다. 한국 팬들 사이에서 차범근, 박지성, 손흥민 3인을 두고 비교 우위를 따지는 것은 단골 논쟁 주제다. 각자 위대한 족적을 남기기는 했지만 타이틀과 빅매치 면에서 박지성은 군계일학이다.

31

—

하이버리의 왕: 티에리 앙리
(2005/06시즌)

2007년 6월 25일 프리미어리그는 절대자 한 명과 작별했다. 1990년대 아르센 벵거 감독과 함께 '뷰티풀 게임' 혁명을 이끈 슈퍼스타. 압도적 스피드와 정교한 볼 컨트롤, 손으로 볼을 다루는 듯한 테크닉, 위치나 거리와 상관없이 골을 뽑아내는 필살 능력, 팬들의 마음을 사로잡을 줄 아는 언변에 이르기까지 프리미어리그에서 뛴 8년을 온전히 자기만을 위한 시대로 만든 주인공이었다. 프랑스 출신 스트라이커 티에리 앙리.

모나코, 유벤투스, 아스널

아르센 벵거 감독은 앙리의 프로 첫 스승이었다. 1994년 8월 31일 리그앙 7라운드 니스전에서 모나코의 벵거 감독은 당시 17

세였던 앙리를 최전방 스트라이커로 선발 기용했다. 프로 데뷔의 기쁨도 잠시뿐, 20여 일 뒤에 든든한 후원자였던 벵거 감독이 감독직을 사임했다. 다행히 모나코는 벵거 감독의 유산을 활용해 좋은 팀으로 발전했다.

1996/97시즌 앙리는 팀 내 주전 공격수 입지를 꿰차 두 자릿수 득점을 기록하며 모나코의 리그앙 우승에 공헌했다. 다음 시즌 모나코는 장 티가나Jean Tigana 감독과 함께 챔피언스리그 4강에 오르는 실적을 남겼다. 스무 살 앙리는 대회에서 7골을 기록해 유럽 빅클럽들의 영입 후보 영순위로 떠올랐다. 1998년 프랑스월드컵에서도 3골을 넣어 우승에 기여했다.

1990년대 유럽 축구의 패권을 밀란으로부터 넘겨받은 유벤투스가 이적료 1050만 파운드를 내고 앙리를 데려갔다. 1999년 1월 시작된 앙리의 토리노 생활은 장밋빛처럼 보였다. 마르셀로 리피Marcello Lippi 감독이라는 명장 외에도 프랑스월드컵을 함께했던 지네딘 지단, 디디에 데샹, 엠마뉘엘 프티가 적응을 도왔기 때문이다.

예상과 달리 유벤투스에서 앙리는 밑바닥으로 떨어졌다. 리피 감독의 뒤를 이은 카를로 안첼로티 감독은 앙리를 센터포워드가 아니라 윙어로 기용했다. 이탈리아의 노련한 수비 조직에 짓눌리자 유벤투스 코칭스태프는 앙리를 다시 윙백 포지션으로 후진시켰다. 경기 중 앙리는 스트라이커 본능을 억누르지 못한 채 공격에 가담했다. 이후 유벤투스 코칭스태프가 수비력을 갖춘 풀백 잔루카 잠브로타Gianluca Zambrotta를 선택하면서 앙리는 벤치로 밀렸다.

앙리는 반년 만에 옛 스승으로부터 구원을 받았다. 3년 전 일본 J리그로 떠났다가 외도를 마치고 아스널로 복귀한 아르센 벵거 감독이었다. 벵거 감독은 레알 마드리드로 처분한 니콜라 아넬카를 대신할 스트라이커로서 앙리를 1100만 파운드에 영입했다. 내부 반대가 심했지만 벵거 감독은 앙리의 잠재력을 의심하지 않았다. 무엇보다 아스널이 앙리를 측면이 아니라 9번(센터포워드)으로 쓰기 위해 영입했다는 사실이 중요했다.

입단 첫날 클럽하우스를 방문한 앙리에게 데이비드 딘 아스널 부회장은 다짜고짜 비디오테이프를 하나 건네며 "지금부터 네가 해야 할 플레이야"라고 말했다. 1991년부터 1998년까지 아스널에서 185골을 터뜨려 클럽 역대 최다 득점자로 활약했던 이언 라이트의 하이라이트 영상이었다. 벵거 감독도 앙리에게 "너는 9번으로 뛰어야 해"라고 강조했다.

1999/2000시즌, 이탈리아에서 한번 떨어진 자신감은 쉽사리 되살아나지 않았다. 앙리는 아스널 유니폼을 입고 출전한 첫 8경기에서 골을 넣지 못했다. 팬들의 인내심이 바닥을 드러낼 무렵 앙리는 아홉 번째 출전인 사우샘프턴 원정에서 교체 투입된 지 8분 만에 1-0 결승골을 터뜨렸다. 나흘 뒤 챔피언스리그 조별리그 스톡홀름전에서도 2경기 연속으로 득점에 성공해 본궤도에 오르는 듯했지만, 다시 7경기 연속으로 무득점 부진에 빠졌다.

11월 28일 프리미어리그 16라운드 더비 카운티전에서 앙리는 선발 출전했다. 그때까지 앙리는 하이버리에서 올린 프리미어리그 득점이 없었고, 자신이 출전한 16경기에서 2골에 그친 상태였다. 설상가상 아스널은 경기가 시작한 지 2분 만에 딘 스터리지Dean Sturridge에게 선제 실점을 내줘 어렵게 출발했다. 11분 플레이 메이커 마르크 오버마르스의 스루패스가 앙리의 발을 거쳐 1-1 동점골로 연결됐다. 후반전이 시작되고 6분, 오버르마르스와 앙리의 콤비네이션이 재현돼 아스널은 2-1 역전승을 거뒀다. 이날을 시작으로 앙리는 꾸준히 골을 터뜨려 시즌 26골, 리그 17골로 잉글랜드 첫 시즌을 성공적으로 마무리했다. 앙리의 전설이 출발하는 데 진정한 기점이 된 경기가 바로 더비전이었다.

프랑스와 함께 유로 2000까지 제패한 앙리는 프리미어리그 두 번째 시즌에서도 큰 자신감을 앞세워 출발했다. 결과적으로 2000/01시즌은 첫 시즌의 복사판이었다. 아스널은 맨체스터 유나이티드에 밀려 다시 리그 2위로 마감했고, 앙리는 2년 연속으로 리그 17골을 기록했다. 하지만 앙리는 잊을 수 없는 득점 장면을 만들었다.

10월 1일 하이버리에서 아스널은 맨유와 격돌했다. 개막하고 7경기씩 치러 아스널이 승점 12점, 맨유는 15점(무패)을 각각 기록한 상태였다. 그날 경기는 두 팀 모두 우승을 위해 반드시 잡아야 할 식스포인터였다. 격렬한 대치가 이어지던 30분 질 그리망디가 아크 왼쪽에 있던 앙리에게 볼을 투입했다. 앙리는 상대 풀백 데니스 어윈을 등진 자세였다. 정면으로 굴러온 패스를 앙리는 오른발로 살짝 띄운 즉시 돌아서면서 공중에 뜬 볼을 그대로 때렸다. 숏은 아름다운 포물선을 그리며 프랑스 국가대표팀 동료인 맨유의 골키퍼 파비앙 바르테즈의 키를 넘어 골망을 갈랐다. 벵거 감독은 두 손을 들어 올리고 박수를 치며 기뻐했다. 앙리는 당시 영미권에서 큰 화제를 모으던 맥주 브랜드 '버드와이저'의 광고 '와섭 Wassup'('What's up'의 줄임말)을 본딴 셀러브레이션을 펼쳐 홈 팬들에게 웃음까지 선사했다.

아스널 통산 최다 득점

잉글랜드 도전 3년째인 2001/02시즌부터 아스널과 앙리는 하늘 높이 솟구쳤다. 아스널은 2년 연속으로 리그 2위에 그친 한을 풀고 벵거 체제에서 프리미어리그 두 번째 우승을 차지했다. 짜릿한 마무리였다. 리그가 끝나기까지 두 경기를 남긴 시점에서 아스널은 맨유에 승점 2점 앞서 있었다. 마지막 두 경기 중 첫 번째가 바로 맨유와의 올드 트래퍼드 원정이었다.

리그 득점 랭킹 1위인 앙리가 부상을 입어 빠진 상황에서 아스널은 실뱅 윌토르Sylvain Wiltord의 1-0 결승골로 맨유의 안방에서 우승을 확정 지었다. 바로 직전 경기에서 아스널은 FA컵 우승을 차지한 터라 시즌 더블이 완성됐다. 앙리는 리그 24골을 기록해 첼시의 지미 플로이드 하셀바잉크와 맨유의 뤼트 판니스텔로이를 한 골 차로 따돌리고 프리미어리그 득점왕에 등극했다. 시즌 득점 수도 32골에 달했다.

앙리의 개인 퍼포먼스는 다음 시즌인 2002/03시즌에 대폭발했다. 첫 번째 하이라이트는 2002년 11월 16일 토트넘 홋스퍼와의 경기에서 나왔다. 물러설 수 없는 노스 런던 더비가 시작된 지 13분, 앙리가 자기 진영 페널티박스 바깥에서 볼을 받아 역습을 시도했다. 주위에 동료가 없다는 상황을 파악한 그는 긴 스트라이드와 부드러운 볼 컨트롤을 구사하며 상대 골문을 향해 성큼성큼 다가갔다. 순식간에 토트넘의 페널티박스 앞에 도착한 앙리는 허둥지둥하는 상대 수비수 2명을 앞에 두고 왼발로 선제골을 터뜨렸다. 골은 넣은 뒤 앙리는 열광하는 아스널 홈 팬들 앞에서 무릎 슬라이딩 셀러브레이션을 펼쳤다. 현재 에미레이트 스타디움 바깥에서 있는 앙리 동상의 포즈가 바로 이날에 대한 오마주다.

시즌 내내 앙리는 맨유의 판니스텔로이와 득점왕을 두고 치열하게 경쟁했다. 리그 최종전을 앞두고 앙리가 23골, 판니스텔로이가 24골을 넣은 상태였다. 동시에 시작된 경기에서 판니스텔로이는 에버턴을 상대로 리그 25호 골을 터뜨렸다. 선덜랜드와의 원정 경기에서 앙리도 한 골을 기록했지만 결국 득점왕 타이틀은 라이벌에게 내줘야 했다. 그런데 이날 앙리는 도움을 3개나 올렸다. 4-0 대승에서 혼자 1골 3도움을 기록한 것이다. 득점왕을 따낼 마지막 기회에서 앙리는 슛을 남발하지 않고 동료들에게 슈팅 기회를 양보했다는 사실에 팬들은 찬사를 보냈다.

이날 3개를 보탠 앙리의 리그 도움 수가 무려 20개 고지에 도달했다. 도움 20개 중 18개가 오픈 플레이에서 나왔을 정도로 내용도 알찼다. 리그에서만 24골 20도움을 기록해 공격 포인트를 무려 44개나 쌓아 올렸다. 유럽 5대 리그 역사상 단일 시즌 20-20 고지를 밟은 첫 사례였다. 시즌 최종 개인 기록은 32골 23도움, 공격 포인트 55개였다. 앙리가 작성한 프리미어리그 단일 시즌 도움 기록은 18년이 지나서야 맨체스터 시티의 케빈 더브라위너^{Kevin De Bruyne}에게 동률 자리를 내줬다. 시즌이 끝난 뒤 프리미어리그 선정 '올해의 선수'는 우승팀 맨유의 판니스텔로이에게 돌아갔지만, '선수가 뽑은 올해의 선수' 부문에서 리그 동료 선수들은 앙리에게 가장 많은 표를 던졌다.

2003/04시즌 아스널은 역사적인 무패 우승 신화를 썼다. 신화 속 영웅은 앙리였다. 리그 37경기에 나서 30골을 기록하며 2년 만에 득점왕 타이틀을 거머쥐었고, 시즌 기록도 51경기 39골에 달했

다. 프리미어리그와 영국프로축구선수협회가 선정하는 '올해의 선수'를 독식했을 뿐 아니라 영국축구기자협회(FWA)가 선정하는 '올해의 선수'도 2년 연속으로 수상했다.

해당 시즌의 앙리 스페셜은 2003년 11월 챔피언스리그 B조 5차전 인테르나치오날레 원정과 2004년 4월 프리미어리그 리버풀전이었다. 시즌 초반 아스널은 리그에서는 파죽지세로 달렸지만 챔피언스리그에서는 맥을 추지 못했다. 홈에서 시작한 조별리그 첫 경기에서 아스널은 인테르에 0-3 완패를 당했다. 2차전, 3차전에서도 아스널은 1무 1패에 그쳐 탈락 위기에 몰렸다. 4차전에서 아스널은 경기가 끝나기 2분 전에 나온 애슐리 콜의 1-0 결승골로 기사회생했다.

곧바로 인테르와의 원정 경기인 5차전이 이어졌다. 현지 언론은 물론 스포츠베팅사도 아스널의 실패를 예상했다. 인테르 팬들로 가득한 스타디오 주세페 메아차에서 앙리는 외계인 같은 경기력을 펼쳤다. 선제골을 시작으로 프레디 융베리의 두 번째 골을 도왔다. 경기 막판 역습에서 혼자 들어가 팀의 세 번째 골을 터뜨렸고, 2분 뒤 에두Edu의 네 번째 골을 도왔다. 앙리의 2골 2도움과 로베르 피레의 쐐기골을 앞세워 아스널은 적지에서 인테르를 5-1로 대파하면서 조별리그를 통과하리라는 희망을 키웠다. 최종전에서 아스널은 로코모티프 모스크바를 2-0으로 완파해 막판 3연승을 거두며 극적으로 16강 진출에 성공했다.

해를 넘겨 2004년 4월 9일 하이버리에서 아스널은 리버풀을 상대했다. 2003/04시즌을 시작해 아스널이 무패 상태로 맞이하는 31번째 경기였다. 킥오프 5분 만에 리버풀의 수비수 사미 히피아가 코너킥을 머리로 연결해 선제골을 터뜨렸다. 앙리가 1-1 동점 골을 넣었지만 곧바로 리버풀은 마이클 오언이 두 번째 골을 터뜨려 2-1로 앞서갔다. 아스널이 한 경기에서 리드를 두 번 빼앗기는 일은 좀처럼 흔치 않았다.

후반 들어 로베르 피레가 귀중한 득점을 올려 스코어를 2-2로 만들었다. 이제 슈퍼맨이 처리할 시간이다. 앙리가 하프라인을 조금 넘은 지점에서 볼을 잡더니 드리블로 디트마르 하만과 제이미 캐러거를 연거푸 무너뜨린 뒤 3-2 역전골을 작렬했다. 78분 앙리는 해트트릭을 달성하며 4-2 대승을 만드는 괴력을 선보였다.

2005년 10월 17일 챔피언스리그에서 스파르타 프라하와 맞붙어 두 골을 기록했다. 6년 전 데이비드 딘 부회장이 비디오테이프를 건네며 언급했던 이언 라이트의 아스널 통산 185골을 넘어서는 순간이었다. 해를 넘겨 앙리는 통산 리그 득점 부문에서도 클럽 역대 최다 신기록을 작성했다.

2005/06시즌을 마지막으로 아스널은 정든 홈구장 하이버리와 작별을 고했다. 2006년 5월 7일 위건 애슬레틱을 상대한 프리미어리그 최종전이 역사적인 마지막 홈경기였다. 빨간색과 흰색 티셔츠를 입어 감동적인 현장 분위기를 자아낸 4만여 홈 팬들 앞에서 앙리는 해트트릭으로 보답했다. 하이버리의 93년 추억의 마지막 챕터가 역대 최다 득점 영웅의 해트트릭이라는 사실만큼 완벽한 피날레는 없었다.

파리에서 열린 챔피언스리그 결승전에서 아쉽게 1-2 역전패에 그쳐 물러났지만, 하이버리에서의 마지막 시즌에도 앙리는 독보적 존재감을 입증했다. 시즌 33골을 기록해 2001/02시즌부터

티에리 앙리

5년 연속으로 시즌 30골 고지를 밟았고, 리그 득점 부문에서도 2003/04시즌부터 30골, 25골, 27골을 기록해 '3년 연속(2003~2006년) 득점왕'에 올랐다.

　시즌이 끝난 뒤 아스널과 앙리는 레알 마드리드와 바르셀로나의 거액 제안을 거절하고 4년 재계약에 합의했다. 비록 다음 시즌 부상을 입고 바르셀로나로 이적하는 행보가 이어졌지만 아스널과 하이버리에서 앙리는 영원한 왕으로 기억되기에 손색이 없다.

32

—

전지전능한 중위권 명장: 샘 앨러다이스
(2006/07시즌)

프리미어리그 클럽은 대략 세 가지 계급으로 나뉜다. 우승을 다투는 챔피언스리그 클럽, 순위표 허리에서 최상위 리그 입지를 유지하는 프리미어리그 클럽, 그리고 매 시즌 잔류를 위해 사투를 벌이는 클럽이다. 21세기 들어 우승권 이하 모든 클럽이 '최애'하는 감독이 한 명 있다. 2부에 머물던 볼턴 원더러스를 UEFA 유로파리그까지 올려놓은 희대의 능력자 샘 앨러다이스^{Sam Allardyce} 감독이다. 영국 언론이 놓은 덫에 걸려 자존심을 구기기는 했지만, 여전히 앨러다이스 감독은 영국 축구의 '이너 서클'에서는 압도적 지지를 받는 '독보적' 지도자다.

다이렉트, 통솔력

프리미어리그 중계 화면에 잡힌 모습에서 알 수 있듯이 앨러다이스 감독은 장비 같은 체구를 지녔다. 191센티미터에 달하는 큰키에 떡 벌어진 어깨, 드럼통 같은 풍채로 상대를 압도한다. 1970년대와 1980년대에 걸쳐 앨러다이스는 중앙 수비수로 활약했다. 1971년부터 10년 동안 뛴 볼턴에서 그는 '슈퍼 샘 바이오닉 맨'이라는 별명으로 불렸다. 볼턴 팬들은 치열한 몸싸움을 하다 쓰러졌다가도 벌떡 일어나는 그에게 박수를 보냈다. 그라운드에 쓰러져 고통스러워하는 상황을 '약해빠진 꼴'로 치부하는 영국 축구의 뿌리 깊은 전통을 엿볼 수 있다.

아일랜드 2부 리머릭과 잉글랜드의 블랙풀에서 플레잉코치로 경험을 쌓은 뒤, 앨러다이스는 1994년 잉글랜드 3부의 블랙풀에서 감독으로서 첫발을 뗐다. 부임 두 번째 시즌에서 블랙풀을 2부 승격 플레이오프로 이끌었지만, 준결승전에서 브래드퍼드 시티에 합산 스코어 2-3으로 패해 승격 목표를 달성하지 못했다. 당시 교도소에 수감 중이던 오언 오이스턴Owen Oyston 회장은 그를 해고해버렸다.

이후 잠시 선덜랜드 코치를 거쳐 1997년 1월 3부의 노츠 카운티에서 두 번째 감독 기회를 잡았다. 이미 실패에 익숙해진 팀 분위기는 살아나지 못했고, 노츠 카운티와 그는 4부로 강등되는 운명을 맞이했다. 프리시즌부터 제대로 된 준비가 가능해진 부임 두 번째 시즌에 노츠 카운티는 46경기에서 승점 99점을 챙겨 4부 우승을 차지하면서 1년 만에 3부로 복귀했다. 앨러다이스 감독의 다이렉트 풋볼 스타일에 기반해 노츠 카운티는 승격 첫 시즌에 3부 잔류에 성공했다.

노츠 카운티에서 네 번째 시즌을 시작한 지 두 달 만에 그는 마음의 고향인 볼턴에서 온 감독직 제안을 받아들였다. 당시 볼턴은 2부(풋볼리그 퍼스트 디비전)에서 하위권에 떨어져 있었다. 1997/98시즌 프리미어리그에서 강등된 볼턴으로서는 최대한 빨리 2부에서 벗어나야 했다. 클럽 수뇌부는 2년 전 시작된 클럽 발전 프로젝트가 지연되는 것을 원치 않았다. 1997년 볼턴은 막대한 자금을 들여 새 홈구장 리복 스타디움을 개장했다. 유럽 중소 리그를 타깃으로 삼아 젊고 재능 있는 선수를 영입했을 뿐 아니라 자국 내 유망주도 다수 확보한 상태였다. 이런 와중에 1998년 2부로 강등되는 변수가 발생했다. 1999년 회장직에 오른 필 가트사이드Phil Gartside는 볼턴의 레전드 앨러다이스에게 1부 복귀의 과업을 맡기기로 한 것이다.

1999년 10월 중순 앨러다이스 감독은 필 브라운Phil Brown 수석 코치(이후 헐 시티 감독이 된다), 마크 테일러Mark Taylor 스포츠과학 및 피지오 트레이너, 마이크 포드Mike Ford 경기력 분석 책임자, 잭 채프먼Jack Chapman 스카우트 등으로 구성된 코칭스태프를 꾸몄다. 투박한 외모와 달리 그는 선수단 컨디션 관리 및 경기력 분석에 스포츠과학을 적극적으로 활용했다. 1980년대 미국 탬파베이 라우디스에서 뛰던 시절의 경험에서 나온 신념이었다. 당시 앨러다이스는 같은 도시에 있는 NFL 프랜차이즈 버커니어스의 운영 상황을 견학하면서 세분화된 코칭스태프 구성, 과학적 통계 분석에 기초한 개인별 경기력 관리에서 큰 감명을 받았다. 투자 의지가 확실했던 볼턴은 앨러다이스 감독의 스포츠과학 도입을 적극적으로 지원했다.

물론 앨러다이스 감독의 가장 확실한 장점은 선수들에게 신념과 자신감을 심는 통솔력이었다. 하위권에 있던 볼턴은 앨러다이스 감독의 부임과 함께 성적이 반등했다. 1999/2000시즌 볼턴은 리그컵과 FA컵에서 모두 준결승까지 진출하는 성과를 남겼고, 리그에서는 최종 6위로 마무리해 프리미어리그 승격 플레이오프 출전권을 획득했다.

3위부터 6위까지 4개 팀이 마지막 남은 승격 티켓 한 장을 겨루는 마지막 승부에서 볼턴은 아쉽게 입스위치 타운에 합산 스코어 5-7로 패했다. 비록 승격에는 실패했지만 앨러다이스 체제는 가트사이드 회장에게 확신을 심어줬다. 시즌이 끝난 뒤 가트사이드 회장과 앨러다이스 감독은 무려 10년이라는 파격적인 재계약에 합의해 화제를 낳았다.

2000년 여름 앨러다이스 감독은 팀 내 간판이었던 에이뒤르 그뷔드욘센을 첼시에, 덴마크 출신 미드필더 클라우스 엔센Claus Jensen을 찰턴 애슬레틱에 각각 넘겨 800만 파운드의 수입을 올렸다. 앨러다이스는 거금을 신규 선수 영입보다 훈련장 시설 및 코칭 스태프 충원에 재투자하는 미래 지향적 판단을 내렸다. 기존 스쿼드와 본인의 방법론에 확고한 신념이 있었기에 가능한 시도였다.

그의 실용주의적 전술은 두 번째 시즌에서 빛을 발해 리그 3위로 시즌을 마쳤다. 지난 시즌과 달리 볼턴은 승격 플레이오프 준결승전에서 웨스트브로미치를, 결승전에서 프레스턴을 각각 제치고 3시즌 만에 프리미어리그 복귀에 성공했다.

승격하고 첫 시즌인 2001/02시즌 개막전부터 볼턴은 레스터 시티 원정에서 케빈 놀런Kevin Nolan, 페르 프란센Per Frandsen, 마이클 리케츠Michael Ricketts의 5득점 활약을 묶어 5-0 쾌승을 거두며 화끈한 1

부 복귀식을 신고했다. 두 번째 경기에서도 볼턴은 미들즈브러를 1-0으로 꺾어 리그 2연승을 기록했다. 3라운드에서는 마이클 오언과 로비 파울러 같은 스타플레이어가 즐비한 빅클럽 리버풀까지 2-1로 제압하는 파란을 일으켰다.

시즌 하이라이트는 2001년 10월 20일 10라운드에서 맨유와 맞붙은 원정 경기였다. 올드 트래퍼드에서 볼턴은 25분 후안 세바스티안 베론에게 선제 실점을 허용했다. 하지만 케빈 놀런이 동점골을 넣고 경기 막판 신예 골잡이 마이클 리케츠가 2-1 역전골을 터뜨려 승리하며 프리미어리그 팬들에게 충격을 안겼다.

하지만 프리미어리그 경험이 부족한 볼턴은 문전 결정력에서 문제를 드러냈다. 약한 고리를 강화하기 위해 2002년 1월 볼턴은 프랑스월드컵의 우승 멤버 유리 조르카에프Youri Djorkaeff를 영입했다. 앨러다이스 감독은 분데스리가 카이저슬라우테른에서 뛰다가 주전 경쟁에서 밀린 조르카에프에게 먼저 다가가 "2002년 월드컵에 출전하려면 지금 뛰어야 한다. 우리가 그 기회를 줄 수 있다"고 어필해 대어를 낚았다. 불규칙적인 경기력과 결과에도 불구하고 볼턴은 4월 6일 입스위치전에서 승리하면서 프리미어리그 잔류를 확정했다.

볼턴, 중상위권 강자

2002년부터 2003년에 걸쳐 앨러다이스 감독은 제이제이 오코차Jay-Jay Okocha(파리 생제르맹), 이반 캄포Ivan Campo(레알 마드리드), 스텔리오스 지아나코풀로스Stelios Giannakopoulos(올림피아코스), 케빈 데이비스Kevin Davies(사우샘프턴) 등 실력파를 자유계약으로 영입해 전력을 강화했다. 2003/04시즌 볼턴은 리그 8위라는 한 자릿수 순위를 달성했을 뿐 아니라 리그컵에서는 결승에 진출하는 성과도 남겼다.

앨러다이스 감독의 영리한 영입은 2004/05시즌에도 이어졌다. 백전노장 게리 스피드Gary Speed, 레알의 레전드 페르난도 이에로Fernando Hierro, 리버풀의 탈 벤 하임Tal Ben Haim과 엘 하지 디우프El Hadji Diouf가 속속 리복 스타디움에 도착했다. 앨러다이스 감독은 전성기에서 내려온 스타, 빅클럽 주전 경쟁에서 밀린 스타 등을 완벽히 재활용하며 리그 6위까지 치고 올라갔고, 대망의 UEFA컵 출전권까지 따내는 작은 기적을 완성했다. 유럽축구연맹이 주최하는 대회에 출전하는 것은 볼턴 역사상 처음 있는 일이었다.

볼턴 동화를 통해 앨러다이스 감독은 잉글랜드 국가대표팀 감독 후보에 오를 정도로 높은 명망을 쌓는다. 2006년 독일월드컵 후 잉글랜드축구협회는 스벤-예란 에릭손의 후임자를 선임하는 과정에서 그를 후보 4인 중 하나로 포함했다. 앨러다이스 감독을 포함한 최종 2파전에서 잉글랜드축구협회는 미들즈브러에서 실적을 남기고 있던 스티브 매클래런을 선택했다. 앨러다이스 감독은 첫 UEFA컵 도전에서 불턴을 32강 진출 성공으로 이끌어 아쉬움을 달랠 수 있었다.

H조에서 볼턴은 제니트, 세비야, 베식타스, 비토리아 같은 유명 클럽들 틈에서 조 3위까지 주어지는 32강 진출권을 획득하는 수완을 발휘했다. 볼턴의 유럽 여정은 32강 마르세유전에서 종료됐지만, 그저 그런 소도시 클럽으로 지냈던 과거와 비교하면 대단한 성과였다. 2005/06시즌 볼턴은 프리미어리그에서 8위로 마무리해 중상위권 강자 이미지를 굳혔다.

2006년 여름 볼턴은 터키 페네르바체로부터 니콜라 아넬카를 클럽 역대 최고액인 800만 파운드에 영입했다. 아넬카 영입은 챔피언스리그에서 경쟁하고 싶어 하는 앨러다이스 감독의 야망을 상징했다. 전방으로 한 번에 날아가는 롱패스를 무기로 삼는 전술로 볼턴은 2006/07시즌에도 승승장구하며 리그 5위권을 유지했다.

앨러다이스 감독의 무풍 질주는 엉뚱하게도 언론의 탐사 취재에 흔들렸다. 2006년 9월 19일 BBC의 탐사보도 프로그램 '파노라마'가 '잠입 수사: 축구의 추악한 비밀'을 방영했다. 프로그램 제작진은 1년여에 걸쳐 가짜 에이전트를 투입해 프리미어리그에 만연한 각종 불법적 거래 현장을 '몰카'에 고스란히 담았다. BBC의 비밀스러운 촬영에 등장하는 유력 에이전트 피터 해리슨Peter Harrison은 자신이 선수를 파는 과정에서 볼턴의 책임 스카우트 크레이그 앨러다이스Craig Allardyce(아들)를 경유해 앨러다이스 감독에게 뇌물을 제공했다고 발언했다. 영국 경찰 당국은 즉시 조사에 착수했고, 무죄를 주장하는 앨러다이스 감독은 "BBC를 명예훼손으로 고소하겠다"며 맞섰다. 경찰 측은 앨러다이스 감독의 혐의를 입증하지 못했는데, 그 역시 BBC를 고소하지 않아 구린 구석을 깔끔히 청소하지는 못했다.

언론 외풍은 클럽 내부까지 새어 들었다. 챔피언스리그에 도전하려는 앨러다이스의 야망이 필 가트사이드 회장의 반대에 부딪친 것이다. 매출 규모가 제한적인 볼턴으로서는 챔피언스리그에서 경쟁할 만한 자금력을 갖추기가 어려웠다. 2007년 1월 이적 시장에서 전력 보강을 놓고 드러난 불협화음은 다음 시즌의 준비가 시작되는 시즌 막판에 이르러 본격화됐다. 결국 앨러다이스 감독은

2006/07시즌 종료를 두 경기 남긴 시점(리그 5위)에서 돌연 사임했다. 새미 리^{Sammy Lee} 감독대행 체제가 이끄는 볼턴은 최종 6위로 시즌을 마쳤지만, 앨러다이스 감독과 함께했던 볼턴 동화는 결국 이 시즌을 끝으로 막을 내렸다.

볼턴을 떠난 앨러다이스 감독이 구직에 애를 먹는 일은 없었다. 뉴캐슬과 블랙번, 웨스트햄, 선덜랜드 등이 각자의 위기에서 헤어 나오기 위해 그를 감독으로 모셨다. 선수단의 분위기를 단번에 바꾸는 일에서 탁월한 재능을 발휘한 앨러다이스는 가는 곳마다 단기적 성과를 남겼다. 확실한 '금손'으로 이미지를 굳힌 덕분에 그는 2016년 7월 꿈에 그리던 잉글랜드 국가대표팀 감독 자리에 앉게 됐다. 그런데 억센 팔자가 또 장난을 쳤다. 일간지 텔레그래프의 탐사보도를 통해 앨러다이스 감독의 어두운 계약 관행이 만천하에 드러났다. 보도가 나온 다음 날 잉글랜드축구협회는 그를 해고했다.

잉글랜드 축구 역사상 최단기 재임(67일, 1경기) 감독이라는 불명예를 뒤집어쓴 채 앨러다이스의 축구 인생도 막을 내리는 것처럼 보였다. 알다시피 그런 일은 없었다. 앨러다이스는 2017년 에버턴에 이어 2020년 웨스트브로미치에서 감독 생활을 이어가는 중이다. 롱볼만 고집한다는 팬들의 비난, 선수 영입 과정에서 현금 리베이트를 받은 정황, 축구 선수 제3자 권리 소유 금지 규정을 우회하는 요령을 권고하는 모습 등에도 불구하고 그는 지금도 위기에 빠진 클럽들 사이에서는 둘도 없는 구원자로서 인기가 높다. 프리미어리그에서 강등 위기에 빠졌다거나 하위 리그에서 위

쪽 단계로 승격하고 싶다면 지금 당장 앨러다이스 감독에게 연락
하시라.

33

—

신계 탄생 원년: 크리스티아누 호날두
(2007/08시즌)

2000년대 들어 프리미어리그는 세계 최고 인기 프로축구 리그로 입지를 완전히 굳혔다. 압도적인 매출 규모와 유례없는 팬층에 기반해 경쟁 리그와 격차를 벌려나갔다. UEFA 랭킹에서도 1위를 차지해 유럽축구연맹이 주관하는 대회에서 가장 많은 출전권을 확보했다. 한 가지 아쉬운 점은 세계 최고의 선수에게 주어지는 발롱도르 수상자가 리그에선 2001년 마이클 오언 한 명뿐이라는 사실이었다. 다행히 2007/08시즌을 통해 잉글랜드 축구 팬들의 스타 갈증은 말끔히 해소됐다. 역사적 스타가 탄생했기 때문이다.

2003~2007년

2003/04시즌을 앞두고 맨체스터 유나이티드는 미국에서 프리

시즌 투어를 소화했다. 장거리 이동에 지친 선수단은 유럽으로 복귀해 8월 6일 리스본에서 마지막 해외 친선전을 치렀다. 상대는 포르투갈의 명문 스포르팅이었다. 스포르팅의 홈구장 에스타지우 조제 알발라데에서 맨유는 체력 저하와 유망주 기용으로 1-3 완패를 당했다. 경기 중 가장 돋보였던 선수는 스포르팅의 18세 윙어 크리스티아누 호날두였다. 프로에 데뷔한 지 1년밖에 되지 않던 호날두는 빠르고 정교한 볼 컨트롤과 힘이 넘치는 슛을 앞세워 맨유 수비진의 간담을 서늘하게 했다.

경기가 끝난 뒤 맨유 선수들은 너무 놀란 나머지 라커룸에서 알렉스 퍼거슨 감독에게 "저 녀석을 영입해야 해요"라며 보챘다. 맨유의 당초 계획은 호날두를 영입한 뒤 스포르팅에서 1년 임대로 경험을 쌓도록 하자는 것이었다. 그런데 호날두의 폭발적인 경기력을 직접 본 뒤 모든 상황이 바뀌어버렸다. 경기 후 퍼거슨 감독은 피터 케니언 맨유 사장을 불러 "호날두와 계약하기 전에는 이곳에서 한 발짝도 움직이지 않을 테니 가서 계약을 따 오라"며 밀어붙였다. 맨유 선수단을 태운 버스는 1시간이 넘도록 경기장에서 대기해야 했다. 이렇게 맨유는 이적료 1200만 파운드에 클럽 역사상 최초의 포르투갈 선수인 호날두를 손에 넣었다.

열흘 뒤에 열린 볼턴전에서 호날두는 등번호 7번을 달고 올드 트래퍼드의 그라운드에 섰다. 본인은 스포르팅에서 달던 28번을 요청했지만, 퍼거슨 감독은 7번을 부여했다. 맨유 역사에서 7번은 영광의 등번호로 통한다. 1960년대와 1970년대를 풍미했던 조지 베스트, 1990년대 초 '맨유 제국'의 건국 공신인 에릭 칸토나, 1990년대 중반부터 글로벌 스타로 떠오른 데이비드 베컴이 7번의 주인들이었다. '7번 호날두'는 곧 맨유가 신세계를 열었음을 의미했다.

올드 트래퍼드 홈 팬들의 기립 박수를 받으며 교체 투입된 호날두는 화려한 스텝오버와 다양한 '앵클 브레이커'로 볼턴 수비수들을 압도하며 페널티킥을 얻는 공헌을 세웠다. 4-0 쾌승으로 볼턴전이 끝난 뒤 '7번 대선배' 조지 베스트는 "가장 화끈한 데뷔전"이라며 칭찬을 아끼지 않았다.

맨유로 이적하고 3년차가 된 2005/06시즌 호날두는 큰 위기를 맞는다. 시즌이 개막한 직후 부친 조제 디니스 아베이루^{Jose Dinis} ^{Aveiro}가 세상을 떠났다. 프로축구 선수로서 꽃길이 막 열리는 시점에서 마주한 부친과의 사별은 갓 스무 살을 넘긴 호날두에겐 견디기 어려운 비통함이었다. 상실감은 고스란히 경기 중에 나타났다. 2005년 12월 챔피언스리그에서 맨유는 리스본의 벤피카와 원정 경기를 치렀다. 벤피카 팬들은 지역 라이벌 출신인 호날두에게 견디기 힘든 야유를 퍼부었다. 자제력을 잃은 호날두는 관중석을 향해 가운뎃손가락을 들어 보여 유럽축구연맹으로부터 1경기 출장 정지의 징계를 받았다.

한 달 뒤 원정으로 열린 맨체스터 더비에서는 일발 퇴장을 당했다. 경기 초반부터 호날두는 자신을 거칠게 다루는 상대 선수들의 반칙을 보고도 주심이 휘슬을 불지 않자 불만을 토로했다. 설상가상 팀도 연속으로 실점을 허용해 0-2로 뒤진 상황에서 호날두는 재차 맨체스터 시티 측의 태클에 쓰러졌다. 이번에도 주심은 반칙을 인정하지 않았다. 곧바로 재개된 상황에서 호날두는 상대 공격수 앤디 콜의 발목을 향해 과격한 태클을 시도했다. 스티브 베넷 주심은 곧바로 주머니에서 레드카드를 꺼내 호날두에게 프리미어리그 첫 퇴장을 안겼다.

시즌이 끝나갈 즈음 호날두는 또 다른 말썽에 휘말렸다. 훈련장에서 동료 뤼트 판니스텔로이와 거칠게 충돌한 것이다. 평소 호날두의 이기적 플레이 성향이 못마땅했던 판니스텔로이가 훈련 도중 감정이 폭발했다. 말다툼을 하던 중 판니스텔로이는 부친과 관련한 독설로 선을 넘고 말았다. 호날두는 눈물을 흘리며 무너졌다. 전말을 전해 들은 퍼거슨 감독은 판니스텔로이를 훈련에서 제외했을 뿐 아니라 시즌이 끝난 뒤 레알 마드리드로 팔아버렸다.

우울한 마음을 뒤로하고 호날두는 2006년 여름 독일에서 열린 월드컵에 출전했다. 여기에서도 문제가 터졌다. 8강에서 포르투갈과 잉글랜드가 맞붙었다. 맨유에서 함께 뛰는 호날두(포르투갈)와 웨인 루니가 정면충돌하게 된 것이다. 양쪽 모두 물러섬 없이 맞서던 후반전 루니가 포르투갈 수비수 히카르두 카르발류(첼시)의 사타구니를 가격했다. 그 순간 호날두가 달려와 주심에게 반칙의 심각성을 어필했고, 그 모습에 화가 난 루니가 호날두를 밀쳤다. 주심은 주저 없이 레드카드를 꺼냈다.

상황이 정리된 직후 호날두가 윙크를 보내는 모습이 TV 화면에 큼지막하게 잡혔다. 호날두가 잉글랜드 모든 이에게 '공공의 적'이 되는 순간이었다. 대회가 끝난 뒤 영국 언론은 "호날두는 돌아오지 않고 해외 리그로 이적할 것"이라고 연일 보도했다. 맨유와 퍼거슨 감독은 필사적으로 호날두를 잡았다. 휴가 기간 중 루니조차 호날두에게 "난 이미 잊었다"며 연락을 취했을 정도였다.

세상의 기대와 달리 호날두는 2006/07시즌에 맞춰 맨체스터로 복귀했다. 가는 곳마다 저주의 표적이 됐다. 하지만 2005/06시즌에 겪은 암흑기를 통해 호날두는 훌쩍 성숙했다. 쏟아지는 야유와 욕설에 맞서는 대신 폭발적인 경기력을 선보였다. 동료를 이용할 줄 아는 상황 판단이 늘었고, 정확한 위치 선정과 피니시 능력을 발휘해 득점 수를 쌓아갔다.

맨유는 모든 쳇바퀴가 정확히 돌아갔다. 1990년대를 경험한 베테랑과 자체 육성 선수, 2006년 공격적으로 영입한 신입생(마이클 캐릭Michael Carrick, 오언 하그리브스, 나니, 안데르송 등) 등이 뭉쳐 시너지 효과를 냈다. 팀 리더인 게리 네빌은 "어른이 되어 돌아왔다"라며 호날두를 반겼다. 돌아올 수 없는 다리를 건넌 것처럼 보였던 호날두와 루니는 시즌 23골씩 기록하며 팀 공격을 쌍끌이해 맨유의 통산 16번째 1부 우승을 견인했다.

호날두는 이제 발재간만 뽐내기 바쁜 어린 선수가 아니었다. 시즌 득점 수는 2003/04시즌부터 6골, 9골, 12골을 기록하다가, 2006/07시즌 23골을 넣어 처음 20골 고지를 밟았다. 시즌이 끝난 뒤 호날두는 영국프로축구선수협회 '올해의 선수'와 '올해의 영플레이어', 영국축구기자협회 '올해의 선수'를 싹쓸이했다.

2007~2009년

그런 시간들이 지나고 나서 호날두의 위대한 2007/08시즌이 시작됐다. 출발은 느렸다. 커뮤니티실드에서 맨유는 첼시와 1-1(승부차기 3-0 승)로 비긴 뒤 레딩과의 개막전에서도 무득점 무승부로 비겨 승점 2점을 잃었다. 두 경기에서 호날두는 풀타임을 뛰고도 득점을 기록하지 못했다.

리그 두 번째 경기인 포츠머스 원정에서 호날두는 경기 막판 상대 수비수 리처드 휴즈Richard Hughes와 몸싸움을 벌이다가 이마로 상대 머리를 가격했다. 스티브 베넷 주심은 레드카드를 꺼냈고, 팀도 2경기 연속으로 무승부에 그쳤다. 경기 후 퍼거슨 감독은 "상대보다 자신이 뛰어나다는 사실을 잊지 말아야 한다"라며 상대의 도발에 넘어간 호날두를 꾸짖었다. 잉글랜드축구협회는 기다렸다는 듯이 호날두에게 3경기 출장정지의 처분을 내렸다.

징계에서 복귀한 호날두는 챔피언스리그 F조 첫 경기에서 친정인 스포르팅을 상대로 1-0 결승골을 터뜨려 시즌에 출전한 지 다섯 경기 만에 마수걸이 득점에 간신히 성공했다. 2007년 일정에서 호날두는 리그 13골, 챔피언스리그 5골로 마무리했다. 해를 넘겨 2008년 1월부터 득점력이 대폭발했다.

1월 5일 애스턴 빌라전부터 1월 30일 포츠머스전까지 호날두는 5경기에서 9골을 터뜨렸다. 1월 12일 뉴캐슬전에선 자신의 프리미어리그 첫 해트트릭 이정표를 찍었다. 30일 포츠머스전에서는 역사적인 프리킥 득점이 나왔다. 킥오프 10분 호날두는 선제골로 5경기 연속 득점을 기록했다. 3분 뒤 맨유는 상대의 페널티박스 아크 오른쪽에서 프리킥을 얻었다. 골대까지 22미터쯤 떨어진 지점이어서 세기와 정확성이 모두 필요했다. 호날두의 프리킥은 무회전으로 강하게 날아가 골대 오른쪽 톱코너에 꽂혔다. 잉글랜드 국가대표 출신 골키퍼 데이비드 제임스는 아무런 반응도 하지 못한 채 너털웃음만 지었다.

3월부터 4월에 걸쳐서는 6경기 연속 득점에 성공했다. 3월 29일 올드 트래퍼드에서는 애스턴 빌라를 상대로 1골 3도움을 기록해 팀의 4-0 대승을 도왔다. 16분 코너킥 상황에서 호날두는 수비

크리스티아누 호날두

수에 맞고 흐른 볼을 오른발 백플립으로 선제골을 터뜨렸다. 모든 신체 부위를 이용해 골을 넣을 수 있는 진정한 월드 클래스로 올라서는 느낌이었다. 이후 호날두는 33분 카를로스 테베스^Carlos Tevez, 52분과 70분 웨인 루니의 두 골을 모두 도와 도움 해트트릭을 달성했다. 경기 후 패장 마틴 오닐 감독은 "축구에서 어떤 모범을 세우고 싶다면, 오늘 호날두가 그걸 해냈다"고 극찬했다.

사흘 뒤 맨유는 로마 올림피코 스타디오에서 챔피언스리그 8강 1차전을 치렀다. 토너먼트 단계에서 원정 경기는 언제나 까다로울 수밖에 없다. 경기 초반 홈팀 로마가 기세를 올렸다. 상대 페이스에 말릴 수 있다는 불안감 속에서 39분 호날두가 선제골을 터뜨렸다. 오른쪽에서 폴 스콜스가 문전으로 크로스를 보냈다. 볼의 낙하지점에는 아무도 없었다. 갑자기 뒤에서 달려든 호날두가 높은 타점에서 헤딩으로 볼을 내리 찍어 골네트를 갈랐다. 영국 현지 중계진은 "또 호날두입니다. 또또, 호날두예요!"라며 흥분했다. 엄청난 운동능력과 최고 타점에서 정확히 볼을 머리에 맞히는 능력은 호날두가 여타 공격수와 전혀 다르다는 사실을 입증했다.

프리미어리그 최종전에서 호날두는 위건을 상대로 리그 31호 골을 터뜨려 득점왕을 차지함으로써 리그 2연패를 완성했다. 열흘 뒤 러시아 모스크바에서 열린 챔피언스리그 결승전은 시즌 42호 골의 무대가 됐다. 킥오프 26분 호날두는 웨스 브라운^Wes Brown의 크로스를 파코너에서 정확한 헤딩으로 연결해 맨유에 선제골을 선사했다. 120분 혈투 뒤에 이어진 승부차기에서는 천당과 지옥을 오갔다. 호날두는 팀의 세 번째 키커로 나섰다가 첼시의 수문장 페트르 체흐에게 막혔다. 맨유는 패배 직전 상대의 마지막 키커 존 테리가 미끄러지는 바람에 기사회생했다. 그리고 맨유의 골키퍼 에드빈 판데르사르가 일곱 번째로 나선 니콜라 아넬카의 킥을 막아내 통산 세 번째 챔피언스리그 우승을 차지했다.

2007/08시즌 호날두는 시즌 49경기에서 42골을 기록함으로써 83.1분당 1골이라는 놀라운 득점력을 남겼다. 프리미어리그의 득점 주기는 88.6분당 1골이었다. 프리미어리그에서는 역대 다섯 번째 30골 득점자로 기록됐으며, 맨유 역대 윙어 최다 득점인 조지 베스트의 32골 기록을 무려 10골 차로 경신했다. 개인 타이틀은 자연스럽게 이어졌다.

프리미어리그 및 챔피언스리그 득점왕, 영국프로축구선수협회 '올해의 선수'와 영국축구기자협회 '올해의 선수'를 2년 연속으로 수상하고 2008년 12월 2일 대망의 발롱도르까지 거머쥐어 '메날두(메시+호날두) 독점기'의 첫 장을 열었다. 잉글랜드 리그에서는 1955년 스탠리 매튜스Stanley Matthews(블랙풀), 1963년 데니스 로Denis Law(맨유), 1966년 보비 찰턴(맨유), 1968년 조지 베스트(맨유), 2001년 마이클 오언(리버풀)에 이어 여섯 번째 발롱도르 수상자다.

맨유와 호날두는 2008/09시즌 프리미어리그 3연패를 달성하고, 챔피언스리그에선 2년 연속으로 결승에 진출하면서 클럽 창단 이래 최고의 활황기를 구가했다. 호날두의 득점 수는 시즌 26골로 크게 줄었지만 우승으로 가는 길목마다 귀중한 골을 터뜨렸다. 혼자만 튀는 스타에서 팀을 승리로 이끄는 진정한 영웅으로 진화한 셈이다.

2009년 여름 호날두는 당시 세계 최고 이적료인 8000만 파운드를 기록하며 레알 마드리드로 이적했다. 마드리드에서 호날두는 데뷔 시즌(33골)을 제외한 나머지 8시즌 내내 40골 이상을 기록하고 '6시즌 연속 50골 이상'의 괴력을 발휘하며 리오넬 메시와 희대의 라이벌 경쟁을 펼쳤다. 호날두의 축구가 가장 찬란히 빛난 곳은 마드리드였지만 지상에서 이륙해 최고 고도에 도달하기까지 과정이 만들어진 곳은 바로 프리미어리그였다. 2021년 여름 맨유로 돌아온 36세의 호날두는 복귀 첫 경기에서 두 골을 터뜨렸다.

34

—

빅클럽과 셀링 클럽의 사이: 토트넘 홋스퍼
(2006/07시즌)

영국의 심장은 런던이다. 인구와 경제 규모에서 독보적 존재로서 영국 전체를 이끈다고 해도 과언이 아니다. 잉글랜드축구협회와 국가대표팀 홈구장도 런던에 있다. 프로축구의 중심은 맨체스터, 리버풀, 프레스턴이 모여 있는 영국 북서부 지역이라고 할 수 있지만 클럽이 가장 많은 곳은 역시 런던이다. 2020/21시즌 기준으로 프리미어리그 소속 20개 클럽 중 6개가 런던 연고를 공유한다. 아스널과 첼시가 터줏대감 역할을 하는 가운데 토트넘 홋스퍼도 런던 현지에서는 탄탄한 팬층을 확보한 인기 클럽으로 사랑받고 있다.

레비 체제

1882년 창단한 토트넘의 긴 역사 속에서 가장 찬란한 때는 1960/61시즌이다. 빌 니콜슨Bill Nicholson 감독이 이끄는 토트넘은 42전 31승 4무 7패의 압도적 성적을 기록해 통산 두 번째 풋볼리그 퍼스트 디비전(1부) 우승을 차지했다. 현재보다 4경기 많은 42경기 체제이기는 해도 당시 성적을 현재(1승 3점)로 환산하면 승점이 무려 97점에 이른다. 그해 FA컵 결승전에서도 토트넘은 레스터 시티를 2-0으로 꺾고 시즌 더블을 달성했다. 1999년 런던시와 토트넘 팬들은 당시 홈구장인 화이트 하트 레인의 정문으로 이어지는 도로의 이름을 '빌 니콜슨 웨이'로 바꿔 클럽 역사상 최고 명장인 그의 업적을 기렸다.

마거릿 대처 수상의 신자유주의 경제정책이 맹위를 떨치던 1980년대 들어 토트넘의 행보도 크게 바뀌기 시작한다. 1982년 부동산 개발로 큰돈을 번 어빙 스콜라가 토트넘의 지분 25퍼센트를 매입하면서 축구계에 발을 내디뎠다. 스콜라는 새로운 비전을 제시하며 땅속에 묻혀 있던 사업적 성장 가능성을 채굴한다. 1983년 스콜라는 토트넘을 런던 증권거래소에 상장해 홈구장 증축 비용을 끌어냈고, 리그 전체의 상품성을 어필해 TV 중계권 가격도 크게 올리는 수완을 발휘했다. 이때 토트넘은 재평가됐고, 풋볼리그의 성장 가능성도 외부 투자자들의 눈길을 끌었다.

그러던 중 1991년 기업가 앨런 슈거와 잉글랜드 축구의 레전드 테리 베나블스가 325만 파운드씩 투자해 토트넘을 인수하기에 이르렀다. 슈거 회장은 물밑에서 프리미어리그의 독립 출범을 설계함으로써 프로축구 시장이 폭발적으로 팽창할 토대를 마련했다. 그런데 보스만 판례가 성립되는 바람에 선수들의 인건비가 클럽의 매출 성장세를 추월해버렸다. IT 분야에서 대성공을 일군 인물답게 슈거 회장은 여타 산업보다 수익률이 떨어지는 스포츠 시장에 대한 흥미를 잃었다.

2000년 슈거 회장은 토트넘을 팔겠다고 공식 선언했고, 1년 뒤 투자사 ENIC 그룹이 지분 29.9퍼센트를 확보하며 경영권의 바통 터치가 이뤄졌다. ENIC의 소유주 조 루이스는 토트넘 회장직에 본인의 오른팔을 심었다. 영국 최대 남성 의류 유통사를 경영하는 집안의 아들이자 케임브리지대를 우수한 성적으로 졸업한 명석한 인재 대니얼 레비였다.

레비 체제에서 토트넘은 빅클럽과 셀링 클럽의 양 극단을 바쁘게 오간다. 집권 20년사를 돌아보면 전반기는 셀링 클럽의 전형이었다. 셀링 클럽은 운영 면에서 선수 판매의 비중이 큰 클럽을 의미한다. 자금력이 부족해 최상위에서 우승을 다투기 힘든 클럽이나 리그로서는 선택할 수 있는 가장 현실적인 생존 전략이다. 유럽 전체에서는 네덜란드, 벨기에, 포르투갈 리그가 빅리그에 팔아 큰 이윤을 남기기 위해 선수를 육성하는 일에 집중한다. 프리미어리그에서는 토트넘과 사우샘프턴이 셀링 클럽 이미지가 강하다.

토트넘을 소유한 ENIC와 레비 회장은 클럽을 운영하던 초반엔 지속 가능성에 초점을 맞췄다. 축구 경기에서 상대적 전력이 떨어지는 팀이 '선수비 후역습' 전술을 선택하듯이 레비 회장은 건강한 재정 상태를 최우선시하면서 보유 전력을 갖고 최대한의 성적을 내는 방식으로 운영했다.

2000년대 토트넘이 보인 실제 행보는 빅클럽과는 거리가 멀었다. 2004년 여름 이적 시장에서 레비 회장은 웨스트햄의 23세 미드필더 마이클 캐릭을 275만 파운드에 영입했다. 같은 시기 리그 우승권에 포진한 클럽들의 전력 보강은 액수부터 달랐다. 첼시는 디디에 드로그바를 2400만 파운드에, 히카르두 카르발류를 2000만 파운드에 각각 영입했다. 맨체스터 유나이티드는 웨인 루니를 영입하기 위해 최대 3000만 파운드까지 늘어날 수 있는 조건을 보장했다. 2부 소속의 울버햄프턴도 벨기에 안더레흐트의 한국인 공격수 설기현을 영입하는 거래에서 200만 파운드를 썼을 정도다.

토트넘의 레비 회장은 잉글랜드 국가대표팀에 막 승선한 젊은 마이클 캐릭을 겨우 275만 파운드에 영입하는 협상력을 과시했다. 캐릭은 정교한 패스와 깔끔한 플레이 메이킹 능력을 앞세워 단숨에 에이스로 급부상했다. 토트넘 팬들의 기대가 최고조에 달했던 2006년 7월 레비 회장은 그를 1860만 파운드를 받고 맨유에 팔았다. 2년 전 영입 비용을 기준으로 하면 마진율이 576퍼센트에 달했다. 레비 회장은 해당 이적 시장에서 대런 벤트^{Darren Bent}, 유네스 카불^{Younes Kaboul}, 디디에 조코라^{Didier Zokora} 등 준척을 다수 영입했다며 비판적 여론에 맞섰다. 하지만 최전성기를 눈앞에 둔 팀 내 에이스를 빅클럽에 팔아버리는 판단이야말로 셀링 클럽의 전형적 의사 결정이었다.

레비 회장은 우승을 향한 야망을 천명하면서도 실제 이적 시장에서는 셀링 클럽으로서 기조를 고수하는 이중성을 보였다. 2008년 여름에는 절대적 골잡이 로비 킨을 리버풀에 팔아 이적료 2030만 파운드를 챙겼다. 6년 전 토트넘은 인테르나치오날레에서 킨을 700만 파운드에 영입했으니 마진율은 190퍼센트였다. 팬들은 리그의 경쟁 클럽으로 에이스를 팔아치운 결정을 성토했다. 셀링 클럽이라는 조롱을 클럽 수뇌진이 수용한 꼴이기 때문이다.

한 달 뒤 로비 킨의 이적을 미미하게 만드는 두 번째 이적이 성사됐다. 토트넘에서 두 시즌 동안 46골을 터뜨리며 센세이션을 일으켰던 불가리아 출신 골잡이 디미타르 베르바토프Dimitar Berbatov가 맨유로 날아가버렸다. 선수 등록 마감일 저녁 잉글랜드 언론은 일제히 베르바토프의 맨유행을 보도했다. 레비 회장의 첫 공식 반응은 "도둑맞았다. 나는 이번 건에 동의한 적이 없다"라는 분노 표출이었다. 최종 의사 결정권자의 격렬한 반응에 팬들은 일말의 희망을 걸었다. 소용없었다. 베르바토프는 선수 등록 마감을 5분 남기고 맨유의 새로운 선수로 프리미어리그에 등록을 마쳤다. 레비 회장은 여전히 "이적 불가"를 외쳤지만 실제로는 비난의 방향을 본인에서 맨유 혹은 베르바토프 쪽으로 돌리려는 '언론 플레이'에 불과했다. 맨유가 베르바토프를 자기 클럽 선수로 등록하려면 그 전에 원소속 팀인 토트넘이 선수 등록을 말소해야 하기 때문이다.

토트넘은 바이어 레버쿠젠에서 1090만 파운드에 영입한 베르바토프를 2년 만에 3075만 파운드에 팔아 이익률 182퍼센트를 기록했다. 팬들의 불만이 커져도 레비 회장의 사전에 양보라는 단어는 없었다. 팀 공헌도와 상관없이 에이스의 몸값이 최고점에 다다르면 주저 없이 팔았다.

2008년 영입했던 플레이 메이커 루카 모드리치Luca Modrić를 4년 뒤에 레알 마드리드로 보내면서 이번에는 이적료 3300만 파운드를 받았다. 이듬해 레비 회장은 또 다른 간판스타 가레스 베일Gareth Bale을 같은 고객에게 세계 최고 기록인 8530만 파운드(1억 유로)에 팔았다. 2007년 사우샘프턴에서 사 왔던 가격인 700만 파운드의 열 배가 넘는 '대박' 거래였다.

빛과 그림자

연이은 협상을 통해 레비 회장은 유럽 축구 시장에서 '협상하기 가장 어려운 상대'라는 세평을 얻었다. 2012년 여름 올랭피크 리옹은 주전 골키퍼 위고 요리스Hugo Lloris를 토트넘으로 이적시켰다. 해당 거래가 완료된 뒤 리옹의 장미셀 올라스Jean-Michel Aulas 회장은 "축구판에 들어온 지 25년 됐는데 그런 사람은 처음 봤다"라며 혀를 내둘렀다. 알렉스 퍼거슨 감독도 "엉덩이 수술 받았을 때가 차라리 덜 아팠다"라며 레비 회장의 '벼랑 끝 협상 기술'을 비아냥거렸다.

레비 회장은 이적 협상에서 양보하지 않기로 악명이 높았다. 양측의 호가로부터 시작해서 협의를 거쳐 중간 지점 어딘가에서 만나는 게 통상적인데 레비 회장은 본인이 정한 기준에서 한 발짝도 물러서지 않아 상대의 애를 태운다. 자신이 이길 협상만 응한다는 뜻이기도 하다. 2020년 1월 크리스티안 에릭센Christian Eriksen의 인테르나치오날레 이적이 대표적이다. 시즌이 열리기 전부터 에릭센은 이적을 공언해 토트넘 수뇌부와 관계가 나빠졌다. 계약이 1년밖에 남지 않은 데다 선수 본인이 이적을 원하는 이상 토트넘이 여름 이적 시장을 이용해 적당한 금액에 처분하는 것이 상식적인 일처리였다. 레비 회장은 달랐다. 기준 금액 2000만 유로를 고수했다.

2019/20시즌이 개막하자 에릭센의 출전 기회가 크게 줄어 벤치 멤버로 전락했다. 시즌이 끝나고 열리는 유로 2020에 출전하려

면 어디서든 주전으로 뛰어야 했기에 에릭센은 조바심에 사로잡혔다. 세리에A 우승을 놓고 경쟁하는 인테르도 어떻게든 로멜루 루카쿠Romelu Lukaku의 득점력을 극대화할 플레이 메이커가 절실했다. 2020년 1월 이적 시장이 열리자 인테르는 계약이 6개월도 남지 않은 에릭센을 영입하기 위해 이적료 1500만 유로의 조건을 제시했다. 칼자루를 쥔 레비 회장은 콧방귀를 뀌며 고자세를 유지했다. 결국 인테르는 이적 시장 마감 직전인 1월 28일 레비 회장이 원하는 2000만 유로를 꽉 채우고서야 에릭센을 영입할 수 있었다. 공교롭게 에릭센이 인테르로 떠난 지 두 달 만에 유럽축구연맹은 코로나19 팬데믹 여파로 인해 유로 2020을 1년 뒤로 연기했다.

2018/19시즌 챔피언스리그에서 결승에 진출하는 성과를 냈는데도 토트넘의 일부 팬들은 'ENIC Out, Profit Over Glory'(영광보다 돈이 우선인 ENIC 꺼져라)를 내걸고 현 집행부를 반대한다. 그러나 레비 회장이 클럽을 운영해온 20년 동안 토트넘의 존재감이 커졌다는 것도 엄연한 사실이다. 2005년부터 2008년까지 토트넘에서 단장으로 일했던 다미앵 코몰리Damien Comolli는 "경기장 앞에 레비 회장의 동상을 세워야 한다"고 말한다. 레비 체제에서 토트넘은 놀랍게 발전했다.

2012년 토트넘은 새로운 클럽하우스와 훈련장을 개장했다. 천연잔디 15개 면과 인조잔디 1.5개 면, 실내 트레이닝 시설 등을 갖춘 엔필드 훈련장은 최첨단 시설로 가득하다. 같은 해 잉글랜드축구협회는 국가대표팀의 새 훈련장인 세인트조지 파크를 개장했는데, 개장식에 참석한 레비 회장은 "우리 훈련장이 더 낫다는 사실을 직접 확인하러 왔을 뿐이다. 확인했으니 이제 됐다"고 자신감을 피력했다고 한다.

2012년 런던올림픽이 열린 메인 스타디움을 두고 쟁탈전이 벌여졌을 때 웨스트햄 유나이티드에 패하자, 2017년 레비 회장은 자금 부담 때문에 불가능해 보였던 화이트 하트 레인 철거 및 신축 공사를 실행에 옮겼다. 두 시즌 동안 웸블리 스타디움을 빌려 쓴 토트넘은 2019년 4월 3일 대망의 첫 공식 경기를 치러 새 시대의 문을 활짝 열었다. 웸블리 스타디움에서 보냈던 2017/18시즌에만 토트넘은 1억 1300만 파운드의 흑자를 신고해 축구 클럽으로서 단일 시즌 영업이익 세계 기록을 작성했다.

해당 시즌부터 토트넘은 전 세계 축구 클럽 매출 순위에서도 10위 안에 진입하기 시작했다. 2019/20시즌 토트넘은 매출 4억 4570만 파운드를 기록해 지역 라이벌인 아스널, 유럽 최대 클럽인 유벤투스를 제치고 전 세계 매출 9위에 올랐다. 코로나19 팬데믹으로 인한 관중 제한이 풀리면 토트넘의 재정 상태는 그야말로 월드 클래스 수준으로 오를 것으로 보인다.

레비 회장은 토트넘을 전 세계 매출 10위권 클럽으로 만들었다. 축구로 따지면 실점을 허용하지 않는 탄탄한 수비진을 갖춘 셈이다. 이제 역습을 가하는 팀처럼 그라운드에서 성과를 내야 할 단계에 도달했다. 해리 케인과 손흥민으로 대표되는 에이스를 계속 지키며 우승에 도전할 스쿼드를 구축해나간다면 레비 회장의 원대한 프로젝트는 셀링 클럽이라는 꼬리표를 완전히 뗄 수 있다.

35

—

외국인 슈퍼리치의 놀이터
: 맨체스터 시티의 만수르(2008/09시즌)

　프리미어리그는 1990년대 TV 중계권 계약금이 불어나면서 몸집을 키웠다. 두 번째 시장 확대의 계기는 2000년대부터 시작된 해외 자본 유입이었다. 러시아 갑부 로만 아브라모비치가 첼시를 인수한 데 이어 미국 갑부 글레이저 일가가 맨체스터 유나이티드를 손에 넣어 큰 화제를 낳았다. 일반 시장의 관점에서 보면 외부 투자 유치는 기업이 성장하는 데 필수적 과정이다. 여타 리그와 달리 잉글랜드 클럽들은 경영 투명성과 매출 성장세 등 외부에서 대형 투자를 유치할 수 있는 요건을 모두 갖췄기에 외국인 구단주들의 득세는 자연스러운 변화라고 할 수 있다. 단, 팬들 입장에서는 전통과 영혼을 한꺼번에 빼앗기는 듯한 상대적 박탈감을 느낄 수밖에 없는 흐름인 것도 부정할 수 없다.

외국인 구단주 시대

앞서 상세히 설명한 대로 클럽 인수의 신호탄을 쏜 주인공은 로만 아브라모비치였다. 러시아 머니를 발판으로 삼아 첼시는 단숨에 잉글랜드 챔피언의 자리를 차지했다. 경쟁 클럽을 지지하는 팬들은 "돈으로 영광을 샀다"며 비아냥거림을 멈추지 않았다. 오랜 역사와 전통을 중시하는 사회적 문화에서는 일종의 제노포비아 현상도 심심치 않게 목격됐다. 특히 맨유와 아스널, 리버풀 같은 전통의 빅클럽을 지지하는 팬들 사이에서 첼시는 '공공의 적'처럼 인식되어 비난받았다. 그런데 이런 분위기는 오래가지 않았다. 아브라모비치가 첼시를 인수하고 불과 2년 뒤에 잉글랜드 최대 클럽인 맨유가 미국인의 손에 넘어갔기 때문이다.

2005년 6월 미국 NFL 프랜차이즈인 탬파베이 버커니어스를 소유한 글레이저Glazer 일가의 '레드 풋볼'이 맨유의 지분 98퍼센트를 매입해 경영권 확보에 성공했다. 맨유 팬들은 자존심은 물론 글레이저 일가의 위험한 인수 방식에 아연실색했다. 글레이저 일가는 인수 대금 7억 9000만 파운드 중 5억 2500만 파운드를 고금리 대출금으로 충당했기 때문이다. 이른바 차입 매수(Leveraged Buy-Out) 방식이었다. 글레이저 일가는 아직 자기 손에 들어오지도 않은 맨유의 자산과 미래 매출을 담보로 제공해 뉴욕 헤지펀드와 J. P. 모건으로부터 거액을 빌려 맨유를 인수했다. 차입 매수는 인수자의 채무를 인수 대상 기업이 돈을 벌어 대신 갚아나가야 하는 구조인 탓에 일반 시장에서도 논란이 많다.

1931년 이후 70년 넘게 빚 없이 건강하게 경영되어왔던 맨유는 글레이저 일가의 소유가 되면서 난데없이 5억 8000만 파운드의 빚더미 위에 올라서는 신세로 전락했다. 맨유 서포터즈는 '맨유신탁기금'(Manchester United Supporters' Trust)을 중심으로 글레이저 일가의 차입 매수 인수를 극렬히 반대했지만, 자본의 논리 앞에서 팬들의 저항은 메아리 없이 소멸되고 말았다.

첼시와 맨유를 비웃던 리버풀 팬들은 2007년 같은 배에 오르는 처지가 됐다. 기존 최대 주주인 존 무어스John Moores 회장이 클럽의 부채(4480만 파운드)를 탕감하고 새 홈구장 신축 공사(2억 1500만 파운드)에 투자한다는 조건하에 본인의 클럽 지분 51퍼센트를 미국인 기업가 조지 질레트George Gillett와 톰 힉스Tom Hicks에게 2억 2000만 파운드에 양도했다. 첼시와 맨유가 인수돼 클럽이 운영되는 모습을 지켜본 리버풀 팬들은 새로운 공동 구단주 2인에게 일말의 희망을 걸었다.

그러나 질레트와 힉스는 이내 추한 민낯을 드러냈다. 클럽 경영권을 넘겨받는 조건으로 내걸었던 스탠리 파크 신축 추진, 무차입 경영, 선수단 투자 등 후속 조치가 전혀 이뤄지지 않았다. 라파엘 베니테스 감독과 클럽 내부 직원들에게 비상식적 언행을 일삼으면서 리버풀의 내부 분위기는 점점 나빠졌다.

엉망진창으로 클럽이 운영되는 가운데 리버풀은 '두바이 인터내셔널 코퍼레이션'(DIC)으로부터 새로운 인수 제안을 받았는데 이번에는 질레트와 힉스가 서로 싸우는 해프닝을 벌였다. 새로운 희망이 날아갈 것처럼 보이자 2008년 1월 리버풀 팬들은 애스턴 빌라와의 경기 현장에서 두 미국인 구단주를 퇴출하고 DIC 측의 인수 제안을 수용할 것을 요구하며 시위를 벌였다. 질레트는 클럽 양도를 원했으나 힉스가 반대하면서 결국 DIC와의 인수 협상은 결렬되고 말았다. 2010년 6월 두 사람은 리버풀 팬들의 절대적 지지를 받는 베니테스 감독을 해고하는 최악의 판단을 내렸다.

만수르와 존 헨리, 크롱키

이런 와중에 2007년 6월 맨체스터 시티도 새로운 외국인 구단주를 맞이했다. 인수자는 탁신 친나왓 태국 전 총리였다. 2006년 9월 군부 쿠데타로 실각한 뒤 해외 도피 중이던 탁신은 8160만 파운드에 프리미어리그 구단주가 됐다. 두 시즌 연속으로 강등할 것을 걱정했던 맨시티 팬들은 탁신이 어떤 인물인지보다 돈에 관심을 보였다. 탁신은 스벤–예란 에릭손 전 잉글랜드 국가대표팀 감독을 영입해 팬들의 환심을 샀다.

쟁쟁한 실력파 선수들이 속속 가세한 덕분에 맨시티는 2007/08시즌 클럽 역대 프리미어리그 최다 승점(55점)을 기록하며 한 자릿수 순위(9위)를 달성했다. 시즌이 끝나자마자 에릭손 감독은 "구단주가 축구를 너무 모른다"라며 사임했다. 후임자 마크 휴즈 감독은 계약서에 서명한 다음에야 태국 정부의 해외 재산 동결 조치로 인해 탁신의 돈줄이 말랐다는 사실을 깨달았다. 급기야 자기도 모르는 사이에 스티븐 아일랜드Stephen Ireland와 베드란 초를루카Vedran Ćorluka의 이적 협상이 진행되자 휴즈 감독은 "빠른 시일 내에 자금 문제를 해결하지 않으면 사임하겠다"며 이사회를 압박했다.

사면초가에 빠진 탁신 앞에 구세주가 나타났다. 2008년 9월 '아부다비 유나이티드 그룹'(ADUG)이 탁신의 맨시티 지분을 전량 매입해 태국 갑부의 출구 전략을 도왔다. ADUG의 소유주는 아랍

에미레이트 및 아부다비를 지배하는 알 나흐얀 가문의 왕자인 만수르 빈 자예드 알 나흐얀Mansour bin Zayed Al Nahyan이었다. 아랍에미레이트의 국부로 통하는 셰이크 자예드 빈 술탄 알 나흐얀의 다섯째이자 칼리파 빈 자예드 알 나흐얀 아랍에미레이트 대통령의 이복형제로서, 만수르는 알려진 개인 재산만 233억 파운드(한화 37조 원)에 달하는 슈퍼리치였다.

만수르는 맨시티 인수를 확정한 지 하루 만에 레알 마드리드에서 호비뉴Robinho를 잉글랜드 축구 역대 최고액인 3250만 파운드에 영입하며 화려하게 유럽 축구 시장에 데뷔했다. 만년 중하위권에 머물렀던 맨시티의 팬들은 자기들이 지지하는 클럽이 하루아침에 세계 최고 갑부 클럽이 됐다는 사실에 환호했다.

만수르의 오른팔이자 아부다비 왕가의 유일한 양자인 칼둔 알 무바라크Khaldoon Al Mubarak 회장은 맨시티의 환골탈태를 진두지휘했다. 맨시티는 전례 없는 투자를 이어가며 중동 갑부의 변심 가능성을 경고하던 각계의 목소리를 차단했다. 아랍에미레이트 슈퍼리치는 클럽을 인수하고 두 시즌에만 선수 영입에 3억 파운드 이상을 쏟아 부어 아브라모비치의 첼시까지 작게 만들었다. 2009년 여름에는 맨유의 간판스타 카를로스 테베스를 4700만 파운드에 영입해 이목을 집중시켰다.

맨시티는 시내 한복판에 테베스의 모습과 '맨체스터에 오신 걸 환영합니다'라는 문구를 새긴 푸른색 입간판을 세워 지역 라이벌의 뒤통수를 강타했다. 2010년이 되자 ADUG는 유령 지구로 전락했던 맨체스터 시내의 슈퍼카지노 부지를 종합스포츠 레저타운으로 재개발하는 초대형 지역 갱생 프로젝트를 맨체스터 시의회와 합의했다. 이듬해 에티하드 캠퍼스 신축 공사에 대한 승인까지 따내면서 맨체스터의 색깔은 점점 푸른색으로 변해갔다. 만수르는 클럽뿐 아니라 연고지의 사회 기반 시설 건설에 투자를 아끼지 않아 맨시티뿐 아니라 맨체스터시 경제를 되살리는 진정한 구세주가 되어가고 있다.

맨시티의 행복한 변신을 지켜보는 리버풀 팬들은 속이 까맣게 타들어갔다. 아랍에미레이트의 두 번째 슈퍼리치인 DIC 측과의 인수 협의가 물 건너간 데다 베니테스 감독까지 떠났기 때문이다. 미국인 공동 구단주 질레트와 힉스가 벌이는 엉망진창 서커스는 2010년 여름이 돼서야 막이 내렸다. 2010년 5월 회계법인 KPMG는 클럽 감사를 통해 부채가 3억 5000만 파운드로 늘었으며 2009/10시즌 적자도 5500만 파운드에 달한다고 발표했다. 최대 채권자인 로열 뱅크 오브 스코틀랜드(RBS)가 리버풀의 경영 정상화를 위한 마지막 카드로서 질레트와 힉스 2인을 상대로 클럽 강제 양도소송을 제기했다. 새롭게 등장한 인수 희망자는 미국 MLB 보스턴 레드삭스의 구단주 존 W. 헨리John W. Henry가 이끄는 '뉴 잉글랜드 스포츠 벤처스'(NESV)였다.

영국 대법원은 채권자 RBS의 손을 들어줘 질레트와 힉스 콤비는 어쩔 수 없이 NESV와 클럽 양도 협상을 진행해야 했다. 하지만 양측의 금액 차가 너무 커서 협상은 난항을 겪었다. 질레트와 힉스는 6~10억 파운드를 요구한 반면, NESV 측이 제안한 금액은 절반 이하인 3억 파운드였다. 대법원의 선고에 따라 리버풀의 이사회가 내부 투표로 인수 제안의 수용 여부를 판단하기로 했다. 질레트와 힉스 측이 반대표를 던졌지만, 마틴 브로턴Martin Broughton,

크리스천 퍼슬로^{Christian Purslow}, 이언 에어^{Ian Ayre}가 찬성해 3대 2로 NESV의 3억 파운드 제안을 수용하기로 최종 결정했다. 질레트와 힉스 측은 각자 미국의 법무팀을 동원해 손해배상 청구소송을 제기했으나 안필드에서 존 W. 헨리 시대가 열리는 것을 막지는 못했다.

외국인 구단주 시대가 도래하는 가운데 마지막까지 순수 영국 자본이 클럽을 지킨 곳이 바로 아스널이었다. 그러나 자본의 급류는 거세고 빨랐다. 2007년 미국의 '크롱키 스포츠 & 엔터테인먼트'(KSE)가 영국 지상파 채널 ITV가 보유한 아스널 지분 9.9퍼센트를 사들였다. KSE는 스탠 크롱키^{Stan Kroenke}가 1999년 설립해 스포츠와 연예 분야에서 활동하는 초대형 투자회사다. 프리미어리그에 진출하기 전부터 KSE는 미국 NBA 덴버 너기츠, NHL 콜로라도 애벌랜치, NFL 로스앤젤레스 램스, MLS 콜로라도 래피즈 등을 소유해 운영해온, 스포츠 시장 노하우를 충실히 갖춘 실력파였다.

크롱키의 투자에 호의적이지 않던 기존 주요 주주들은 우즈베키스탄 갑부 알리셰르 우스마노프^{Alisher Usmanov}가 나타나자 마음을 바꾸기 시작했다. 2007년 8월 우스마노프 측은 아스널 전 부회장 데이비드 딘의 지분(14.58퍼센트)을 매입한 데 이어 크고 작은 주주들에게서 주식을 사들여 이듬해 2월까지 전체 지분율 24퍼센트에 도달했다. 영국 상법상 지분율 30퍼센트에 도달한 투자자는 기업 인수를 공식적으로 제안할 의무가 발생한다.

2009년 초 크롱키는 기존 주요 주주들의 지원을 등에 업고 지분율을 29.9퍼센트까지 늘려 이사회 진입에 성공했다. 크롱키와 우스마노프 양측 간 아스널 인수 경쟁이 과열 양상을 띠자 피터 힐—우드 회장을 비롯한 이사회는 인수 적격자를 결정하기 위해 2009년 4월까지 자발적인 지분 양도를 하지 않기로 약속했다. 예상대로 아스널 기존 대주주들은 미국 자본의 손을 들어줬다. 2011년 4월 크롱키 측은 대니 피즈먼Danny Fiszman과 니나 브레이스웰-스미스Nina Bracewell-Smith가 가진 지분을 흡수해 총 66.64퍼센트에 도달함으로써 사실상 아스널의 주인이 됐다.

우스마노프 측은 보유 지분을 쥐고 끝까지 버텼지만 현실적으로 상황을 뒤집을 방법은 없었다. 2018년 8월 크롱키의 KSE는 우스마노프의 지분까지 5억 5000만 파운드에 매입해 아스널을 독점 소유할 자리를 차지했다. 런던의 자존심 아스널이 외국인 자본 투자를 유치한 지 10여 년 만에 미국인 소유가 되는 순간이었다.

36
—

셀러브레이션: 지미 불라드 등
(2009/10시즌)

축구에서 골인에 붙는 술어는 다양하다. 사전적 의미 그대로를 옮긴 '넣다' '들어가다'부터 '뽑다' '꽂다' '터지다' '터뜨리다' 같은 은유적 표현도 자주 사용된다. 개인적으로 '골'에 가장 잘 어울리는 술어는 '터지다'라고 생각한다. 몇 만 년 묵은 화산 폭발처럼 득점은 주인공과 그의 팀뿐 아니라 경기장 안에 있는 모든 이의 감정을 한순간에 분출하게 하기 때문이다. 득점하는 순간의 희열을 고스란히 드러내기 위해 셀러브레이션은 언제나 격정적으로 표현된다. 생각해보면 우리는 셀러브레이션으로 득점을 기억할지도 모른다. 프리미어리그 역사에서 오래도록 우리의 기억에서 살아 숨쉬는 셀러브레이션을 소개한다.

불라드, 아데바요르, 발로텔리

2007/08시즌 헐 시티는 2부 플레이오프를 거쳐 프리미어리그 승격에 성공했다. 승격 첫해인 2008/09시즌 헐은 시즌 초반 돌풍을 일으켰지만, 10월 29일 첼시전 0-3 패배를 시작으로 리그 9경기에서 1승 4무 4패에 그쳐 성적이 급락했다. 크리스마스 휴가를 마친 박싱 데이에 헐은 맨체스터 시티와의 원정 경기에 나섰는데, 전반전에 4실점을 하며 와르르 무너졌다. 전반전 종료 휘슬이 울리자 필 브라운 감독이 칼을 뽑았다. 라커룸을 향하던 선수들의 길을 막더니 헐 원정을 위해 찾아온 팬들 앞에 모이라고 지시했다.

브라운 감독은 선수들을 둥글게 앉히더니 그 자리에서 팀 토크를 했다. 생전 처음 보는 광경에 현장에 있던 팬들은 어리둥절했다. 선수들은 아무 소리도 하지 못한 채 팬들 앞에서 망신을 감내해야 했다. 최종 스코어는 맨시티의 5-1 승리였다. 코미디 같은 팀 토크가 있고 한 달 뒤 헐은 풀럼의 미드필더 지미 불라드Jimmy Bullard를 영입했다. 그 후에도 부진은 계속됐지만 결국 승점 1점 차로 프리미어리그 잔류에 성공했다.

2009년 11월 28일 헐은 맨시티와의 원정 경기에 나섰다. 양쪽 팬들은 1년 전 이곳에서 벌어진 일을 생생히 기억했다. 와신상담한 효과가 있었을까. 객관적 전력에서 크게 뒤진 헐은 경기 막판까지 실점 수를 한 골로 막으며 버텼다. 82분 헐이 희망의 페널티킥을 획득했고 전담 키커인 불라드가 나섰다. 불라드는 1-1 동점 페널티킥을 성공시킨 뒤 열광하는 헐 원정 팬들 앞으로 달려갔다. 뒤따라온 동료들이 둥글게 앉자 불라드는 일일이 손가락질을 하는 팀 토크 셀러브레이션을 펼쳤다. 1년 전 같은 장소, 같은 위치에서 벌어졌던 희대의 팀 토크를 재현한 영국식 유머였다.

불라드는 "어제 동료들과 저녁식사를 하면서 생각해낸 아이디어였다. 당시(1년 전) 없었던 내가 적임자로 뽑혔다"라며 유쾌한 셀러브레이션을 구상한 과정을 설명했다. 헐은 강팀 맨시티와의 원정 경기에서 1-1로 비기는 소득을 얻었지만 시즌 막판 부진을 씻지 못해 19위에 그치면서 강등되고 말았다. 불라드는 2013년 현역에서 은퇴한 뒤에도 각종 TV 예능 프로그램에 출연하며 큰 인기를 누린다.

사실 불라드의 셀러브레이션이 있기 석 달 전, 같은 장소에서는 분노의 셀러브레이션이 연출되어 논란을 빚었다. 2009년 여름 이적 시장에서 맨시티는 아스널에서 엠마뉘엘 아데바요르Emmanuel Adebayor를 영입했다. 아스널 팬들은 아데바요르를 '돈만 쫓는 녀석'이라며 세차게 비난했다. 여기에 인종차별 폭언도 뒤따랐다. 아데바요르는 아스널을 상대하는 리그 4라운드 전까지 3경기에서 연속으로 득점하며 복수극을 위한 준비를 마쳤다.

2009년 9월 12일 리그 4라운드에서 맨시티는 아스널과 만났다. 맨시티가 2-1로 앞서 나가는 가운데 아스널 원정 팬들은 아데바요르가 볼을 잡을 때마다 욕설과 야유를 쏟아냈다. 심사가 뒤틀린 아데바요르는 연신 과거 동료들과 거친 몸싸움을 벌였다. 80분 숀 라이트-필립스Shaun Wright-Phillips의 정확한 크로스를 아데바요르가 팀의 세 번째 골로 연결했다. 회심의 복수극은 그다음에 벌어졌다.

골을 넣은 아데바요르는 경기장 반대편까지 100미터에 달하는 거리를 전력 질주한 끝에 아스널 팬들 바로 앞에서 무릎으로 미끄러지며 셀러브레이션을 마무리했다. 아스널 팬들은 동전과 라이터, 간이 의자 등을 집어 던지며 격노했다. 현장 안전요원들은 그라운드로 난입하려는 팬들을 막아 세워야 했고, 마크 클라텐버그 Mark Clattenburg 주심은 아데바요르에게 옐로카드를 꺼냈다.

경기 후 아데바요르는 "감정이 앞섰다. 오늘 내가 저지른 큰 실수를 사과한다"라며 고개를 숙였다. 그러나 잉글랜드축구협회 측으로부터 2경기 출장정지의 징계를 피하지는 못했다. 자칫 소요 사태로 이어질지도 모를 분위기를 만든 데다, 몸싸움을 하는 과정에서 넘어진 옛 동료 로빈 판페르시의 얼굴을 발로 가격하는 듯한 동작이 사후 영상 조사에서 드러났기 때문이다.

맨시티는 잊지 못할 셀러브레이션과 인연이 깊다. 2011년 10월 23일 올드 트래퍼드에서 맨시티는 원정으로 맨체스터 더비를 치렀다. 셰이크 만수르가 맨시티를 인수한 뒤, 맨체스터 두 클럽의 관계는 급속도로 악화했다. 맨체스터 유나이티드의 알렉스 퍼거슨 감독은 맨시티를 "시끄러운 이웃"(Noisy Neighbours)으로 표현해 우월 의식을 숨기지 않았고, 맨시티 팬들은 오랫동안 억눌렸던 적개심을 활활 불태웠다.

1년 전 맨시티의 로베르토 만치니 Roberto Mancini 감독은 인테르나치오날레 시절 제자인 마리오 발로텔리 Mario Balotelli(당시 20세)를 영입했다. 발로텔리는 놀라운 능력의 천재성과 각종 기행을 일삼는 악마성이 공존하는 시한폭탄이었다. 이적하고 맞은 첫 시즌 발로텔리는 28경기에서 10골을 넣어 연착륙에 성공했다. 그러나 그라운드 밖에서 엉뚱한 언행을 멈추지 않는 통에 영국 언론의 집중포화를 받았다.

전 세계의 이목이 집중된 가운데 만치니 감독은 과감히 발로텔리 선발 카드를 뽑았다. 험악한 분위기에서 맨체스터 더비가 진행되는 도중 시작 20분 만에 발로텔리가 팀의 선제골을 터뜨렸다. 발로텔리가 갑자기 유니폼 상의를 들추자 이너웨어에 새겨진 '왜 맨날 나만 갖고 그래?'(Why Always Me?)라는 문구가 선명히 TV 카메라에 잡혔다. 자신에 관해 트집만 잡는 언론을 향해 보내는 항의 메시지였다. 이날 발로텔리는 후반전에도 한 골을 더 터뜨려 맨체스터 더비 6-1 대승의 일등 공신이 됐다.

훗날 선수들의 장비를 관리하는 키트맨 레스 채프먼Les Chapman은 "경기 전에 마리오가 문구 몇 개를 주면서 이너웨어에 마킹해 달라고 했다. 모두 위험한 메시지여서 나는 해줄 수 없다고 거절했다. 그러자 마리오가 잠시 고민하더니 '그럼, '왜 나만 갖고 그래?'는 어때요?'라고 말했다. 마리오다운 발상이었고 흔쾌히 요청을 수락했다"라며 희대의 메시지가 탄생한 비하인드 스토리를 밝혔다. 해당 시즌 리그 최종전에서 발로텔리는 프리미어리그 역사상 가장 유명한 골이 된 세르히오 아궤로의 퀸즈 파크 레인저스전 3-2 결승골을 도왔다.

리버풀 셀러브레이션

골 셀러브레이션에 관해선 리버풀도 이야기 부자다. 에버턴과 머지사이드 더비를, 맨유와 노스웨스트 더비를 치르는 동안 사연 많은 골들이 터진 덕분이다. 1998/99시즌 홈에서 열리는 머지사이드 더비를 앞두고 리버풀의 주포 로비 파울러는 상대 팬들로부터 '코카인을 복용한다'라는 비난을 받았다. 그라운드 안팎에서 최고의 스타였던 만큼 파울러는 에버턴 팬들에게 눈에 띄는 공격 대상이 될 수밖에 없었다.

리버풀은 킥오프 1분 만에 선제 실점을 허용했지만, 파울러가 15분과 21분 연속으로 골을 넣어 스코어를 뒤집었다. 유명한 셀러브레이션은 1-1 동점골 직후 나왔다. 페널티킥을 넣은 파울러는 그라운드에 코를 대고 마약을 코로 흡입하는 듯한 동작을 취했다. 그날 3-2 승리를 거둔 리버풀의 제라르 울리에 감독은 "그런 뜻이 아니다"라며 선수를 보호했지만, 잉글랜드축구협회는 4경기 출장 정지 및 벌금 6만 파운드의 징계를 내렸다.

시간이 흘러 2012/13시즌 머지사이드 더비에서도 유명한 셀러브레이션이 연출됐다. 더비를 앞두고 열린 기자회견에서 에버턴의 데이비드 모이스 감독이 상대 공격수인 루이스 수아레스의 시뮬레이션 액션을 꼬집었다. 모이스 감독은 "선수들이 결과를 얻기 위해 속임수를 쓴다면 결국 팬들은 축구를 떠날 것"이라며 수아레스를 저격했다. 에버턴의 홈구장 구디슨 파크에서 열린 시즌 첫 더비에서 20분 리버풀의 수아레스가 스코어를 2-0으로 만드는 골을 터뜨렸다. 골을 넣은 수아레스는 동료들을 따돌리고 내달려 모이스 감독이 있는 에버턴 벤치 앞에서 다이빙 셀러브레이션을 펼쳤다. 모이스 감독의 표정은 잔뜩 일그러졌지만 가까운 거리에 있던 리버풀의 브렌던 로저스Brendan Rodgers 감독은 박수를 치며 환호하는 모습을 보였다. 물론 두 감독의 대비된 모습이 카메라에 잡혀 TV 시청자들에게 전달됐다.

에버턴은 레온 오스먼과 스티븐 네이스미스Steven Naysmith의 득점으로 홈에서 열린 더비를 2-2로 마무리했는데, 경기 후 모이스 감독은 취재진의 날카로운 질문에 답하느라 진땀을 흘렸다. 경기 도중 에버턴의 미드필더 필립 네빌이 어눌하게 다이빙을 시도했다가 비웃음을 당했기 때문이다. 리버풀의 풀백 글렌 존슨은 본인의 트위터 계정으로 네빌의 사진을 포스팅하며 "역대 최악의 다이빙. 누가 보면 양쪽 축구화 끈이라도 묶어놓은 줄 알겠어. 수아레스를 넘어선 것 같은데 뭘로 경고를 줘야 하지?"라고 받아쳤다.

노스웨스트 더비에서는 리버풀의 심장 스티븐 제라드가 잊지 못할 셀러브레이션을 보였다. 2008/09시즌 막판 리버풀은 선두 맨유의 뒤를 바짝 쫓으며 프리미어리그 첫 우승의 꿈을 키웠다. 리그 29라운드에서 리버풀은 맨유와의 원정 경기에 나섰다. 킥오프 22분 만에 맨유는 박지성이 획득한 페널티킥을 크리스티아누 호날두가 선제골로 연결해 한 골 앞서갔다. 불리한 상황에서 리버풀은 페르난도 토레스가 6분 만에 동점골을 넣었고, 전반 종료 직전 제라드가 페널티킥을 성공시켜 스코어를 2-1로 뒤집었다. 골이 들어간 것을 확인한 제라드는 골라인을 따라 달려간 뒤 자신의 모습을 잡고 있던 TV 카메라에 입을 맞췄다. 후반 들어 리버풀은 두 골을 보태 원정 4-1 대승의 기쁨을 안았다.

5년 뒤인 2013/14시즌 제라드는 비슷한 리그 선두 경쟁을 펼치던 중 다시 올드 트래퍼드 원정 경기에 출전해 연속으로 페널티킥 골을 성공시킴으로써 2-0 리드를 잡았다. 노스웨스트 더비라는 특수성과 리그 선두 경쟁 분위기를 의식했는지 두 골이나 앞서자 제라드는 승리를 직감한 듯이 두 번째 TV 카메라 키스 셀러브레이션을 펼쳤다. 경기 막판 수아레스의 쐐기골로 리버풀은 리그 선두 맨유를 3-0으로 꺾었다.

2014년 4월 리버풀은 선두 맨시티와의 홈경기에서 극적인 3-2 승리를 거둬 리그 우승을 차지할 가능성을 키웠다. 경기 후 제라드는 감정에 복받쳐 눈물까지 흘리면서 "이제 (다음 경기인) 노리치로 간다!"(We Go Norwich!)라는 역사적 팀 토크를 남겼다. 하지만 제라드는 36라운드 첼시전에서 결정적 실수로 실점을 헌납해 승점 2점 차로 우승에 실패하고 말았다.

리버풀에서 몸을 담은 적이 있는 피터 크라우치Peter Crouch와 대니얼 스터리지Daniel Sturridge는 독특한 댄스 셀러브레이션을 선보여 팬들의 마음을 움켜쥐었다. 2미터 장신으로 유명한 크라우치는 리버풀 소속이었던 2006년 독일월드컵을 앞두고 열린 헝가리와의 평가전에서 골을 넣고 로봇 댄스를 춰 홈 팬들을 즐겁게 했다. 이후 "득점에 집중할 것"이라며 댄스를 자제했다가 2017년 2월 스토크 소속으로 프리미어리그 통산 100호 골을 달성한 뒤 생애 마지막 로봇 댄스를 펼쳐 팬들로부터 큰 박수를 받았다. 크라우치는 프리미어리그 통산 468경기 108골을 기록해 역대 득점 25위에 오른 레전드로서 은퇴했다. 축구화를 벗은 뒤에도 발군의 유머 감각으로 각종 매체에서 활약하고 있다. 2016년에는 런던 지하철에서 우연히 방탄소년단과 만나 '팬 인증'을 하면서 한국 팬들의 관심을 받기도 했다.

영국 현지에서는 대니얼 스터리지의 '팔꺾기 댄스' 셀러브레이션도 큰 인기를 끌었다. 맨시티에서 데뷔해 첼시를 거쳐 리버풀에 입성한 스터리지는 친구들과 놀던 중 개발한 이 동작으로 팬들에게 각인됐다. 한국 팬들에겐 존재감이 크지 않지만 2013/14시즌 리버풀에서 리그 33경기에 나서 24골을 기록하고 2014년 브라질

월드컵 본선에서도 골을 터뜨린 실력파다. 무엇보다 2018/19시즌 리버풀의 챔피언스리그 우승 멤버다.

37

—

천국에서 지옥으로: 페르난도 토레스
(2010/11시즌)

2004년 여름 리버풀은 스페인 출신 라파엘 베니테스 감독을 영입했다. 자연스레 선수단 내에서 스페인 국적을 가진 선수들의 비중이 높아졌다. 2005년 5월 챔피언스리그 우승을 계기로 베니테스 체제와 리버풀의 스페인화는 더욱 공고해진다. 스페인 축구에서 가장 촉망받던 스트라이커가 첫 해외 이적처로 안필드를 선택한 것도 필연적이었다. 금발의 '꽃미남' 골잡이는 프리미어리그 무대에서 총 8년간 뛰면서 발군의 스피드와 테크닉, 승부를 결정하는 개인 역량을 입증했다. 옥에 티라고 한다면, 8년의 전후반기 명암이 극명히 대비됐다는 사실이다.

아틀레티코에서 리버풀로

스페인어 단어 '엘 니뇨^{El Nino}'는 '꼬마'라는 뜻이다. 마드리드 출신인 페르난도 토레스의 애칭이기도 하다. 여타 축구 천재들처럼 토레스도 어릴 때부터 남달랐다. 1999년 열다섯 나이에 이미 프로 계약을 체결했다. 소속 팀 아틀레티코 마드리드는 15세 소년 토레스의 바이아웃 금액을 300만 유로로 책정했다. 2년 뒤 토레스는 스페인 2부(세군다)에서 프로 데뷔를 신고했다. 경험을 쌓기 위한 임대였느냐고? 아니다. 토레스가 정식 프로선수가 됐던 1999/2000시즌 아틀레티코는 대혼돈에 빠지며 클럽 역사상 최초로 2부로 강등되는 치욕사를 썼다.

아틀레티코는 2000/01시즌을 2부에서 보내야 했고, 시즌 막판 레가네스와의 홈경기에서 토레스는 생애 첫 프로 출전을 기록했다. 일주일 뒤 알바세테와의 원정 경기에서 토레스는 프로 데뷔골을 터뜨려 팀의 1-0 승리를 견인했다. 17세의 토레스는 프로 2년 차인 2001/02시즌 리그 26경기 선발, 10경기 교체 출전을 기록하며 1군 입지를 다졌다. 팀도 2부를 제패해 세군다 암흑기를 2년 만에 청산하며 라리가 복귀에 성공했다. 대망의 라리가 무대를 밟을 때까지 2년 동안 기다렸다고 하지만 토레스는 아직 스무 번째 생일도 맞이하기 전이었다.

1부에서 맞는 첫 시즌, 19세의 토레스는 리그 29경기에서 13골을 기록하며 화려하게 라리가에 데뷔했다. 홈 팬들의 열렬한 지지를 받은 토레스는 10대 나이에 팀의 주장으로 선임된 것은 물론 이듬해 스페인 국가대표팀에 발탁됐다. 자, 토레스가 20세가 될 때까지의 경력을 정리해보자. 15세 프로 계약, 17세 프로 데뷔 및 데뷔골, 19세 1부 두 자릿수 득점 및 주장 선임, 20세 A대표팀 승선.

아틀레티코가 1부로 복귀했을 때부터 토레스는 유럽 빅클럽들의 영입 대상으로 떠올랐다. 로만 아브라모비치의 자금을 등에 업은 첼시는 2003년부터 토레스를 팔라며 아틀레티코의 문을 두드렸다. 아틀레티코 수뇌부는 미래의 이적 시장에서 솟아오를 토레스의 값어치는 물론 마드리드 팬들의 기대치를 잘 알기에 빅클럽들의 오퍼를 일언지하에 거절해왔다. 그러나 아틀레티코는 챔피언스리그는커녕 UEFA컵(현 유로파리그) 출전권도 따지 못한 반면, 2006년 여름 토레스는 월드컵까지 출전하는 스타로 성장했다. 아틀레티코가 토레스를 붙잡을 수 있는 임계점에 도달한 것이다.

2007년 여름 아틀레티코는 비야레알에서 디에고 포를란Diego Forlan을 영입했다고 공식 발표했고, 닷새 뒤 소문만 무성했던 토레스의 리버풀 이적이 확정됐다. 리버풀은 2005년 '이스탄불의 기적'을 쓴 멤버인 루이스 가르시아Luis Garcia를 아틀레티코에 넘기고, 클럽 역대 최고액인 현금 2650만 파운드에 6년 계약하는 조건으로 '엘 니뇨' 토레스를 손에 넣었다. 리버풀은 로비 파울러 이후 주인이 없었던 등번호 9번을 토레스에게 내줌으로써 기대감을 드러냈다.

붉은색 유니폼으로 갈아입은 토레스는 안필드 팬들의 기대에 부응했다. 2007/08시즌 프리미어리그 개막전과 챔피언스리그 3차 예선에서 토레스는 새로운 동료들과 호흡을 맞춘 뒤에 8월 19일 리그 두 번째 경기에서 디펜딩 챔피언 첼시를 상대했다. 당시 리버풀과 첼시는 자국 리그는 물론 챔피언스리그의 중요한 길목에서 맞붙는 악연이 겹치면서 뜨거운 라이벌 관계를 형성하고 있었다.

안필드를 가득 메운 홈 관중 앞에서 토레스는 경기 시작 16분

스티븐 제라드의 스루패스를 받았다. 첼시의 센터백 탈 벤 하임이 진로 방향을 막았지만, 토레스가 순간 스피드를 폭발시키며 전진했다. 벤 하임은 눈앞으로 지나가는 토레스를 상대로 아무것도 하지 못한 채 돌파를 허용했다. 마치 마크맨의 몸을 뚫고 지나가는 듯한 플레이였다. 순식간에 첼시 수문장 페트르 체흐와 일대일로 맞선 토레스는 반대편 골문을 정확히 찌르는 선제골을 터뜨렸다. 안필드의 4만 관중은 최고 몸값 영입생의 월드 클래스 기량에 열광할 수밖에 없었다. 이 골을 시작으로 토레스와 제라드는 4시즌 동안 무려 54골을 합작하는 궁극의 공격 호흡을 맞춘다.

9월 25일 칼링컵 레딩전에서 해트트릭을 달성한 것을 포함해 토레스는 2007년에만 16골을 기록하며 새해를 맞이했다. 득점력이 줄어들 기미는 전혀 보이지 않았다. 2008년 2월 23일 미들즈브러전에서 토레스는 시즌 두 번째이자 프리미어리그 첫 해트트릭을 달성했다. 3골 모두 상대 진영에서 혼자 만들어낸 전형적인 9번의 득점이었다.

리버풀은 터키 출신 공격수 툰자이 샨르Tuncay Şanli에게 불의의 선제골을 허용해 0-1로 끌려갔다. 풀리지 않는 상황 속에서 28분 토레스가 상대 수비의 백패스 실수를 가로채 동점골을 터뜨렸다. 1분 뒤 토레스는 아크 정면 20미터 거리에서 기습적인 중거리포를 쏴 스코어를 2-1로 뒤집었다. 후반 중반 자기 진영에서 롱패스가 넘어왔다. 볼이 떨어진 지점에는 상대 골키퍼와 센터백 그리고 토레스가 있었다. 누구의 도움도 기대할 수 없는 상황에서 토레스는 허둥대는 상대 두 선수의 틈을 비집고 세 번째 골을 터뜨려 팀의 3-2 승리를 마무리했다.

열흘 뒤인 3월 5일 토레스는 웨스트햄을 상대로 시즌 세 번째 해트트릭을 달성했다. 리버풀의 '홈 2경기 연속 해트트릭' 기록은 1946년 잭 바머Jack Balmer 이후 토레스가 처음이었다. 부담스러운 프리미어리그 데뷔 시즌에서 토레스는 시즌 46경기 33골의 커리어 하이를 찍어 리버풀의 각종 역대 기록을 갈아치웠다. 리버풀 단일 시즌 최다 득점 기록(종전 마이클 오언)을 작성하고 1995/96시즌 로비 파울러 이후 리그에서 20골 고지를 밟은 첫 리버풀 선수가 됐다. '홈 8경기 연속 득점'에 성공해 로저 헌트Roger Hunt의 기록과 어깨를 나란히 했고, 맨체스터 유나이티드의 뤼트 판니스텔로이가 보유했던 프리미어리그 외국인 데뷔 시즌 최다 득점(23골) 기록도 24골로 경신했다. 말 그대로 센세이션이었다.

'엘 니뇨'의 하락

2007/08시즌이 끝난 뒤 토레스는 유로 2008 결승전에서 독일을 상대로 1-0 결승골을 터뜨려 광채를 이어갔다. 그러나 10대 나이부터 너무 많은 출전 수를 감당해온 몸이 고장 나기 시작했다. 2008/09시즌 토레스는 잦은 햄스트링 부상에 시달린 탓에 리그 24경기 출전에 그치고 말았다. 다음 시즌에는 무릎 수술을 두 번이나 받으면서 리그 출전 수가 22경기로 더 감소했다. 문제는 출전만 하면 눈부신 기량과 득점력을 선보였기 때문에 토레스가 지닌 부상 문제가 크게 도드라져 보이지 않는다는 점이었다.

2008/09시즌 머지사이드 더비로 벌어졌던 FA컵 4라운드에서 토레스는 감각적인 백힐 패스로 제라드의 득점을 도왔고, 첼시와 맞붙은 프리미어리그 경기에서는 89분과 후반 추가시간 4분에 골

을 몰아쳐 2-0 승리를 만들었다. 에버턴에 못지않은 라이벌인 맨유를 상대할 때도 인상적인 활약을 펼쳐 리버풀 팬들의 가슴을 휘어잡았다. 2009년 3월 14일 리그 29라운드 맨유와의 원정 경기에서 토레스는 1-1 동점골을 터뜨려 팀의 4-1 대승의 출발점 구실을 했다. 해당 경기에서 나온 득점 장면은 리버풀 팬들 사이에서 토레스가 넣은 가장 통쾌한 골로 손꼽힌다.

0-1로 뒤진 28분, 리버풀의 수비수 마르틴 스크르텔Martin Skrtel이 길게 걷어낸 볼이 맨유 진영 한가운데에 떨어졌다. 당시 리오 퍼디낸드와 함께 프리미어리그 '통곡의 벽'으로 통하던 네마냐 비디치가 안정적으로 볼을 확보하는 것처럼 보였다. 토레스는 빨랐다. 어느새 쫓아온 토레스가 발을 쭉 뻗어 비디치의 눈앞에 떠 있는 볼을 낚아챈 뒤 골을 터뜨렸다. 낙담하는 맨유 팬들을 향해 토레스는 손바닥을 넓게 펴 보였다. 그 유명한 '챔스 통산 5회 우승' 셀러브레이션이었다.

한 달 뒤 블랙번전에서 토레스는 사각死角에 가까운 지점에서 중거리포로 골망을 흔드는 신기의 기술까지 선보였다. 이런 모습에 열광하느라 세상은 토레스의 내구성이 빠르게 감소하고 있다는 사실을 알아채지 못했다. 너무나 아쉽게도 토레스는 리버풀 선배 마이클 오언의 전철을 밟았다.

2009/10시즌 무릎 수술에서 완전히 회복하지 못한 상태에서 토레스는 남아공월드컵에 출전했다. 본선이 진행되는 중에도 몸 상태는 올라오지 않은 끝에 토레스는 월드컵 우승이라는 기쁨과 백업 신세의 서글픔을 맞바꿔야 했다. 다시 시작된 2010/11시즌 토레스의 경기력은 전에 비해 하락세를 보였다. 특유의 순간 스피

드가 떨어지면서 일대일 돌파에서 애를 먹었다. 설상가상 베니테스의 후임자였던 로이 호지슨Roy Hodgson 감독이 시즌 도중 경질되어 노령의 케니 달글리시가 긴급 소방수로 투입되는 혼란이 벌어졌고, 미국인 공동 구단주 2인의 엉터리 클럽 운영 때문에 위기가 가중됐다.

그해 챔피언스리그 출전 가능성이 점점 줄어들자 토레스는 2011년 1월 이적 시장에서 오랜 세월 자신을 원했던 첼시로 옮기기로 결심했다. 리버풀이 첼시의 4000만 파운드 제안을 거절하자 토레스는 이적요청서를 제출해 이적 의사를 굽히지 않았다. 결국 선수 등록 마감 당일 토레스는 헬리콥터를 타고 런던으로 떠나면서 잉글랜드 역대 최고액 신기록인 5000만 파운드에 첼시 선수가 됐다. 멜우드 클럽하우스 밖에서는 리버풀 팬들이 모여 '배신자' 토레스의 유니폼을 불태웠고, 클럽은 토레스를 판 돈으로 뉴캐슬에서 앤디 캐롤Andy Carroll을, 아약스에서 루이스 수아레스를 영입했다.

첼시로 이적했을 당시 토레스는 27세밖에 되지 않았기에 이론적으로는 최전성기에 막 진입한 연령이었다. 그러나 '엘 니뇨'의 신체 나이는 이미 하락 곡선을 타고 있었다. 2011년 1월 이적해 시즌이 종료될 때까지 토레스는 첼시 유니폼을 입고 출전한 18경기에서 1골에 그쳤다. 4월 23일 웨스트햄전에서 첼시 데뷔골을 넣을 때까지 무려 '903분 연속 무득점' 악몽에 시달려야 했다. 감독이 계속 바뀌는 불운도 이어졌다. 시즌이 끝난 뒤 첼시는 카를로 안첼로티가 떠나고 안드레 빌라스-보아스Andre Villas-Boas 감독이 부임했다. 토레스의 개인 입장에서 보면 2011년에만 벌써 네 번째 감독을 맞이한 셈이었다.

2012년 5월 19일 UEFA 챔피언스리그 결승전 당시
첼시의 페르난도 토레스.
사진 rayand

첼시에서 처음 풀타임으로 준비하는 2011/12시즌을 통해 토레스는 떨어진 자신감을 되찾아야 했다. 토레스와 첼시의 바람은 2011년 9월 13일 맨유와의 원정 경기에서 완전히 무너졌다. 3-1로 쫓아가는 추격골을 넣을 때까지만 해도 토레스의 빅매치 강점이 살아나는 듯 보였다. 경기 막판 토레스는 상대 페널티박스 안에서 골키퍼까지 완벽히 제친 뒤 텅 빈 골대를 향해 슛을 밀어 보냈다. 놀랍게도 슛은 골대 왼쪽으로 빗나갔다. 맨유 팬들의 비웃음과 첼시 팬들의 한숨이 마구 뒤섞이면서 토레스는 푸른 늪 속으로 완전히 잠기고 말았다.

이듬해 챔피언스리그 준결승 2차전에서 토레스는 바르셀로나를 상대로 2-2 동점골을 넣어 첼시 역사상 첫 우승으로 가는 데 결정적 공훈을 세웠다. 런던에서 보냈던 4년을 통틀어 토레스가 유일하게 웃었던 순간이었다.

2007년부터 2014년까지 7시즌 동안 잉글랜드에서 뛴 토레스는 리버풀 142경기 81골, 첼시 172경기 45골을 각각 기록했다. 숫자상으로는 톱클래스 스트라이커로서 손색이 없다. 특히 리버풀에서 뛰었던 4시즌 동안 득점 주기가 평균 121분으로 클럽 역대 최고 효율 골잡이로서 이름을 남겼다. 번개 같은 스피드, 아무것도 없는 상태에서 골을 뽑아내는 기량, '절대 레전드' 스티븐 제라드와의 찰떡궁합까지 리버풀 팬들에게 토레스는 신세계를 맛보게 해준 존재로 기억된다. 붉은 시절을 떠올릴수록 푸른 4년의 부진이 더 아쉬워질 따름이다. 첼시에서 부진했던 이유에 관해 토레스는 "모든 게 내 탓이었다. 트로피도 얻고 좋은 축구도 보일 때도 있었지만, 꾸준하지 못했다. 내 잘못이다"고 회상한다.

38

—

런던 슈퍼맨: 프랭크 램퍼드
(2009/10시즌)

축구는 주관적인 스포츠다. 선수를 평가할 때 객관적 데이터만큼 주관적 인상이나 대중적 인기가 크게 작용한다. 숫자로 기록되는 경기력 지표보다 화려한 개인기, 강렬한 원더골, 눈부신 드리블 돌파처럼 기억에 뚜렷이 각인되는 플레이를 선보이는 선수가 높은 평가를 받는다. 심지어 경기 외적인 언행까지 해당 선수의 값어치에 반영될 정도로 축구는 감성적 스포츠의 대명사다. 그런 면에서 첼시의 레전드 프랭크 램퍼드는 과소평가되기 십상이다. 테크닉, 피지컬, 카리스마 어느 것 하나 슈퍼스타의 덕목을 갖추고 있지 않다. 하지만 누구보다 꾸준하고 끔찍할 정도로 기본에 충실했기에 2000년대 프리미어리그 역사를 논하면서 절대 빼놓을 수 없는 존재로 자리매김했다.

완성형 중앙 미드필더

흔히 말해 램퍼드는 '금수저'다. 부친 프랭크 램퍼드 시니어는 웨스트햄 유나이티드에서 500경기 이상 출전하고 잉글랜드 국가대표팀 경력도 있는 축구 선수였다. 이모부 해리 레드냅도 영국에서는 영향력이 꽤 큰 축구계의 내부자에 해당한다. 도서관 사서였던 모친 팻 램퍼드Pat Lampard의 가정교육 덕분에 램퍼드는 어려서부터 독서와 친숙했고, 머리까지 영특해 중등교육능력시험(GCSE)에서 최상위 점수를 획득했다. 첼시 소속 시절 받은 아이큐 테스트에서 150점을 기록했다는 에피소드도 유명하다. 하지만 집안에 흐르는 축구 DNA는 램퍼드에게 프로축구 선수의 꿈을 심었다.

램퍼드는 이모부와 부친이 지도자로 일하던 웨스트햄 아카데미에서 축구를 시작했다. 입단한 지 1년 만인 1995년 램퍼드는 프로 계약에 성공했고, 같은 해 10월 하부 리그인 스완지 시티로 임대되어 성인 무대를 처음 경험했다. 6개월 임대를 마치고 복귀한 램퍼드는 이듬해 1월 코번트리 시티 경기에서 웨스트햄 데뷔를 신고했다. 이때까지만 해도 웨스트햄 팬들은 오랜 충신의 아들에게 밝은 미래를 기대하며 박수를 보냈다.

1군에 합류한 두 번째 시즌부터 10대 소년 램퍼드는 코칭스태프(이모부 감독, 아버지 코치)의 신뢰를 받아 꾸준한 출전 기회를 받았다. 당시 웨스트햄에는 램퍼드를 비롯해 리오 퍼디낸드, 저메인 디포Jermaine Defoe 등 황금 세대가 형성되어 언론으로부터 큰 주목을 받았다. 애스턴 빌라와의 경기에서 다리 골절상을 입어 시즌을 마감하기는 했지만, 램퍼드는 다음 시즌 개막전에 맞춰 실전에 복귀했다. 후반 교체로 들어가자마자 2-1 결승골을 터뜨리는 활약을 펼쳤다.

하지만 램퍼드를 '아빠 찬스'의 수혜자로 보는 시선도 존재했다. 오프시즌에 열린 팬 포럼에서 한 팬은 해리 레드냅 당시 감독에게 "실력이 부족한 램퍼드를 왜 자꾸 기용하나?"라며 돌발 질문을 던졌다. 현장에 있던 램퍼드도 당황한 기색을 감추지 못했다. 레드냅 감독은 "당사자가 있는 앞에서 이런 말을 하기는 좀 그렇지만, 램퍼드는 최고의 선수가 될 재목이다. 최고가 될 모든 조건을 갖췄다"고 반박했다. 결과적으로 레드냅이 옳았고, 질문한 팬이 틀렸다.

웨스트햄에서 성인이 되기 전부터 램퍼드는 1군 붙박이 주전으로 활약했다. 1999/2000시즌에는 49경기에 나서 14골을 기록하며 잠재력을 입증했다. 하지만 2001년 여름 레드냅 감독과 램퍼드 시니어 코치가 나란히 사퇴했고 램퍼드 역시 본인을 고깝게 바라보는 팬들의 시선에 싫증을 내 이적을 선택했다. 에이전트는 "현재 상황에서는 웨스트햄을 떠나는 게 상책"이라며 이적을 공식 선언했다. 그해 여름 이적 시장에서 램퍼드는 런던 라이벌 첼시로 이적료 1100만 파운드에 이적했다. 당시 첼시는 켄 베이츠 회장과 클라우디오 라니에리 감독 체제였다.

새로운 환경에서도 램퍼드는 첫 시즌(2001/02)부터 첼시의 주전 중앙 미드필더로 활약했다. 두 번째 시즌이 끝나자 로만 아브라모비치 시대가 개막하는 행운까지 겹쳤다. 앙숙 아스널의 데이비드 딘 부회장은 "러시아 탱크를 몰고 와 현금을 쏴댄다"라며 시기심을 불태웠지만 아무도 아브라모비치 회장의 '스타 쇼핑'을 막을 수 없었다. 후안 세바스티안 베론을 비롯해 제레미Geremi Njitap, 조 콜,

대미언 더프, 클로드 마켈렐레, 아리언 로번, 티아구 등 쟁쟁한 미드필더들이 속속 첼시의 홈구장 스탬퍼드 브리지에 도착했다. 첼시의 선발 라인업은 빠른 속도로 변해갔다. 하지만 램퍼드와 센터백 존 테리는 주전 입지를 놓치지 않았다.

'스페셜 원' 조제 모리뉴 감독이 지휘봉을 잡은 2004/05시즌에도 램퍼드는 프리미어리그 전 경기에 선발 출전해 급발진하는 팀의 중심을 잡았다. 램퍼드는 본인의 재능과 노력 그리고 프로 10년차의 경험까지 갖춘 완성형 중앙 미드필더로 성장해 있었다.

2004/05시즌 램퍼드는 리그에서만 13골을 터뜨리는 득점력을 과시했다. 필요한 순간에 해결하는 에이스 역할까지 톡톡히 해냈다. 호나우지뉴의 바르셀로나를 상대하던 챔피언스리그 16강 2차전에서 램퍼드는 1골 1도움을 기록해 4-2 승리의 주역이 됐고, 8강전에서도 바이에른 뮌헨을 상대로 두 경기에서 3골을 넣으며 맹활약해 합산 6-5 승리를 견인했다. 스티븐 제라드의 리버풀에 막혀 결승행이 좌절되기는 했지만, 램퍼드는 2005년 4월 30일 볼턴과의 원정 경기에서 2-0 승리의 두 골을 모두 책임져 프리미어리그 우승을 확정했다. 첼시의 잉글랜드 1부 우승은 1955년 이후 50년 만에 이룬 경사였다.

리그 164경기 연속 출전

2004/05시즌을 기점으로 램퍼드는 프리미어리그는 물론 세계 최고 중앙 미드필더의 반열에 올랐다. 영국프로축구선수협회 '올해의 선수'는 동료 존 테리에게 돌아갔지만, 램퍼드는 프리미어리그와 영국축구기자협회가 선정하는 '올해의 선수'를 모두 차지했

다. 무엇보다 2005년 말 진행된 발롱도르 투표에서 램퍼드는 호나우지뉴(225표)에 이어 두 번째로 많은 148표를 획득하는 영예를 안았다.

모리뉴 감독은 "세상에 뛰어난 선수는 많지만 한 달에 한 번 잘하는 경우도 있다. 프랭크는 모든 경기에서 최고의 경기력을 보장한다. 나는 프랭크를 그 누구와도 바꾸지 않을 것이다"라며 램퍼드의 꾸준함을 강조했다. 실제로 램퍼드는 2002/03시즌부터 3년 연속으로 리그 전 경기 출전을 기록했다. 3시즌 동안 램퍼드는 한 경기를 제외한 모든 경기에서 선발 출전했을 정도로 자기 관리에 철저했다. 2005/06시즌 맨체스터 시티전에 결장할 때까지 램퍼드는 '리그 164경기 연속 출전'이라는 대기록도 작성했다.

램퍼드의 직업정신은 2008년 4월 챔피언스리그 준결승전에서 다시 입증됐다. 안필드 원정 1차전에서 첼시는 1–1로 비겼는데, 이틀 뒤 램퍼드는 모친상을 당했다. 막내아들을 특별히 아꼈던 모친과의 사별은 그에게 큰 충격을 안겼다. 장례식에서 운구하는 램퍼드의 모습이 공개되자 일부 언론은 그가 코앞에 닥친 준결승 2차전에 결장할 것이라고 조심스레 점쳤다. 하지만 모친상을 당하고 정확히 엿새 뒤에 열린 홈 2차전에서 램퍼드는 꿋꿋이 선발 출전했다. 합산 2–2의 균형이 이어지던 후반 추가시간 8분 결정적으로 페널티킥을 성공시켜 첼시의 창단 첫 챔피언스리그 결승 진출을 견인했다.

결승골을 넣은 램퍼드는 두 손으로 하늘을 가리키는 셀러브레이션을 펼쳐 축구 팬들의 마음을 적셨다. 다음 날 영국 일간지 더타임즈의 마틴 새뮤얼Martin Samuel 기자는 이렇게 논평했다. "대단한 선수. 최고의 인간성. 다이아몬드처럼 반짝이는 선수. 비평가, 안티 팬들도 이제 프랭크 램퍼드를 건드리지 못한다. 어젯밤 페널티킥 결승골로 끝났다. 램퍼드가 승리했고, 그들은 패했다. 램퍼드는 우뚝 섰고, 그들은 쥐구멍으로 숨었다."

2009/10시즌 램퍼드는 또 하나의 이정표를 세웠다. 2003/04시즌부터 이어온 리그 두 자릿수 득점 기록을 7년째로 늘린 것은 물론 생애 처음으로 리그 20골 고지를 밟았기 때문이다. 2010년 4월 25일 램퍼드는 스토크 시티를 상대로 두 골을 터뜨려 중앙 미드필더로서는 드물게 20골을 돌파했다. 리그 최종전인 위건과의 경기에서도 1골 2도움으로 활약하며 8-0 대승에 앞장서 맨유를 승점 1점 차로 따돌리고 프리미어리그 패권을 차지하는 데에 혁혁한 공을 세웠다.

해당 시즌 램퍼드는 22골을 기록해 팀 동료 디디에 드로그바를 비롯해 웨인 루니, 카를로스 테베스 등 쟁쟁한 스트라이커들의 뒤를 이어 리그 득점 5위를 차지하는 '폭풍 득점력'을 과시했다. 이때 램퍼드는 리그 36경기 22골, 시즌 51경기 27골의 특급 기록을 남겼다.

2년 뒤인 2011/12시즌 첼시와 램퍼드는 그토록 염원했던 유럽 챔피언에 등극했다. 최정상으로 가는 길은 가시밭이었다. 새로 부임했던 안드레 빌라스-보아스 감독이 시즌 도중 경질되는 바람에 첼시는 경험과 존재감이 모두 미미한 로베르토 디마테오Roberto Di Matteo 감독대행 체제로 시즌 막판을 꾸려갔다. 팀의 실질적 리더는 램퍼드와 존 테리였다.

이러한 상황에서 첼시는 챔피언스리그 준결승전에서 리오넬 메시와 사비 에르난데스, 안드레스 이니에스타가 버티고 있던 바르셀로나를 상대해야 했다. 하지만 첼시는 홈 1차전에서 1-0 승리를 거둔 데 이어 원정 2차전에서 페르난도 토레스의 결정적인 동점골에 힘입어 2-2 무승부로 마무리하면서 극적으로 결승에 진출했다.

2012년 5월 19일 독일 뮌헨에서 첼시는 바이에른을 상대로 막판 동점골을 넣어 경기를 승부차기로 끌고 갔고, 여기서 역전 드라마를 쓰며 빅 이어Big Ears(챔피언스리그 우승 트로피)에 입을 맞췄다. 이때 테리가 경고 누적으로 결장하면서 램퍼드가 주장으로서 결승전을 이끌었다. 2008년 모스크바 결승전에서 득점을 기록하고도 승부차기에서 패해 분루를 삼켰던 램퍼드로서는 더욱 뜻깊은 성취가 아닐 수 없었다.

어느덧 30대 중반이 됐지만 램퍼드의 꾸준함은 멈추지 않았다. 2012/13시즌 들어서도 램퍼드는 중원에서 팀플레이의 구심점 역할을 하면서 UEFA 유로파리그 우승을 이끌었다. 시즌 하이라이트는 프리미어리그 종료를 한 경기 앞둔 애스턴 빌라 원정에서 연출됐다. 경기 초반 선제 실점을 내준 첼시는 어렵게 경기를 풀어갔다. 하지만 후반 들어 램퍼드가 1-1 동점골을 터뜨렸고, 경기 종료 2분을 남기고 역전골까지 넣어 짜릿한 2-1 역전승을 만들었다. 보비 탬블링Bobby Tambling의 클럽 역대 최다 득점 기록(202골)을 202호, 203호 골로 경신한 것이다.

경기 후 런던에서 따라온 첼시 원정 팬들은 "램퍼드"를 연호하며 신기록 작성의 순간을 즐겼다. 램퍼드는 2014년 여름 클럽을 떠날 때까지 첼시에서만 총 211골을 기록해 클럽 역대 최다 득점자에 등극했다. 중언부언이 되겠지만 램퍼드는 스트라이커가 아니라 중앙 미드필더다.

스탬퍼드 브리지에서의 13년 생활을 정리한 램퍼드는 2014/15 시즌 맨시티(임대)에 이어 2015년과 2016년 미국 MLS의 뉴욕 시티에서 현역 마지막 챕터를 썼다.

1995/96시즌 웨스트햄에서 출발한 램퍼드의 전설은 불가능해 보이는 기록들을 남겼다. 프리미어리그에서만 램퍼드는 177골을 넣었다. 역대 득점 랭킹에서 램퍼드는 앨런 시어러, 웨인 루니, 앤디 콜, 세르히오 아궤로에 이어 5위에 이름을 올린다. 심지어 티에리 앙리보다 2골이 많다. 리그 역대 150골 이상 득점자 중 미드필더는 램퍼드가 유일하다. 2005/06시즌부터 5년 연속으로 20골 고지를 밟는 괴력도 발휘했다.

모두가 극찬하는 꾸준함과 관련한 기록은 압권이다. 첼시에서 뛴 13시즌 중 램퍼드는 1시즌을 제외한 12시즌에서 '40경기 이상 출전'을 기록했고 '50경기 이상 출전'도 8시즌이나 된다. 2006/07 시즌에는 무려 62경기에 출전했다. 프리미어리그 통산 609경기 출전 기록도 역대 3위에 해당한다.

이런 기록은 행운의 결과가 아니었다. 첼시 때 전우 존 테리는 "매일 반복되는 훈련에 언제나 최고의 자세로 임해 모든 이에게 모범이 됐다. 팀 훈련이 끝나고 나면 매번 슈팅과 스프린트 연습을 했다. 아카데미의 모든 아이들에게 귀감이 됐다"고 램퍼드를 칭송했다. 램퍼드 본인도 "훈련의 중요성은 아무리 강조해도 부족하다. 경기에서 필요한 모든 면을 단련해야 한다. 그런 자세를 실천하고

2019년 8월 첼시 감독 시절의 프랭크 램퍼드.

사진 Mehdi Bolourian

재능까지 있다면 성공할 수 있다"고 자신의 철학을 밝혔다.

2000년대 중반부터 프리미어리그는 전 세계 최고 재능들이 가득한 경연장이 됐다. 그 안에서 램퍼드는 19시즌에 걸쳐 잉글랜드 미드필더의 자존심을 지켰던 진정한 슈퍼맨이었다.

39

—

빅매치 플레이어: 디디에 드로그바
(2011/12시즌)

알렉스 퍼거슨 감독은 박지성을 "빅매치 플레이어"라고 불렀다. 우승하기 위해 반드시 넘어야 할 고비마다 퍼거슨 감독은 박지성에게 상대의 장점을 지우는 임무를 부여했다. 그 덕분에 박지성은 맨체스터 유나이티드의 붙박이 주전이라고 평가하기는 힘든 팀 내 입지에도 불구하고 빅매치에서는 항상 퍼거슨 감독의 선택을 받았다.

첼시에서 8시즌 동안 뛴 디디에 드로그바는 자타가 공인하는 프리미어리그 최고의 빅매치 플레이어로 추앙받는다. 컵대회 우승이 걸린 결승전만 되면 어김없이 골을 터뜨리는 승부사 본능 때문이었다. 드로그바는 UEFA 챔피언스리그는 물론 FA컵과 리그컵 결승전에서만 9골이나 터뜨려 첼시에 트로피를 선사했다. 2000년

온라인 투표 웹사이트 '랭커'에서 첼시 팬들에 의해 '역대 최고 선수'로 드로그바가 뽑힌 이유가 따로 있지 않다.

FA컵, 리그컵 결승전 동시 득점

드로그바는 대기만성형 선수의 전형이다. 코트디부아르의 수도 아비장에서 태어난 드로그바는 프랑스 하부 리그에서 프로축구 선수로 뛰던 삼촌 미셸 고바Michel Goba의 지원을 받아 파리 근교 앙토니에서 유년기를 보냈다. 고등학교를 졸업할 때까지만 해도 본인의 진로를 축구 선수가 아니라 회계사로 생각했을 정도로 그의 축구 인생은 늦게 시작됐다.

대학교에서 회계학을 전공하기 위해 이주한 르망에서 드로그바는 연고 클럽인 르망 FC의 연습생으로 입단했다. 아카데미에서 체계적으로 훈련해본 적이 없었던 드로그바는 클럽 축구에 적응하느라 고생을 했다. 1998/99시즌이 끝나기 직전에 교체 투입돼 프로 데뷔전을 치르고 시즌이 끝난 뒤에 생애 첫 프로 계약을 맺었다. 이때 드로그바는 이미 21세의 성인이었다. 스타 선수들이 고등학생 나이에 이미 성인 무대에서 두각을 나타낸다는 통상적 진로를 생각하면 그의 출발은 너무 늦었다.

첫 아이의 출생은 드로그바에게 큰 책임감으로 다가갔다. 두번째 시즌부터 드로그바는 축구에만 전념하며 성인 프로 무대에 익숙해져갔다. 네 번째 시즌 도중 이적 시장에서 드로그바는 단돈 8만 파운드의 몸값을 받고 1부 갱강으로 이적할 수 있었다. 이때 팀이 1부에 잔류하는 데 공헌했다.

처음 맞이하는 1부 풀타임 시즌(2002/03)에 드로그바는 34경기에서 17골을 기록하며 득점 랭킹 3위에 올랐다. 1부에서 진가를 입증한 드로그바는 2003년 여름 리그앙의 빅클럽 마르세유로 이적했다. 갱강은 8만 파운드에 영입했던 드로그바를 1년 반 만에 330만 파운드를 받고 팔아 짭짤한 수익을 챙겼다. 갱강이 드로그바라는 이름을 프랑스 무대에 알렸다면 마르세유는 전 유럽 축구계에 알리는 발판이 됐다.

2003/04시즌 드로그바는 리그앙 득점 랭킹에서 지브릴 시세 (오세르), 알렉산더 프라이Alexander Frei(렌)에 이어 3위에 올랐고 마침내 UEFA 대회에서 잠재력을 폭발시켰다. 챔피언스리그 F조 파르티잔(세르비아)과의 경기에서 해트트릭을 성공한 것을 포함해 6경기에서 5골을 터뜨렸고, 조 3위 자격으로 옮겨간 UEFA컵에서 6골을 기록하며 마르세유의 결승 진출을 최선봉에서 이끌었다. 비록 결승전에서 발렌시아에 0-2로 패하기는 했지만, 챔피언스리그와 UEFA컵에서 기록한 11골은 드로그바를 유럽 빅클럽들이 노리는 영입 후보로 만들기에 충분했다.

2004년 여름, 첼시의 로만 아브라모비치 회장은 의욕적으로 유럽 챔피언 조제 모리뉴를 영입한 뒤 원하는 공격수를 말하라고 제안했다. 모리뉴 감독은 곧바로 "드로그바"라고 대답했는데, 아브라모비치 회장은 "누구? 어디서 뛰는 스트라이커인가?"라고 되물었다. 모리뉴 감독은 "회장님, 아무 말도 하지 말고 그냥 이적료나 대주세요"라고 말했다. 그해 7월 첼시는 드로그바의 영입을 마무리했다. 따져보면 드로그바의 몸값은 2002년 1월 8만 파운드, 2003년 7월 330만 파운드, 그리고 1년 만에 2400만 파운드로 폭증했다.

2004/05시즌 모리뉴가 이끄는 첼시는 리그 최고의 공수 밸런스를 선보이며 기존 강자들을 제치고 프리미어리그 선두를 달렸다. 하지만 드로그바는 잉글랜드 축구 스타일에 더딘 적응을 보였다. 중앙 미드필더인 프랭크 램퍼드가 팀 내 득점을 도맡으면서 최고액 영입생 드로그바는 체면을 구겼다. 그런 상황이 이어지던 2005년 2월 27일 리그컵 결승전에서 첼시는 라이벌 리버풀과 만났다.

킥오프 45초 만에 선제 실점을 허용한 첼시는 79분 스티븐 제라드의 자책골 덕분에 승부를 원점으로 돌릴 수 있었다. 1-1 동점이 되는 순간 모리뉴는 리버풀 팬들을 도발하는 셀러브레이션을 연출해 퇴장 조치를 당했다. 극도의 흥분에 휩싸여 시작된 연장전이 절반쯤 지나갈 무렵 첼시가 천금 같은 2-1 역전골을 터뜨렸다. 주인공은 다름 아닌 드로그바였다. 오른쪽에서 넘어온 롱스로인을 문전에서 침착하게 골대 안으로 밀어 넣었다. 드로그바의 역전골로 분위기를 탄 첼시는 결국 리버풀을 3-2로 꺾고 아브라모비치 시대 첫 트로피를 손에 넣을 수 있었다.

첼시는 프리미어리그에서도 승점 95점을 쌓으며 50년 만에 통산 두 번째 우승을 차지했다. 드로그바 개인에게는 리그컵 결승전에서 득점을 하는 한편으로 리그에선 10골에 그치는 등 희비가 교차하는 첫 잉글랜드 시즌이었다.

프리미어리그 3년째인 2006/07시즌이 돼서야 드로그바는 당당한 주역으로 자리매김할 수 있었다. 리그에서 드로그바는 20골 고지를 밟아 득점왕 타이틀을 차지했다. 시즌 득점도 이전 두 시즌 합계보다 1골 많은 33골을 기록했다. 첼시 선수의 시즌 30골 기록은 1984/85시즌 케리 딕슨Kerry Dixon 이후 22년 만이었다. 첼시는 프리미어리그 타이틀을 맨유에 내준 아쉬움을 FA컵과 리그컵 동시 제패로 만회할 수 있었다.

두 번의 결승전은 드로그바의 빅매치 본능에 불을 붙이는 계기가 됐다. 2007년 2월 리그컵 결승전의 상대는 런던 라이벌 아스널이었다. 아스널은 18세 윙어 시오 월콧Theo Walcott이 킥오프 12분 만에 선제골을 터뜨려 1-0으로 앞섰다. 8분 뒤 드로그바가 1-1 동점골로 기선을 제압당한 상황을 다시 뒤집어 균형을 되찾았다. 경기 도중 존 테리가 상대의 킥에 얼굴을 맞아 실신하는 사고도 있을 만큼 양 팀은 격전을 펼쳤다. 연장전을 떠올리던 84분, 왼쪽 측면에서 아리언 로번이 올린 크로스를 드로그바가 머리로 돌려 2-1 역전골을 터뜨리며 접전을 마무리했다.

그해 5월 FA컵 결승전에서는 당시 잉글랜드 최고 빅뱅이라고 할 수 있는 첼시와 맨유의 맞대결이 성사됐다. 라이벌전답게 두 팀은 정규 시간은 물론 연장전 막판까지 0-0 살얼음판을 걸었다. 연장 26분, 문전에서 드로그바가 프랭크 램퍼드와 원투 패스를 연결한 끝에 천금 같은 1-0 결승골을 터뜨렸다. 잉글랜드 축구 역사상 단일 시즌 FA컵과 리그컵 결승전에서 동시에 득점을 기록한 선수는 드로그바가 처음이었다.

다섯 번째 키커

2007/08시즌 드로그바의 빅매치 플레이어 명성은 가장 결정적 순간에 빛이 바랬다. 시즌 초반부터 조제 모리뉴 감독이 경질되는 악재가 터졌다. 드로그바는 "지금 나는 상상해본 적도 없는 불

안감에 휩싸여 있다. 훈련장에 진짜 가족애가 있어 서로 무슨 이야기든 할 수 있다는 게 우리의 강점이었다. 많은 선수가 감독을 위해 뛰었다"라며 충격을 숨기지 못했다. 2008년 2월 리그컵 결승전에서는 골을 넣고도 토트넘에 1-2로 역전당하는 불운을 겪었다.

시즌 피날레로 펼쳐진 챔피언스리그 결승전은 모든 아픔을 지울 기회처럼 보였다. 비 내리는 모스크바의 밤, 드로그바는 연장 26분 맨유의 수비수 네마냐 비디치의 뺨을 때려 레드카드를 받았다. 첼시의 코칭스태프는 승부차기 다섯 번째 키커였던 드로그바의 자리에 주장 존 테리를 넣었고, 테리는 빗물에 미끄러지는 바람에 승부차기 패배의 원흉이 되고 말았다.

드로그바의 개인 하이라이트는 2009/10시즌이었다. 카를로 안첼로티 감독의 지휘 아래서 첼시는 리그 3연패 중이던 맨유와 잉글랜드 왕좌를 놓고 치열하게 부딪쳤다. 첼시는 맨유보다 승점 1점 앞선 채 최종전에서 위건을 상대했다. 드로그바로서도 경기 시작 전까지 웨인 루니와 리그 26골로 공동 선두를 달리고 있어 위건전에 임하는 마음가짐이 남달랐다. 1-0으로 앞선 32분 첼시는 페널티킥을 획득했다. 팀 우승을 우선시해 원래 키커인 프랭크 램퍼드가 페널티킥을 양보하지 않자 드로그바는 크게 실망했다.

후반전 초반 첼시가 4-0으로 앞선 상황에서도 드로그바는 골맛을 보지 못했다. 걱정할 필요는 없었다. 드로그바는 63분, 68분, 80분에 연달아 골을 터뜨려 해트트릭을 달성함으로써 팀의 8-0 대승을 견인했다. 첼시는 승점 1점 차로 우승을 확정했고, 드로그바는 리그 29골을 기록하며 생애 두 번째 프리미어리그 득점왕에 빛났다. 엿새 뒤 웸블리 스타디움에서 열린 FA컵 결승전에서는 포츠머스를 상대로 시즌 37호 골을 터뜨려 시즌 더블의 영웅이 됐다.

드로그바는 스탬퍼드 브리지에서의 8년 생활을 마무리하는 2011/12시즌에 가장 눈부신 영광을 맞봤다. 안드레 빌라스-보아스 신임 감독이 이끄는 첼시는 프리미어리그에서 고전을 면치 못했다. 해를 넘겨 로베르토 디마테오 감독대행 체제로 운영된 첼시는 FA컵과 챔피언스리그에서 승승장구를 이어가며 결승전에 다다랐다. 리그 6위의 충격적 성적을 뒤로한 채, 드로그바는 리버풀과 맞붙은 FA컵 결승전에서 득점으로 공헌해 팀의 2-1 승리를 이끌었다.

2주 뒤인 2012년 5월 19일 첼시는 독일 뮌헨의 알리안츠 아레나에서 열리는 챔피언스리그 결승전에 나섰다. 상대는 경기장의 주인 바이에른 뮌헨이었다. 첼시는 모든 면에서 바이에른에 뒤져 88분까지 0-1로 끌려갔다. 희망의 불씨가 꺼질 것 같던 상황에서 드로그바가 램퍼드의 코너킥을 절묘한 헤더로 연결해 1-1 동점을 만들었다. 첼시에 입단하고 본인이 출전했던 모든 컵대회에서 전 경기 득점을 기록하는 순간이었다.

두 팀은 결국 승부차기로 승자를 가려야 했다. 4년 전인 2008년 모스크바 결승전 때와 달리 드로그바는 원래 임무인 다섯 번째 키커로 나서 첼시의 창단 첫 유럽 제패를 확정 짓는 페널티킥을 성공시켰다. 사흘 뒤 첼시는 정해진 대로 계약 만료를 공식 발표했고 드로그바는 중국 슈퍼리그의 상하이 선화로 이적하며 성공으로 가득했던 첼시 유니폼을 벗었다.

중국 활동을 반년 만에 접은 드로그바는 터키의 갈라타사라이를 거쳐 2년 만인 2014년 여름 모리뉴 감독이 다시 지휘봉을 잡은 첼시로 돌아왔다. 모리뉴 감독은 "예전처럼 1순위 공격수는 아니지만, 젊은 선수들에게 드로그바가 반드시 해줘야 할 부분이 있었다"라며 백전노장을 소환한 이유를 설명했다. 드로그바는 주로 후반 교체 자원으로 기용되며 리그 28경기에 출전해 4골을 기록했다. 마지막 경기였던 선덜랜드전에서 첼시 동료들은 교체 아웃되는 드로그바를 가마 태우며 클럽 역대 최고 전설에 대한 예우를 표시했다.

드로그바는 첼시뿐 아니라 조국 코트디부아르에서도 영웅으로 인식된다. 1990년대 중반부터 코트디부아르는 북부 부아케를 중심으로 하는 이슬람 반군과 남부 아비장(드로그바의 고향)의 기독교 우파 정권이 내전을 벌여 피비린내가 진동하는 상태였다. 남부의 로랑 그바그보 대통령이 집권했지만, 북부와 남부의 무력 충돌로 인해 차기 대선이 계속 연기됐다. 그런 혼돈을 겪던 코트디부아르가 2005년 10월, 2006년 독일월드컵을 위한 아프리카 지역 예선 최종전에서 수단을 3-1로 꺾고 건국 이래 최초로 월드컵 본선행 티켓을 획득했다.

경기 후 드로그바는 라커룸 안으로 생중계 TV 카메라를 불렀다. 북부 이슬람 출신인 동료 콜로 투레와 어깨동무를 한 남부 출신 드로그바는 마이크를 잡고 "오늘 우리가 이렇게 무릎을 꿇고 국민 여러분께 애원한다. 용서하라. 용서하고 또 용서하라. 무기를 내려놓고 선거를 치르자. 그러면 모든 게 나아질 것이다"라는 역사적 연설을 남겼다. 권력 앞에서 총을 쏴대던 정치인과 반군은 드로그바의 연설에 내전 종식으로 응답했다.

2011년 첼시에서 뛰던 디디에 드로그바.
사진 Firdaus Latif

2년 뒤에는 드로그바가 직접 대통령을 설득해 아프리카컵오브네이션스 본선행을 확정하는 경기 장소를 남부 아비장에서 북부 부아케로 옮김으로써 대통합의 기틀을 마련했다. 드로그바는 A매치 86경기에서 60골을 넣어 코트디부아르 역대 최다 득점자로 기록된다. 2위에 오른 제르비뉴Gervinho의 득점 수는 23골이다.

40

—

붉은 전설: 웨인 루니
(2010/11시즌)

잉글랜드 축구사에서 보비 찰턴은 독보적 입지를 차지한다. 당시 유일한 메이저 대회 우승인 1966년 월드컵 우승의 멤버이자 최고 인기 클럽인 맨체스터 유나이티드에서 영광의 1968년 유러피언컵 우승을 이끈 주역이었다. 잉글랜드 국가대표팀(49)과 맨유(249)에서 남긴 역대 최다 득점 기록은 40년 가까이 깨지지 않아 찰턴을 역사적 레전드로 만들었다. 영원할 것 같던 찰턴의 득점 기록은 2010년대 들어서야 겨우 경신됐다. 주인공은 역시 맨유 후배 웨인 루니였다. 10대 시절부터 루니는 그라운드 안팎에서 자주 말썽을 일으켜 사회적 비난을 받았지만, 결과적으로 잉글랜드와 맨유의 역대 최다 득점자로서 축구사에 남았다.

에이스의 '성질'

유로 2004가 끝나고 개막한 2004/05시즌 프리미어리그의 최대 관심 대상은 첼시와 루니였다. 양쪽 모두 어마어마한 돈이 투입됐기에 첼시와 루니는 기필코 성공해야 한다는 분위기였다. 첼시는 호주머니가 태평양 심해만큼 깊은 러시아 갑부, 유럽 챔피언에 오른 감독, 전 세계에서 모인 스타플레이어들이 모인 집단이기에 실패에 대한 책임도 분산될 수 있지만, 루니는 성공과 실패의 외줄타기를 오로지 혼자 힘으로 견뎌야 했다. 무엇보다 맨유로 이적한 시점에도 루니는 아직 20세가 되지 않은 10대 청소년이었다.

맨유의 선수는 여타 동업자들과 다르게 일거수일투족이 언론에 의해 관찰되어 수시로 세간의 평가 대상이 되곤 한다. 잘하면 더 칭찬받지만, 못하면 지나칠 정도로 가혹한 비난을 받는다. 2700만 파운드나 되는 몸값을 기록한 18세 공격수라면 부담감이 더 클 수밖에 없다. 이런 상황에서 2004년 9월 28일 올드 트래퍼드에서 벌어진 터키 페네르바체와의 경기에서 루니는 해트트릭을 기록하며 맨유 데뷔전을 화려하게 장식했다. 유로 2004에서 맹활약한 데 이어 훌륭한 데뷔전을 치름으로써 루니는 자신을 향한 영국 축구계의 기대감을 확신으로 바꿔놓았다.

루니가 맨유의 스쿼드에 녹아드는 데에는 딱히 시간이 걸리지 않았다. 이전 소속 팀인 에버턴에 비해 맨유에서 루니는 공격을 혼자 해결하기 위해 수고할 필요가 없었다. 뤼트 판니스텔로이를 비롯해 라이언 긱스, 폴 스콜스, 크리스티아누 호날두, 앨런 스미스 등 팀에는 리그 최정상급 공격 자원이 넘쳐났다. 무엇보다 루니는 전형적인 스트라이커가 아니었다. 넓은 시야와 정확한 상황 판단에 토대한 플레이 메이킹 능력을 갖춰 1선과 2선의 모든 포지션을 소화하는 멀티 능력이야말로 그를 특별한 선수로 만드는 요소였다. 최전방 스트라이커로 뛰는 경기에서도 루니는 자주 2선, 3선까지 내려와 공격 빌드업 과정에 참여했고, 측면으로 빠지는 스위치 플레이에도 능했다.

뜨거운 승부욕은 모든 운동선수에게 성공을 위한 기본 덕목이다. 하지만 세상만사가 그렇듯이 승부욕도 과유불급이다. 넘치는 열정은 승리 동력이기도 하지만, 지나치면 일을 망치는 원인이 되기도 한다. 2000년대 루니를 둘러싼 최대 키워드가 바로 '성질'이었다. 2005년 4월 뉴캐슬전은 루니의 분노가 긍정적으로 발현된 케이스였다.

올드 트래퍼드에서 맨유는 전반 선제 실점을 허용해 후반전에서 반전을 노리고 있었다. 하지만 경기 시작부터 루니는 상대의 깊은 태클을 보고도 휘슬을 불지 않는 닐 배리Neale Barry 주심에게 투덜거리기 바빴다. 후반전이 시작된 지 12분 만에 루니는 상대의 거친 플레이에 쓰러졌는데, 주심은 여전히 무관심했다. 인플레이가 선언됐는데도 루니는 배리 주심을 쫓아가며 연신 불만을 터뜨렸다. 그러던 중 상대 클리어링이 하필 루니의 앞으로 날아왔다. 상황 인식도 제대로 파악되지 않은 상황에서 루니는 치밀어 오르는 화를 담아 논스톱 오른발 슛을 때렸다. 마치 배리 주심이라도 걷어차는 듯한 루니의 슛은 무시무시한 스피드로 뉴캐슬의 골네트를 갈랐다. 루니의 1-1 동점골 덕분에 승부를 원점으로 돌린 맨유는 75분 웨스 브라운이 역전골을 넣으면서 2-1로 이겼다.

그로부터 5개월 뒤인 2005/06시즌 챔피언스리그 조별리그 1

차전에서는 루니의 열정은 선을 넘고 말았다. D조 첫 경기는 9월 15일 비야레알과의 원정 경기로 치러졌다. 스쿼드의 크기와 깊이, 수준 측면에서 맨유의 승리가 예상됐다. 하지만 후반전 중반이 될 때까지 맨유는 비야레알의 골문을 열지 못해 고전했다. 64분 루니가 상대의 볼을 빼앗다가 반칙을 범했다. 덴마크 출신 킴 밀톤 닐센 주심이 주머니에서 옐로카드를 꺼냈다. 경고를 받을 만한 반칙이 아니라고 생각한 루니는 어이없다는 표정을 지었고, 자기 앞으로 지나가는 주심의 면전에서 박수를 쳤다. 닐센 주심은 이 행동을 '명백히 심판에 대한 존중이 부족한 제스처'로 판단해 즉시 두 번째 옐로카드를 꺼내 루니를 퇴장시켰다.

수적 열세에 빠진 맨유는 결국 0-0 무승부에 그쳐 승점을 떨어뜨리고 말았다. 다음 날 영국 언론은 루니의 어리석은 행동을 대서특필하며 심리 치료가 필요하다고 훈수했다. 훗날 루니는 자서전에서 "비야레알전 퇴장에서 큰 교훈을 얻었다"고 썼다. 하지만 2006년 독일월드컵 8강전에서 포르투갈의 히카르두 카르발류의 중요 부위를 발로 짓밟아 퇴장당하는 실수를 반복했다. 참고로 닐센 주심은 1998년 프랑스월드컵에서 잉글랜드의 데이비드 베컴을 퇴장시킨 주인공으로서 잉글랜드 팬들과 악연을 만들었다.

퍼거슨 체제 최전성기의 에이스

2006/07시즌부터 2008/09시즌까지 맨유와 루니는 '역대급' 전성기를 구가했다. 3시즌에 걸쳐 맨유는 프리미어리그 3연패를 달성했고, 2008년과 2009년 연거푸 챔피언스리그 결승전에 진출하는 초강세를 보였다. 루니는 꾸준한 득점력을 유지하며 호날두의

득점 도우미 역할까지 톡톡히 해냈다. 경기 중 화를 억누르지 못하는 장면이 나오기도 했지만, 팀과 개인의 성공이 쌓여가면서 한층 성숙한 플레이를 선보였다.

여전히 20대 초반의 젊은 나이인데도 루니는 이 기간을 통해 맨유와 잉글랜드 국가대표팀에서 완연한 에이스로 성장했다. 2006년 독일월드컵을 코앞에 두고 중족골이 부러지는 부상을 입고도 초인적 의지로 메이저 대회 무대에 섰고, 2년 뒤인 2007/08시즌에도 시즌 내내 부상으로 고생하면서도 맨유의 리그 2연패와 챔피언스리그 및 클럽월드컵 우승에 공헌했다.

2009년 여름 공격 파트너 호날두가 역대 최고가 이적료를 기록하며 레알 마드리드로 떠났다. 이렇다 할 대체자를 영입하지 못한 채 맨유는 2009/10시즌을 맞이했다. 호날두가 떠난 뒤 득점 공백을 채우는 책임은 자연스레 루니에게 돌아갔다. 그 과정에서 루니의 다재다능함이 빛을 발했다. 루니는 커뮤니티실드에서 득점한 데 이어 리그 개막전에서도 버밍엄 시티를 상대로 1-0 결승골을 터뜨리며 기분 좋게 스타트를 끊었다.

8월 22일 4라운드 위건전에서 두 골을 보태 맨유 통산 100골에 도달했고, 잉글랜드 국가대표팀의 2010년 남아공월드컵 유럽 예선, 맨체스터 더비 같은 중요한 경기에서도 득점을 거르지 않았다. 집중력도 돋보였다. 프리미어리그 14라운드 포츠머스전에서 해트트릭을 기록하고 23라운드 헐 시티전에서 네 골을 넣은 것이 좋은 사례다. 시즌 하반기 들어 루니는 유난히 헤더 득점이 많았는데 이 또한 페널티박스 안에서의 정확한 위치 선정과 불타는 투지를 방증했다.

2010년 3월 30일 챔피언스리그 원정 8강전에서 루니는 최고조 시즌에 종지부를 찍었다. 한 골을 기록하고도 경기 후 정밀 검사에서 발목 인대가 파열됐다는 진단을 받고 좌절해야 했다. 시즌 아웃 판정에 가까웠지만, 루니는 발목 통증을 참아가며 출전을 강행했다. 프리미어리그에서는 첼시와 치열한 우승 경쟁을 벌이고 있는 데다 홈에서 예정된 챔피언스리그 8강 2차전도 그냥 넘길 수 없었기 때문이다. 투지는 좋았지만, 결국 루니는 최악의 운명을 맞이해야 했다. 리그에서는 첼시에 승점 1점 차로 밀렸고, 챔피언스리그에서는 바이에른에 준결승행 티켓을 내줬다.

시즌이 끝나고도 정상 컨디션을 회복하지 못한 루니는 남아공월드컵에서 무득점에 그쳤고, 팀은 독일에 밀려(1-4 패) 16강 탈락의 쓴맛을 봐야 했다. 리그 26골, 시즌 34골이라는 기록을 세우고도 루니는 웃지 못했다.

남아공월드컵이 끝나고 개막된 2010/11시즌 초반 루니는 맨유 수뇌부에 돌연 이적요청서를 제출해 클럽을 발칵 뒤집었다. 순조로운 타결이 예상되던 재계약 협상 과정에서 불쑥 튀어나온 루니 측의 돌발 판단에 퍼거슨 감독은 "맨유에 온 이후로 우리는 루니에게 모든 것을 해줬기에 너무나 실망스럽다. 선수와 면담했지만, 에이전트의 말만 반복할 뿐이었다"라며 고개를 가로저었다. 루니는 크리스티아누 호날두와 카를로스 테베스의 이적에 대한 클럽의 소극적 대책에 실망했다는 설명을 내놓았다.

하지만 이적요청서를 제출한 사태는 불과 이틀 만에 5년 재계약을 체결했다는 발표가 나오면서 한바탕 해프닝으로 끝났다. 루니는 연이은 발목 부상 때문에 불규칙적으로 출전하면서 고생했지만, 팀 동료 디미타르 베르바토프가 득점을 책임지며 맨유는 디펜딩 챔피언 첼시를 제치고 리그 선두를 달렸다.

머쓱해질 수도 있는 상황을 반전한 계기가 바로 2011년 2월 12일 시즌 두 번째 맨체스터 더비였다. 당시 맨시티는 아부다비 자본을 앞세워 전력이 급상승하고 있었다. 퍼거슨 감독은 맨시티를 "시끄러운 이웃"이라고 부르며 기존처럼 입지가 다르다고 강조했지만, 이미 맨시티는 맨유도 승리를 장담하지 못할 정도로 강팀으로 성장한 상태였다. 맨유의 나니와 맨시티의 다비드 실바^{David Silva}가 한 골씩 주고받으며 맨체스터의 두 클럽은 경기 막판까지 팽팽히 맞섰다. 올드 트래퍼드를 가득 메운 홈 팬들은 맨시티를 보기 좋게 꺾고 싶다는 간절함과 혹시나 잘못된 결과가 나올지도 모른다는 불안감 사이에서 길을 잃고 흥분했다.

살기등등한 78분 오른쪽 측면에서 나니가 크로스를 올렸다. 페널티박스 왼쪽에 있던 루니가 자기 뒤로 지나가는 볼을 향해 몸을 날렸다. 루니의 오버헤드킥이 잉글랜드 대표팀 동료 조 하트^{Joe Hart}가 지키는 맨시티의 골문에 직선으로 꽂혔다. 이 골은 맨유 데뷔전 해트트릭과 함께 현역 시절 루니의 최고 명장면으로 기억된다.

2011년 5월 28일 루니는 개인 세 번째 챔피언스리그 결승전에서 드디어 골맛을 보며 에이스로서의 가치를 입증했다. 하지만 후반 들어 맨유는 바르셀로나의 리오넬 메시와 다비드 비야^{David Villa}에게 연속으로 실점을 허용해 준우승에 그치고 말았다. 훗날 퍼거슨 감독은 "후반전에도 박지성을 메시에게 계속 붙였으면 우리가 이겼을 것"이라며 하프타임에 전술을 바꾼 점을 후회했다.

포스트 - 퍼거슨 체제

퍼거슨 감독의 은퇴와 데이비드 모이스의 취임을 거치면서 루니의 맨유 생활도 끝이 보이는 것 같았다. 2013년 루니는 두 번째 이적 요청을 철회했고 포스트-퍼거슨 체제의 불안감은 모이스 감독의 조기 경질 덕분에(?) 해소됐다. 루이스 판할 감독이 지휘봉을 잡은 2014/15시즌부터 루니는 최전방 스트라이커보다 2선 플레이메이커로 자주 기용됐다. 루니는 넓은 시야와 뛰어난 패스 능력으로 자신에게 주어진 임무를 완벽히 처리하며 퍼거슨 감독 이후 찾아온 암흑기를 맞아 악전고투했다.

팀의 성공은 퍼거슨 감독의 은퇴와 함께 메말랐지만, 꾸준히 쌓아온 루니의 득점은 합당한 보상을 받았다. 2015년 9월 유로 2016 예선으로 맞붙은 스위스전에서 루니는 A매치 50호 골 고지를 밟아 드디어 보비 찰턴의 49골 기록을 넘어 잉글랜드 역대 최다 득점자에 등극했다. 루니의 마지막 맨유 시즌이 된 2016/17시즌 2017년 1월 스토크 시티와의 경기에서는 후반 추가 4분 귀중한 1-1 동점 프리킥을 성공시켜 찰턴이 보유했던 맨유 역대 최다 득점 타이틀까지 가져왔다.

그해 5월 24일 UEFA 유로파리그 결승전 막판에 교체 투입된 것을 끝으로 루니는 맨유와의 13년 동행을 마감했다. 시즌이 끝난 뒤 루니는 친정인 에버턴으로 돌아가 프리미어리그 마지막 시즌을 보냈다. 1년뿐이었지만 에버턴에서 프리미어리그 200골 고지를 밟았고, 웨스트햄전에서는 에버턴 소속으로 첫 해트트릭을 달성하는 기쁨도 안았다. 특히 세 번째 득점은 상대 골키퍼의 클리어링을 자기 진영에서 논스톱으로 때려 골문 안에 집어넣는 진기명

기였다.

2021년 루니는 더비 카운티에서 현역 은퇴를 선언했고, 지금은 감독으로서 팀을 이끌고 있다. 2002/03시즌부터 시작된 루니의 전설은 잉글랜드 국가대표팀 역대 최다 득점자(53골), 맨유 역대 최다 득점자(253골), 프리미어리그 역대 최다 득점 2위(208골), 프리미어리그 역대 최다 도움 3위(103개), 리그 최다 두 자릿수 득점 시즌(12시즌), 맨체스터 더비 최다 득점자(11골), 잉글랜드 최연소 출전(17세 160일) 및 득점(17세 317일) 등 수많은 기록으로 가득하다.

2008년 11월 UEFA 챔피언스리그 조별리그 셀틱전 당시
맨체스터 유나이티드의 웨인 루니.

사진 Tsutomu Takasu

Part 3

포스트 퍼거슨 시대

프리미어리그라는 우주가 오직 한 사람만을 위해 돌아가는 듯 했던 20년 제국의 문이 닫혔다. 유례없는 패권 다툼이 벌어진 다는 신호탄이었다. 막대한 자본이 수집해온 세계 최고 명장들이 잉글랜드 각지에서 축구 전술의 진수를 구현한다. 거친 몸싸움, 마초적 매너로 똘똘 뭉쳤던 잉글랜드 축구는 이제 축구 전술사를 새로 쓰는 브레인들의 경연장이 되어간다.

41

—

아궤로오오오오오오오: 맨체스터 시티
(2011/12시즌)

1995/96시즌 맨체스터 유나이티드와 블랙번 로버스의 우승 경쟁은 잉글랜드 축구사에 길이 남는 명승부였다. 하지만 프리미어리그의 진짜 힘은 각본 없는 드라마를 계속 생산해내는 능력이다. 21세기 들어 유입되기 시작한 외국 자본은 톱클래스 인재(지도자 및 선수)를 끌어모았고, 그 덕분에 프리미어리그는 무한 경쟁으로 치닫는 판세를 만들 수 있었다. 2000년대 중반까지 이어진 맨유와 아스널의 2강 체제는 2003년 첼시, 2008년 맨체스터 시티가 등장하면서 새롭게 재편됐다. 아부다비의 오일머니로 환골탈태한 맨시티가 44년 만에 1부 리그를 제패했던 2011/12시즌은 축구에서 볼 수 있는 모든 드라마를 담은 집약체였다.

2011/12시즌 맨체스터 더비

만년 중하위권이었던 맨시티는 2007년 탁신 치나왓 전 태국 총리의 인수를 기점으로 전혀 다른 차원으로 들어선다. 당시만 해도 탁신 회장의 재력은 여느 갑부 못지않았다. 2007년 여름 맨시티는 잉글랜드 전 국가대표팀 감독 스벤-예란 에릭손을 영입한 데 이어 엘라누Elano(샤흐타르), 발레리 보지노프Valeri Bojinov(피오렌티나), 마틴 페트로프Martin Petrov(아틀레티코), 베드란 초를루카(자그레브) 등 A급 선수 10명을 한꺼번에 결집시켰다. 하지만 급조된 스쿼드는 2007/08시즌을 리그 9위의 성적으로 마무리하면서 기대에 미치지 못했다. 1년 만에 탁신 회장은 해외 자산 동결이라는 위기에 직면하고 고육지책으로 2008년 8월 말 본인의 지분을 아부다비의 만수르 왕자가 소유한 투자회사에 넘겨야 했다.

중동 자본의 야망은 사이즈가 달랐다. 클럽 인수를 확정한 지 하루 만에 레알 마드리드의 브라질 출신 에이스 호비뉴를 잉글랜드 축구 역대 최고 이적료인 3250만 파운드에 영입했다. 이 무렵 이적 시장에서 맨시티는 이미 조Jô(CSKA), 뱅상 콩파니Vincent Kompany(함부르크), 숀 라이트-필립스(첼시) 등을 영입한 상태였다. 에릭손으로부터 지휘봉을 넘겨받은 마크 휴즈 신임 감독은 시즌 도중 크레이그 벨러미Craig Bellamy(웨스트햄)와 웨인 브리지(첼시), 니헐 더용Nigel de Jong(함부르크), 셰이 기븐(뉴캐슬)까지 선물받았다. 대륙에서 모인 뛰어난 인재들을 하나로 뭉칠 만한 능력이 휴즈 감독에게도 부족했다는 게 문제였다.

리그 10위에 그친 맨시티 선수단이 2009/10시즌 초반에도 나아질 기미가 보이지 않자 맨시티 수뇌부는 2009년 12월 마크 휴즈 감독을 경질하고 인테르나치오날레에서 승승장구하던 로베르토 만치니 감독을 데려오는 선택을 내렸다. 만치니 감독은 선수단 통솔력은 물론 전술 능력까지 탁월했다. 구단주의 공격적 자금 지원을 등에 업고 만치니 감독은 첫 풀타임 시즌인 2010/11시즌 리그 3위에 올라 챔피언스리그 출전권을 손에 넣었다. 곧이어 FA컵에서 우승하는 실적을 남겨 아부다비 고용주의 마음을 샀다.

맨시티가 하루가 다르게 강해지자 잉글랜드 축구 기득권에서는 시기와 질투가 쏟아졌다. 특히 연고지 맨체스터를 공유하는 이웃 맨유 쪽에서는 부정적 반응이 끊이지 않았다. 알렉스 퍼거슨 감독도 불편한 심기("불편한 이웃")를 숨기지 않았지만, 2009년 여름 맨유의 에이스 카를로스 테베스가 맨시티로 이적하면서 맨체스터의 두 클럽은 사이가 완전히 갈라졌다. 프리미어리그에서는 주축의 이적 여부가 빅클럽의 평가 기준 중 하나처럼 인식된다. 테베스의 맨시티 이적은 맨유는 물론 팬들에게까지 일종의 격세지감을 안기는 사건이었다.

맨시티의 선수 영입은 프리미어리그 클럽들을 공포에 떨게 했다. 맨시티는 테베스뿐 아니라 아스널의 엠마뉘엘 아데바요르와 콜로 투레, 에버턴의 졸리언 레스콧Joleon Lescott, 애스턴 빌라의 가레스 배리Gareth Barry 등 국내 경쟁자들의 주춧돌을 쑥쑥 빼갔기 때문이다. 야야 투레Yaya Touré도 바르셀로나 선수라는 타이틀을 버리고 맨시티에 합류했고, 인테르의 마리오 발로텔리도 옛 스승을 따라 맨체스터로 날아왔다. 2011년 여름에는 아틀레티코의 세르히오 아궤로, 아스널의 사미르 나스리Samir Nasri와 가엘 클리시가 맨시티에 합류했다. 경쟁 클럽들은 맨시티의 남루했던 과거를 들추기 바빴지만, 맨시티가 이제 무시할 수 없는 존재가 됐다는 현실을 부정하기는 어려웠다.

2011/12시즌 초반, 맨시티는 의외의 사건과 마주해야 했다. 9월 27일 챔피언스리그 조별리그 바이에른 원정에서 카를로스 테베스가 만치니 감독의 후반 교체 투입 지시를 거부하는 하극상을 벌였다. 선수 본인은 "출전이 아니라 워밍업 지시를 거부했다"고 변명했지만, 만치니 감독은 "다시는 팀에서 뛰지 못할 것이다. 테베스는 끝났다"라며 과감히 썩은 사과를 내던졌다. 내부 조사를 진행한 결과 테베스는 1군 훈련 시설 출입이 금지되는 징계를 받아야 했다.

경쟁자들은 맨시티의 내분을 '콩가루 집안'이라는 식으로 비꼬았다. 어수선한 상황에서 시즌 첫 번째 맨체스터 더비를 코앞에 두고 이번에는 마리오 발로텔리가 사고를 쳤다. 빅매치를 불과 이틀 남긴 새벽 화장실에서 친구가 홍염으로 장난을 치다가 화재가 난 것이다. 아닌 밤중에 발로텔리의 집 앞으로 소방차 2대와 소방대원들이 출동하는 해프닝은 또다시 맨유 팬들에게 좋은 술안주가 됐다.

10월 23일 올드 트래퍼드에서 맨체스터 더비가 시작됐다. 맨유로서는 '벼락부자'의 기세를 꺾어야 하고, 맨시티는 오랫동안 당했던 하대의 뒤통수를 갈겨야 했다. 이 순간만큼은 맨체스터 더비에 대한 세계적 관심이 라리가의 베스트셀러 엘클라시코를 넘어섰다. 1군에서 쫓겨난 테베스의 빈자리를 발로텔리가 메웠다. 킥오프 22분 만에 발로텔리가 선제골을 터뜨리고 그 유명한 '왜 맨날 나만 갖고 그래?' 셀러브레이션을 선보였다. 자신을 향해 온갖 잔소리를 퍼붓는 세상을 향해 날리는 카운터펀치였다.

이날 발로텔리는 제대로 물을 만났다. 후반전이 시작되자마자 감각적인 터닝 동작으로 맨유 수비수 조니 에번스Jonny Evans를 제치고 골키퍼와 일대일로 맞설 기회를 만들었다. 당황한 에번스가 발로텔리를 넘어뜨렸고, 마크 클라텐버그 주심은 '명백한 득점 기회를 고의적으로 방해한 행위'라고 판정하며 레드카드를 꺼냈다. 팽팽했던 균형의 끈이 툭 끊기자 맨유는 속절없이 무너졌다. 발로텔리와 세르히오 아궤로가 연달아 골망을 흔들어 스코어를 3-0으로 만들었다.

맨유가 만회골을 노릴수록 맨시티 공격수들에겐 넓은 공간이 생겼다. 맨유의 대런 플레처가 겨우 한 골을 만회했지만 경기 막판 맨시티의 에딘 제코Edin Dzeko(2골)와 다비드 실바가 득점자 명단에 또 이름을 올렸다. 맨유는 1955년 이후 맨체스터 홈 더비에서 최다 골 차(1-6)로 패하는 치욕을 맛봤다. 올드 트래퍼드에 모인 맨시티 원정 팬들은 경기가 끝나자 "쉽군! 쉬워!"를 연호하며 기록적 대승을 즐겼다.

후반 추가시간 두 골

디펜딩 챔피언 첼시가 힘을 쓰지 못하면서 시즌 내내 선두 경쟁은 맨체스터 클럽들에 의해 벌어졌다. 맨시티는 개막하고 첫 14경기에서 무패로 달리며 우승 야망을 불태웠다. 하지만 시즌 막판 맨시티의 집중력이 급속히 떨어졌다. 28라운드부터 32라운드까지 5경기에서 맨시티는 승점 5점(1승 2무 2패)에 그치는 슬럼프에 빠졌다. 같은 기간 맨유는 5전 전승으로 내달려 기어이 선두 자리를 빼앗는 저력을 선보였다.

모든 관심이 시즌 두 번째 맨체스터 더비인 36라운드에 쏠렸다. 이 경기를 포함해 세 경기밖에 남지 않았기에 우승 결정전이나 다를 바 없었다. 승점 3점 앞선 맨유는 비기기만 해도 되는 입장이었지만, 맨시티는 무조건 이겨야 우승을 향한 희망을 이어갈 수 있었다. 워낙 중요한 경기였던 까닭에 만치니 감독은 항명 징계에서 돌아온 카를로스 테베스까지 선발로 기용했다.

2012년 5월 1일 에티하드 스타디움에서 열린 더비는 시작부터 팽팽한 공방이 이어졌다. 전반 추가시간 맨시티가 오른쪽 측면에서 코너킥을 획득했다. 다비드 실바가 왼발로 올린 코너킥은 정확히 문전으로 배달됐고, 센터백 뱅상 콩파니가 맨유의 크리스 스몰링Chris Smalling을 힘으로 제압하고 헤딩골을 터뜨렸다. 모든 공격수가 막히는 답답한 경기에서 팀의 주장이 득점을 올린 것이다.

후반 들어 맨유는 조바심을 떨치지 못하는 모습이었다. 테크니컬 에어리어에 있던 백전노장 퍼거슨 감독마저 흥분을 제어하지 못해 만치니 감독과 설전을 벌이는 드문 광경이 펼쳐졌다. 결국 가장 중요한 경기에서 맨시티가 맨유를 1-0으로 꺾어 리그 백투백 승리를 거뒀고, 둘은 승점 83점으로 동률을 이뤘다.

다음 경기에서 맨시티와 맨유는 뉴캐슬과 스완지를 나란히 2-0 스코어로 꺾었다. 이제 딱 한 경기만 남았다. 맨시티는 홈에서 리그에 잔류하기 위해 사투를 벌이는 약체 퀸즈 파크 레인저스를 상대하고 맨유는 원정에서 선덜랜드전을 치러야 하기에 우승 예상은 맨시티 쪽으로 기울었다. 경기 전 기자회견에서 퍼거슨 감독은 "맨시티는 이기고 싶겠지만 부담이 무척 클 것이다. 마지막 경기에서 패한다면 그 실망감은 믿을 수 없을 만큼 크기 때문이다"라며 '마지막 경기' '패배' '부담' 같은 단어를 동원해 심리전을 펼쳤다. 산전수전 다 겪은 명장의 말이기에 무게감이 적지 않았던 모양이다.

그해 5월 13일 최종전에서 맨시티는 퀸즈 파크 레인저스를 상대로 라이트백 파블로 사발레타Pablo Zabaleta가 시즌 첫 골을 넣어 선제 득점하는 공헌을 세우며 1-0으로 앞서나갔다. 하지만 후반전 초반 레인저스의 지브릴 시세가 졸리언 레스콧의 클리어링 실수를 놓치지 않고 1-1 동점골을 넣었다. 55분 조이 바턴Joey Barton이 팔꿈치로 테베스를 가격해 퇴장당했지만, 퀸즈 파크 레인저스는 제이미 매키Jamie Mackie가 2-1 역전골까지 터뜨리며 원정 팬들을 흥분시켰다. 맨시티의 공격수들은 좀처럼 약체 퀸즈 파크 레인저스의 골문을 열지 못했다.

스타디움 오브 라이트에서 맨유는 웨인 루니의 선제골로 1-0으로 리드하고 있었다. 이대로 끝나면 맨유가 89점, 맨시티가 86점으로 우승은 기존 강자의 손에 들어가는 상황이었다. 만치니 감독은 에딘 제코와 마리오 발로텔리까지 투입해 가용 스트라이커 3인을 모두 그라운드에 던졌다. 골은 터지지 않았다. 후반 정규 시간이 끝나고 추가시간 5분이 주어지자 거짓말 같았던 퀸즈 파크 레인저스전 1-2 패배가 맨시티 팬들의 눈앞으로 다가왔다.

퀸즈 파크 레인저스의 수문장 패디 케니Paddy Kenny는 추가시간 들어 선방쇼를 이어갔다. 맨시티의 우승 열망만큼 퀸즈 파크 레인저스의 리그 잔류 의지도 뜨거워 보였다. 후반 추가시간 2분 교체로 들어갔던 에딘 제코가 다비드 실바의 코너킥을 문전에서 머리로 정확히 연결시켜 스코어를 2-2로 만들었다. 꺼졌던 희망의 불씨가 다시 희미한 빛을 발하기 시작했다. 곧이어 맨유가 선덜랜드를 1-0으로 꺾었다는 소식이 전해졌다. 맨시티는 무조건 한 골을 더 넣어야 했다. 생중계를 담당한 스카이스포츠는 화면을 두 개로 쪼개 맨시티의 경기 실황과 경기를 마치고 우승을 확신하는 듯한 퍼거슨 감독의 박수 치는 모습을 동시에 내보냈다.

맨시티의 최전방 스트라이커 세르히오 아궤로가 미들 서드(축구장을 삼등분할 때 중간) 지역까지 내려와 볼을 받았다. 이날 아궤로가 이 지역까지 내려온 것은 이때가 처음이었다. 훗날 인터뷰에서 아궤로는 "볼을 잡자마자 마리오(발로텔리)를 찾았다. 그러곤 패스를 했는데 마리오가 넘어졌다!"고 회상했다. 하지만 발로텔리는 넘어지는 와중에도 볼을 건드려 아궤로가 뛰어 들어가는 앞 공간에 정확히 패스를 보냈다. 아궤로는 간발의 차로 수비수의 태클을 피했고, 문전 오른쪽에서 오른발로 니어코너를 뚫었다. 정확한 득점 시각은 93분 20초였다.

기적 같은 드라마가 실현되는 순간, 스카이스포츠의 전설적 코멘테이터 마틴 타일러Martin Tyler는 "아궤로오오오오오오! 제가 장담하겠습니다! 시청자 여러분 모두, 이런 건 다시는 못 볼 겁니다!"라며 흥분했다. 이 발언은 지금까지 프리미어리그 경기 중 나온 가장 유명한 코멘트로 남는다. 아궤로의 리그 23호, 시즌 30호 골이었다. 맨시티가 후반 추가시간에만 두 골을 넣어 승리(3-2)하면서 44년 만에 1부 리그 우승을 확정하는 기적 같은 드라마를 완성했다. 이 소식이 전해진 선덜랜드에서는 맨유 선수와 팬들 모두 망연자실한 표정일 수밖에 없었다. 후반 추가시간에 두 골을 넣어 승부가 뒤집어지는 경기는 흔치 않기 때문이다. 특히 우승이 걸린 리그 최종전에선 더욱 그렇다.

맨시티의 2011/12시즌 우승은 프리미어리그 역사상 가장 드라마틱한 성취로 남는다. 지금도 맨시티의 클럽하우스에 가면 아궤로의 득점 시간 '93:20'의 숫자가 커다랗게 장식되어 있다. 돈으로 치장했다는 비아냥거림을 듣던 맨시티가 이를 무릅쓰고 기어이 우승을 차지했다는 의미도 크다. 잉글랜드의 제왕 맨유는 1년 뒤 퍼거슨 감독의 은퇴를 기점으로 우승권에서 멀어졌고, 새로운 강자 맨시티는 펩 과르디올라 체제에서 챔피언의 입지를 공고히 하고 있다. 전세 역전.

42
—

더 뜨겁게, 더 치열하게
: 잉글랜드 더비 매치

유럽 축구를 보다 보면 '더비' 혹은 '더비 매치'라는 표현을 자주 접한다. 연고지가 같거나 인접한 클럽들 간의 맞대결을 의미하는 스포츠 용어다. 어원에 관해서는 다양한 설이 존재한다. 일반적으로는 18세기 더비 지역에서 이뤄진 중세기 축구에서 유래한 것으로 통용된다. 매년 '참회 화요일'(사순절 시작 전날)이 되면 더비 지역에 있던 두 교회를 중심으로 북부와 남부의 18세 이상 사내들이 볼을 상대방 지역으로 몰고 가는 중세기 축구를 즐겼다고 한다. 워낙 경기가 거칠어서 시장이 금지하려 했지만 시민들의 반발에 밀려 허용할 수밖에 없었다. 결국 1848년 군대까지 동원된 끝에 이 놀이를 금지할 수 있었는데, 이때부터 '로컬 더비'라는 표현이 영국은 물론 유럽 전역으로 퍼졌다고 한다. 각국 리그마다 한 지붕

식구끼리 맞붙는 더비 매치는 우승 경쟁 못지않게 큰 관심을 끄는 흥행 카드로 사랑받는다.

프리미어리그에서 가장 먼저 떠오르는 더비 매치는 '머지사이드 더비'다. 잉글랜드 북서부 항구 도시인 리버풀을 연고로 하는 리버풀 FC와 에버턴 간의 맞대결이다. 머지사이드 더비는 1962/63시즌부터 지금까지 1부에서 유지되는 최장수 더비다. 리그 우승 횟수에서는 리버풀이 앞서지만, 에버턴도 9회나 우승해 맨체스터 유나이티드(20회), 리버풀(19회), 아스널(13회)에 이어 역대 4위인 명문이다. 프리미어리그 독립 출범을 주도했던 빅클럽 멤버 중 한 곳이기도 했다.

리버풀은 원래 랭커셔주 관할이었지만, 1972년 지방자치제 법령에 따라 리버풀을 포함한 인근 지역이 '머지사이드'로 행정상 독립하면서 머지사이드 더비라는 명칭이 자리 잡았다. 100년이 넘는 역사를 지니는 두 클럽은 출발부터 어긋나기 시작했다. 1878년 창단한 에버턴은 1884년부터 스탠리 공원 아래에 위치한 안필드를 홈 경기장으로 사용했다. 그런데 보수당을 지지하는 안필드의 오너 존 홀딩과 자유당파가 대부분이던 에버턴의 이사진이 정치적 견해 차이로 불화를 겪었다. 화가 난 에버턴 이사회는 1892년 스탠리 공원의 위쪽에 있는 부지를 매입해 안필드에서 나가버렸다. 홀로 남은 홀딩은 경기장을 운영할 축구 클럽을 아예 직접 꾸리기로 했다. 선수들을 끌어모으고 에버턴을 이끌던 윌리엄 에드워드 바클레이William Edward Barclay를 감독으로 영입해 창단한 클럽이 바로 리버풀 FC다.

두 클럽의 홈구장 간 직선거리는 1킬로미터가 채 되지 않는다. 스탠리 공원을 끼고 산책하면 12분 정도밖에 걸리지 않을 정도로 가깝다. 역사적으로 두 클럽은 온화한 관계를 유지했다. 프리미어리그가 출범하기 전까지 둘의 맞대결에 '친선 더비'(friendly derby)라는 애칭이 붙었을 정도다. 서로 다른 클럽을 응원하는 리버풀 내 가정이 많은 탓에 머지사이드 더비는 2015년까지 더비 매치 중 유일하게 경기장에서 양쪽 팬이 섞여 앉을 수 있었다.

1984년 리그컵 결승전에서 두 팀이 맞붙었을 때 경기장을 찾은 양쪽 팬들은 "머지사이드!"를 함께 연호하는 진풍경을 연출했다. 에버턴은 힐스브러 참사를 겪은 리버풀에 진심을 담은 위로와 지원을 아끼지 않았다. 리버풀도 거리에서 살해당한 11세 소년의 가족을 챔피언스리그 경기에 초대해 안필드에서 에버턴 선수단의 테마곡을 틀어주는 호의를 베풀었다. 양쪽 팬들이 결국 '우리는 리버풀 시민'이라는 공감대를 가졌기에 가능한 일이었다.

물론 두 클럽이 그라운드 위에서까지 친교를 나누지는 않는다. 프리미어리그를 기준으로 머지사이드 더비에서만 레드카드가 23차례 나왔다. 더비 매치 중 가장 많은 숫자다. 리버풀의 스티븐 제라드와 에버턴의 필립 네빌이 각각 두 장씩 받았다. 클럽 규모가 훨씬 큰 리버풀은 2011년부터 10년 연속으로 머지사이드 더비에서 23경기 무패 행진을 벌여 에버턴 팬들의 화를 돋우었다. 2020/21시즌 원정 더비에서 에버턴은 히샬리송Richarlison과 길피 시구르드손Gylfi Sigurdsson의 득점을 앞세워 리버풀을 2-0으로 꺾었는데 2010년 10월 이후 10년 만에 맛본 원정 더비 승리였다. 머지사이드 더비 통산 최다 득점자는 리버풀의 이언 러시(20골)이며 프리미어리그 기준 최다 득점자는 9골을 넣은 스티븐 제라드다.

　리버풀에 머지사이드 더비가 있다면, 런던에는 '노스 런던 더비'가 팬들을 흥분시킨다. 런던의 북동부 지역을 공유하는 아스널과 토트넘 홋스퍼 간의 맞대결이다. 아스널의 에미레이트 스타디움과 토트넘의 토트넘 홋스퍼 스타디움 간의 직선거리는 6.18킬로미터로 자동차로 달리면 15분 정도 소요된다. 두 클럽의 첫 만남은 1887년 11월 19일 성사됐다. 당시 아스널은 플럼스테드를 연고로 하는 '로열 아스널'이라는 팀이었는데, 종료를 15분 남기고 경기가 일몰 조기 종료되고 말았다.

　20세기 초 둘의 악연이 시작됐다. 제1차 세계대전 직후에 치른 1918/19시즌이 끝난 뒤 잉글랜드축구협회는 풋볼리그 1부(퍼스트 디비전)를 20개에서 22개 팀으로 확대하기로 했다. 1부에서 19위로 마감한 첼시가 운 좋게 잔류할 수 있었다. 2부의 1위와 2위가 자동 승격하면 되지만, 마지막 한 자리를 어떻게 채우냐가 문제로 남았다. 협회는 한 자리를 놓고 신청한 클럽을 모아 투표로 결정하기로 했다. 일부 2부 클럽들이 1부에 합류할 기회를 놓치지 않기 위해 입후보했다. 2부 6위였던 아스널의 헨리 노리스Henry Norris 회장도 경쟁에 가세했다. 명분에서는 1부 20위(최하위)인 토트넘, 2부 3위인 반즐리가 앞섰다.

　하지만 뚜껑을 열자 토트넘은 8표, 반즐리는 5표에 그친 반면, 아스널이 과반에 해당하는 18표를 얻어 1919/20시즌 1부 참가에 성공했다. 토트넘 팬들로서는 아닌 밤중에 홍두깨가 아닐 수 없었다. 당장 "노리스 회장과 협회 사이에 모종의 거래가 있었다"라며 거칠게 반발했지만 아스널의 1부 합류는 그대로 확정됐다. 2부로 강등된 토트넘은 한 시즌 만에 1부로 승격해 복귀했는데, 이때부터 두 팀의 맞대결은 활활 타오르기 시작했다. 1922년 9월 첫 맞대결이 지나치게 거칠어지자 경기가 끝난 뒤 협회는 양 팀을 불러이런 사태가 재발하면 무관중 처분을 내리겠다고 엄포를 놓았다.

두 팀의 라이벌 의식은 지금도 대단하다. 노스 런던 더비가 다가오면 양쪽 선수단 사이에서는 전운이 감돈다. 팬들도 상대 클럽의 팀 컬러가 들어간 옷을 입지 않는 등 일상생활에서 경쟁심을 유지한다. 아스널은 리그에서 토트넘보다 앞선 순위를 확정하는 날을 '세인트 토터링엄 데이'라고 부르며 맥주를 들이킨다. 토트넘 팬들은 1991년 4월 14일에 열린 FA컵 준결승에서 3-1 승리를 거둔 것을 기념해 매년 4월 14일을 '세인트 홋스퍼 데이'로 정해 자축한다. 2003년 아스널이 맨유와 치열한 라이벌전을 치르는 와중에도 팬 설문에서 아스널 팬들은 '가장 싫어하는 클럽'으로 토트넘을 꼽았다.

맨체스터의 두 클럽도 사이가 좋을 리 만무하다. 당대 최고 스타였던 조지 베스트가 맨유에서 뛰던 1970년대에 맨유와 맨시티는 격렬히 맞붙었다. 1970년 12월 더비에서 베스트가 거친 태클로 맨시티의 수비수 글린 파도Glyn Pardoe의 다리를 부러뜨렸다. 워낙 끔찍한 부상이었기에 맨시티 측은 이후 열린 맨체스터 더비부터 격렬한 몸싸움을 마다하지 않았다. 1973/74시즌 첫 더비에서는 주심이 말썽을 일으킨 맨시티의 마이크 도일Mike Doyle과 맨유의 루 마카리Lou Macari를 동반 퇴장시켰다. 두 선수가 레드카드 판정에 계속 거칠게 항의하자 주심은 경기를 중단하고 둘이 퇴장할 때까지 양쪽 선수들을 모두 라커룸으로 철수시켰다.

프리미어리그 시대가 시작되면서 사실 두 클럽의 격차가 너무 크게 벌어지는 바람에 더비의 매력이 떨어졌다. 하지만 사건 사고는 끊이지 않았다. 2001년 4월 맨체스터 더비에서 맨유의 주장 로이 킨이 3년 전 자신에게 무릎 십자인대 부상을 입힌 알핑에 홀란의 무릎을 가격해 퇴장당했다. 이날 과격한 행위로 징계를 받은 킨은 훗날 자서전에서 계획된 태클이었음을 밝혔고, 이 때문에 또 추가 징계를 피하지 못했다.

2008년 만수르 왕자가 맨시티를 인수하면서 심하게 기울어진 라이벌 관계가 균형을 되찾기 시작했다. 공격적 투자를 거듭한 맨시티는 하루가 다르게 전력이 강해졌고, 2009년 여름에는 맨유의 카를로스 테베스를 직접 영입해 맨유 측을 도발했다. 맨시티 측은 시내에 테베스를 모델로 "맨체스터에 오신 걸 환영합니다"라는 문구를 적은 하늘색 옥외 광고물을 세워 라이벌 의식에 불을 붙였다. 퍼거슨 감독은 즉각 "속 좁은 클럽"이라며 맨시티를 공개적으로 폄하했다. 2009/10시즌 맨체스터 더비는 또 다른 라이벌 리버풀 출신인 공격수 마이클 오언이 후반 추가시간 극적인 결승골을 넣어 맨유의 4-3 승리로 끝났고, 퍼거슨 감독은 "역대 최고의 더비 승부"라며 자화자찬했다.

하지만 2년 뒤 맨유는 홈에서 맨시티에 1-6으로 참패해 울분을 삼켜야 했다. 맨시티는 2011/12시즌 우승(통산 3회째)을 시작으로 2010년대에만 리그를 다섯 번이나 제패하며 수직 상승했고, 맨유는 퍼거슨 감독이 은퇴한 뒤 지금까지 리그 우승을 하지 못해 큰 대비를 보인다.

맨유가 벌이는 또 하나의 더비는 이웃한 라이벌 리버풀과 맞붙는 '노스웨스트 더비'다. 맨유 팬들은 지금도 맨체스터 더비보다 노스웨스트 더비를 더 중시하는 경향이 있다. 우선 맨체스터와 리버풀은 도시 자체만으로도 역사적 앙금을 품는다. 19세기 빅토리아 시대를 거치면서 리버풀은 영국 제2의 도시로서 전성기를 구가했다. 맨체스터도 섬유산업을 기반으로 경제가 번성했는데 해외로 수출하려면 바로 옆에 있는 리버풀 항을 거쳐야 했다. 맨체스터 상인들은 운송 효율을 높이기 위해 '맨체스터 운하'를 건설하기로 했는데, '리버풀 패싱'을 불편하게 여긴 리버풀 국회의원들이 해당 계획을 반대하고 나서 두 도시의 관계가 틀어졌다.

서로 앙숙이면서도 두 클럽의 족적은 묘하게 닮았다. 1950년대와 1960년대에 걸쳐 맨유는 맷 버스비라는 역사적 명장 아래서 잉글랜드는 물론 유러피언컵까지 차지하며 호황기를 맞이했다. 특히 1958년 2월 뮌헨 공항 참사('버스비의 아이들')를 계기로 맨유는 일약 전국구 인기 클럽으로 도약했다.

맨유의 전성기가 끝나자 곧바로 빌 샹클리 감독이 이끄는 리버풀 제국이 등장했다. 1970년대와 1980년대 리버풀은 국내외 무대를 싹쓸이하면서 세계 최강 클럽으로 도약했다. 샹클리 감독에 이어 밥 페이즐리, 조 페이건으로 이어지는 '지도자 맛집'이기도 했다. 1989/90시즌까지 초강세를 유지하던 리버풀은 프리미어리그가 출범하자 수직 강하하기 시작했는데, 그 뒤를 이은 주인공이 다시 알렉스 퍼거슨 감독이 이끄는 맨유 제국이었다.

맨유는 1992/93시즌 프리미어리그 원년 시즌을 제패해 무관 26년 세월에 종지부를 찍었다. 20년 넘게 맨유의 부진을 비웃던 리버풀은 2019/20시즌 위르겐 클롭 감독이 우승할 때까지 무관 30년의 치욕을 견뎌야 했다.

축구의 역사가 길고 클럽이 많은 만큼 이외에도 잉글랜드에는 더비 매치가 풍성하다. 뉴캐슬 유나이티드와 선덜랜드 간의 '타인 위어 더비'는 잉글랜드 북동부의 주인을 가리는 한판 승부다. 전통적으로 우위에 있는 뉴캐슬에 비해 어둠의 세월을 산 시기가 긴 선덜랜드 팬들의 라이벌 의식이 훨씬 크다.

잉글랜드 남해안을 끼고 이웃한 포츠머스와 사우샘프턴 간의 '사우스 코스트 더비'도 엄청난 열기를 뿜는다. 2000년대 해리 레드냅 감독은 양 팀을 직접 두 번이나 오가면서 논란을 낳았다. 포츠머스에서 FA컵 우승 실적까지 쌓았으면서도 레드냅 감독은 포츠머스 명예시민 수여식에서 일부 팬들한테 야유를 받았다.

잉글랜드의 배꼽으로 통하는 버밍엄을 연고지로 사용하는 버밍엄 시티와 애스턴 빌라 간의 '미들랜드 더비'는 중부 지방의 축구 자존심을 가리는 빅매치다. 역사적으로는 애스턴 빌라가 훨씬 앞서는 성취를 거뒀지만 버밍엄 현지에서는 시티를 응원하는 팬들도 많아 더비가 벌어질 때마다 항상 카오스에 가까운 격전이 펼쳐진다.

런던의 동부에 있는 웨스트햄 유나이티드는 밀월과 사이가 나쁘다. '이스트 런던 더비'는 경기 내용만큼 양쪽 서포터즈 간의 폭력 사태로 악명이 높다. 잉글랜드 축구가 훌리거니즘에 신음했던

1980년대를 관통하는 동안 가장 거칠고 사고를 많이 친 서포터즈가 바로 두 클럽의 팬들이었다.

43
—
맨유 제국의 끝: 알렉스 퍼거슨
(2012/13시즌)

"여러분 모두에게 감사드립니다. 내 인생 최고의 시간이었습니다. 내 은퇴는 이 클럽과의 인연이 끝난다는 뜻이 아닙니다. 앞으로도 저는 이 팀의 경기를 즐겁게 즐길 수 있을 겁니다. 함께 고통스러워할 날도 있겠지만 말이죠. 생각해보세요. 수많았던 극장골, 대역전승, 심지어 뼈아픈 패배까지 모두 이 위대한 클럽의 일부이며 우리 모두에게 놀라운 경험이었기에 우리는 감사해야 합니다. 우리가 힘들었을 때 모든 스태프가 저를 지지했고, 모든 선수가 저의 편에 서줬습니다. 새로운 감독의 뒤를 든든히 지키는 일, 그게 바로 여러분이 해야 할 일입니다. 여기 있는 모든 선수의 미래에 성공이 가득하기를 바랍니다. 여러분은 지금 그 유니폼을 입을 자격이 있고, 또 그 유니폼이 모두에게 어떤 의미인지를 잘 알고 있을 겁니다. 여러분 자신들을 실망하게 만들지 마십시오. 이 클럽의 기대치는 항상 저 위에 있습니다."

독보적 통솔력

2013년 5월 12일 올드 트래퍼드의 비 내리는 피치 위에서 알렉스 퍼거슨이 7만 5000 관중 앞에서 남긴 마지막 스피치였다. 1986년 11월부터 2013년 5월까지 맨체스터 유나이티드에서만 27시즌을 보낸 퍼거슨 감독은 프리미어리그 우승 13회, 챔피언스리그 우승 2회 등 무려 37개에 달하는 트로피를 들어 올렸다. 맨유는 퍼거슨 감독 체제에서 또 하나의 역사적 클럽인 리버풀을 넘어 잉글랜드 1부 통산 최다 우승 클럽에 등극하는 금자탑을 쌓아 올렸다.

1986년 11월 올드 트래퍼드에 첫발을 내디딜 때 퍼거슨 감독은 이미 지도력이 입증된 상태였다. 잉글랜드 언론과 팬들에겐 낯선 이름이었을지 몰라도 당시 그의 이력서에는 스코틀랜드 1부 우승 3회, 스코티시컵 우승 4회, 스코티시 리그컵 우승 1회가 올라 있었다. 무엇보다 1983년 애버딘에서 이룬 UEFA 컵위너스컵 및 슈퍼컵 우승은 그의 독보적 통솔력을 말해준다. 스코틀랜드의 작은 클럽이 쟁쟁한 유럽 강호들이 모이는 컵위너스컵에서 바이에른 뮌헨(8강)과 레알 마드리드(결승)를 각각 격파하며 유럽 타이틀을 획득하는 일은 결코 행운의 산물이 아니다. 이때 거둔 성과는 지금까지도 애버딘이 유럽 무대에서 거둔 유일한 성취로 남는다.

퍼거슨 감독은 어떻게 이런 놀라운 성과를 낼 수 있었을까? 1983년 5월 스코티시컵 결승전 직후 언론과 한 인터뷰에서 힌트를 얻을 수 있다. 당시 결승전에서 애버딘은 스코틀랜드 명문 레인저스를 1-0으로 꺾고 우승을 차지했다. 대회 2연패 성공에도 불구하고 퍼거슨 감독은 불만에 찬 잔뜩 찡그린 표정으로 "우리는 세상에서 제일 운이 좋은 팀이다. 정말 수치스러운 경기력이었다. 윌리 밀러Willie Miller와 알렉스 매클리시Alex McLeish가 다 해줬다. 다른 선수들의 경기력은 수치스러울 정도였지만 우승했으니 신경 쓰지 않겠다. 경기력에 대한 우리의 기준은 오래전부터 정해져 있다"고 고언을 토했다. 며칠 뒤 선수들에게 사과하기는 했지만, 그가 자신에게 요구하는 기준이 얼마나 높은지, 축구의 기본에 얼마나 충실한지를 알 수 있는 대목이다.

퍼거슨 감독은 역사적 명장 중에서 유일하게 전술 능력에 관해 높은 평가를 받지 못하는 인물이다. 리누스 미첼Rinus Michels과 그의 제자 요한 크루이프, 발레리 로바노프스키Valeriy Lobanovskyi, 카를로 안첼로티, 아리고 사키Arigo Sachi, 조반니 트라파토니Giovanni Trapattoni, 조제 모리뉴, 펩 과르디올라 등의 명장들은 전술적으로 뚜렷한 흔적을 남겼다는 공통점을 지닌다. 퍼거슨 감독은 결이 다르다. 애버딘과 맨유에서 퍼거슨 감독은 기본 포메이션인 4-4-2 또는 4-2-3-1 시스템을 고수했다. 획기적인 선수 기용이나 전술적 혁신은 찾아볼 수 없다. 그렇지만 퍼거슨 감독은 누구보다 많은 타이틀(49개)을 달성해 축구 역사상 가장 화려한 성취를 일군 명장으로 역사에 남는다. 축구 전술이라는 기술적 영역보다 팀 전체를 아우르는 통솔력, 선수들의 능력을 극대화하는 의사소통을 중시했다. 상대의 심리를 꿰뚫는 심리전, 기막힌 승부사 기질 등 퍼거슨 감독의 장점은 숫자로 표시될 수 없는 영역에 있었다.

기회를 절대 놓치지 않는 승자 본능은 오랜 세월에 걸쳐 입증됐다. 맨유 초창기였던 1989/90시즌 퍼거슨 감독은 리그(당시 풋볼 리그 퍼스트 디비전)에서 13위로 미끄러지면서 경질 위기에 내몰렸다. 당시 클럽의 위상은 지금과 크게 달랐지만 여전히 인기 클럽 중 하나여서 언론과 팬들의 기대치가 높았다. 이런 분위기에서 퍼거슨 감독은 1990년 5월 FA컵 결승전에서 재경기까지 가는 접전을 펼친 끝에 크리스털 팰리스를 꺾고 우승을 달성해 본인의 자리를 지켜냈다. 행운이 따랐다.

잉글랜드 클럽에 내려졌던 유럽축구연맹 주최 대회 출전 금지의 징계가 풀리면서 맨유는 1990/91시즌 컵위너스컵에 출전할 수 있었다. 한번 잡은 기회를 놓치지 않는 퍼거슨 감독은 8강에서 몽펠리에, 4강에서 레기아 바르샤바를 연파하며 결승전에 진출했다. 1991년 5월 15일 네덜란드 로테르담에서 열린 결승전은 맨유가 우승했던 1968년 유러피언컵 이후 무려 23년 만에 서는 유럽 결승전이었다. 상대는 라리가 패권을 되찾은 요한 크루이프 감독의 바르셀로나였다.

많은 이가 스페인 클럽의 우세를 점쳤지만 맨유는 웨일스 출신 스트라이커 마크 휴즈의 후반전 연속 두 골을 앞세워 2-1로 승리하며 우승을 차지했다. 다음 시즌에도 퍼거슨 감독은 리그컵 우승을 거두며 타이틀 행진을 이어갔고, 드디어 1992/93시즌 독립 출범한 프리미어리그에서 원년 챔피언에 등극했다. 맨유의 1부 우승은 맷 버스비 감독의 1966/67시즌 이후 무려 26년 만에 이룬 쾌거였다.

심리전, 승부사 기질, 우승 본능

1990년대 맨유는 뉴캐슬 유나이티드와 치열하게 경쟁했다. 프리미어리그 출범(1992년)부터 로만 아브라모비치의 등장(2003년) 전까지 뉴캐슬은 선수 영입에 총 2억 4259만 파운드를 써서 순지출액 규모가 맨유보다 컸다. 케빈 키건, 케니 달글리시 등 잉글랜드 축구계 거물을 감독으로 데려갔을 뿐 아니라 앨런 시어러, 레스 퍼디낸드, 앤디 콜, 다비드 지놀라 등 슈퍼스타들도 뉴캐슬에서 활약했다. 1995/96시즌 크리스마스 시점에서 뉴캐슬은 2위와 승점 10점 차를 유지한 채 선두를 달리면서 리그 우승을 차지할 확률을 키웠다.

하지만 시즌 막판인 1996년 4월 퍼거슨 감독은 리즈전에서 1-0으로 승리한 뒤 인터뷰에서 "맨유와 싸운다는 생각에 다른 팀 선수들은 우리와 만나면 항상 실력 이상을 발휘한다"고 말했다. 뉴캐슬의 키건 감독은 해당 발언에 발끈해 생중계 카메라 앞에서 퍼거슨 감독을 신랄하게 비난하며 분을 삭이지 못했다. 평정심을 잃은 키건 감독의 인터뷰는 고스란히 불안감으로 연결됐고, 뉴캐슬은 시즌 막판 승점을 떨어뜨렸다. 경쟁자가 휘청거리는 사이에 퍼거슨 감독과 맨유는 놀라운 막판 집중력을 발휘해 승점 4점 차로 우승을 차지했다.

2003/04시즌부터 2005/06시즌까지 맨유는 아스널과 첼시에 밀려 3년 연속으로 리그 우승에서 멀어졌다. 맨유의 연속 우승 실패는 프리미어리그가 출범한 이후 처음 있는 일이었다. 자연스레 클럽 안팎에서 퍼거슨 감독 사임설이 나돌기 시작했다. 설상가상 BBC가 퍼거슨 감독과 에이전트 일을 하는 아들 제이슨 사이에 비

밀스러운 거래가 있었다는 의혹을 제기해 명장의 권위에 흠집을 냈다. 선수 영입 경쟁에선 계속 첼시에 밀리면서 맨유는 후순위 영입 대상자만 선택하는 지경에 이르렀다.

이런 상황에서 퍼거슨 감독은 '퍼기의 햇병아리들' 멤버와 신예 웨인 루니, 크리스티아누 호날두를 조합한 팀으로 2006/07시즌부터 프리미어리그 3연패, 챔피언스리그 2연속 결승 진출(우승 1회)에 성공하며 눈부시게 반등했다. 퍼거슨 감독은 특유의 '꼰대' 규율을 유지하면서도 새롭게 가세한 젊은 선수들까지 영리하게 다루는 능수능란함을 선보였다.

리그 3연패를 완성했던 2008/09시즌의 희생양은 노스웨스트 더비의 앙숙인 리버풀이었다. 당시 리버풀의 라파엘 베니테스 감독은 재능이 넘치는 미드필더들과 화룡점정 페르난도 토레스를 앞세워 해가 바뀐 1월 초까지 리그 단독 선두를 달리며 안필드 팬들을 흥분시켰다. 시즌 하반기가 시작되는 시점에서 퍼거슨 감독은 "시간이 갈수록 그 친구들은 불안해할 것"이라며 리버풀의 우승 경험 부족을 혀로 공략했다. 2009년 1월 9일 베니테스 감독은 다음 날 경기인 스토크 시티전을 앞두고 열린 기자회견에서 해당 발언에 대한 생각을 밝혀달라는 질문을 받았다.

베니테스 감독은 안주머니에서 종이를 꺼내더니 기다렸다는 듯이 "나는 팩트만 말하겠다"라며 읽어 내려가기 시작했다. 베니테스 감독은 "프리미어리그의 리스펙트 캠페인이 진행되는 동안, 퍼거슨 감독은 마틴 앳킨슨Martin Atkinson, 키스 해킷Keith Hackett 주심과 관련한 발언 때문에 징벌위원회에 회부됐지만 결국 징계는 없었다. 리그에서 이런 일로 처벌받지 않는 유일한 감독"이라며 퍼거슨 감독을 공격했다. 베니테스 감독은 퍼거슨 감독이 근거 없이 리그 일정에 불만을 터뜨린다고 덧붙인 뒤에 "1월 순위표에서 우리가 제일 위에 있으리라고 생각하지 못했을 테니까 맨유는 부담스러울 것이다. 하지만 우리는 리그 1위에 있고 지금 불안한 쪽은 맨유"라고 주장했다.

베니테스 감독은 결국 13년 전 키건 감독이 저지른 실수, 즉 평정심을 잃은 모습을 노출하고 말았다. 리버풀은 스토크와 비겼고, 바로 다음 날 맨유는 첼시를 3-0으로 꺾어 1위로 올라섰다. 승점 1점 차에서 리버풀은 에버턴전과 위건전까지 비겨 선두 맨유와 승점 차가 더 벌어졌고 결국 베니테스 감독은 리그 2위로 시즌을 마쳤다.

2011/12시즌 맨유는 신흥 강호 맨체스터 시티와 승점 동률 상태에서 골 득실에 밀려 우승을 양보해야 했다. 그동안 맨시티를 폄하했던 퍼거슨 감독으로서는 자존심에 큰 상처가 나지 않을 수 없었다. 맨시티의 지갑은 상상할 수 없을 정도로 깊어서 선수 영입 경쟁에서 계속 밀릴 수밖에 없다는 점이 더욱 암울해 보였다. 프리미어리그 챔피언이 된 맨시티는 2012년 여름에도 하비 가르시아Javi Garcia, 잭 로드웰Jack Rodwell, 마티야 나스타시치Matija Nastasić 등을 영입하며 상승세를 이어갈 태세였다.

여기서 퍼거슨 감독은 신의 한 수를 뒀다. 디미타르 베르바토프를 풀럼으로 보낸 뒤 아스널의 주포 로빈 판페르시를 영입한 것이다. 아스널에서 8시즌 뛰는 동안 타이틀을 두 개(2004년 커뮤니티실드, 2005년 FA컵)밖에 갖지 못한 판페르시는 우승을 향한 열망이 컸는데, 이를 제대로 움켜쥔 결과였다. 판페르시는 맨유에서 맞는 첫

2006년 12월 맨체스터 유나이티드의 알렉스 퍼거슨 감독

사진 Austin Osuide

시즌부터 리그 38경기에서 26골을 터뜨려 생애 첫 득점왕에 올랐다. 판페르시의 득점 공헌은 그대로 맨유에 우승 경쟁을 이끄는 원동력으로 작용했다. 막강해 보이던 맨시티는 흔들렸지만, 퍼거슨 감독의 맨유는 기복 없는 경기력을 유지해 리그 4경기가 남은 시점에서 일찌감치 우승을 확정했다. 객관적 전력에서는 맨시티나 첼시보다 월등하다고 할 수 없었지만, 퍼거슨 감독은 어떻게 하면 우승하는지를 너무 잘 알고 있었다.

2012/13시즌 우승하며 맨유는 잉글랜드 1부에서 우승 20회 고지에 올라서는 최초의 클럽이 됐다. 프리미어리그가 독립 출범할 때만 해도 최다 우승 클럽은 통산 18회의 리버풀이었고 맨유는 7회밖에 되지 않았다. 심지어 맨유의 마지막 우승은 1966/67시즌 기록으로 아주 오래전 역사였다. 하지만 퍼거슨 감독 아래서 맨유는 프리미어리그 21시즌 중 13차례 우승을 쓸어 담는 괴력을 발휘해 불가능해 보이던 리버풀의 우승 기록마저 넘어섰다. 퍼거슨 감독은 프리미어리그 원년 시즌부터 본인의 마지막 시즌까지 21시즌 동안 리그에서 3위 이하로 떨어진 적이 한 번도 없었다. 이는 챔피언스리그에 개근했다는 뜻이기도 하다.

퍼거슨 감독의 위대함은 그가 떠난 뒤에 더욱 도드라졌다. 2013/14시즌부터 시작된 포스트-퍼거슨 시대 8시즌 동안 맨유는 리그 우승에서 멀어졌다. 1999년 당시 유러피언 트레블의 영웅인 올레 군나르 솔셰르 감독 체제에서 전력을 되찾는 모습이기는 하지만 최근 들어 부쩍 악화된 퍼거슨 감독의 건강 상태를 생각하면 그가 눈을 감기 전에 맨유의 21번째 우승을 볼 수 있을지는 장담하기 어렵다.

44

—

1억 유로의 사나이: 가레스 베일
(2012/13시즌)

영국은 잉글랜드와 스코틀랜드, 북아일랜드, 웨일스로 구성된다. 웨일스는 그레이트브리튼 섬의 제일 왼쪽에 위치한다. 2019년 기준으로 인구는 315만여 명이며 이 중 37만 명이 최대 도시이자 수도인 카디프에 거주한다. 국제 축구계에서 이렇다 할 성적을 거두지는 못했지만 뚜렷한 족적을 남긴 스타들은 많다. 존 토샥John Toshack 감독은 1980년대와 1990년대에 레알 마드리드를 이끌었고, 이언 러시는 1980년대 리버풀 황금기에 뛴 멤버다. 맨체스터 유나이티드에서는 마크 휴즈와 라이언 긱스가 유명하다. 특히 이런 웨일스 스타들은 클럽 레벨에서 보여준 활약상에 비해 국가대표팀에서 좀처럼 메이저 대회에 출전하지 못해 축구 팬들의 동정을 샀다. 앞서간 스타 선배들이 해내지 못한 메이저 출전의 꿈은 카디프 출신 운동 천재 가레스 베일에 의해 실현된다.

2010/11시즌 올해의 선수

베일은 카디프에 있는 휘트처치 고교에서 의무교육 과정을 마쳤다. 어렸을 때부터 운동능력이 워낙 뛰어났던 베일은 축구는 물론 육상, 럭비, 하키 등 다양한 종목에서 돋보였다. 초등학교 시절 체육교사가 축구 수업 시간 중에 베일에게 왼발을 사용하지 않는 조건을 달아야 할 정도로 실력이 단연 군계일학이었다. 14세 때 베일은 100미터를 11.4초로 주파했다고 한다. 중등교육능력시험에서 A등급을 따낸 베일은 많은 종목 중 축구를 선택해 사우샘프턴 아카데미 생활을 이어가기로 했다. 참고로 축구와 럭비를 함께했던 친구 샘 워버턴Sam Warburton은 럭비를 선택해 이후 웨일스 국가대표팀 주장으로 성장했다.

2005년 여름 데니스 와이즈Denis Wise 사우샘프턴 감독과 코칭스태프는 2005/06 풋볼리그 챔피언십(2부)을 대비한 프리시즌 훈련에서 두각을 나타낸 16세 아카데미 유망주 2명을 1군에 합류시켰다. 레프트백 베일과 윙어 시오 월콧이었다. 성인 무대에서 먼저 인정을 받은 월콧은 1년 만에 프리미어리그 빅클럽 아스널의 선택을 받았을 뿐 아니라, 스벤-예란 에릭손 잉글랜드 대표팀 감독의 부름을 받아 2006년 독일월드컵 최종 23인 명단에 포함되면서 세상을 놀라게 했다.

베일은 시즌 막판인 44라운드에서 밀월을 상대로 선발 출전했다. 월콧의 프로 데뷔 나이는 16세 143일, 베일은 16세 275일이었다. 하지만 프로에 데뷔한 지 불과 한 달 만에 베일은 웨일스 성인 국가대표팀에 선발됐고, 트리니다드 토바고와의 평가전에 16세 315일 나이로 출전해 웨일스 역대 최연소 A매치 출전 기록을 경신했다. 월콧의 잉글랜드 A매치 데뷔 나이는 17세 75일이다.

프로와 국가대표팀까지 경험한 베일의 인생 시계는 이후 가속도가 붙는다. 조지 벌리George Burley 사우샘프턴 감독은 베일을 1군 주전 레프트백으로 고정해 2006/07시즌을 맞이했다. 리그 개막전으로 치러진 더비 카운티 원정에서 베일은 레프트백 포지션에서 선발 출전했다. 한 골 뒤진 68분 아크 오른쪽에서 베일은 정교한 프리킥을 성공시켜 1-1 동점골이자 팀의 시즌 첫 골의 주인공이 됐다. 베일의 왼발은 특별했다.

사흘 뒤 열린 홈 개막전에서도 베일은 코번트리를 상대로 재차 프리킥 골을 터뜨려 2-0 승리를 견인했다. 10월 유로 2008 예선에서 슬로바키아를 상대로 터뜨린 베일의 웨일스 최연소 득점 기록도 역시 프리킥이었다. 경기를 풀어가는 경험은 부족했지만, 베일의 빠른 오버래핑 드리블과 왼발 킥 능력은 일찌감치 프리미어리그 클럽들의 관심을 끌기에 충분했다.

2007년 여름 베일을 놓고 벌어진 쟁탈전에서 토트넘 홋스퍼가 승리했다. 이적료는 700만 파운드였다. 18세 생일이 지나기도 전에 베일은 프리미어리그 런던 인기팀의 일원이 된 것이다. 하지만 베일은 여전히 많은 부분에서 부족한 10대 청소년이었다. 레프트백 포지션에서 위치 선정 문제를 드러냈고, 신체 능력만 앞세워 무리하게 스프린트를 한 탓에 부상이 잦았다. 10월 뉴캐슬전에서 베일은 프리미어리그의 거친 태클에 걸려 발목을 다쳤고, 한 달 뒤 부상에서 복귀하자마자 같은 부위를 다시 다치고 말았다. 결국 베일의 첫 시즌은 발목 수술로 마감되고 말았다.

다음 시즌에 맞춰 복귀하기는 했지만, 베일의 런던 생활에는 좀처럼 볕이 들지 않았다. 후안데 라모스Juande Ramos의 후임으로 들어온 해리 레드냅 감독은 베누아 아수에코토Benoit Assou-Ekotto를 붙박이 레프트백으로 기용했다. 잔부상과 주전 경쟁으로 인해 베일은 엔트리에도 들지 못하는 날이 많아졌다. 그러다 최종전에서 출전 기회를 얻었는데 여기서 무릎을 다쳐 두 번째 수술대에 올라야 했다.

스포트라이트를 받으며 영입된 지 2년 만에 베일은 2부 리그로 이적된다는 말이 나올 정도로 팀 내에서 입지를 잃었다. 하지만 우울한 2년을 보내는 동안 내적으로 크게 성장했다. 2009/10시즌 중반 아수에코토의 부상으로 생긴 빈자리를 메우며 자신의 잠재력을 드러내기 시작했다. 2010년 1월 26일 풀럼전에서는 입단하고 2년, 리그 선발로 뛴 지 24경기 만에 첫 승리를 올리는 계기도 마련됐다. 아수에코토가 돌아오자 레드냅 감독은 베일을 벤치가 아니라 레프트윙으로 옮겼다. 잉글랜드 최정상 무대에서 베일이 인정받는 순간이었다.

레드냅 감독 특유의 동기부여에 고무된 토트넘은 그해 리그 4위를 달성하며 창단하고 처음으로 챔피언스리그 출전권을 획득했다. 베일 앞에 성공으로 가는 고속도로가 개통된 셈이었다. 이 시점부터 베일은 폭발적으로 성장한다.

2010/11시즌 개막 두 번째 경기에서 토트넘은 스토크 시티 원정을 떠났다. 왼쪽 날개로 선발 출전한 베일은 20분 선제 득점을 넣어 기분 좋게 스타트를 끊었다. 10분 뒤 오른쪽 하프 스페이스

(중앙과 양쪽 사이드 사이의 공간)에서 애런 레넌Aaron Lennon이 페널티박스를 가로지르는 크로스를 보냈다. 박스 안 왼쪽에 있던 베일이 그대로 왼발 논스톱 발리슛으로 스토크의 골문을 찢었다. 빠르게 날아오는 볼을 정확히 발등에 맞히는 임팩트 능력이 만든 원더골이었다. 이 골은 BBC 시청자들에 의해 '이달의 골'로 선정됐다.

나흘 뒤 열린 챔피언스리그 플레이오프에서 베일은 3도움으로 합산 6-3 승리의 일등 공신이 되어 토트넘의 대회 조별리그 합류를 이끌었다. 챔피언스리그 A조에서 베일은 '인생 경기'를 펼친다. 대회에 처음 출전한 토트넘은 3차전에서 거함 인테르나치오날레 원정에 나섰다. 상대 팀에는 사뮈엘 에토Samuel Eto'o를 비롯해 필리페 쿠티뉴Philippe Coutinho, 베슬러이 스네이더르Wesley Sneijder, 하비에르 사네티Javier Zanetti, 마이콘Maicon, 크리스티안 키부Cristian Chivu 등 유럽 챔피언 멤버들이 남아 있었다. 인테르는 전반전에만 네 골을 퍼부어 애송이 토트넘에 유럽 축구의 현실을 가르쳤다.

암울하게 시작된 후반전에서 7분 만에 베일이 상대 진영을 단독 돌파해 왼발 슛으로 만회골을 터뜨렸다. 인테르는 수적 우위와 노련한 경기 운영으로 경기 막판까지 4-1 리드를 유지했다. 하지만 90분 베일이 당대 세계 최고 풀백 마이콘을 다시 무너뜨려 첫 골이 반복되는 듯한 데자뷔 득점 장면을 만들었다. 1분 뒤 베일은 박스 안 왼쪽에서 송곳 같은 왼발 슛을 터뜨려 해트트릭을 달성했다. 3-4로 패했는데도 다음 날 모든 이는 베일의 질주와 해트트릭만 이야기했다.

홈으로 돌아온 A조 4차전에서 베일은 2도움을 기록해 팀의 3-1 승리를 만들었다. 화이트 하트 레인에 모인 홈 팬들은 베일에게 속절없이 무너진 마이콘을 향해 "마이콘에게 택시를 불러줘!" 라고 연호하며 기쁨을 만끽했다. 토트넘은 전문가들의 예상을 뒤엎고 조별리그 1위에 올라 16강에 진출했을 뿐 아니라 대회 첫 출전에서 8강 무대에 서는 성과를 남겼다.

2010/11시즌 프리미어리그에서 베일은 30경기 7골을 기록했다. 우승은 맨체스터 유나이티드, 득점왕은 디미타르 베르바토프 (20골)였지만, 영국프로축구선수협회 '올해의 선수'는 베일에게 돌아가는 이례적 결과가 나왔다. 베일이 기록지에 남는 숫자보다 팬들의 가슴을 움켜잡는 명장면을 수차례 연출한 덕분이었다.

토트넘, 레알 마드리드

2012/13시즌 베일은 기록과 기억을 모두 잡는다. 12월 26일 애스턴 빌라 원정에서 베일은 프리미어리그 첫 해트트릭을 달성하며 4-0 승리를 견인했다. 팀에는 저메인 디포, 엠마뉘엘 아데바요르, 클린트 뎀프시Clint Dempsey가 스트라이커 임무를 분담했지만, 베일은 초반부터 팀 내 최다 득점자로 치고 나갔다. 해를 넘긴 시즌 하반기부터 베일의 공격력은 대폭발했다.

2013년 1월 27일 FA컵 리즈전부터 3월 10일 리그 29라운드 리버풀전까지 베일은 10경기 연속으로 득점 및 도움(9골 4도움)을 기록하는 괴력을 발휘했다. 단순히 숫자만 쌓은 것이 아니었다. 리그 24라운드로 치러진 노리치 원정에서는 0-1로 뒤진 80분 30미터가 넘는 거리에서 왼발 강슛으로 장쾌한 1-1 동점골을 터뜨려 패배에서 팀을 구했다.

유로파리그 32강에 올라서는 홈 1차전에서 리옹을 상대로 무회전 프리킥으로만 두 골을 터뜨렸다. 특히 두 번째 득점은 후반 추가시간 3분에 터진 '극장 결승골'이었다. 리그 27라운드였던 웨스트햄과의 런던 더비에서도 베일은 후반전이 끝나기 직전 3-2 결승골을 넣어 귀중한 승점 3점을 팀에 선물했다. 일주일 뒤 홈에서 열린 노스 런던 더비에서도 선제골로 팀의 2-1 승리를 가능케 했다.

당시 베일은 부상 없이 출전한 경기 대부분에서 공격 공헌을 남기며 프리미어리그 최고 스타로 자리 잡았다. 시즌 막판 발목 부상을 당해 2경기를 날렸지만 복귀해서는 3경기 연속으로 득점 행진을 벌였다. 더비 라이벌인 아스널에 승점 1점 차로 뒤져 챔피언스리그 출전권을 양보해야 했는데도, 베일은 생애 두 번째 영국프로축구선수협회 '올해의 선수'는 물론 같은 곳의 '올해의 영플레이어', 영국축구기자협회 '올해의 선수'까지 싹쓸이해 잉글랜드 무대를 평정했다. 프리미어리그에서 개인상 3개를 독차지한 케이스는 2007/08시즌 당시 맨유에서 뛰던 크리스티아누 호날두와 2012/13 시즌 베일 두 사람뿐이다. 해당 시즌 베일의 최종 기록은 44경기 26골, 리그 33경기 21골이었다.

시즌이 끝난 뒤 베일은 또 하나의 기념비적 이력을 완성했다. 폭발적 경기력에 탄복한 레알 마드리드의 플로렌티노 페레스 회장이 토트넘에 현금 1억 유로(8500만 파운드)를 쾌척해 베일을 영입했다. 4년 전 맨유의 호날두를 영입하느라 썼던 돈보다 비싼 역대 최고 이적료 신기록이었다.

대망의 산티아고 베르나베우 첫 시즌은 코파델레이와 챔피언스리그 결승전 두 경기로 요약할 수 있다. 2014년 4월 16일 엘클라시코로 벌어진 코파델레이 결승전에서 레알은 에이스 호날두가 부상으로 빠진 채 바르셀로나를 상대해야 했다. 선발 출전한 베일은 그때까지 2013/14시즌 득점 수가 13골에 그쳐 마드리드 팬들로부터 은근한 압박을 받고 있었다. 한 골씩 주고받은 두 팀은 85분까지 1-1로 팽팽히 맞섰다.

레알의 페널티박스에서 튕겨 나온 볼을 파비우 코엔트랑^{Fábio Coentrão}이 왼쪽 측면에서 앞으로 보냈고, 베일이 이를 앞으로 길게 차곤 바르셀로나의 수비수 마르크 바르트라^{Marc Bartra}의 왼쪽으로 돌아 스프린트하기 시작했다. 바르트라보다 뒤에서 출발한 베일은 총알처럼 튀어 나가 볼을 잡은 뒤 골키퍼의 가랑이 사이로 2-1 결승골을 터뜨려 팬심을 되찾았다. 40여 일 뒤인 5월 24일 챔피언스리그 결승전에서 연고 라이벌인 아틀레티코 마드리드와 맞붙게 됐을 때도, 베일은 1-1로 돌입한 연장전에서 2-1 헤더골을 터뜨려 컵대회에서 2연속 결승골을 넣은 주인공이 됐다.

결과적으로 베일은 레알에서 호날두의 전설을 재현하지 못했다. 챔피언스리그 우승 4회를 함께하지만 부상과 경기력 기복을 겪으며 산티아고 베르나베우의 아이콘이 되지는 못했다. 하지만 축구에서 가장 중요한 감성과 인상 면에서 베일의 마드리드 생활은 부족함이 없다. 특히 2018년 5월 리버풀을 상대한 개인 네 번째 챔피언스리그 결승전에서 베일은 측면에서 날아온 크로스를 오버헤드킥으로 연결해 대회 3연패 금자탑의 주인공이 됐다. 이 골은 대회 역사를 통틀어도 다섯 손가락 안에 든다는 평가를 받을 만큼 강한 인상을 남겼다.

2015년 10월에는 조국 웨일스를 유로 2016 본선으로 이끌었

2015년 11월 레알 마드리드에서 뛰던 26세의 가레스 베일.

사진 Football.ua

다. 웨일스로서는 1958년 월드컵 이후 무려 58년 만에 밟는 메이저 무대였다. 파리에서 열린 유로 2016에서도 베일은 경기마다 팀 공격을 해결해 4강 신화의 일등 공신이 됐다. 마드리드에서의 말년은 애정 결핍으로 정리될지도 모르겠지만, 최소한 프리미어리그와 토트넘, 웨일스 팬들에게 베일은 역사적 히어로로 기억된다.

45

—

리버풀, 미끄러지다: 스티븐 제라드와 루이스 수아레스(2013/14)

　한때 영국 축구 팬들은 리버풀 공식 TV 채널을 '역사 채널'이라고 불렀다. 프리미어리그 시대가 되어 우승과 멀어진 리버풀이 프로그램 대부분을 영광으로 가득했던 1970년대, 1980년대 경기와 왕년의 스타들로 채웠기 때문이다. 워낙 이름값이 큰 빅클럽이라 젊은 세대에서도 리버풀을 추종하는 팬들은 계속 생겨났지만 '영 콥'은 리버풀이 우승하거나 우승을 다투는 모습을 실제로 본 적이 없었다. 1990년대 이후 영광스러운 장면에서는 언제나 맨체스터 유나이티드나 아스널, 혹은 첼시가 주인공이었다. 프리미어리그 시대가 되어 젊은 리버풀 팬들도 진지하게 우승을 꿈꿀 수 있었던 사실상 첫 번째 경험은 2013/14시즌이었다.

"우리 함께 노리치로 간다"

시작은 희망적이지 않았다. 지난 시즌 처음 출항했던 브렌던 로저스 체제는 리그 7위로 밀려 목표로 삼은 챔피언스리그 출전 달성에 실패하고 말았다. 시즌이 끝나자 팀 내 에이스 루이스 수아레스가 "팀을 떠나고 싶다"고 폭탄선언을 했다. 수아레스는 "가족에 대한 지나친 관심"을 명분으로 내세웠다. 나중에 선수 측이 밝힌 진짜 이유는 챔피언스리그에 출전하는 클럽에서 뛰고 싶기 때문이었다.

수아레스의 에이전트는 아스널과 접촉해 "4000만 파운드 이상이면 리버풀은 영입 제안을 거절하지 못한다는 계약 조건이 있다"고 주장했다. 이 말을 전적으로 신뢰하지 않은 아스널은 추가적인 확인 작업을 거쳐 리버풀과 수아레스가 체결한 계약서에 그런 조항이 없다는 정보를 입수했다. 에이전트가 계속 우기자 아스널은 사실 확인 차원에서 4000만 파운드에 딱 1파운드를 더 얹어 리버풀에 공식 제안했다. 물론 아스널이 파악한 대로 그런 조항은 존재하지 않았고, 리버풀은 일언지하에 제안을 거절했다.

수아레스는 "이번 시즌 챔피언스리그에 출전하지 못하면 이적을 허락한다는 약속을 리버풀이 깼다"라며 불만을 터뜨렸다. 하지만 로저스 감독은 "그런 약속은 없었다. 선수 측의 태도는 클럽에 대한 모독"이라며 강경하게 대응했다. 결국 여름 내내 호사가들의 관심사였던 수아레스의 이적은 성사되지 않았고, 선수 측도 백기 투항하면서 해프닝은 마무리됐다. 수아레스는 지난 시즌 브라니슬라브 이바노비치Branislav Ivanović(첼시)의 팔을 깨물었다가 리그 10경기 출장정지의 징계를 받았는데, 이를 마치고 2013년 9월 25일에야 새 시즌에 복귀할 수 있었다.

다행히 로저스 감독이 1년에 걸쳐 다듬은 리버풀의 스쿼드는 기대 이상으로 탄탄했다. 수아레스는 변함없이 날카로웠고, 대니얼 스터리지는 최전방과 측면을 오가며 자기 몫을 해냈다. 양쪽 날개에 배치된 필리페 쿠티뉴와 라힘 스털링Raheem Sterling은 기술과 속도를 앞세워 상대 수비를 허물었고, 중앙에서는 대들보 스티븐 제라드와 조 앨런Joe Allen, 루카스 레이바Lucas Leiva가 듬직했다.

그래도 시즌 전반기 리버풀은 아스널과 맨체스터 시티, 첼시 등 이른바 우승 후보들과 붙은 맞대결에서 패했다. 이런 결과는 리버풀이 근래 우승한 경험이 없고 집중력이 부족하기 때문이라는 지적을 낳았다. 2013년을 리그 5위로 끝냈을 때는 언론과 팬들 모두 리버풀의 우승 경쟁력을 인정하지 못하는 분위기였다.

2014년이 되자 리버풀은 중요한 순간에 실적을 만드는 모습을 보이기 시작했다. 결정적 계기는 3월 8일 홈에서 열린 아스널전이었다. 리그 1위인 아스널을 상대로 리버풀은 20분 만에 스코어를 4-0으로 만들며 폭주했다. 이날 리그 4위인 리버풀은 아스널을 5-1로 대파했다. 열흘 전에 있었던 머지사이드 더비에서 4-0 쾌승을 거둔 데 이은 기분 좋은 승리였다. 이때부터 수아레스와 스터리지는 눈부신 결정력을 선보이며 팀의 연승을 견인했다.

3월 16일 앙숙인 맨유와의 원정 경기에서도 리버풀은 3-0으로 완승했다. 제라드가 페널티킥 2개를 성공시켜 2-0을 만들었고, 경기 막판에 수아레스가 팀 세 번째 골을 넣어 승부에 쐐기를 박았다. 스포츠에선 승리는 자신감으로 전환되어 경기력이 향상되는 선순환이 존재한다. 지역 라이벌, 리그 1위, 최대 앙숙을 상대로 완벽한 승리를 거두면서 선수들이 느끼는 자신감은 최고조에 달할 수밖에 없었다. 안필드가 들썩이기 시작했다. 리버풀 팬들 사이에서 '어쩌면 올 시즌 리그에서 우승을 다툴지도 모른다'는 희망이 싹을 틔웠다.

난적 토트넘과의 경기, 까다로운 웨스트햄 원정에서도 리버풀은 계속 이겨 리그 9연승에 성공했다. 리그 1위를 지키던 아스널은 이미 우승 경쟁에서 탈락했다. 어느덧 리그의 우승 경쟁은 맨시티와 첼시, 리버풀의 3강 체제로 굳어졌다. 여러모로 리버풀 쪽에서 청신호가 켜졌다. 조제 모리뉴 감독이 이끄는 첼시는 주중 챔피언스리그에 출전해 힘을 빼야 했다. 마누엘 페예그리니^{Manuel Pellegrini} 감독의 맨시티는 약체 팀과의 원정 경기에서도 승점을 잃는 실수를 반복하며 좀처럼 앞으로 나서지 못했다.

4월 13일 프리미어리그에서 리버풀과 맨시티가 맞대결을 펼쳤다. 같은 날 첼시는 스완지 원정에 나섰다. 당일 경기를 포함해 리버풀과 첼시는 각각 5경기, 맨시티는 7경기를 남긴 상태였다. 리버풀이 승점 74점, 맨시티가 70점, 첼시가 72점이었다. 만약 리버풀이 맨시티를 잡는다면 승점 차가 7점으로 벌어진다. 맨시티가 손에 쥔 여유 2경기를 모두 잡아도 뒤집을 수 없는 거리, 즉 리버풀이 맨시티를 잡으면 자력 우승이 가능한 고지를 선점한다는 의미였다. 객관적 전력에서는 맨시티가 앞섰다. 리버풀로서는 수단과 방법을 가리지 않고 안필드의 기를 모아 맨시티전을 잡아야 했다. 만약 승점 3점을 딴다면 리버풀은 정말 우승할 수 있었다.

용광로처럼 끓는 안필드에서 리버풀은 전반전에만 2-0으로 앞섰다. 폭발적인 19세 윙어 라힘 스털링이 개인기로 뱅상 콩파니와 조 하트를 농락하며 선제골을 터뜨렸고, 코너킥에서 수비수 마르틴 스크르텔이 헤딩골을 보탰다. 리그에서 연승을 달리는 리버풀은 '절대 강자' 맨시티를 상대로 두 골이나 앞설 정도로 뜨거운 화력을 증명한 셈이었다. 그런데 하프타임을 마치고 그라운드로 돌아온 맨시티는 달라져 있었다.

후반전이 시작된 지 5분 만에 환상적인 패스워크를 연출하며 맨시티의 다비드 실바가 추격골을 뽑아낸 데 이어 7분 뒤에는 글렌 존슨의 자책골까지 유도하면서 단번에 승부의 추를 가운데로 돌려놓았다. 현장 분위기가 최고조에 달하는 가운데 양 팀은 치열한 공방을 벌였다. 이 상태로 끝나거나 혹은 역전을 허용하는 모습이 예전의 리버풀이었다. 하지만 2013/14시즌 리버풀은 그렇지 않았다.

78분 맨시티의 주장 뱅상 콩파니가 치명적인 클리어링 실수를 저질렀다. 천천히 구른 볼은 필리페 쿠티뉴의 오른발에 정확히 맞고 맨시티의 골문 안에 꽂혔다. 안필드가 뒤집어졌다. 경기 종료 휘슬이 울리자 안필드는 더 세찬 열정의 파도가 휘몰아쳤다. 리버풀 선수들이 감격의 눈물을 흘리는 스티븐 제라드에게 달려갔다. 제라드는 눈물을 닦고 스크럼을 짠 동료들에게 역사적 팀 토크를 남겼다. "자, 들어봐. 우승이 우리 손에서 미끄러지게 할 수 없어. 우리 함께 노리치로 간다. 그리고 오늘 했던 것과 똑같이 하는 거야!"

일주일 뒤 가진 노리치와의 원정 경기에서도 리버풀은 승리해 리그 11연승으로 승점 80점 고지에 올라섰다. 맨시티는 한 경기를 더 치렀지만 선덜랜드와 비기는 바람에 리버풀과 승점 차이는 7점에서 6점으로밖에 줄지 않았다. 4월 27일 리버풀은 우승으로 가는 마지막 고비인 첼시전에 나섰다. 모리뉴 감독은 주중 챔피언스리그에서 뛴 선발진에서 7명이나 바꿔 1.5군 전력으로 안필드에 들어섰다. 특유의 '굳히기'로 패하지 않겠다는 심산이었다. 크리스털팰리스와 맨시티의 경기는 리버풀와 첼시의 맞대결이 끝난 직후 시작될 예정이었다.

리버풀은 경기를 주도하면서도 좀처럼 선제골을 만들지 못했다. 첼시는 최전방 공격수 뎀바 바Demba Ba 한 명을 남기곤 모두 자기 진영에 내려가 수비 블록을 구축할 뿐이었다. 전반전이 끝날 즈음 자기 진영에서 마마두 사코Mamadou Sakho가 제라드에게 횡패스를 보냈다. 제라드가 볼 터치 실수를 저지르는 바람에 볼이 바의 앞으로 향했다. 순간적으로 당황한 제라드가 재빨리 바에게 접근하기 위해 발을 내딛는 순간 발이 미끄러졌다. 타이밍을 잃은 제라드가 뒤쫓았지만 바는 리버풀의 수문장 시몽 미뇰레Simon Mignolet의 오른쪽으로 깔끔하게 골을 성공시켰다. 가장 믿는 제라드의 실수 앞에서 안필드는 얼음처럼 얼어붙었다.

후반 들어 리버풀은 필사적으로 첼시의 골문을 두들겼다. 하지만 소득은 없었다. 한 골 뒤진 상태에서 시작된 후반 추가시간에 모리뉴 감독은 리버풀 출신 페르난도 토레스를 시간 소비용 카드로 투입했다. 관중석에서 거친 야유가 쏟아졌다. 토레스는 시간만 낭비할 생각이 없었다. 뻥 뚫린 리버풀 진영을 달려 들어간 토레스는 미뇰레 앞에서 영리한 패스로 윌리안Willian의 2-0 쐐기골을 도왔다.

리버풀은 승점 80점에 머물러 리그 1위를 지켰지만, 곧이어 벌어진 경기에서 맨시티는 승점 3점을 보태 한 경기 덜 치른 상태에서 리버풀과 승점 차를 3점으로 줄였다. 만약 두 팀이 남은 경기에서 전부 승리한다면 승점이 같아진다. 하지만 맨시티는 골 득실에서 앞서 자력 우승이 가능했다. 첼시전에서 패배하면서 리버풀의 자력 우승 가능성이 사라진 것이다. 훗날 제라드는 자서전을 통해 이날 집으로 돌아가는 차 안에서 펑펑 울었다고 고백했다.

리버풀은 두 경기, 맨시티는 세 경기를 남긴 상태에서 5월이 됐다. 5월 3일 맨시티는 원정에서 에버턴을 3-2로 꺾고 리버풀을 1위 자리에서 끌어내렸다. 승점 80점으로 동률을 이룬 상태에서 맨시티가 골 득실에서 앞선 결과였다. 리버풀은 자력으로 우승할 기회가 없어진 동시에 리그 2위로 하락하는 불운이 겹치면서 큰 상실감에 빠질 수 있었다. 하지만 5월 5일 팰리스 원정에서 리버풀은 3-0으로 앞서 희미하나마 희망을 놓지 않는 근성을 선보이는 듯했다.

79분 악몽이 시작됐다. 데이미언 델라니Damien Delaney에게 첫 실점을 허용한 리버풀은 81분과 88분에 드와이트 게일Dwight Gayle에게 연속으로 두 골을 내주면서 3-3 무승부에 그치고 말았다. 경기 후 루이스 수아레스는 유니폼으로 얼굴을 가린 채 뜨거운 눈물을 흘렸다. 제라드가 서럽게 들썩이는 수아레스의 어깨를 어루만지며 일으켜 세웠다. 관중석에 있던 리버풀 원정 팬들의 눈시울도 뜨거워졌다. 팰리스 팬들의 끊이지 않는 노랫소리가 팬들의 마음을 더욱 짓눌렀다.

이틀 뒤 맨시티는 홈에서 애스턴 빌라를 4-0으로 대파하며 승점 83점을 기록했다. 최종전만 남긴 상태에서 리버풀은 81점이었다.

최종전에서 리버풀은 뉴캐슬을 2-1로 꺾고 승점 84점으로 시즌을 마쳤다. 동시에 에티하드 스타디움에서 킥오프된 맨시티와 웨스트햄의 경기는 홈팀의 2-0 승리로 끝났다. 시즌 하반기부터 벌어졌던 박빙의 우승 경쟁에서 맨시티가 승점 86점을 마크하면서 2위 리버풀을 2점 차로 따돌리고 프리미어리그 우승을 차지했다. 리버풀로서는 두고두고 아쉬운 결과일 수밖에 없었다.

2013/14시즌 리버풀은 수아레스(31골)와 스터리지(21골)가 득점 랭킹 1위, 2위를 차지했다. 도움 부문 1위, 2위도 제라드(13개)와 수아레스(12)였다. 득점과 도움 부문에서 1위와 2위를 독차지했는데도 리그 우승의 꿈을 이루지 못한 결과는 리버풀로서는 희대의 불운이었다. 특히 프리미어리그가 독립 출범한 이래 첫 우승의 꿈을 꿨던 리버풀 팬들로서는 기대가 컸던 만큼 상실감이 무거웠다.

4월 중순 맞대결에서 맨시티를 3-2로 꺾어 자력 우승이 가능해진 다음 날 리버풀 팬들은 멜우드 훈련장에 '우리를 꿈꾸게 해줘'라고 쓴 대형 플래카드를 걸었을 정도로 리그 우승을 향한 열망이 컸다. 빛바랜 1970년대, 1980년대 영상이 아니라 현실 세계에서 프리미어리그 챔피언이 되는 리버풀을 볼 수 있다는 소망은 4월 말 첼시전에서 0-2로 패하면서 바스러졌다. 꿈이 깨지는 균열의 시작이 다른 사람도 아니라 제라드가 미끄러지는 그 순간이었다는 사실은 리버풀 팬은 물론 중립적인 축구 팬들조차 상상할 수 없는 최악의 시나리오였다.

시즌이 끝난 뒤 수아레스는 바르셀로나로 떠났다. 2014/15시즌 리버풀은 리그 6위로 퇴보했고, 제라드와 스털링도 나란히 안필드 시대를 마감했다. 성적 하락, 스쿼드 약화, 상대적 트라우마 등 악재가 겹친 브렌던 로저스 감독은 결국 2015/16시즌 초반을 버티지 못한 채 경질되고 말았다. 강력한 자금력을 앞세우는 맨시티와 첼시, 저력을 유지하는 아스널과 맨유의 틈에서 리버풀이 옛 영광을 재현하기까지는 또다시 오랜 인내심이 필요할 것처럼 보였다. 부스스한 금발 머리와 안경, 호탕한 웃음을 지닌 덩치 큰 독일인 감독이 도착했을 때 안필드는 딱 그런 모습이었다.

46

—

우승하거나 쫓겨나거나: 조제 모리뉴
(2014/15시즌)

스포츠 미디어는 승자를 사랑한다. 최후의 승자는 스포츠를 즐기는 대중이 가장 알고 싶어 하는 대상이기 때문이다. 언론은 항상 그들을 쫓아다니면서 이야기를 만들어낸다. 그라운드 안에서 선보이는 플레이와 결과는 물론 시시콜콜한 사생활까지 승자의 모든 것은 훌륭한 보도 주제가 된다.

승자가 아니더라도 이슈를 만드는 캐릭터는 언론의 사랑을 받을 수 있다. 가장 대표적인 예가 마리오 발로텔리다. 재능에 턱없이 뒤떨어지는 실적을 남겼으면서도 그라운드 밖에서 쉬지 않고 해프닝을 벌인다. 1년 365일 이야깃거리가 필요한 언론으로서는 참 고마운 존재가 아닐 수 없다. 만약 승자가 끊임없이 논란이나 이슈를 생산한다면? 그야말로 황금 카드다. 21세기 프리미어리그에서 언론에 가장 굵직한 그리고 많은 먹잇감을 던져준 주인공이 바로 '스페셜 원' 조제 모리뉴 감독이다.

모리뉴의 첼시 2기

2004년 여름 영국 언론 앞에 처음 모습을 드러낸 모리뉴 감독의 일성은 "나는 특별한 존재"였다. 겸손함이라곤 눈 씻고 찾아볼 수 없는 캐릭터가 등장했는데도 영국 언론은 환호했다. 더 놀라운 사실은 모리뉴 감독의 자기소개가 허풍이 아니었다는 점이다. 첼시의 지휘봉을 잡자마자 모리뉴 감독은 프리미어리그 2연패를 달성해 '이 구역 깡패'가 됐다. 공격적 투자로 끌어모은 스타들의 개인 능력과 모리뉴 감독 특유의 실용주의 전술 앞에서 잉글랜드의 기존 강자들은 속수무책이었다.

여기에 모리뉴 감독은 '혀'도 강력했다. 존경하는 알렉스 퍼거슨 감독을 제외한 모든 동업자를 향해 모리뉴 감독은 쉴 새 없이 공격했다. 특히 첼시의 영입 정책을 꾸준히 비판한 아르센 벵거 감독은 모리뉴 감독의 주요 타깃이었다. "집구석에서 망원경으로 남을 관찰하는 사람들이 있다. 그런 관음증 환자 중 한 명인 것 같다"라는 발언이 유명하다. 영국 언론은 날마다 헤드라인감을 던지는 모리뉴 감독을 사랑했다.

영원할 것 같던 첼시와 모리뉴의 관계는 2007/08시즌 초반 급작스러운 종말을 맞이했다. 가파른 추락 앞에 로만 아브라모비치 회장은 '첼스키 시대'의 개국 공신인 모리뉴 감독을 단칼에 날렸다. 영국 언론의 동정을 뒤로한 모리뉴 감독은 인테르나치오날레에서 유러피언 트레블을 달성하며 화려하게 부활했다. 레알 마드리드에서는 역대 최강 팀인 바르셀로나와의 상대 전적에서 앞서는 집념도 보였다.

하지만 두 클럽에서도 모리뉴 감독의 호전적 언론관은 불필요한 마찰을 초래했다. 좋을 때든 나쁠 때든 그는 언제나 누군가와 전쟁을 벌이는 듯한 분위기를 연출했다. 상황적 불안감은 결국 뛰어난 성적에도 불구하고 그를 장기적 설계자가 아니라 단기적 현상금 사냥꾼 같은 이미지로 몰아갔다. 레알과 헤어지는 모습이 단적인 예였다. 2012년 5월 모리뉴 감독은 라리가에서 우승하며 4년 재계약에 성공했지만 1년 뒤에 쫓겨났다. 그의 축구 인생에는 냉탕과 열탕만 존재할 뿐 온탕이 없는 셈이다.

산티아고 베르나베우에서 나온 모리뉴 감독은 2007년 결별한 지 6년 만에 첼시로 복귀했다. 흩어진 선수단 분위기를 하나로 모을 만큼 강한 캐릭터는 그밖에 없었기 때문이다. 모리뉴 감독은 첼시 2기의 첫 시즌(2013/14)을 "과도기"라고 못 박았다. 다양한 감독에 의해 변화된 선수단 구성을 자기 입맛에 맞출 시간이 필요했다. 우승 경쟁권에 있으면서도 일찌감치 "올해는 우승하지 못한다"는 말을 되풀이한 배경이기도 했다. 그렇다고 해서 순순히 물러나지는 않았다.

2014년 2월 아르센 벵거 감독이 "감독들은 실패할까 봐 우승을 장담하지 못한다"고 견해를 밝혔다. 이 발언에 관해 질문을 받은 모리뉴 감독은 "그 사람은 '실패 전문가'라서 그런 소리를 한다. 8년 동안 트로피가 없으면, 그거야말로 실패다. 첼시에서 내가 그랬다면 나는 당장 런던을 떠나 다시는 돌아오지 않는다"라며 벵거 감독의 아픈 곳을 마구 후벼 팠다. 우승은 못할지언정 화제의 주인공 역할을 놓치지 않는 이슈 메이커의 전형적 모습이었다.

그해 여름 모리뉴 감독은 선수단 구성을 크게 흔들었다. 다비드 루이스David Luiz, 로멜루 루카쿠, 안드레 쉬를레Andre Schürrle, 페르난도 토레스, 프랭크 램퍼드 등을 미련 없이 정리했다. 팀 빌딩의 방향성은 뚜렷했다. 영국에서 척추라고 부르는 중앙 포지션을 집중적으로 강화했다. 지난 시즌 도중 모리뉴 감독이 벤피카에서 네마냐 마티치를 영입한 것도 동일한 맥락이었다. 척추에 해당하는 포지션을 강화하면 팀 밸런스가 쉽게 무너지지 않아 경기력 기복을 줄일 수 있다.

2014/15시즌을 준비하면서 모리뉴 감독은 아틀레티코 마드리드에서 스트라이커 디에고 코스타Diego Costa를, 바르셀로나에서 중앙 미드필더 세스크 파브레가스와 골키퍼 티보 쿠르투아Thibaut Courtois를 데려왔다. 모두 중앙 포지션에서 뛰는 선수들이었다. 센터백에는 첼시 1기의 충신 존 테리가 남아 게리 케이힐Gary Cahill과 호흡을 맞췄다. 모리뉴 감독은 오랜 충신 디디에 드로그바까지 1년 계약 조건으로 영입해 선수단 기강 확립을 도모했다.

시스템이 안정화되자 1선과 2선의 공격력이 배가되었다. 가장 돋보인 주인공은 2선 왼쪽 날개에 해당하는 에당 아자르Eden Hazard였다. 2012년 여름 프랑스 릴에서 3200만 파운드에 영입한 아자르는 두 시즌을 거치면서 첼시의 핵심 공격수로 자리 잡은 상태였다. 최대 장점은 측면에서 대각선 방향으로 파고드는 드리블 돌파 능력이었다. 특히 수비적인 팀들을 상대하는 경기에서 아자르의 개인 돌파 능력은 첼시가 득점 기회를 창출하는 힘이 됐다.

8월 개막하고 4경기에서 첼시는 에당 아자르의 '크랙' 기능, 신입 스트라이커 디에고 코스타의 결정력, 세스크 파브레가스의 정교한 패스를 앞세워 4연승을 올리며 기분 좋은 출발을 끊었다. 첼시는 12월 6일 뉴캐슬 원정에서 1–2로 패할 때까지 개막하고 첫 14경기에서 무패로 달리며 시즌 초반부터 리그 단독 선두를 지켰다. 라이벌과의 맞대결 성적도 나쁘지 않았다. 디펜딩 챔피언 맨체스터 시티와의 원정 경기에서 1–1로 비겼고, 런던 더비에서는 아스널을 2–0으로 완파했다.

2014/15시즌 내내 첼시는 위기를 거의 겪지 않았다. 2015년 새해 첫날에 치른 토트넘과의 원정 경기에서 3–5로 패해 잠시 리그 선두를 맨시티에 넘기기는 했지만, 다음 라운드에서 뉴캐슬을 2–0으로 제압하면서 열흘 만에 리그 1위 자리를 탈환했다. 파브레가스와 아자르가 계속 득점 기회를 창출했고, 코스타와 오스카Oscar, 윌리안, 로이크 레미Loic Remy 등 1선, 2선 자원들이 자유롭게 골을 터뜨렸다. 막강한 전력을 갖춘 맨시티조차 첼시의 순항을 막지 못했다.

2015년 3월 1일 리그컵 결승전에서 첼시는 토트넘을 2–0으로 완파해 시즌 첫 우승컵을 안았다. 권위 면에서 떨어지는 트로피라고 해도 시즌 내내 프리미어리그에서 단독 선두를 질주하는 첼시로서는 성공에 대한 자기 확신을 강화하는 계기가 됐다. 챔피언스리그 16강에서 일찍 짐을 싸게 된 결과도 첼시의 프리미어리그 우승 경쟁에 힘을 실었다. FA컵에서도 일찌감치 탈락한 뒤 챔피언스리그까지 접은 첼시는 3월 초반부터 시즌 종료까지 프리미어리그에만 에너지를 집중할 수 있었다.

결과적으로 첼시는 토트넘전 패배(1월 1일) 이후 리그 15경기에서 연속으로 무패 행진을 벌인 끝에 5월 3일 크리스털 팰리스전을 1-0 승리로 마치며 리그 우승을 확정했다. 맨시티와 맨유, 리버풀, 아스널 등과 치열하게 경쟁하는 리그에서 시즌을 마치기까지 3경기를 남기고 우승을 확정한 것은 대단한 성과가 아닐 수 없다. 에당 아자르는 영국프로축구선수협회 '올해의 선수'에 선정됐고, 디에고 코스타는 20골을 기록하며 데뷔 시즌부터 득점 랭킹 3위에 이름을 올리는 성공을 거뒀다. 도움 부문 1위에서는 세스크 파브레가스(18개)가 빛나고 있었다. 첼시에 모리뉴는 너무나 완벽한 감독이었다.

2015/16시즌

첼시에 타이틀을 빼앗기자 맨시티는 2015년 여름 이적 시장에서 라힘 스털링, 케빈 더브라위너, 니콜라스 오타멘디Nicolas Otamendi 등을 '폭풍 영입'하며 칼을 갈았다. 첼시의 전력 강화는 좀처럼 진전되지 않았다. 폴 포그바Paul Pogba(유벤투스), 존 스톤즈John Stones(에버턴), 라파엘 바란Rafael Varane(레알 마드리드) 중 한 명도 영입하지 못한 첼시는 페드로Pedro(바르셀로나)와 아스미르 베고비치Asmir Begović(스토크 시티) 정도를 데려오는 선에서 그치고 말았다. 프리시즌 중 평가전을 세 차례밖에 치르지 않을 정도로 지나치게 여유를 부리다가 커뮤니티실드에서는 0-1 패배를 맛봤다.

2015년 8월 8일 개막한 프리미어리그 1라운드에서 첼시는 스완지와 2-2로 비겼다. 결과는 둘째 치고 경기 중 모리뉴 감독이 의무팀 스태프에게 불같이 화를 낸 사건이 큰 문제였다. 후반전 들어 첼시는 골키퍼가 퇴장당해 수적 열세에 빠졌다. 그런 상황에서 아자르가 쓰러졌고 주심의 손짓을 본 첼시 의무팀 에바 카르네이로Eva Carneiro와 존 펀Jon Fearn이 재빨리 선수에게 달려갔다. 갑자기 모리뉴 감독이 포르투갈어 욕설을 내뱉으며 불같이 화를 냈다. 왜 그랬을까? 의무팀이 투입되면 아자르는 반드시 경기장 밖으로 나갔다가 들어와야 한다. 짧게나마 첼시가 두 명이나 선수가 적은 상태에 빠지는 것이다. 경기 후 모리뉴 감독은 "우리 의무팀은 충동적이고 순진했다"라며 불편한 심기를 숨기지 못했다.

모리뉴 감독은 즉각 두 사람을 현장 업무에서 배제했다. 하지만 해당 사건은 일파만파로 커졌다. 여성 직원이 남성 상사에게 폭언을 당한 상황은 당장 성차별 논쟁으로 번졌다. 카르네이로는 하루아침에 마초 사회에서 핍박받는 희생양이 되어 결국 사표를 던졌다. 그러곤 첼시와 모리뉴 감독을 상대로 정신적 피해 보상을 요구하는 소송을 제기했다. 사태의 심각성을 인지한 첼시는 카르네이로에게 합의금 19억 원을 제시했지만 거절당하면서 소송은 장기화됐다. 선수들이 있는 라커룸의 분위기도 치명적인 내상을 입었다. 은연중에 '일이 잘못되면 나도 저렇게 되겠구나'라는 위기감이 퍼졌기 때문이다.

첼시는 개막하고 첫 12경기에서 11점밖에 따지 못하면서 하위권으로 곤두박질쳤다. 모리뉴 감독은 악수를 연발했다. 맨시티전에서 팀의 정신적 지주인 존 테리를 하프타임에 교체 아웃시키면서 그에게 수모를 안겼다. 웨스트햄전에서는 거칠게 항의하다 벤치에서 퇴장당하고 리그컵에서는 스토크에 승부차기로 패해 탈락했다.

12월 14일 레스터 원정에서도 첼시는 1-2로 패했다. 개막하고 첫 16경기에서 무려 9패를 당한 것이다. 경기 후 모리뉴 감독은 "지난 시즌 나는 엄청난 일을 해냈다. 팀을 원래 수준보다 훨씬 위에 올려놓았다. 하지만 올 시즌 몇몇 선수는 정말 형편없다. 같은 바구니에 넣고 싶지 않은 선수들이 있다"고 말해 선을 넘고 말았다. 현지 언론은 다양한 정보망을 이용해 코스타, 아자르, 파브레가스를 배신자로 지목했다. 엉망진창이 된 디펜딩 챔피언 첼시는 결국 사흘 뒤 모리뉴 감독과의 상호 합의하에 계약을 해지한다고 공식 발표했다.

긴급 대체자로 거스 히딩크 감독이 날아왔지만, 모리뉴 감독을 경질한 뒤 첫 홈경기에서 팬들은 아자르, 파브레가스, 코스타에게 거친 야유를 쏟아냈다. 히딩크 감독 체제에서 첼시는 그나마 경기력을 회복하면서 2015/16시즌을 10위로 마무리했다. 통산 여섯 번째 1부 우승을 달성했던 1년 전과 비교하면 모든 면에서 초라하기 짝이 없는 시즌이 되고 말았다. 승수는 26승에서 12승으로 쪼그라들었고, 승점도 87점에서 50점으로 대폭 하락했다. 아브라모비치 시대에 들어 첼시가 챔피언스리그에 출전하지 못하게 된 것도 처음이었다.

결과적으로 모리뉴 감독은 이 시점부터 하락세를 걷기 시작한다. 맨체스터 유나이티드에서도 2인자 대회인 유로파리그에서 우승한 직후 세 번째 시즌을 넘기지 못하고 쫓겨났다. 토트넘 홋스퍼에서는 시즌 도중 부임했다가 두 번째 시즌 말미에 해고되고 말았다. 토트넘에서 보낸 500여 일은 2002년 FC 포르투 이후 그가 풀타임 시즌을 제대로 마치지 못했을 뿐 아니라 우승을 기록하지 못한 첫 사례로 남는다. 2021/22시즌부터 새로 부임한 AS 로마에서 그가 부활의 날개를 펼 수 있을지가 축구 팬들에겐 새로운 관심사로 남는다.

47

—

말은 제주도로, 사람은 서울로, 스타는 빅클럽으로: 라힘 스털링
(2015년 여름)

2008년 만수르 시대가 열리면서 맨체스터 시티는 프리미어리 그의 큰손으로 존재감을 떨친다. 맨시티의 점지를 받은 선수는 하루아침에 이적료와 연봉이 치솟았다. 단번에 성적을 내려면 그에 적합한 우수 자원이 필요하고, 원하는 시점에 A급 선수를 수급하기 위해서는 시장 가격에 웃돈을 얹어야 한다. 통장 깊이가 무한대에 가까운 맨시티가 앞뒤 재지 않고 영입 정책을 펴면서 프리미어리그 이적 시장이 갑자기 불붙은 건초 더미처럼 활활 타올랐다. 경쟁 클럽들로서는 맨시티의 'FLEX' 덕분에 평소보다 훨씬 큰 수익을 낼 수 있었지만, 감독들로서는 팀 빌딩 구상에서 큰 비중을 차지하는 에이스나 유망주를 하루아침에 빼앗기는 불상사를 피할 길이 없었다. 신세대 선수들 사이에서는 클럽 충성도보다 개인 영달을 최우선시하는 트렌드가 가속화되면서 이적 시장의 판세는 빠르게 예전의 낭만을 잃어갔다.

라힘 스털링

2015년 여름 이적 시장도 역시 맨시티가 주도했다. 2014/15시즌 우승에 실패한 맨시티 수뇌부는 '머니건'을 뽑아들고 난사할 태세를 갖췄다. 라이벌인 맨체스터 유나이티드도 루이스 판할 감독 체제에서 챔피언스리그 출전권을 획득하면서 대대적인 전력 강화가 필요했다. 잉글랜드 축구 팬들에게 최대 관심사는 리버풀의 21세 윙어 라힘 스털링의 거취였다. 자국 선수에게 눈길이 갈 수밖에 없는 데다 지난 시즌 하반기부터 스털링 측이 리버풀의 재계약 제안을 거절하며 기 싸움을 벌여왔기 때문이다.

자메이카에서 태어난 스털링은 다섯 살 때 모친을 따라 영국으로 이민해 런던에 살았다. 퀸즈 파크 레인저스의 아카데미 시절부터 두각을 나타낸 덕분에 프리미어리그 클럽들로부터 많은 관심을 받았다. 런던의 아스널을 비롯해 첼시, 토트넘 등이 앞다퉈 모친의 마음을 사로잡기 위해 안간힘을 썼다. 스털링 모친은 아들이 불량한 친구들이 많은 런던을 떠나기를 바라는 마음에서 리버풀의 손을 잡았다. 리버풀 아카데미 책임자였던 프랭크 맥팔런드Frank McFarland가 라파엘 베니테스 감독을 설득해 16세 스털링을 200만 파운드나 되는 거금을 들여 영입하게 했다.

리버풀로 날아간 스털링은 혼자 자기를 키운 모친의 기대를 저버리지 않았다. 맥팔랜드의 "축구에 방해가 되는 모든 요소를 스스로 차단했다"라는 회상처럼 스털링은 1년 만에 1군 프리시즌에 참여하면서 리버풀의 미래로 떠올랐다. 2011/12시즌 막판에는 케니 달글리시 감독대행의 선택을 받아 17세 나이에 프리미어리그 데뷔에도 성공했다.

2012/13시즌부터 스털링은 1군 레귤러 멤버로 성장했다. 폭발적 스피드는 덩치가 큰 프리미어리그 수비수들을 뚫어내기에 충분했다. 리버풀이 막판까지 우승을 다퉜던 2013/14시즌에도 스털링은 주전 측면 자원으로서 팀에 공헌했다. 명승부로 기억되는 시즌 막판 맨시티전에서도 득점한 스털링은 시즌 두 자릿수 득점을 기록하며 잉글랜드 최고 유망주로 떠올랐다. 리버풀 팬들로서는 실로 오랜만에 경험하는 우승 경쟁과 함께 앞날이 창창한 스털링의 성장세에 가슴이 벅차올랐다.

2014/15시즌이 되자 리버풀은 스털링과의 재계약을 추진했다. 클럽의 미래를 견인할 보석 같은 존재를 다년간 확보하겠다는 심산이었다. 뜻밖의 변수가 나타났다. 갑자기 스털링 측에서 재계약을 거부한 것이다. 2015년이 되면서 브렌던 로저스 감독은 "스털링은 클럽으로부터 파격적인 조건을 제안받았다"라며 재계약 타결에 자신감을 내비쳤다. 영국 언론은 리버풀이 스털링의 당시 주급 3만 5000파운드를 세 배 가까운 10만 파운드까지 인상해주기로 했다고 보도했다.

하지만 스털링의 에이전트 에이디 워드Aidy Ward는 눈 하나 깜짝하지 않았다. 예상치 못한 스털링 측의 고자세를 둘러싸고 맨시티 측의 작업이 있었다는 설이 나돌기 시작했다. 스털링은 '돈만 바라보는 꼬마'라는 여론이 형성됐다. 상황이 불리해진 스털링 측은 BBC와의 독점 인터뷰를 통해 "나는 돈만 바라는 스무 살이 아니다. 나는 트로피를 원할 뿐이다"라고 재계약을 거절하는 이유를 밝혔다. 악수였다. 클럽과 사전 협의를 거치지 않고 독단적으로 언론 인터뷰를 했다는 점이 리버풀을 자극했다. 팬들은 물론 리버풀 레전드들까지 총출동해 나이에 걸맞지 않는 스털링의 언행을 꾸짖었다. 에이전트 워드는 '그릇된 조언자'로 낙인찍혔다.

리버풀과 스털링 측의 관계는 갈수록 악화됐다. 로저스 감독이 재차 에이전트를 공개적으로 비난했고, 에이디 워드는 맨체스터 지역 매체와의 인터뷰에서 "절대 재계약하지 않는다. 주급을 70만, 80만, 90만 파운드 줘도 리버풀에 남지 않을 것"이라며 강하게 맞섰다. 팬심은 차갑게 식었다. 시즌이 끝난 뒤 클럽 선정 '올해의 영 플레이어' 시상식에서 스털링은 팬들의 야유를 받았다.

2015년 여름 이적 시장의 문이 열리자 스털링 측이 왜 그렇게 고자세를 취했는지가 드러났다. 맨시티가 리버풀에 스털링 영입을 공식 제안한 것이다. 리버풀은 1차 제안금 3000만 파운드, 2차 제안금 4000만 파운드를 차례차례 거절했다. 선수 측 태도는 변함없었다. 아시아 투어에 동행하지 않겠다고 선언한 것은 물론 팀 훈련에도 몸 상태가 좋지 않다는 이유로 불참했다. 결국 7월 12일 리버풀은 맨시티의 세 번째 제안인 4900만 파운드 조건을 수락했다.

앞으로 왕년의 명문을 이끌어갈 것으로 보였던 20세 선수가 맨시티의 막강한 자금력에 너무나도 쉽게 빨려 나가자 언론과 팬들은 큰 실망감을 표시했다. 스털링이 맨시티에서 주급 20만 파운드를 받기로 했다는 소식이 알려지자 여론은 더욱 싸늘해졌다.

21세기 '삔의 전쟁'

그해 이적 시장에서 맨시티는 또 다른 논란을 낳았다. 버밍엄을 연고로 하는 애스턴 빌라의 주장 페이비언 델프Fabian Delph가 주인공이었다. 2009년 빌라에 합류한 이래 델프는 헌신적인 모습으로 빌라 팬들 사이에서 큰 지지를 받아왔다. 맨시티의 마누엘 페예그리니 감독은 홀딩 미드필더, 풀백, 윙어 등 다양한 포지션을 소화할 수 있는 델프를 데려오기를 원했다. 델프는 바이아웃 금액이 800만 파운드밖에 되지 않았으므로 맨시티로서는 쉽게 주울 수 있는 카드였다. 맨시티 이적이 확정됐다는 보도가 나오자 빌라 팬들조차 고개를 떨구는 분위기였다.

그런데 예정된 맨시티의 메디컬 테스트에 불참한 델프가 빌라의 공식 홈페이지를 통해 "나는 세계 최고의 클럽 빌라에 남는다"고 선언했다. 빌라 팬들은 충성심을 보인 주장을 향해 환호했다. 델프는 새 유니폼을 알리는 홍보 포스터에서 주장 완장을 쥔 포즈로 등장해 빌라 측을 기쁘게 했다.

버밍엄의 자긍심은 일주일 만에 깨졌다. 그 사이에 맨시티는 델프에게 한층 나아진 금액 조건을 제안했고, 델프는 잔류하겠다는 공언을 뒤엎고 에티하드 스타디움으로 달려가 계약서에 서명했다. 델프의 맨시티 이적이 확정됐다고 발표되자 빌라 팬들은 홈구장인 빌라 파크 정문에 '델프, 너, 뱀새끼'라고 쓴 플래카드를 붙이며 분노를 터뜨렸다. 믿는 도끼에 발등 찍힌 빌라 팬들은 지금도 델프를 상대로 만나는 경기가 되면 야유를 쏟아낸다.

맨시티의 막강한 자금력에 에이스를 빼앗기는 빌라의 아픔은 2021년 여름에도 재현됐다. 강등됐을 당시의 암흑기까지 함께했던 플레이 메이커 잭 그릴리시Jack Grealish가 또다시 맨시티로 이적한 것이다. 델프와 달리 그릴리시는 1억 파운드에 달하는 현금 뭉치를 클럽에 안겨줬다는 사실이 유일한 위안이었다.

맨시티에 주요 자원을 빼앗긴 또 다른 피해자는 런던의 맹주 아스널이다. 토트넘과 함께 아스널은 빅클럽 중에서 선수단 인건비 규모가 작기로 유명한 곳이다. 아르센 벵거 감독의 철학에 맞춰 아스널은 연봉보다 축구 선수로서 성장하려는 열망이 큰 선수들을 중심으로 선수단을 꾸려왔다. 맨시티가 급상승하면서 아스널의 낭만적 선수단 운영은 치명적인 약점으로 작용했다. 아스널 스타들의 자부심은 소속 팀에서 받던 연봉의 몇 배씩 되는 맨시티의 금전 제안 앞에서 쉽게 그리고 빠르게 녹아내렸다.

2009년 여름 맨시티는 엠마뉘엘 아데바요르, 콜로 투레를 직접 영입했고, 인테르나치오날레로부터 아스널의 전 영웅 파트리크 비에이라까지 데려왔다. 한 이적 시장에서 아스널 출신이 3명이나 하늘색 유니폼으로 갈아입자 에미레이트 스타디움의 분위기는 침울해졌다.

2년 뒤 맨시티는 아스널의 플레이 메이커 사미르 나스리와 풀백 가엘 클리시를 동반 영입했고, 2014년 여름에는 또 다른 풀백 바카리 사냐Bacary Sagna를 자유계약으로 손에 넣었다. 전통의 강호 아스널은 벵거 감독이 초장기 집권하면서 모범적인 클럽 운영 시스템이 정착됐지만, 2003년 로만 아브라모비치, 2008년 셰이크 만수르가 프리미어리그 판에 뛰어들면서 점진적으로 내리막길을 걷는 운명에 처했다.

프리미어리그 안에서 자신의 위치를 냉철히 인지하는 인재

판매형 클럽도 있다. 토트넘 홋스퍼와 사우샘프턴이 대표적이다. 2001년부터 토트넘의 경영을 책임지고 있는 대니얼 레비 회장은 빅클럽이라는 대외적 메시지와 달리 선수단 운영에서는 이적 판매 수익 극대화 정책을 고수하고 있다. 2000년대 중반부터 토트넘은 마이클 캐릭, 로비 킨, 디미타르 베르바토프, 카일 워커Kyle Walker 등 팀 내 에이스를 리그 우승권 클럽에 비싼 값에 넘겨 팬들로부터 큰 비난을 받았다.

사우샘프턴은 토트넘보다 더 뚜렷한 셀링 클럽의 삶을 산다. 시오 월콧, 알렉스 옥슬레이드-체임벌린Alex Oxlade-Chamberlain(이상 아스널), 피터 크라우치, 애덤 럴라나Adam Lallana, 데얀 로브렌Dejan Lovren, 사디오 마네, 버질 판데이크Virgil van Dijk(이상 리버풀), 루크 쇼Luke Shaw, 모르강 슈네데를랭Morgan Schneiderlin(이상 맨유), 가레스 베일, 피에르-에밀 호이비에르Pierre-Emile Højbjerg(이상 토트넘) 등을 파는 등 사우샘프턴은 프리미어리그의 선두권 클럽을 상대로 선수를 공급하는 인재 공장으로 시장에서 자리 잡고 있다.

21세기 '쩐의 전쟁'이 본격화되기 전까지 타 클럽의 에이스들을 쏙쏙 빼가는 최대 빌런은 다름 아닌 맨유였다. 1990년 FA컵 우승을 시작으로 맨유는 매 시즌 트로피를 획득하면서 잉글랜드 축구의 주인공으로 자리매김한다. 홈 관중 흥행, 스폰서십 사업, TV 중계권 수입 등을 이용해 마련한 자금 실탄에 퍼거슨 감독 특유의 영입 노하우가 보태지면서 맨유는 각 포지션별 리그 최고의 선수들을 끌어모았다. 1989년 바르셀로나에 진출했던 골잡이 마크 휴즈를 시작으로 웨스트햄의 폭발적인 중앙 미드필더 폴 인스까지 영입에 성공했다. 당시 인스는 이적이 확정되기도 전에 맨유 유니

2018년 7월 러시아월드컵에서
벨기에와의 3위 결정전에 출전한 라힘 스털링.
사진 Кирилл Венедиктов

폼을 입은 사진이 공개되어 웨스트햄 팬들로부터 배신자로 낙인 찍혔다.

　1990년대 들어서도 퀸즈 파크 레인저스의 에이스 폴 파커를 비롯해 캠브리지 유나이티드의 주포 디온 더블린, 리즈 유나이티드의 에릭 칸토나, 노팅엄 포레스트의 홀딩 미드필더 로이 킨, 뉴캐슬 유나이티드의 프리미어리그 득점왕 앤디 콜, 토트넘의 잉글랜드 국가대표 공격수 테디 셰링엄, 애스턴 빌라의 드와이트 요크 등을 영입해 절대 강자의 입지를 다질 수 있었다. 지금에 비해 각 선수들의 이적료 금액은 적지만, 물가 상승률과 당시 이적 시장 시세를 고려할 때 맨유는 매번 역대 이적료 신기록을 갈아치웠을 정도로 재력이 대단했다. 1995년 앤디 콜(700만 파운드), 2001년 후안 세바스티안 베론(2810만 파운드), 2002년 리오 퍼디낸드(2910만 파운드)는 옮기면서 당대 잉글랜드 이적료 신기록을 썼다. 2003년 아브라모비치 회장이 등장한 뒤 맨유가 부진에 빠진 최대 원인도 우수 자원을 첼시에 빼앗기면서 생긴 전력 공백이었다.

48

—

꿈의 우승: 레스터 시티
(2015/16시즌)

잉글랜드에서 축구를 즐기는 방법 중 하나가 스포츠 베팅이다. 한국에서는 사행성 사업으로 인식될 뿐 아니라 도박이라는 단어 자체가 부정적 뉘앙스가 강하지만, 잉글랜드가 있는 유럽에서는 스포츠 베팅이 거대한 산업으로서 힘차게 돌아간다. 돈을 걸 수 있는 항목도 한국과 달리 밤하늘에 뜬 별만큼 많다. 한 경기에도 득점 합계의 홀짝 여부, 첫 득점자, 첫 경고자, 첫 코너킥 등 무수한 항목이 설치된다. 2006년 독일월드컵을 앞두고는 '잉글랜드 공격수 피터 크라우치가 본선 경기에서 골을 넣고 로봇 춤을 춘다'라는 항목도 등장했을 정도다. 시즌이 개막하기 전에는 우승팀, 챔피언스리그 출전팀, 강등팀 등을 맞히는 항목이 기본적으로 설치되어 팬들을 유혹한다. 2015/16시즌을 앞두고 레스터 시티의 우승에는

'5000대 1'이라는 배당률이 붙었다. 우리 식으로 바꾸자면 레스터가 우승할 확률이 5000분의 1(0.02퍼센트), 즉 1파운드를 걸면 5000파운드를 딴다는 뜻이다. '희망 베팅'이다.

강등 유력 후보

레스터는 잉글랜드 중부에 있는 인구 33만 명의 소도시다. 영국의 최고 동물학자 데이비드 애튼버러David Attenborough가 바로 자랑스러운 레스터 시민이다. BBC의 동물 다큐멘터리를 통해 우리에게 익숙한 바로 그 목소리의 주인공이다. 1884년 이곳에서 탄생한 레스터 시티는 1부와 2부를 오가는 삶을 보냈다. 2007/08시즌 레스터는 챔피언십(2부) 최종전에서 스토크와 득점 없이 비기는 바람에 창단하고 처음으로 3부로 강등되며 나락으로 떨어졌다. 밀란 만다리치 회장(전 포츠머스 구단주)은 사우샘프턴을 이끌던 나이젤 피어슨Nigel Pearson 감독을 데려와 한 시즌 만에 2부로 복귀할 수 있었다.

2부에서 1년을 보낸 뒤, 만다리치 회장은 본인의 지분을 태국 면세점 독점 사업자인 '킹파워 그룹'에 3900만 파운드에 넘겼다. 팬들은 갑자기 시작된 태국인 구단주 세상에 반감을 품었지만, 소유주 위차이 시왓다나쁘라파Vichai Srivaddhanaprabha 회장과 그의 아들 아야와트Aiyawatt는 세간의 걱정과 달리 클럽을 올바른 방향으로 인도했다.

2011/12시즌 초반 클럽이 부진에 빠지자 태국인 구단주 부자는 2010년 10월 부임한 스벤-예란 에릭손 감독과 결별하곤 1년 전 전임 회장과 싸우고 나갔던 나이젤 피어슨 감독을 다시 영입했다.

잉글랜드 축구 특유의 '하드맨hard man' 타입인 피어슨 감독은 수비를 안정시켜놓고 빠른 역습으로 경기를 풀어나갔다. 이후 결과를 내기 시작해 2013/14시즌 챔피언십 우승을 차지하며 프리미어리그 승격에 성공했다.

10년 만에 돌아온 최상위 리그에서 레스터는 혹독한 신고식을 치렀다. 개막하고 첫 5경기에서 레스터는 에버턴, 첼시, 아스널, 스토크, 맨체스터 유나이티드를 연달아 상대하는 대진 불운을 겪었다. 그런데 생각보다 선방했다. 4라운드였던 스토크 원정에서 시즌 첫 승을 신고한 레스터는 홈에서 맞이한 맨유전에서 1-3 스코어를 막판에 5-3으로 뒤집는 대역전 드라마를 썼다. 이날 스트라이커 제이미 바디Jamie Vardy는 혼자 도움 4개를 기록하며 맹활약했다.

레스터가 힘겨운 개막 5경기를 2승 2무 1패로 막아내자 팬들은 프리미어리그 잔류 희망을 품기 시작했다. 하지만 맨유전 이후 깊고도 깊은 절망이 이어졌다. 크리스털 팰리스와의 원정 경기에서 패배한 것을 시작으로 레스터는 3개월 넘게 승리를 기록하지 못했다. 13경기에서 2무 11패의 기록적인 부진에 빠진 레스터는 2014년 마지막 경기(12월 28일)에서 헐을 1-0으로 꺾어 간신히 무승 사슬을 끊었다. 하지만 순위표 제일 아래 칸에서 새해를 맞이해야 했다.

해가 바뀌어도 상황은 나아지지 않았다. 시즌 막바지인 2015년 4월이 열린 시점에서 레스터는 승점 19점(29경기)에 그쳤다. 꼴찌 피어슨 감독은 남은 9경기에서 레스터의 운명을 뒤바꿔야 했다. 그때 놀라운 일이 벌어졌다. 4월 첫 경기 웨스트햄전에서 레스터는 86분에 나온 바디의 2-1 결승골로 귀중한 승점 3점을 챙겼다. 다음 경기는 더 극적이었다. 웨스트브로미치 원정에서 레스터는 1-2로 뒤진 상황을 경기기 끝나기 10분 전에 3-2로 뒤집어 다시 승점 3점을 챙겼다. 지금까지 볼 수 없었던 집중력을 보인 끝에 레스터는 막판 9경기에서 7승을 거둬 프리미어리그 잔류에 성공했다. 앞선 29경기에서 얻은 승점(19점)보다 막판 9경기에서 얻은 승점(22점)이 더 많았기에 언론은 '잔류 기적'이라며 놀라워했다.

레스터는 다사다난했다. 프리미어리그 잔류를 확정하고 한 달 뒤 팀은 구단주의 나라인 태국으로 투어를 떠났다가 대형 사고를 쳤다. 피어슨 감독의 아들 제임스를 포함한 선수 3명이 현지 호텔 객실에서 업소 여성과 뒹구는 동영상이 유출됐다. 설상가상 문제아 3명은 영상 속에서 인종차별 표현까지 사용했다. 레스터는 즉각 선수 3명을 해고했고, 2주 뒤 피어슨 감독까지 내쫓는 강경 대응을 취했다.

난데없이 공백이 된 감독직의 새 주인은 이탈리아 백전노장 클라우디오 라니에리였다. 발렌시아, 아틀레티코 마드리드, 첼시, 유벤투스, 로마, 인테르나치오날레 등 굵직한 클럽들을 맡았으면서도 1부에서 우승한 실적이 없는 탓에 축구계의 반응은 썰렁했다. 현역 시절 레스터에서 뛰었던 잉글랜드의 레전드 게리 리네커Gary Lineker는 소셜미디어에 "클라우디오 라니에리? 진심이야?"라며 우려를 나타내기도 했다.

라니에리 감독은 2015/16시즌의 목표를 승점 40점으로 잡았다. 프리미어리그에서 살아남겠다는 뜻이었다. 바디와 리야드 마흐레즈Riyad Mahrez를 영입했던 스카우트 스티브 월시Steve Walsh는 오카자키 신지岡崎慎司(마인츠), 은골로 캉테Ngolo Kante(캉), 괴칸 인러

Gökhan Inler(나폴리), 크리스티안 푸흐스Christian Fuchs(샬케) 등을 데려와 부족한 포지션을 채웠다. 하지만 레스터는 시즌 개막 전부터 왓퍼드와 함께 강등 유력 후보로 분류될 수밖에 없었다. 인상적이지 못한 새 감독, 지난 시즌의 강등 사투, 그저 그런 스쿼드 등 모든 면에서 레스터는 부족해 보였다.

라니에리 감독의 계획은 단순했다. 선수들이 워낙 익숙해 전술 훈련이 필요 없는 4-4-2 포메이션을 기본으로 삼았다. 3선과 4선의 간격을 좁혀 수비시 상대에게 공간을 허용하지 않고, 공격 전환 속도를 최대한 끌어올려 역습으로 득점을 노렸다.

우승 확률 0.02퍼센트

개막전에서 레스터는 선덜랜드를 4-2로 꺾었다. 2014년 1월 단돈 45만 파운드에 영입했던 리야드 마흐레즈가 두 골을 넣는 공헌을 세웠다. 시즌 초반 6경기에서 레스터는 3승 3무를 기록하며 순위를 2위까지 끌어올렸다. 리그 7라운드에서 레스터가 아스널에 2-5로 대패하자 언론과 팬들은 이제야 정상으로 돌아왔다는 반응이었다. 그렇지 않았다. 레스터는 계속 날았다.

매 경기에서 레스터의 경기 계획은 기막히게 맞아떨어졌다. 역습에서 제이미 바디는 놀라운 골 결정력으로 리그 11경기에서 연속으로 득점하며 맨유의 뤼트 판니스텔로이와 어깨를 나란히 했다. 판니스텔로이야 챔피언스리그 무대를 수놓는 대스타였지만, 바디는 잉글랜드 8부에서 시작해 7부, 5부, 2부를 거친 잡초 인생이었다. 하찮은 족적은 오히려 바디가 더 크게 보이는 양념이 됐다.

가운데에서 바디가 골을 마무리하는 동안, 측면에서는 마흐레즈가 눈부시게 빛났다. 프랑스 2부 클럽 르아브르가 1군으로 승격한 지 세 번째 시즌이 되던 해, 마흐레즈는 시즌 도중 레스터의 연락을 받았다. 아예 들어본 적이 없는 클럽이라 "럭비팀인 줄 알았다"며 마흐레즈는 당시를 회상한다. 가벼운 몸값만큼 신체 조건도 날씬했던 마흐레즈는 2015/16시즌이 되자 리그에서 가장 위협적인 측면 공격수로 급상승했다. 측면에서 중앙으로 파고들어 득점 기회를 만들 뿐 아니라 직접 마무리까지 해내며 레스터의 날카로운 날개가 되었다.

중앙에 서는 '꼬마' 은골로 캉테의 존재감은 거대했다. 170센티미터도 되지 않는 체구였지만, 캉테는 인간의 한계를 뛰어넘는 듯한 순발력과 인지 능력을 발휘했다. 상대 선수와 볼의 움직임을 따라가는 능력이 초인에 가까웠던 캉테는 거친 몸싸움이나 태클 없이 상대의 볼을 빼앗는 인터셉션에서 군계일학이었다. 궂은일은 맨유 출신 홀딩 미드필더 대니 드링크워터Danny Drinkwater의 몫이었다. 캉테의 인터셉트를 벗어났다고 해도 상대의 중원 빌드업은 드링크워터의 태클에 막히기 일쑤였다.

12월 29일 레스터는 맨체스터 시티와 무득점 무승부로 비기며 2015년 일정을 마쳤다. 정확히 1년 전, 이 시점에서 꼴찌였던 레스터는 아스널과 승점 동률을 이뤄 리그 선두로서 2016년 새해를 맞이했다. 레스터의 거짓말 같은 선두 질주는 영국은 물론 전 세계 축구 팬들을 흥분시켰다. BBC의 간판 프로그램 '매치 오브 더 데이'를 진행하는 게리 리네커는 "레스터가 우승하면 다음 시즌 첫 편에 팬티만 입고 출연하겠다"라는 공약을 내걸었다.

2016년으로 넘어가는 겨울 일정이 지나도 레스터는 선두 자리에서 내려오지 않았다. 바디와 마흐레즈가 이끄는 공격은 '원샷 원킬' 신공을 유지했고, 수문장 캐스퍼 슈마이켈을 중심으로 하는 수비진은 갈수록 단단해졌다. 부상을 피하는 행운도 따랐다. 빡빡한 연말연시 일정을 거치면서도 레스터 1군에서는 큰 부상자가 발생하지 않았다. 종목 특성상 부상이 아예 없기는 불가능했지만 주전 대부분 한두 경기를 쉬는 정도에 그쳤다. 맨유와 아스널, 맨시티 등 우승 후보로 예상됐던 빅클럽들이 주축들의 줄부상에 고생한 것과 레스터 스쿼트의 건강한 모습은 큰 대조를 이뤘다.

리그에서 남은 경기 수가 10개 이하로 줄어든 3월이 되자 베팅 회사들까지 움직이기 시작했다. 이대로 가다간 0.02퍼센트밖에 되지 않은 레스터의 우승 확률이 100퍼센트가 될 수도 있다는 위기감이 생겼기 때문이다. 시즌이 개막하기 전에 팬심에 기대 리그 우승에 돈을 건 레스터 팬들이 더러 있었다. 한 베팅 회사는 레스터 우승에 50파운드를 걸었던 고객에게 '지금 포기하면 7만 2000파운드를 지급하겠다'고 제안했다. 7만 2000파운드짜리 확보와 우승 달성시 25만 파운드 가능성 사이에서 고민하던 팬은 결국 눈앞의 현금을 선택했다.

레스터는 3월 5일 왓퍼드 원정부터 '리그 무실점 5연승'으로 달리며 거짓말 같은 우승의 꿈에 한층 다가섰다. 세간의 반응은 둘로 나뉘었다. 레스터가 단독 선두를 질주하는 동안에도 전문가 중에는 우승 경험이 부족해 막판에 미끄러질 것이라는 관측을 내놓는 이가 적지 않았다. 언론과 팬들은 거의 모두 레스터를 응원했다. 1년 전 강등권에서 허우적대던 팀이 프리미어리그를 제패한다는 것은 그야말로 꿈에서나 가능한 신데렐라 스토리였다. 막판까지 우승을 다퉜던 아스널의 아르센 벵거 감독마저 레스터의 질주를 "낭만적이다"라며 칭찬했을 정도다. 영국 언론에서는 미국의 대표적 셀럽 킴 카다시안이 미국 대통령이 될 확률, 유명 음악 프로듀서 사이먼 코웰이 영국 총리가 될 확률, 미국 성인 잡지 '플레이보이'의 발행인 휴 헤프너가 총각일 확률이 레스터의 우승 가능성보다 크다며 흥분했다.

5월 1일 레스터는 맨유 원정에 나섰다. 이 경기를 포함해 세 경기만 남은 상태였다. 레스터가 맨유를 꺾으면 유일한 추격자 토트넘을 따돌리고 두 경기를 남긴 상태에서 대망의 프리미어리그 우승을 확정할 수 있었다. 아쉽게도 레스터는 맨유와 1-1로 비겼다.

바로 다음 날 토트넘은 첼시 원정에 나섰다. 만약 이 경기에서 토트넘이 승리하지 못하면, 레스터가 두 경기를 남긴 상태에서 7점 앞서기 때문에 우승이 확정된다. 토트넘은 해리 케인과 손흥민의 골을 앞세워 2-0으로 앞서갔다. 하지만 후반전 들어 첼시가 두 골을 따라잡아 2-2 무승부로 경기를 마쳤다. 레스터 선수들은 바디의 집에 모여 자신들이 완성한 우승 동화에 환호했다. 레스터는 마지막 홈경기인 에버턴전에서 안드레아 보첼리의 축가와 함께 트로피를 들어 올렸다.

2015/16시즌 레스터의 우승은 프리미어리그뿐 아니라 전 세계 스포츠 역사를 통틀어도 유례를 찾기 어려운 기적의 결과였다. 해당 시즌 레스터의 연봉 총액은 맨유, 첼시, 맨시티 같은 빅클럽의 25퍼센트 수준이었다. 영국프로축구선수협회 '올해의 선수'로 선정된 마흐레즈(17골 11도움), 리그 최다 인터셉션을 기록한 캉테,

리그 24골을 터뜨린 8부 출신 골잡이 바디, 멈추지 않는 풀백 푸흐스, 강력한 센터백 웨스 모건^{Wes Morgan}, 그리고 지도자 경력 30년 만에 처음 1부에서 우승한 라니에리 감독에 이르기까지 레스터 우승 동화는 모든 스포츠 팬이 함께 즐겼던, 즐길 수 있었던 그리고 즐겨야만 하는 최고의 선물이었다.

49

—

6년 만에 4부에서 1부까지
: 본머스와 에디 하우(2014/15시즌)

"절대 꿈을 포기하지 마라. 포기하는 순간, 꿈이 너를 포기할 것이다." 미국 대학 농구의 전설적 명장 존 우든John Wooden이 남긴 명언이다. 잉글랜드 축구계에서 우든을 존경하고 그의 말을 실천한 지도자가 있다. 에디 하우Eddie Howe의 출발은 미미했다. 3부에서 프로에 데뷔해 2부 클럽으로 이적했다가 무릎 부상 탓에 두 경기밖에 뛰지 못했다. 3년 만에 돌아온 친정 클럽은 여전히 3부 신세였고, 하우는 무릎이 고장 나는 바람에 서른 살이 되기도 전에 현역에서 은퇴해야 했다. 갑자기 위기에 빠진 클럽을 살려야 하는 난제가 눈앞에 떨어졌다. 다행히 하우에게는 매우 특별한 재주가 있었다.

마이너스 승점

본머스는 잉글랜드 남해안에 위치한 항구 도시다. 해안선을 따라 오른쪽으로 달리면 사우샘프턴, 포츠머스, 브라이턴, 이스트본 등이 차례로 나온다. 1899년 창단한 AFC 본머스는 100년이 넘는 긴 시간을 대부분 2부와 3부에서 보냈다. 작은 도시답게 지역 팬심은 확고했지만, 역시 클럽의 곳간은 소형 클럽 수준을 벗어날 정도로 풍족하지 못했다.

1994/95시즌 본머스는 3부 리그에 잔류하기 위해 싸워야 했다. 프리미어리그가 회원사 수를 22개에서 20개로 줄이는 바람에 3부에서 4부로 떨어지는 팀 수도 3개에서 5개로 늘었기 때문이다. 본머스는 마지막 두 경기를 잘 막아내며 승점 2점 차로 아슬아슬하게 3부 잔류에 성공했다. 곧이어 재정 위기가 찾아왔다. 1997년 1월 본머스의 코칭스태프, 선수, 행정 직원들이 시청 앞 윈터 공원에서 모금통을 들고 시민들에게 금전 후원을 요청했을 정도였다. 간절한 구원의 손길을 내민 클럽 식구 중에는 이제 막 1군에서 프로에 데뷔했던 유망주 에디 하우도 있었다.

10년이 지나서 본머스는 다시 재정 위기에 빠졌다. 2007/08시즌 풋볼리그 리그1(3부) 일정이 한창 돌아가던 2008년 2월 본머스는 직원 및 선수단 인건비, 각종 비용을 지급하지 못해 법정관리 상태가 되고 말았다. 기업구조조정 컨설팅회사인 '벡비스 & 트레이너'의 제럴드 크라스너Gerald Krasner가 법정관리인으로 지명됐다. 클럽을 살리기 위한 노력에도 불구하고 제프 모스틴Jeff Mostyn 본머스 회장과 크라스너는 클럽을 살릴 자금을 구하지 못했다.

법정관리 결과를 발표하는 TV 생중계 기자회견을 5분 앞두고 크라스너는 모스틴 회장에게 이렇게 말했다. "둘 중 하나다. 오늘 당신이 10만 파운드를 내면 클럽은 살고 당신과 직원들은 직장으로 돌아간다. 그럴 경우에는 내게 고개를 끄덕여라. 만약 당신이 고개를 가로저으면, 나는 생방송 중에 클럽 파산을 선고할 생각이다." 모스틴 회장은 그동안 클럽을 위해 자금을 대고 헌신을 다해온 인물이었다. 이제 할 만큼 했다고 생각했지만 결국 본머스에서 정을 완전히 뗄 수 없었다. 모스틴 회장은 고개를 끄덕였고 본머스는 가까스로 파산을 막을 수 있었다. 그러나 본머스는 풋볼리그의 규정대로 10점 감점의 징계를 받아 4부로 강등되고 말았다.

곤경은 이어졌다. 풋볼리그 측은 본머스의 불투명한 재정 정상화 계획에 다시 징계를 내렸다. 본머스는 2008/09시즌 4부에서 17점이 감점된 상태에서 리그 일정을 시작해야 했다. 불안감에 싸인 선수들이 힘을 낼 리가 없었다. 개막하고 첫 4경기에서 2무 2패로 부진하자 모스틴 회장은 케빈 본드Kevin Bond 감독을 내보내고 지미 퀸Jimmy Quinn으로 교체했다. 본드 감독 아래서 코치로 있던 에디 하우도 동반 사퇴해야 했다.

본머스는 그해 12월이 돼서야 겨우 마이너스 승점에서 벗어날 수 있었다. 하지만 12월 막판 두 경기에서 내리 패하자 모스틴 회장은 퀸 감독 카드조차 버리기로 했다. 아마추어 리그인 5부로 떨어졌다가는 클럽을 살릴 기회가 사실상 없어질 게 뻔했다. 12월 31일 모스틴 회장은 10대 시절부터 본머스와 함께했던 하우에게 전화를 걸어 "일단 다음 경기(1월 3일)에서 감독을 맡아달라"고 요청했다.

감독 경험이 없고 나이도 31세밖에 되지 않았지만 하우는 마음의 고향과 같은 본머스가 죽어가는 모습을 가만히 지켜볼 수가 없었다. 부임하고 2연패를 당했는데도, 모스틴 회장은 감독으로서 하우의 가능성을 발견하고 정식 감독 계약을 선물했다. 선수들은 형뻘인 하우 감독을 잘 따랐다. 본머스 최다 출장 기록을 보유한 베테랑 공격수 스티브 플레처Steve Fletcher도 시즌 도중 합류해 후배들을 다독이고 자신감에 불을 댕겼다.

2009년 1월 24일 위콤전에서 하우 감독은 첫 승을 신고하며 분위기를 바꿨다. 이때부터 본머스는 '리그 5경기 무패' 행진을 두 차례나 기록하며 잔류를 향한 희망을 키웠다. 총 46경기 중 2경기만 남은 상태에서 본머스는 강등권보다 두 단계 높은 21위였다. 45라운드에서 본머스는 잔류 순위를 직접 다퉈야 하는 그림즈비 타운을 홈으로 불러들였다. 승점 3점을 획득하면 본머스는 4부 잔류를 확정할 수 있었다.

1-1 동점 상태에서 경기가 끝나기 10분 전, 본머스의 레전드 스티브 플레처가 결승골을 터뜨렸다. 일부 홈 팬들이 그라운드 안까지 뛰어 들어와 열광했다. 경기 종료가 가까워질수록 팬들이 사이드라인으로 모여들었다. 스티브 태너Steve Tanner 주심의 종료 휘슬이 울리는 순간 딘 코트에 모였던 홈 팬 9000명이 한꺼번에 그라운드로 난입해 기쁨을 만끽했다. 승점 -17점 상태에서 출발해 감독을 두 번이나 바꾸는 혼돈을 거쳐 잔류에 성공한 2008/09시즌은 본머스 역사에서 '대탈주'의 기적으로 남는다.

1부 승격

놀라운 사실이 있다. 2008/09시즌에 쓴 4부 잔류의 기적이 본머스가 실현한 꿈의 출발점이라는 점이다. 하우 감독은 처음 맞이하는 풀타임 시즌에서 진가를 발휘했다. 개막하고 첫 9경기에서 8승을 챙기며 힘차게 출발한 본머스는 시즌 내내 선두권을 유지했다. 하우 감독은 선수들에게 위로 올라갈 수 있다는 사실을 일깨웠다. 2010년 4월 24일 버턴 앨비언 원정에서 본머스는 2-0으로 승리해 리그2 상위 3개 팀에 주어지는 3부 승격권을 획득해냈다.

2010/11시즌 리그1(3부)에서도 본머스가 상위권을 달리자 챔피언십(2부) 클럽들 사이에서 하우 감독의 인기가 치솟았다. 특히 프리미어리그에서 강등되어 2부로 돌아온 번리가 적극적이었다. 번리의 끈질긴 구애에도 불구하고 2011년 1월 11일 하우 감독은 잔류를 선언했다. 번리는 순순히 물러나지 않았다. 사흘 후 본머스 이사회는 번리의 이적 보상금 제안을 수용했고, 1월 16일 하우 감독은 잔류 의사를 번복한 채 번리로 자리를 옮겼다.

하우 감독이 떠난 뒤 본머스는 뜻밖의 귀인을 만났다. 러시아 갑부 막심 데민Maxim Demin이 본머스 근교에 최고급 저택을 구입해 거처를 옮기더니 축구 클럽 운영이라는 새로운 취미를 시작한 것이다. 2011년 데민은 모스틴 회장이 보유한 클럽 지분을 85만 파운드에 매입해 에디 미첼Eddie Mitchell과 함께 공동 구단주 지위를 손에 넣었다. 3년 전만 해도 파산을 걱정하던 본머스가 첼시와 맨체스터 시티처럼 갑부 소유의 클럽이 된 셈이다.

3부로 승격하고 세 번째 맞이하는 2012/13시즌, 초반부터 부진에서 헤어나지 못하자 클럽 수뇌진은 잠시 팀을 맡았던 폴 그로브스Paul Groves 감독을 경질하고 때마침 번리 감독직에서 갑자기 물러난 하우를 감독으로 재영입했다. 본머스와 하우 감독의 궁합은 그야말로 천생연분이었다. 2012년 10월 강등권에 있던 본머스는 하우 감독이 지휘봉을 잡자마자 리그 16경기에서 연속 무패 행진을 벌여 단번에 선두권으로 수직 상승했다. 그러곤 45라운드에서 칼라일 유나이티드를 3-1로 꺾어 챔피언십(2부) 승격을 확정했다. 하우 감독의 마법이라고 해도 좋을 법한 대반전이었다.

시즌이 끝나고 데민은 공동 구단주가 소유했던 나머지 지분까지 몽땅 사들여 본머스의 운영권을 독점했다. 프리미어리그 승격을 꿈꿀 수 있는 환경이 갖춰지자 러시아 출신 오너가 본격적으로 지갑을 열기 시작했다. 연간 100만 파운드를 밑돌았던 선수 영입 자금 규모가 2부 승격과 함께 네다섯 배 수준으로 급등했다. 1990년 이후 23년 만에 올라온 2부 첫 시즌에서 하우 감독의 본머스는 최종 10위에 오르며 선방했다. 승격 플레이오프 진출권인 6위(브라이턴 앤 호브 앨비언)와 승점 차는 6점이었다.

2014년 여름 이적 시장에서 본머스는 코번트리 시티의 22세 스트라이커 칼럼 윌슨Callum Wilson을 이적료 300만 파운드에 영입했다. 프리미어리그 빅클럽에 비해선 소소한 금액이지만 챔피언십에서는 굵직한 영입이었다. 데민 이전 체제와 비교하면 초고액 영입이라고 할 수 있었다. 카디프 시티의 공격수 켄와인 존스Kenwyne Jones, 폴란드 국가대표 골키퍼 아르투르 보루츠Artur Boruc 등 톱 레벨에서 뛰던 선수들을 영입해 선수단의 경험치를 높였다.

2014/15시즌 챔피언십 개막전에서 본머스는 홈팀 허더스필드를 상대로 4-0 대승을 거두며 기분 좋게 출발했다. 신입 공격수 칼럼 윌슨이 두 골을 터뜨려 하우 감독의 신임을 움켜잡았다. 본머스는 3라운드부터 6경기 연속으로 무승 부진에 빠졌지만 하우 감독

은 특유의 공격 축구 스타일을 포기하지 않았다. 젊은 감독의 뚝심에 선수들도 보답했다. 10월 들어 본머스는 리그 3연승으로 분위기를 올린 상태에서 버밍엄 시티 원정을 떠났다.

경기가 시작하고 3분 만에 본머스의 브렛 피트먼Brett Pitman이 선제골을 터뜨렸다. 4분 뒤 버밍엄은 수비수 데이비드 에드가David Edgar의 퇴장으로 무너지기 시작했다. 본머스는 3-0 리드 상태로 전반전을 마치며 사실상 승기를 잡았다. 후반 들어 하우 감독의 공격 축구는 더욱 뜨거워졌다. 후반전에만 마크 퓨Marc Pugh의 해트트릭, 교체로 들어간 토켈로 란티에Tokelo Rantie의 두 골을 묶어 본머스는 기록적인 8-0 승리를 마무리했다.

버밍엄 원정 대승을 포함해 본머스는 10월부터 12월까지 리그 14경기에서 11승, 승점 33점을 획득하며 리그 선두에 올라섰다. 해가 바뀌어 2015년 2월 부진을 겪으며 리그 4위까지 순위가 하락하기는 했지만, 3월부터 다시 무패 행진을 벌였다. 리그가 끝나기까지 두 경기 남은 상태에서 본머스의 프리미어리그 승격이 눈앞에 다가왔다. 4월 27일 홈구장에서 볼턴을 잡으면 본머스는 골 득실에서 압도적으로 우위인 까닭에 사실상 승격을 확정할 수 있었다. 남은 두 경기에서 순위를 다투는 미들즈브러가 골 득실 19골차를 좁힐 정도로 대승을 거두리라고는 상상하기 어렵기 때문이었다.

홈 1만 관중이 모인 딘 코트에서 본머스는 마크 퓨, 맷 리치Matt Ritchie, 칼럼 윌슨의 연속 득점에 힘입어 3-0으로 승리하며 임무를 완수했다. 경기 종료 휘슬이 울리는 순간 본머스 홈 팬들이 그라운드로 쏟아져 들어와 선수들과 함께 꿈같은 프리미어리그 승격을 자축했다. 풋볼리그 최연소 감독으로 지휘봉을 잡아 6년에 걸쳐 마법을 부린 하우 감독, 2008년 2월 파산 직전에 사비로 클럽을 살린 모스틴 회장, 승점 마이너스 17점 상태에서 시작한 2008/09시즌 4부 잔류 확정골의 주인공 스티브 플레처 등 본머스 영웅들도 거대한 성취감을 숨기지 못했다. 모스틴 회장은 라커룸 안에서 진행하던 선수들의 TV 생중계 인터뷰 중에 난입해 어린아이처럼 즐거워하는 모습으로 많은 축구 팬에게 큰 웃음을 선사했다.

최종전에서 본머스는 뜻밖의 선물을 받았다. 승점 1점 차로 선두였던 왓퍼드가 셰필드 웬즈데이와 1-1로 비기고 말았다. 본머스가 찰턴전에서 3-0으로 승리해 승점 3점을 획득하면서 왓퍼드를 제치고 챔피언십 우승까지 차지한 것이다.

프리미어리그 클럽이 되기까지 본머스가 거쳤던 길은 그야말로 기적의 여정이었다. 긴 역사를 자랑하는 잉글랜드 축구계에서 본머스처럼 짧은 시기에 프로 최하위 리그에서 1부까지 치고 올라온 사례는 풀럼이 유일하다. 풀럼은 1996/97시즌 4부에서 출발해 2000/01시즌 프리미어리그 승격에 성공했다. 하지만 풀럼의 초고속 승격은 그 뒤에 이집트 갑부의 공격적 투자가 있었기에 가능했다. 본머스도 막심 데민이라는 러시아 슈퍼리치가 있기는 했지만 클럽에 대한 투자 시점과 규모를 생각하면 구단주의 영향이 컸다고 하기 어렵다.

2015/16시즌 본머스는 프리미어리그 역사상 가장 작은 홈구장을 지닌 1부 클럽이 되어 꿈을 이어갔다. 세간에선 강등 영순위라며 푸대접했지만 하우 감독의 본머스는 파이팅 넘치는 스타일

과 뒤를 돌아보지 않는 공격 축구로 프리미어리그 승격 첫 시즌에도 16위로 마감하며 잔류에 성공하는 저력을 발휘했다. 클럽의 예산 규모로 보면 본머스가 2019/20시즌까지 5년 연속으로 프리미어리그 신분을 유지한 것도 초고속 승격만큼이나 대단한 기적이라 할 수 있다.

50

—

미식축구 레전드를 보고 배우다
: 해리 케인(2015/16시즌)

톰 브래디Tom Brady는 미식축구 역사상 최고의 레전드다. 뉴잉글 랜드 패트리어츠와 템파베이 버커니어스에서 21년째 뛰면서 브래 디는 역대 최다 슈퍼볼 우승(7회), 역대 최다승(264승), 역대 최다 출 전(346경기), 역대 최장 패스 거리(9만 1653야드), 역대 최다 터치다운 패스(664개) 등 미식축구와 쿼터백 포지션에서 세울 수 있는 거의 모든 역대 기록을 보유했다. 패트리어츠 제국을 떠난 2020년 버커 니어스에서도 슈퍼볼에서 우승하며 역대 최고령 슈퍼볼 출전, 우 승 쿼터백, 슈퍼볼 MVP 기록을 갈아치웠다. NFL과 AFL에서 모 두 슈퍼볼을 차지한 역사상 유일한 쿼터백이기도 하다.

그런데 브래디의 출발은 그야말로 미미했다. 미시건대를 졸업 하고 참가했던 2000년 NFL 드래프트에서 브래디의 순번은 6라운드 199위였다. 프로 입단 자체가 엄청난 성취처럼 보였지만 브래디는 포기하지 않는 자세와 초인적인 자기 관리로 NFL 역사상 최고의 슈퍼스타로 자리매김했다. 대서양을 가로질러 영국 런던에는 브래디의 다큐멘터리를 보면서 감명을 받은 유망주가 있었다.

토트넘 스트라이커

잉글랜드 국가대표 역대 득점 상위 20인 중에서 2021년 12월 현재 현역 선수는 해리 케인이 유일하다. 역대 1위(53골)인 웨인 루니와 차이가 5골밖에 되지 않아 1993년생 케인이 역대 최다 득점자에 오르는 것은 시간문제처럼 보인다. 2021년 여름 이적 시장에서 토트넘 홋스퍼의 대니얼 레비 회장은 케인의 몸값으로 1억 6000만 파운드(한화 2598억 원)를 책정했다. 케인이 잉글랜드 최고 스타라는 사실엔 이견의 여지가 없다. 하지만 케인이 처음부터 이렇게 대단한 재능을 뽐냈던 것은 아니다. 초등학생 때는 심지어 아스널 아카데미에서 퇴짜를 맞았을 정도로 평범했다.

런던 근교 칭퍼드에서 태어난 케인은 초등학생 나이가 되면서 리지웨이 로버스에서 본격적으로 축구를 배웠다. 2년 뒤 빅클럽 아스널의 아카데미에 들어가 주위의 부러움을 샀다. 그런데 축구 신동들이 모이는 아스널 아카데미에서 케인은 너무 평범했다. 몸집이 작은 데다 발도 느렸다. 볼 컨트롤과 움직임 센스는 좋았지만 신체적으로 경쟁하기에 버거웠다. 1년 뒤 케인은 부친을 통해 아스널 아카데미에서 쫓겨났다는 소식을 전해 들었다. 너무 어렸던 탓에 케인은 "그땐 아빠가 말하는 게 무슨 뜻인지 잘 몰랐다"고 회상한다.

리지웨이 로버스로 돌아온 케인은 왓퍼드를 거쳐 11세가 되던 해에 토트넘 아카데미의 선택을 받았다. 토트넘의 유소년 지도자들은 케인의 평범한 체격과 운동능력 속에 숨겨진 두 가지 비범함을 찾아냈다. 축구를 이해하는 명석한 두뇌 그리고 반드시 해낼 수 있다는 강철 멘털리티였다. 케인은 코치가 주문한 플레이, 움직임, 슛 등을 자신의 것으로 만들 때까지 무섭게 달려드는 스타일이었다. 실패를 두려워하지 않는 자세도 돋보였다. 유소년 평가전에서 페널티킥을 실축해도 케인은 움츠러드는 대신에 실수를 즉시 털어버리고 다음 플레이에 집중했다고 한다. 이런 면에서는 레알 마드리드의 레전드 라울 곤살레스Raul Gonzalez와 닮았다. 라울 역시 평범해 보이는 외모와 달리 자신감과 자기 확신이 누구보다 강했던 성격으로 유명하다.

토트넘 아카데미에서 수련한 지 5년 만에 케인은 정식 장학생 계약에 성공했다. 2009/10시즌 U-18팀의 주전 스트라이커로 활약했고 1군 경기에도 두 차례 엔트리에 포함되는 경험을 쌓았다. 1군 입성이 눈앞으로 다가온 셈이었다. 2010년 여름 토트넘은 17세 소년 케인에게 첫 프로 계약을 선물했다. 아직 1군에서 기회를 주기 어렵다고 판단한 토트넘은 케인을 하위 리그에 임대로 보내 성인 무대를 직접 경험하는 경력 발전 계획을 세웠다.

2010년 1월 레이턴 오리엔트(3부)를 시작으로 케인은 스무 살이 되는 2013년까지 밀월(2부), 노리치(1부), 레스터 시티(2부)에서 임대선수로 경험을 쌓았다. 10대 청소년 케인은 거친 하위 리그를 거치며 '진짜 사나이'로 재탄생하는 계기를 만들었다.

런던 근교 클럽인 밀월에서 보낸 2011/12시즌 하반기는 케인에게 잊을 수 없는 경험이 됐다. 당시 밀월은 챔피언십 하위권에서 3부로 강등될 위기에 직면한 상태였다. 밀월 서포터즈는 웨스트햄과 함께 1980년대 최악의 홀리건으로 악명을 떨쳤다. 홈구장 '더 덴'은 언제라도 폭탄이 터질 듯한 긴장감이 명물이다. 당시 18세였던 케인은 "주심이 판정 실수를 저지르자 팬들이 온갖 물건을 경기장 쪽으로 투척했다. 주심은 분위기가 잦아들 때까지 경기를 5분 동안 중단해야 했다. 주위를 둘러보면서 나는 '와, 여기 정말 미쳤구나'라고 생각했다"고 회상한다.

무엇보다 축구를 대하는 마음가짐이 달라졌다. "팀이 강등권에서 벗어나지 못하자 라커룸에서 직설적인 말들이 튀어나오기 시작했다. '이봐, 강등되면 연봉이 반으로 깎인다고!' '강등되면 나는 바로 계약 해지야' 등등이었다. 자녀가 있는 동료들도 있었다. 그때부터 나는 축구를 대하는 마음을 고쳐먹었다. 축구를 그냥 재미로 뛰는 게 아닌 선수들도 있다는 사실을 깨달았기 때문이다. 그들에게 축구는 가족의 생계를 책임지는 수단이었다. 여기서 나도 더는 어린아이로 남아 있을 수 없다는 사실을 배웠다."

밀월은 시즌 막판 5연승을 거두면서 리그 잔류에 성공했다. 마지막 6경기에서 케인은 4골을 넣어 임대생 구세주가 됐다.

2013/14시즌이 개막하기 전에 토트넘의 안드레 빌라스-보아스 감독은 케인에게 다섯 번째 임대 계획을 전달했다. 거친 임대 생활을 통해 내면이 단단해진 케인은 감독의 제안을 거절했다. 케인은 감독에게 "이 팀에서 뛸 수 있다는 사실을 증명하겠다. 매주 금요일마다 당신이 내가 실력이 부족해 경기에 투입할 수 없다고 말한다면 그걸로 좋다. 하지만 이제 임대는 싫다"고 당당히 말했다.

2013년 여름 토트넘은 발렌시아에서 스트라이커 로베르토 솔다도Roberto Soldado를 2600만 파운드에 영입한 상태였다. 프리미어리그에서 잔뼈가 굵은 엠마뉘엘 아데바요르, 오랜 공신인 저메인 디포도 있어서 20세 공격수 케인에게 돌아갈 기회는 많지 않았다. 시즌 전반기 케인은 허리 부상 불운까지 겪었다. 하지만 빌라스-보아스 감독이 시즌 도중 경질되고 유소년팀 때부터 자신을 봐왔던 팀 셔우드 코치가 감독대행을 맡으면서 시즌 막바지 케인은 선발로 뛸 기회를 조금씩 얻게 됐다. 토트넘에서 보낸 첫 풀타임 시즌에서 케인은 19경기 4골을 기록하며 선방했다.

2014년 여름은 케인은 물론 토트넘에도 큰 전환점이 됐다. 사우샘프턴에서 실력을 검증한 마우리시오 포체티노 감독이 화이트 하트 레인에 입성했기 때문이다. 웨스트햄을 상대한 개막전에서 포체티노 감독은 지난 시즌 팀 내 최다 득점자인 아데바요르(리그 11골)를 선발로 기용했다. 0-0 상황이 이어지던 83분 포체티노 감독은 아데바요르를 빼고 솔다도가 아니라 케인을 투입했다. 후반 추가시간 케인은 에릭 다이어Eric Dier의 1-0 결승골을 돕는 수훈을 세웠다. 이 시점부터 케인은 토트넘의 선발 스트라이커로 올라섰다.

유로파리그에서 해트트릭을 기록하고 12월 리그 4경기에서 연속으로 득점에 성공한 데 이어, 케인은 새해 1월 1일 런던 라이벌 첼시와의 경기에서 2골 1도움으로 맹활약하며 팀의 5-3 승리의 히어로가 됐다. 케인은 가능성 있는 스트라이커가 아니라 프리미어리그에서 확실히 골을 넣을 수 있는 골잡이라는 사실을 스스로 입증했다. 토트넘은 재빨리 케인에게 5년 반짜리 재계약을 선사해 소유권을 강화했다.

2015년 3월 21일 케인은 임대 인연을 맺었던 레스터를 상대로 프리미어리그 첫 해트트릭을 달성했다. 리그 최종전에서 한 골을 보탠 케인은 리그 21골을 기록하며 프리미어리그 득점 랭킹 2위에 올랐다. 프리미어리그 시대에 리그 20골 고지를 밟은 토트넘 소속 선수는 테디 셰링엄, 위르겐 클린스만, 가레스 베일 이후 케인이 네 번째였다. 시즌 31골 기록도 1991/92시즌의 게리 리네커 이후 23년 만이었다.

세 번의 득점왕

2015년 여름 케인은 달라진 본인의 위상을 절감할 수 있었다. 프리시즌의 일환으로 토트넘은 호주 투어를 떠났다. 시드니 공항에서부터 케인은 현지 팬들에게 둘러싸였다. 산보 겸해서 찾은 웨스트필드 쇼핑몰에서도 케인은 갑자기 몰려든 팬들에게 붙잡혀 옴짝달싹하지 못하는 지경에 이르렀다. 케인의 구조 요청(?)을 받은 클럽 직원이 부랴부랴 미니밴을 타고 쇼핑몰로 출동해 케인을 꺼내 와야 했다. 영국 언론은 "1년 전만 해도 케인은 자기 동네 주민들도 알아보지 못하는 선수였다. 여름휴가로 갔던 두바이와 태국에서도 케인을 알아보는 사람은 아무도 없었다"라며 한 시즌 만에 월드스타가 된 케인의 변모를 흥미롭게 보도했다.

2015/16시즌 개막부터 케인은 컵대회를 포함한 8경기에서 연속으로 무득점에 그치는 슬럼프에 빠졌다. 세간에서는 케인의 부진을 2년생 징크스로 정의했고 라이벌 클럽 팬들은 조롱하기 바빴다. 케인은 9월 26일 맨시티전에서 시즌 첫 골을 신고하며 '748

분 연속 무득점' 수모에 종지부를 찍었다. 한 달 뒤 케인은 본머스 원정에서 해트트릭을 기록한 것을 시작으로 4경기에서 6골을 터뜨리며 대폭발했다. 결과적으로 케인은 본인의 '스타 2년차'를 완벽한 스타덤 도약의 원년으로 삼았다. 리그 38경기에 나서 25골을 넣으며 생애 첫 프리미어리그 득점왕을 차지했다.

프리미어리그의 유일한 월드 클래스로 평가받던 세르히오 아게로를 따돌리는 잉글랜드 공격수가 탄생하자 자국 언론과 팬들은 흥분을 감추지 못했다. 타블로이드 신문은 케인이 레알 마드리드로 이적할 가능성을 점칠 정도로 호들갑을 떨었다. 케인의 맹활약이 팀의 호성적으로 이어졌다는 점도 돋보였다. 토트넘은 그해 리그 3위로 시즌을 마쳐 가레스 베일 이후 처음으로 챔피언스리그 출전권을 획득하는 쾌거를 이룩했다. 시즌이 끝난 뒤 프랑스에서 개최된 유로 2016에서도 잉글랜드 국가대표팀의 선발 공격수는 케인이었다.

유로 2016에서 실망스러운 결과를 냈는데도 불구하고 케인의 득점력은 날이 갈수록 폭발했다. 2016/17시즌에만 케인은 해트트릭을 네 차례나 기록하며 프리미어리그 득점왕 타이틀을 방어해 냈다. 발목 부상 때문에 고생하면서도 케인은 리그 30경기 29골, 시즌 38경기 35골을 만들어 잉글랜드 무대를 접수했다. '프리미어리그 3시즌 연속 20골' 고지 달성도 앨런 시어러, 티에리 앙리, 뤼트 판니스텔로이 이후 케인이 네 번째였다.

케인의 득점포는 2017/18시즌까지 멈추지 않았다. 2017년 12월 케인은 번리와 사우샘프턴을 상대로 두 경기 연속으로 해트트릭을 기록했다. 2017년 1년에 걸쳐 케인은 리그 39골, 해트트릭 6

2018년 7월 러시아월드컵에서
크로아티아와의 준결승전에 출전한 해리 케인.
사진 Антон Зайцев

회, 총 56골을 성공시키는 괴력을 발휘해 호날두와 메시의 유럽 득점왕 7년 독점기를 끝냈다. 2017/18시즌 케인은 리그 37경기에서 30골 고지를 밟고도 리버풀의 '파라오' 모하메드 살라Mohamed Salah에게 득점왕(32골) 타이틀을 내주는 불운을 겪었다. 하지만 낙담할 필요는 없었다. 케인은 2018년 러시아월드컵에서 6골을 넣으며 득점왕을 차지했고, 2019년에는 생애 처음으로 챔피언스리그 결승전 무대를 밟았다.

발목과 허벅지가 계속 고장 나 출전 밸런스가 깨지는 중에도 케인의 득점력은 성실히 이어졌다. 2020/21시즌 리그 23골(살라 22골)을 기록하며 세 번째 프리미어리그 득점왕에 오른 것이 그 증거였다. 강한 신체나 특별한 운동능력 없이 케인은 프리미어리그와 잉글랜드의 최고 골잡이로 발전했다. 그에게 영감을 줬던 NFL 황제 톰 브래디도 뿌듯해할 것 같다.

51

—

명장 열전: 벵거, 모리뉴, 라르디올라, 클롭, 콘테, 포체티노(2016/17시즌)

15세기 이탈리아 르네상스는 서양미술사에서 독보적 위치를 차지한다. 이유는 간단하다. 미술을 몰라도 누구나 한 번쯤 들어봤을 예술가들이 한꺼번에 출현한 시기이기 때문이다. 인류 역사상 최고의 천재로 평가받는 레오나르도 다빈치를 비롯해 처음 맡은 회화 프로젝트에서 시스티나 성당 천장화를 완성한 조각가 미켈란젤로, 세상에서 제일 유명한 비너스 이미지의 주인공인 산드로 보티첼리, '아테네 학당'을 그린 인기 스타 화가 라파엘로 산치오, 성베드로 대성당을 설계한 브라만테, 베네치아 화파를 이끈 벨리니 형제 등이 전부 동시대에 활동하면서 서로 경쟁했다. 혼자만으로도 한 시대를 상징할 만한 천재들이 한꺼번에 쏟아져 나왔으니 세기가 찬란히 빛날 수밖에 없었다. 2016/17시즌 프리미어리그의 개막을 앞두고 전 세계 축구 팬들이 흥분한 이유도 비슷하다. 챔피언스리그 우승 감독, 유럽 빅5 리그 우승 감독, 현재 가장 '핫'한 감독들이 각자 팀을 이끌고 자웅을 겨뤘다.

명장들의 맞대결

2015/16시즌부터 있었던 감독은 아스널의 아르센 벵거와 리버풀의 위르겐 클롭 두 사람이다. 프리미어리그에서 벵거 감독은 설명이 필요 없는 전설이다. 맨유 제국의 유일한 대항마로서 아스널 전성기를 구가했다. 첼시와 맨체스터 시티가 촉발한 '쩐의 전쟁'에서도 벵거 감독은 제한된 예산으로 2016/17시즌까지 챔피언스리그 클럽으로서 입지를 유지하는 저력을 이어가는 중이었다.

클롭 감독은 2015/16시즌이 시작된 이후 그해 10월 브렌던 로저스의 후임으로 안필드에 입성했다. 독일 무대에서 바이에른 뮌헨을 제쳤다는 실적 하나만으로도 그는 명장으로 분류되기에 충분했다. 도르트문트가 섰던 2013년 챔피언스리그 결승전의 무대가 런던이었던 까닭에 잉글랜드 팬들에게도 클롭이라는 이름은 또렷이 새겨져 있었다. 잉글랜드에서 첫 풀타임 시즌을 맞이하는 클롭 감독으로서는 2016/17시즌에 대한 기대가 클 수밖에 없었다.

새로운 팀에서 시즌을 맞이한 '강적'들은 3명이었다. 우선 '스페셜 원' 조제 모리뉴 감독이다. 지난 시즌 첼시에서 모리뉴는 두 번째 경질되는 수모를 당했다. 그런데 몇 개월 만에 맨체스터 유나이티드의 수장이 되어 돌아오는 수완을 발휘했다. 누구보다 확실한 트로피 수집 능력 덕분이었다. 과거 알렉스 퍼거슨 감독과 나눴던 각별한 정도 맨유와 모리뉴 감독의 결합을 부추겼다.

첼시의 2016/17시즌 사령탑은 안토니오 콘테Antonio Conte였다. 사이드라인에서 선보이는 열정적 제스처에서 유추할 수 있듯이 콘테 감독은 카리스마와 전술 능력, 선수단을 휘어잡는 통솔력까지 갖춘 인물이었다. 모래알처럼 흐트러진 첼시의 라커룸 분위기를 하나로 뭉치게끔 하기엔 최적의 캐릭터였다. 칼초폴리(2006년 5월 심판 매수 등을 둘러싼 스캔들)를 겪고 1부로 복귀한 뒤로 4년 동안 유벤투스는 인테르나치오날레와 밀란에 밀려 2인자에 머물렀다. 그런 상황을 부임한 지 1년 만에 뒤집은 주인공이 바로 콘테 감독이었다. 유벤투스는 콘테 체제로 출발한 2011/12시즌부터 3시즌 연속으로 스쿠데토(세리에A 우승팀이 유니폼에 붙이는 방패 문양)를 독점하며 과거의 영광을 되찾았다. 콘테의 첼시 감독 부임은 자연스레 모리뉴 감독의 프리미어리그 텃세를 자극했다.

불난 감독 경쟁에 기름을 부은 주인공은 맨시티의 새 감독으로 부임한 펩 과르디올라였다. 1군 감독 경력이라고 해봤자 8년밖에 되지 않지만, 과르디올라 감독은 이미 라리가와 분데스리가를 각각 세 차례 석권한 것은 물론 챔피언스리그에서도 두 차례 우승한 현존하는 최고 명장이다. 프리미어리그 팬들로서는 최고의 감독과 최대 부자 클럽의 만남만큼이나 '역대급' 맨체스터 더비의 탄생에 열광했다.

얼마 전까지 라리가 엘클라시코에서 치열한 경쟁을 벌이며 숱한 이야기를 양산했던 두 사람이 하필이면 맨체스터 두 클럽의 보스가 됐다는 지형 변화는 프리미어리그의 매력을 더해줄 뿐이었다. 과르디올라 감독과 모리뉴 감독의 인생 경로는 곳곳에서 겹친다. 1996년 바르셀로나에서 선수와 스태프의 관계로 만났고, 2009

년부터는 챔피언스리그와 라리가에서 맞대결을 펼쳤다. 그때마다 두 스타 감독은 조용히 넘어간 적이 없었다.

2009/10시즌 챔피언스리그 준결승 2차전에서 인테르의 모리뉴 감독은 거함 바르셀로나를 상대로 1차전의 2골 리드(3-1)를 지켜내 결승행 티켓을 거머쥐었다. 한 명이 적은 상황에서 인테르는 영혼의 수비력을 발휘해 바르셀로나의 공격을 1실점(0-1)으로 틀어막았다. 합산 스코어 3-2의 승리가 확정되자 모리뉴 감독은 그라운드를 질주하는 희대의 셀러브레이션을 펼쳤다. 돌발적인 퍼포먼스는 누캄프에 분노 바이러스를 퍼트렸다. "내 인생에서 가장 아름다운 패배"라며 모리뉴 감독은 당시 사진을 액자에 넣어 항상 감독실에 걸고 있다.

한 달 뒤 모리뉴 감독은 통산 두 번째 유럽 챔피언에 등극했고, 곧바로 2010년 5월 하필이면 레알 마드리드의 감독으로 산티아고 베르나베우에 입성했다. 모리뉴 감독의 첫 엘클라시코는 0-5 참패의 악몽으로 끝났다. 과르디올라 감독이 이끄는 바르셀로나는 라리가의 무서움을 알려주기라도 하듯이 모리뉴 감독의 레알 수비진을 갈기갈기 찢었다.

2011년 4월 16일부터 두 팀은 3개 대회에서 다섯 차례나 맞붙는 '엘클라시코 포르노'를 연출했다. 모리뉴 감독이 코파델레이 우승을, 과르디올라 감독이 챔피언스리그 결승행 티켓을 각각 차지했다. 같은 해 8월 열린 스페인 슈퍼컵 2연전에서는 양쪽이 볼썽사나운 몸싸움을 벌여 갈등이 심화됐다. 레알의 마르셀루Marcelo가 바르셀로나의 세스크 파브레가스를 악의적 태클로 쓰러뜨려 퇴장당하면서 양쪽 선수단이 총출동하는 벤치 클리어링이 발생했다.

혼돈 속에서 메주트 외질Mesut Özil과 다비드 비야가 추가로 퇴장당했다. 그냥 지나칠 리가 없는 모리뉴 감독은 싸움을 말리던 바르셀로나의 티토 빌라노바Tito Vilanova 수석코치의 눈을 손가락으로 찌르는 기행을 저질렀다. 다음 홈경기에서 레알 팬들은 모리뉴 감독의 이름을 연호했다.

엘클라시코를 떠난 두 사람은 2013년 8월 UEFA 슈퍼컵에서 바이에른과 첼시의 감독이 되어 재회했다. 승부차기 끝에 패한 모리뉴 감독은 하미레스Ramires의 퇴장을 언급하면서 "과르디올라 감독과 붙을 때마다 우리 팀이 꼭 퇴장을 당한다"라며 음모론을 폈다.

마지막에 웃은 주인공은?

2016/17시즌의 첫 명장 맞대결은 개막 라운드에서 성사된 아스널과 리버풀 간의 경기였다. 공격적 스타일을 고수하는 두 감독답게 7골을 주고받는 난타전 끝에 클롭 감독의 리버풀이 4-3으로 승리했다. 아스널은 시오 월콧의 선제골에도 불구하고 전반 추가시간부터 후반 초반까지 연속으로 4골을 실점해 홈 팬들 앞에서 와르르 무너졌다.

9월 10일 드디어 시즌 첫 맨체스터 더비가 열렸다. 원정팀 맨시티는 전반전 케빈 더브라위너의 1골 1도움 활약으로 2골을 앞서갔다. 맨유는 즐라탄 이브라히모비치가 한 골을 만회한 뒤 전반전을 마쳤다. 후반전은 맨유의 공세와 맨시티의 역습 시도로 진행됐다. 하지만 맨시티의 수비진이 끝까지 집중력을 유지해 시즌 첫 더비를 2-1로 잡아냈다.

시즌 전반기의 주인공은 콘테 감독이었다. 5라운드에서 클롭 감독의 리버풀에 1-2 패배, 6라운드에서 벵거 감독의 아스널에 0-3 패배를 당하면서 호된 프리미어리그 신고식을 치렀다. 2연패 후 첼시는 헐 시티와 레스터 시티를 연달아 잡아 반등에 성공했다. 그러곤 10월 23일 홈에서 맨유를 맞이했다. 모든 초점이 모리뉴 감독에게 향했다. 두 번째 경질 후 모리뉴 감독의 첫 스탬퍼드 브리지 방문이었기 때문이다.

경기가 시작하기 전 애써 태연한 표정을 유지하던 모리뉴 감독은 킥오프 1분 만에 선제 실점을 허용한 뒤 돌처럼 굳어졌다. 첼시는 게리 케이힐, 에당 아자르, 은골로 캉테가 연속으로 득점을 터뜨려 4-0 대승을 쟁취했다. 편안한 리드 상황에도 아랑곳하지 않고 콘테 감독은 골이 터질 때마다 테크니컬에어리어에서 포효했다.

경기 종료 휘슬이 울리자 모리뉴 감독은 콘테 감독에게 악수를 청하더니 귓속말로 "1-0이라면 모르겠지만 4-0으로 이기면서 그렇게 좋아하면 곤란하다. 그러면 상대를 모욕하는 것이다"라고 경고했다. 하지만 콘테 감독과 첼시로서는 맨유전 대승에서 큰 자신감을 얻은 듯이 이때부터 리그 13연승으로 폭주하며 리그 선두로 치고 나갔다.

모리뉴 감독은 리그에서 주춤하면서도 이듬해 2월 말 리그컵에서 우승하며 '트로피 컬렉터'의 면모를 다시 입증했다. 첼시와 맨유는 FA컵 8강전에서 맞붙었다. 이번에도 승자는 첼시였다. 경기 후 모리뉴 감독은 35분 만에 퇴장당한 안데르 에레라Ander Herrera에 대한 경고 판정을 맹비난했다. 콘테 감독은 "에당 아자르가 경기 내내 반칙을 당해 제대로 뛸 수가 없었다"라며 맞대응했다.

모리뉴 감독은 33라운드 홈경기에서야 첼시를 2-0으로 꺾고 콘테 감독을 상대로 첫 승리를 신고했다. 기뻐할 여유가 없었다. 열하루 뒤인 2017년 4월 28일 에티하드 스타디움에서 시즌 두 번째 맨체스터 더비가 열렸기 때문이다. 모리뉴 감독은 "나도 쉽게 우승할 수 있는 리그나 클럽을 선택할 수도 있다. 키트맨이 팀을 이끌어도 우승할 수 있는 리그로 갈 수도 있다. 하지만 그렇게 하지 않았다"라며 과르디올라 감독이 바이에른에서 이룬 성취를 폄하했다.

모리뉴 감독의 도발에 참는 법이 없는 콘테 감독과 달리 과르디올라 감독은 상대의 설전에 휩쓸리지 않았다. 과르디올라 감독은 "우리 팀에 관해 신경 쓰기에도 시간이 부족하다. 나는 남들을 험담하기 위해서가 아니라 축구를 하러 온 사람이다"라며 선을 그었다. 시즌 두 번째 맨체스터 더비는 무득점 무승부로 끝나고 말았지만 워낙 내용이 뜨거워서 '가장 흥미진진했던 무승부'라는 평가를 받았다.

명장 열전에서 가장 마지막에 웃은 주인공은 콘테 감독이었다. 부임 첫 시즌에 콘테 감독은 첼시를 프리미어리그 챔피언으로 만들어 로만 아브라모비치 회장을 활짝 웃게 했다. 모리뉴 감독은 리그 6위로 시즌을 마감했는데도 유로파리그 결승전에서 아약스를 꺾음으로써 다음 시즌 챔피언스리그 출전권을 획득하는 저력을 보였다. 결과적으로 모리뉴 감독은 맨유 첫 시즌에만 커뮤니티실드, 리그컵, 유로파리그에서 트로피를 3개나 따내 맨유 팬들에게 희망을 심었다.

리버풀의 클롭 감독과 맨시티의 과르디올라 감독은 나란히 빈손으로 시즌을 마쳤다. 특히 과르디올라 감독은 감독 경력을 시작한 이래 처음 겪는 무관이었기에 '현존 최고 감독'이라는 타이틀이 무안해지고 말았다. 클롭 감독은 무관에도 불구하고 리그 4위로 마무리해 리버풀을 챔피언스리그 무대로 되돌림으로써 안필드 팬들로부터 큰 박수를 받았다. 그동안 타이틀이 없다는 이유로 저평가됐던 마우리시오 포체티노 감독은 토트넘을 단번에 리그 2위에 올려 차세대 명장으로서 능력을 입증했다. 토트넘의 리그 2위 성적은 빌 니콜슨 감독이 이끌던 황금기 1962/63시즌 이후 무려 54년 만이었다.

백전노장 벵거 감독은 리버풀에 승점 1점 차로 밀려 챔피언스리그 출전권을 놓치고 말았다. 벵거 감독이 부임한 이래 아스널이 챔피언스리그 클럽이라는 계급장을 뗀 것은 이때가 처음 겪는 아픔이었다. 그래도 아스널의 2016/17시즌이 최악은 아니었다. 벵거 감독은 리그 챔피언인 첼시를 상대로 프리미어리그에서 1승 1패로 대등하게 싸웠다. 5월 27일 열린 FA컵 결승전에서도 아스널은 첼시와 만났다.

기세가 좋은 첼시가 유리할 것이라는 예상과 달리 웸블리 스타디움에서 열린 결승전에서 아스널은 알렉시스 산체스Alexis Sanchez와 애런 램지Aaron Ramsey의 두 골로 첼시를 2-1로 꺾고 대회 통산 13번째 우승을 달성했다. 자금 규모와 스쿼드의 깊이를 생각하면 벵거 감독의 2016/17시즌 FA컵 우승도 높은 평가를 받아야 마땅했다.

52

—

영국 축구 중계의 얼굴들
: 존 못슨, 마틴 테일러, 게리 리네커

재미있는 축구 중계를 만들려면 어떻게 해야 할까? 우선 경기 자체가 재미있어야 한다. 요리에서 식재료가 중요한 것과 마찬가지다. 경기의 수준이 높거나 의미가 커야 한다. 나머지는 중계팀의 능력에 달렸다. 중계팀은 스토리텔링 능력을 갖춰야 한다. 단순히 눈앞에서 벌어지는 플레이를 대중에게 기계적으로 전달하는 데에 그치지 않고 해당 경기의 배경, 양쪽 감독 및 선수들의 사연, 축구에 대한 깊은 이해에 토대해 시청자에게 관전 포인트를 콕 짚어 제공해야 한다. 한국 축구 중계에서 가장 부족한 점이 바로 이 부분이다. K리그나 축구를 꿰고 있는 프로듀서 인력이 부족함에 따라 따분한 중계가 늘어난다. '축구 종가' 영국에서는 적어도 이런 문제로 인한 고민은 없다. 방송사의 최종 의사 결정권자부터 현장에 투입되는 각 분야의 인력까지 축구를 잘 이해하고 있어 해당 이벤트나 플레이를 정확히 해석하는 능력이 뛰어나다.

프리미어리그 중계의 목소리

1989년 영국에서 위성방송 서비스를 론칭한 스카이스포츠는 풋볼리그 퍼스트 디비전 측과 맺은 독점 중계권 계약을 발판 삼아 1992/93시즌 프리미어리그 원년 시즌의 방송 파트너로서 축구계에 발을 내디뎠다. 그 전까지 영국 축구 중계 시장은 공영방송 BBC와 최대 민영 방송사인 ITV가 양분하고 있었다. 스카이스포츠는 사운을 건 프리미어리그 독점 중계권(5시즌) 입찰에서 3억 400만 파운드를 써내 기존 시장 지형을 단번에 뒤집었다. 영국 일반 가정에서는 프리미어리그 경기를 시청하기 위해선 의무적으로 유료 서비스에 가입해야 했으므로 스카이스포츠는 단기간에 영국은 물론 유럽에서 최대 위성방송사업자로 등극했다.

10년 넘게 이어지던 스카이스포츠의 프리미어리그 독점 중계는 유럽연합이 독과점이라 판결하면서 깨졌다. 유럽연합은 18개월에 걸친 시장 조사 끝에 프리미어리그에 중계권에 대해 복수 사업자와 계약할 것을 명령했고, 2007년 아일랜드 케이블 방송사인 세탄타가 중계권 중 한 패키지를 입수하면서 스카이스포츠 독점 시대는 막을 내렸다.

영국 내 프리미어리그 TV 중계권은 2024/25시즌까지 계약된 상태다. 생중계는 스카이스포츠가 112경기, BT스포츠가 52경기, 아마존프라임이 20경기씩 분담한다. 영국에서 프리미어리그를 TV로 시청하려면 세 가지 서비스에 각각 가입해야 한다는 뜻이다.

프리미어리그는 하이라이트와 경기 후 플래시 인터뷰 권리도 별도 판매한다. 하이라이트는 BBC가 시즌당 1146억 원에 2024/25시즌까지 권리를 확보했다. 하이라이트 권리가 별도 판매되기 때문에 TV 중계권자 3개 회사는 본인들이 직접 생중계한 경기라도 BBC가 하이라이트 프로그램 '매치 오브 더 데이'를 방영하기 전까지는 경기 주요 장면을 방영할 수 없다. 경기 후 플래시 인터뷰 권리는 경기마다 단건 판매한다.

역사적으로 영국 축구계에서 가장 시청률이 높은 TV 프로그램은 BBC의 '매치 오브 더 데이'다. 1964년 8월 22일 리버풀과 아스널의 경기 주요 장면을 처음 내보낸 이래 지금까지 57년째 이어지고 있는 초장수 프로그램이다. 2015년에는 기네스북에 '세계에서 가장 오래된 축구 TV 프로그램'으로 등재됐다. 지금이야 TV 중계 및 하이라이트 서비스가 당연시되지만 해당 프로그램이 첫선을 보였던 1960년대만 해도 사정이 크게 달랐다.

1965년 잉글랜드의 일부 클럽들이 풋볼리그를 상대로 BBC와의 계약을 철회할 것을 요구했다. TV 중계 및 하이라이트 방영이 관중 동원에 악영향을 끼친다는 우려 때문이었다. 풋볼리그 측은 클럽들의 요구를 일부 받아들여 경기가 끝나기 전까지 중계를 실시하지 않는 조건하에 TV 중계권 계약을 유지했다. 이런 전통은 지금도 영국 축구에서 발견된다. 영국 내에서는 풋볼리그 전통인 토요일 오후 3시에 시작하는 경기에 대해선 TV 생중계가 금지되어 있다.

'매치 오브 더 데이'는 통상적으로 토요일과 일요일 밤 10~11시에 방영된다. 영국인으로서는 일요일 시청이 주말의 끝을 의미한다. BBC는 1970/71시즌에 맞춰 작곡가 배리 스톨러Barry Stoller에게 의뢰해 인트로 음악을 만들었는데 이 버전이 지금까지 쓰이고 있다. 2010년 한 시장조사 기관에 따르면, 영국인에게 가장 널리 알려진 멜로디가 바로 이 인트로 음악이다.

반세기가 넘는 역사에도 불구하고 이 프로그램의 메인 진행자는 지금까지 5명밖에 없었다. 첫 방송의 주인공인 케네스 울스턴홈Kenneth Wolstenholme을 시작으로 데이비드 콜먼David Coleman, 지미 힐Jimmy Hill, 데스 라이넘Des Lynam을 거쳐 1999년부터 게리 리네커가 지금까지 22년째 마이크를 잡고 있다.

리네커는 현역 시절 경고를 받은 적이 한 번도 없었을 만큼 신사도의 상징으로 통하는 데다 슈퍼스타에게 흔한 스캔들도 없어 '국민 MC'로서 독보적 입지를 지키고 있다. 대한민국 예능에 유재석이 있다면, 영국 축구 프로그램에는 리네커가 있다고 생각하면 된다. 리네커와 함께 앨런 시어러, 이언 라이트, 저메인 지나스Jermaine Jenas, 대니 머피 등 축구 선수 출신 전문위원들이 교대로 출연해 경기를 분석하고 의견을 제시하는 내용으로 꾸며진다. BBC는 프리미어리그의 하이라이트 외에도 월드컵, 유로, FA컵 등 지상파 채널만 응찰이 가능한 메이저 이벤트의 생중계를 담당한다.

오랫동안 프리미어리그 중계 시장을 리드해온 스카이스포츠에서도 축구 팬들과 친숙한 인물들을 배출해왔다. 한국 프리미어리그 팬들 사이에서도 유명한 인물은 '스카이스포츠의 목소리'라고 할 수 있는 마틴 타일러다. 1970년대부터 타일러는 축구 대표채널이었던 ITV에서 축구 중계 코멘테이터로서 경력을 쌓았다. 1990년 새로운 인재를 영입하던 스카이스포츠에 합류하고 프리미어리그 독점 중계 덕분에 가장 유명한 축구의 목소리가 됐다. 스카이스포츠는 선수 입장 및 양 팀 인사와 킥오프 사이에 가장 비싼 광고를 편성하는데, 그 광고로 넘어가기 직전 타일러가 외치는 "생중계가 곧 시작합니다!"(And, it's Live!)라는 외마디가 유명하다.

타일러가 남긴 가장 유명한 코멘터리는 2011/12시즌 맨체스터 시티와 퀸즈 파크 레인저스의 리그 최종전이었다. 당시 경기에서 맨시티는 강등권 팀인 퀸즈 파크 레인저스에 1-2로 뒤진 채 후반 추가시간에 들어갔다. 이 상태로 끝나면 같은 시각 선덜랜드 원정에서 승리한 맨체스터 유나이티드에 역전 우승을 내줄 판이었다. 맨시티는 교체 투입된 에딘 제코가 2-2 동점골을 터뜨린 데 이어 추가시간 3분 세르히오 아궤로가 기적 같은 3-2 역전골을 터뜨려 만수르 시대 첫 우승을 차지했다. 아궤로의 골이 들어가는 순간 타일러는 "아궤로오오오오오오! 제가 장담하겠습니다! 여러분 모두, 이런 건 다시는 못 볼 겁니다!"라며 프리미어리그 역사상 가장 유명한 코멘터리를 만들었다.

타일러는 리오넬 메시가 챔피언스리그에서 맹활약할 때도 아낌없이 본인의 감정을 터뜨렸다. 프리미어리그 클럽을 상대하는 경기에서도 메시가 마법 같은 플레이를 선보일 때마다 극찬을 아끼지 않았다.

타일러가 함께한 중계 콤비 중 제일 유명한 해설위원은 앤디 그레이였다. 스코틀랜드 국가대표팀 출신인 그레이는 애스턴 빌라, 울버햄프턴, 에버턴 등을 거친 스타 미드필더였다. 현역에서 은퇴한 뒤 방송계로 뛰어든 그레이는 특유의 날카롭고 냉정한 분석으로 영국 축구 팬들의 전폭적 지지를 받았다. 전 세계 1위 축구

게임인 'FIFA' 시리즈에서도 언제나 타일러와 그레이는 중계 녹음에 참가해 생중계뿐 아니라 일상에서도 축구 팬들에게 다가갔다.

스튜디오에서 촬영되는 각종 분석 프로그램에서는 리처드 키스Richard Keys와 파트너를 이뤘다. 키스는 프리미어리그 원년 시즌부터 각종 매거진쇼의 진행자로 나선 스카이스포츠의 얼굴이었다. 특히 그레이와 찰떡궁합을 보이면서 따분하기 십상인 분석 프로그램의 시청률까지 끌어올리는 공을 세웠다.

하지만 키스와 그레이 콤비는 2011년 1월 대형 사고를 쳤다. 현장 마이크가 꺼진 줄 착각한 그레이가 울버햄프턴과 리버풀 경기에 투입된 여성 부심 시언 매시엘리스Sian Massey-Ellis를 두고 "믿어져? 여자 부심이라니. 여자는 오프사이드 규칙도 모르잖아"라고 말했고, 키스가 "당연하지. 누가 좀 내려가서 오프사이드 규칙 좀 알려주고 와야겠어"라고 맞장구를 쳤다. 두 사람의 성차별 발언은 일파만파 퍼졌고 스카이스포츠는 신속히 간판 콤비를 해고해 사태를 진화했다. 현재 키스와 그레이는 카타르 국영 스포츠 전문 채널 'beIN 스포츠'에서 일하고 있다.

한국에서는 볼 수 없는 특이한 포맷의 TV 프로그램도 있다. 스카이스포츠가 방영하는 '사커 새터데이'다. 앞서 말했듯이 영국에서는 토요일 오후 3시 킥오프하는 경기들에 대한 중계가 허용되지 않는다. 이른바 '블랙아웃' 규정인데, 이때 조금이나마 시청자를 끌어들이기 위해 스카이스포츠는 스튜디오에 진행자와 축구 선수 출신 패널들이 동시에 벌어지는 경기를 한 경기씩 맡아 경기 주요 상황을 말로 설명해주는 '사커 새터데이'를 꾸몄다. 통상적으로 토요일 오후 3시부터 5시 반 정도까지 진행된다. TV 생중계가 없는 시간대에 가장 많은 경기가 동시에 진행되기 때문에 영국 축구 팬들은 '사커 새터데이'를 통해 간접적으로 경기 내용을 팔로우할 수 있다.

중계 퀄리티

프리미어리그 중계의 목소리가 대부분 스카이스포츠 소속이라면, 영국 축구 자체의 목소리는 BBC의 전설적 코멘테이터 존 못슨이다. 1945년생인 못슨은 1971년부터 BBC의 축구 중계에 투입됐다. 선배들의 백업을 담당하던 그는 1972년 2월 FA컵 경기에서 5부 클럽 헤리퍼드 유나이티드가 1부 인기팀 뉴캐슬 유나이티드를 2-1로 꺾는 '역대급' 파란을 중계해 인기를 끌었다. 경기 일정이 지연되는 바람에 백업 코멘테이터였던 그에게 기회가 돌아갔는데 결과적으로 스타 중계진으로 떠오르는 결정적 계기가 된 것이다. 이후 못슨은 BBC가 중계하는 거의 모든 빅매치에서 마이크를 잡아 영국민과 호흡을 함께했다.

2017년 9월 BBC를 떠날 때까지 못슨이 쌓은 현장 투입 경력은 그 자체로 전설이다. FIFA 월드컵 중계만 10차례에 달한다. 유로 중계에도 10차례 투입됐고 그가 직접 중계한 FA컵 결승전도 무려 29경기에 달한다. 쉽게 말해 제2차 세계대전 이후 잉글랜드 국가대표팀의 거의 모든 명승부 영상에 그의 목소리가 포함됐다는 뜻이다.

자국에서 개최했던 유로 1996도 영국민은 그의 중계를 통해 잉글랜드를 응원했다. 2001년 뮌헨에서 열린 2002년 한일월드컵 예선에서 독일을 상대로 역사적 5-1 대승을 거둘 때도 그가 마이

BBC '매치 오브 더 데이'의 진행자인 게리 리네커.
현역 시절엔 1986년 멕시코월드컵 득점왕 출신이자
잉글랜드 국가대표팀 역대 득점 3위에 오른 대단한 골잡이였다.

사진 Liton Ali

크를 잡았다. 1988년 FA컵 결승전에서 윔블던이 리버풀을 꺾고 우승을 차지하자 그는 "미친 패거리가 문화 클럽을 꺾었습니다!"라는 시적 표현을 구사해 팬들로부터 찬사를 받았다. 당시 윔블던은 거친 경기 스타일로 인해 '미친 패거리'라는 별명을 얻고 있었다. 70대 중반이 된 지금도 그는 최대 스포츠 라디오 채널인 '토크 스포트'에서 중계를 맡아 노익장을 과시 중이다.

한국 축구 팬들 사이에서는 영국과 스페인, 독일, 이탈리아 등의 축구 중계를 부러워하는 시선이 존재한다. 현장에 투입되는 TV 카메라 수와 경기 자체뿐 아니라 앞뒤로 붙는 넉넉한 편성, 다양한 매거진쇼 프로그램 등이 부러움의 대상이다. 하지만 프리미어리그와 K리그의 중계 품질 차이는 양이 아니라 질에서 기인한다는 점을 간과해서는 안 된다.

K리그는 이미 전 경기를 TV 생중계하고 있다. 영국에서 TV 생중계되는 프리미어리그 경기 수는 총 380경기의 48퍼센트에 해당하는 184경기뿐이다. K리그는 TV와 인터넷에서 무료 제공되는 데에 비해 프리미어리그에서는 전 생중계 경기를 시청하려면 시청자는 550만 원에 달하는 시청료를 지불해야 한다. 이렇게 TV 중계의 양적 면에서는 K리그가 프리미어리그를 압도한다.

K리그와 프리미어리그의 중계 퀄리티 차이를 가르는 결정적 요인은 중계에 투입된 인력들이 얼마나 축구 지식을 갖고 있느냐다. 현재 K리그 중계에 투입되는 중계팀은 축구에 대한 이해도가 떨어진다. 프로듀서와 카메라 감독만 그런 게 아니라 중계진도 방송사의 비용 절감 이유로 비경기인 해설자가 기용되면서 코멘터리의 신빙성이 점차 떨어지고 있다.

53

—

100점짜리 챔피언: 맨체스터 시티
(2017/18시즌)

2003/04시즌 아스널은 무패 우승을 달성하며 '역대 최강 팀'이라는 평가를 받았다. 아르센 벵거 감독의 유려한 플레이 스타일 아래에서 티에리 앙리, 로베르 피레, 파트리크 비에이라, 솔 캠벨 등 최고 수준의 개인 기량이 완벽에 가까운 경기력을 선보이며 리그 38경기 일정에서 26승 12무를 기록하고 시즌을 마무리했다. 풋볼 리그 원년인 1888/89시즌 프레스턴 노스 엔드도 패배 없이 챔피언에 등극했지만, 리그 일정이 22경기에 불과했을 뿐 아니라 교통수단이 제한돼 잉글랜드 북서부와 중부 클럽만 참가했던 터라 아스널의 업적이야말로 진정한 역사적 개가로 남는다. 2017/18시즌이 종료되자 '역대 최강 팀'이라는 타이틀의 새로운 후보가 등장했다. 승점 100점에 도달한 챔피언 맨체스터 시티였다.

'펩시티' 리그 18연승

프리미어리그 첫 시즌에서 펩 과르디올라 감독의 최종 성적표는 승점 78점, 리그 3위였다. 적응기라고 변호하기엔 다른 편에 있는 안토니오 콘테 감독의 실적이 껄끄럽다. 2016년 여름 나란히 프리미어리그에 첫발을 들였던 콘테 감독은 첼시를 이끌고 맨체스터 시티보다 15점이나 많은 승점을 쌓아 단번에 잉글랜드 챔피언에 등극했기 때문이다. 특히 콘테 감독이 물려받은 첼시는 팀 분위기가 붕괴돼 2015/16시즌을 하위권에서 날린 직후였다. 각성한 선수단과 격정적 감독이 하나로 뭉친 첼시가 왕좌를 탈환한 뒤, 애초에 과르디올라 감독에게 집중되리라고 예상했던 관심은 콘테 감독 쪽으로 방향을 틀었다. 2017/18시즌 프리미어리그 제패는 과르디올라 감독에게 의무감으로 다가올 수밖에 없었다.

2017년 여름 이적 시장에서 맨시티의 전력 보강은 과르디올라 감독의 생각을 잘 보여줬다. 맨시티는 모나코의 플레이 메이커 베르나르두 실바Bernardo Silva(4300만 파운드)를 데려온 것을 제외하곤 모든 자금을 수비진 강화에 집중했다. 믿었던 클라우디오 브라보Claudio Bravo가 무너진 골키퍼 포지션은 벤피카의 브라질 '괴물' 에데르송Ederson으로 대체됐다. 후방 빌드업에 적극적으로 관여하는 '볼 플레잉 골키퍼'가 필요한 과르디올라 감독의 플레이 스타일에 반드시 필요한 자원이었다.

공격 능력을 갖춘 풀백도 간절히 필요했으므로 2017년 여름에만 해당 포지션에 3명이나 되는 선수를 데려왔다. 토트넘 홋스퍼의 카일 워커, 레알 마드리드의 다닐루Danilo, 그리고 모나코의 뱅자맹 맹디Benjamin Mendy였다. 풀백 3명의 이적료 합계가 1억 2000만 파운드에 달했다. 과르디올라 감독이 얼마나 풀백 포지션을 강화하고 싶은지가 여실히 드러나는 대목이다. 시즌 도중인 2018년 1월 이적 시장에서는 아슬레틱 빌바오의 센터백 에므리크 라포르트Aymeric Laporte까지 데려왔을 정도로 '펩시티'의 방향성은 뚜렷했다. 시즌이 열리기 전 맨시티가 새로 추가한 공격 자원은 베르나르두 실바 한 명뿐이었다.

전술 변화도 뒤따랐다. 과르디올라 감독은 2017/18시즌부터 4-1-4-1과 4-3-3 포메이션을 혼용했다. 확실한 골잡이가 세르히오 아궤로 한 명뿐인 맨시티로서는 1선과 2선에 배치되는 선수들이 득점 책임을 분담해야 했다. 다행히 과르디올라 감독에게는 '역대급' 플레이 메이커인 케빈 더브라위너가 있었다. 새 시즌을 앞두고 더브라위너의 기본 위치가 한 발짝 뒤로 이동됐다. 이른바 딥라잉 미드필더 역할이었다. 하지만 다른 팀처럼 박스 투 박스(상대팀 페널티박스에서 자기 팀 페널티박스까지 오고가는) 움직임에 힘을 쏟을 필요는 없었다. 맨시티의 홀딩 미드필더 포지션에는 페르난지뉴Fernandinho라는 확실한 카드가 버티고 있는 데다, 2선 공격 빌드업에서는 다비드 실바가 창의력을 발산하는 덕분이었다. 과르디올라 감독은 상대 혹은 경기 상황에 맞춰 더브라위너의 위치와 기능을 다변화함으로써 팀플레이에 역동성을 첨가했다. 볼을 달고 뛰는 플레이를 선호하는 더브라위너로서는 본인의 볼 터치 횟수가 감독의 전술 변화에 따라 늘어나는 것이 반가울 따름이었다.

개막전 원정 경기에서 브라이턴을 2-0으로 꺾은 맨시티는 2라운드에서 에버턴과 1-1로 비겼다. 홈 첫 경기에서 객관적 전력상 한 수 아래인 에버턴을 상대로 승점 2점을 떨군 결과는 홈 팬들은 물론 과르디올라 감독 본인에게도 크게 실망스러웠다.

분위기 반전은 9월 9일 의외로 까다로운 상대인 리버풀과의 경기(4라운드)에서 만들어졌다. 아궤로의 선제골로 앞선 상태에서 공중볼을 따내려던 상대 공격수 사디오 마네의 발이 에데르송의 얼굴을 가격하는 사고가 발생했다. 에데르송은 들것에 실려, 마네는 레드카드에 쫓겨 그라운드를 떠났다. 수적으로 우위를 점한 상황에서 맨시티의 득점력이 폭발했다. 가브리에우 제주스Gabriel Jesus와 리로이 자네Leroy Sane가 두 골씩 터뜨리면서 맨시티는 난적 리버풀을 상대로 5-0 대승을 거뒀다.

리버풀전 대승은 큰 자신감으로 작용했다. 나흘 뒤 맨시티는 로테르담 원정에서 페예노르트를 4-0, 사흘 뒤 프리미어리그 5라운드에서 왓퍼드를 6-0으로 두들겨 팼다. 이렇게 3경기에서 15골을 기록하면서 과르디올라 감독이 축구하는 스타일이 옳았음이 증명됐다.

시즌 초반부터 기세를 잡은 맨시티는 그대로 폭주했다. 리그 3라운드(8월 26일)부터 20라운드(12월 27일)까지 맨시티는 리그 18연승의 대기록을 달성했다. 앞선 리버풀전을 시작으로 맨시티는 이른바 우승 경쟁자들인 첼시, 아스널, 맨체스터 유나이티드, 토트넘을 모두 꺾었다. 스토크전에서는 7-2 대승을 기록했다.

챔피언스리그 16강 진출을 확정한 상태에서 12월 6일 샤흐타르 도네츠크와의 경기에 백업 멤버들로 나섰다가 패하기 전까지 맨시티는 프리미어리그, 리그컵, 챔피언스리그 3개 대회에서 무려 21연승을 달렸다. 승리는 팀 정신을 단단히 굳히는 원동력이 됐다. 이 무렵 플레이 메이커 다비드 실바가 미숙아로 태어난 아들을 간호하기 위해 팀을 잠시 떠나야 했다. 바쁜 일정을 소화하는 중에도 맨시티 내부에서 실바를 원망하는 목소리는 들리지 않았다. 12월 16일 토트넘을 4-1로 대파한 경기에서 골을 넣은 더브라위너는 실바의 등번호 21번을 가리키며 동료에게 지지를 보내는 셀러브레이션을 펼쳐 팬들로부터 큰 박수를 받았다.

'센추리온' 맨시티

시즌 전반기를 거쳐 후반기 초반까지 초강세가 이어지자 영국 언론에서는 맨시티가 2003/04시즌 아스널의 무패 우승 신화를 재현할 수 있다는 조급한 낙관론이 나오기 시작했다. 과르디올라 감독은 물론 다비드 실바가 없는 자리에서 팀플레이를 견인하고 있던 더브라위너도 무패 우승 가능성에 고개를 가로저었다. 더브라위너는 "10년, 15년 전에는 두 팀만 우승을 다퉜는데 지금 리그의 상황은 다르다. 모든 경기가 힘들다. 무패 우승이 가능할 것 같지 않다"고 생각을 밝혔다. 냉철한 말은 결국 옳았다.

2018년 1월 14일 맨시티는 안필드 원정에서 3-4로 패했다. 맨시티 못지않게 리버풀은 공격 삼각 편대 호베르투 피르미누Roberto Firmino, 사디오 마네, 모하메드 살라가 최전방에서 맹위를 떨치고 있었다. 1-4로 끌려가던 경기 막판 실바와 일카이 귄도안Ilkay Gün-doğan이 넣은 만회골이 위안거리였다. 맨시티로선 리그가 개막한 지 23경기 만에 당한 첫 패배였다. 하지만 2017/18시즌 맨시티는 강했다. 일주일 뒤 홈에서 맨시티는 뉴캐슬을 3-1로 격파하며 리버풀전 패배를 쉽게 털어내는 저력을 선보였다.

쿼드러플(4관왕)의 꿈은 FA컵 5라운드에서 깨졌다. 3부 클럽 위건과의 원정 경기에서 맨시티는 베스트 멤버를 가동했다. 전반 추가시간 페이비언 델프가 양발로 태클해 퇴장당하는 변수가 발생했는데도 맨시티는 볼 점유율이 83퍼센트에 달할 정도로 경기를 주도했다. 하지만 경기 막판 불의의 일격을 맞아 0-1로 패했다.

FA컵 탈락의 아픔은 엿새 뒤에 쟁취한 리그컵 우승으로 소소하게나마 위안을 받을 수 있었다. 결과적으로 아르센 벵거 감독의 마지막 결승전이 된 2017/18 리그컵 파이널에서 맨시티는 세르히오 아궤로, 뱅상 콩파니, 다비드 실바의 3골을 앞세워 아스널에 3-0 완승을 거뒀다. 잉글랜드 무대에서 과르디올라 감독이 획득한 첫 타이틀이었다. 참고로 맨시티는 이때 승리를 시작으로 리그컵에서만 4년 연속으로 우승을 달린다.

4월 들어 맨시티는 시즌 유일의 부진에 빠진다. 챔피언스리그 8강 조 추첨에서 맨시티는 위르겐 클롭 감독의 리버풀과 만났다. 그해 프리미어리그에서 유일하게 패배를 안겼던 상대였다. 안필드에서 먼저 열린 1차전에서 과르디올라 감독은 더브라위너, 가브리에우 제주스, 리로이 자네를 스리톱으로 세워 공격적 진용을 갖췄다. 하지만 유럽 대회에서 만나는 리버풀은 전혀 다른 팀이었다.

킥오프 12분 만에 모하메드 살라가 선제골을 터뜨렸고, 21분 알렉스 옥슬레이드-체임벌린이 통렬한 중거리포로 맨시티의 골망을 세차게 흔들었다. 10분 뒤 사디오 마네의 골까지 터져 리버풀은 전반전이 끝나기도 전에 사실상 승부에 쐐기를 박았다. 맨시티는 객관적 전력의 우위를 살리지 못한 채 안필드 특유의 분위기에 휩쓸려 떠내려가버리고 말았다.

과르디올라 감독은 여전히 만회할 기회가 있었다. 사흘 뒤 홈에서 리그 33라운드 맨체스터 더비에서 승리하면 6경기를 남겨둔 상태에서 프리미어리그 우승을 확정할 수 있었다. 그로부터 다시 사흘이 지나면 에티하드 스타디움에서 챔피언스리그 8강 2차전이 열린다. 프리미어리그 우승 확정과 팀 역사상 첫 챔피언스리그 준결승 진출이라면 안필드 원정에서 완패를 당한 상처를 씻고도 남을 결과였다.

맨체스터 더비에서 맨시티는 전반전에만 2-0으로 앞서갔다. 리그 우승 확정의 제물이 앙숙 맨유라는 점은 맨시티 팬들에게 더할 나위 없이 짜릿한 시나리오였다. 하지만 세상은 뜻대로 굴러가지 않았다. 맨시티는 후반전에만 내리 세 골을 내주며 2-3 역전패를 당했다. 우승이 시간문제라곤 해도 맨체스터 더비 역전패는 흙을 씹는 맛일 수밖에 없었다. 놀랍게도 이것이 최악이 아니었다. 사흘 뒤 홈 2차전에서 맨시티는 리버풀에 또다시 1-2로 패해 챔피언스리그의 꿈을 접어야 했다.

3연패 악몽이 지난 뒤에 맨시티는 리그 34라운드에서 토트넘을 상대했다. 프리미어리그의 맨시티는 강했다. 원정에도 불구하고 맨시티는 압도적 볼 점유율을 기록하며 토트넘을 3-1로 완파했다. 매직 넘버가 1로 줄어든 상황에서 다음 날 맨유가 웨스트브로미치 앨비언을 상대했다. 맨체스터 더비에서 무서운 저력을 발휘했던 맨유는 어이없게 하위권 상대에 0-1로 덜미를 잡히고 말았다. 맨유의 실패는 곧 라이벌 맨시티의 우승 확정으로 이어졌다. 그렇게 우승 경쟁이 심하다는 프리미어리그에서 맨시티가 5경기나 남기고 우승을 확정한 것이다. 스페인과 독일에서 입증된 과르디올라 감독의 수완이 잉글랜드에서도 재현된 셈이었다.

조기에 우승을 확정하면 대부분 챔피언들은 남은 경기들에서 집중력이 저하되고 백업을 기용하면서 상대에 승점을 선물하는 케이스가 잦다. 맨시티는 전혀 달랐다. 승점 100점의 새로운 목표를 공유한 덕분이었다. 결과적으로 맨시티의 시즌 하이라이트는 우승을 확정한 상태에서 치른 5경기 일정이었다.

　　우승을 확정한 후 첫 경기였던 스완지전에서 맨시티는 5-0 대승을 거뒀는데 그 내용이 놀라웠다. 프리미어리그 역대 최고 볼 점유율 82.95퍼센트를 기록했을 뿐 아니라 패스 시도 횟수가 데이터 수집이 시작된(2003/04시즌) 이래 최다인 1015개에 달했다. 단일 경기에서 패스를 1000개 이상 시도한 팀은 맨시티가 처음이었다.

　　맨시티는 리그 최종전을 남기고 승점 97점에 도달했다. 마지막 경기인 사우샘프턴 원정에서 맨시티는 사우샘프턴의 끈질긴 수비에 막혀 고전했다. 후반 추가시간이 소진되기 직전까지 스코어는 0-0이었다. 마지막 공격임을 직감한 듯이 더브라위너가 최전방으로 보낸 롱볼이 거짓말처럼 가브리에우 제주스를 거쳐 사우샘프턴의 골문 안으로 들어갔다. 시즌이 끝나기까지 몇 초를 남기고 맨시티는 단일 시즌 세 자릿수 승점에 도달한 최초의 클럽이라는 역사를 썼다.

　　2017/18시즌 맨시티는 거의 모든 팀 기록을 경신했다. 최다 승점(100점), 최다 원정 승점(50점), 최다 승리(32승), 최다 원정 승리(16승), 최다 득점(106골), 최다 골득실(+79), 최다 연승(18승), 최다 원정 연승(11승) 등이다. 세르히오 아궤로(21골)와 라힘 스털링(18골)이 득점을 책임졌고, 더브라위너와 다비드 실바는 도움 부문에서 각각 1위(16개)와 3위(11개)에 올랐다. 영국에서는 숫자 100을 의미하는

2017년 9월 맨체스터 시티의 펩 과르디올라 감독.
사진 football.ua

'센추리온Centurion'이라는 타이틀로 맨시티의 2017/18시즌 업적을 기린다.

54

—

이슬람의 별, 안필드를 비추다
: 모하메드 살라(2017/18시즌)

프리미어리그를 빛낸 아프리카 스타들이 적지 않다. 첼시의 레전드 디디에 드로그바, 맨체스터 시티와 리버풀, 아스널에서 활약했던 콜로 투레, 야야 투레 형제, 조제 모리뉴 감독의 충신 마이클 에시앙, 볼턴 원더러스의 화려한 테크니션 제이제이 오코차, 그리고 2010년 남아공월드컵을 통해 우리와 익숙한 에버턴의 스타 야쿠부 등 많은 스타플레이어가 잉글랜드 곳곳을 누볐다. 리버풀도 예외가 아니다. 1984년 유러피언컵 결승전에서 승부차기까지 갔을 때 골문을 지켰던 브루스 그로벨라Bruce Grobbelaar가 있었다. 콧수염과 벗겨진 앞머리가 인상적이었던 그로벨라는 백인이면서도 짐바브웨 국적인 순도 100퍼센트 아프리카인이다. 그리고 2017년 여름 안필드에 젊은 아프리카 선수가 발을 내디뎠다. 런던의 좌절과 이탈리아의 각성을 거쳐 프리미어리그로 돌아온 모하메드 살라였다.

바젤, 런던, 로마

이집트 하면 떠오르는 단어는 피라미드, 수에즈 운하, 알렉산드리아 도서관 등이다. 하지만 이집트를 언급하는 대화에서 축구가 빠지면 큰 실례다. 이집트는 아프리카 축구의 맹주다. 국가대표팀은 아프리칸컵오브네이션스에서, 카이로에 연고를 둔 클럽 알아흘리는 CAF(아프리카축구연맹) 챔피언스리그에서 각각 최다 우승을 기록 중이다. 당신이 프리미어리그 팬이라면 토트넘 홋스퍼와 미들즈브러에서 뛰었던 미도Mido가 먼저 생각날지도 모른다. 살라는 어쩌다 나온 드문 케이스가 아니라 '뼈대 있는 축구 국가' 이집트가 배출한 또 한 명의 역작이다.

2006년 카이로에 있는 프로구단 알모카울룬의 스카우트는 다른 유망주를 보러 갔다가 경기에서 두각을 나타낸 14세 레프트백 살라를 발견했다. 그때부터 살라는 왕복 4시간이 넘는 축구의 꿈을 본격적으로 꾸기 시작했다. 살라는 빠르고 개인기가 좋았지만 근력이 부족해 결정적 순간에 힘을 폭발시키지 못하는 단점이 있었다. 알모카울룬 아카데미의 지도자들은 살라에게 용돈을 챙겨주면서 "이 돈으로 많이 먹고 힘이 붙이면 풀백이 아니라 골잡이로 최고가 될 수 있다"고 격려했다.

2009년에 1군으로 승격한 살라는 18세가 되기 전인 2009/10 시즌 이집트 프리미어리그 막판에 프로 데뷔를 신고했다. 두 번째 프로 시즌에 살라는 팀 내 주전 윙어가 되어 활약했지만, 세 번째 시즌 도중 리그 일정 전체가 취소되는 초유의 사태가 벌어졌다. 알마스르와 알아흘리 간의 리그 경기가 발단이었다. 알마스르가 홈구장 포트사이드 스타디움에서 리그 최강인 알아흘리를 3-1로 완파했다. 광기에 사로잡힌 홈 팬들은 그라운드로 난입해 알아흘리의 선수와 원정 팬들을 무차별 공격했다. 현장에서만 74명이 목숨을 잃었고 다친 사람도 500명이 넘었다. 축구장 폭력은 사회적 불만으로 번져 카이로와 알렉산드리아, 수에즈 등지에서 폭동을 초래했고 열이틀 후에야 겨우 수습됐다. 이집트축구협회는 결국 2011/12시즌 전체를 취소했다.

포트사이드 스타디움 폭동 사태는 뜻하지 않게 살라의 유럽 이적으로 이어졌다. 평소 살라를 눈여겨봤던 스위스의 바젤이 출전 기회가 없어진 상황을 공략해 4년 계약을 이끌어냈다. 난생처음 도전하는 스위스 리그에서 살라는 언어와 현지 적응에 애를 먹었다. 하지만 바젤은 챔피언스리그와 유로파리그 출전이라는 보너스를 제공하는 클럽이었다. 2012/13시즌을 거치며 스위스 무대에 적응한 살라는 2013/14시즌부터 윙어 포지션에서 선발 출전하며 본격적인 활약을 선보였다.

실력 검증의 무대인 챔피언스리그에서 살라는 더욱 빛났다. 대회 최종 예선에서 두 골을 터뜨려 팀을 조별리그로 견인했고 E조 첫 경기인 첼시 원정에서 동점골과 '맨 오브 더 매치' 활약으로 2-1 '깜짝 승리'의 주인공이 됐다. 두 달 뒤 홈에서 열린 리턴매치에서도 살라는 결승골을 터뜨려 강호 첼시를 상대로 조별리그 2연승을 거두는 파란을 일으켰다.

첼시는 2연패 수모를 안긴 상대 에이스에게 결정적인 복수를 감행했다. 2014년 1월 이적 시장에서 살라를 1100만 파운드에 영입해버린 것이다. 조제 모리뉴 감독은 "젊고 빠르며 창조적이다. 항상 겸손해서 팀을 위해 뛰는 자세를 갖췄다"라며 엄지를 치켜들었다.

결론적으로 시즌 도중 결심한 살라의 런던행은 실패로 돌아갔다. 영입할 때 했던 칭찬과 달리 모리뉴 감독은 2014/15시즌 살라를 철저히 외면했다. 출전 기회를 얻기는커녕 18인 출전 명단에도 들지 못하는 시간이 길어졌다. 시즌 전반기 내내 살라는 3경기에서 30분밖에 뛰지 못했다. 억울함을 호소할 기회도 없었다. 에당 아자르와 윌리안이 좌우 날개를 맡은 첼시가 시즌 초반부터 리그 선두를 달렸기 때문이다. 살라는 기다리지 않고 2015년 1월 이적 시장에서 세리에A의 피오렌티나로 임대되는 길을 선택했다.

다시 유니폼을 갈아입은 지 두 경기 만에 살라는 데뷔골을 신고했고, 한 달 뒤 열린 코파이탈리아 준결승 1차전에서 최강 유벤투스를 상대로 두 골을 터뜨려 2-1 승리의 영웅이 됐다. 시즌 하반기에만 살라는 26경기에서 9골을 넣으며 맹활약해 런던에서 구긴 자존심을 완전히 되찾았다. 계약 기간과 관련해 잡음이 있었는데, 2015년 8월 살라는 AS 로마로 두 번째 임대 기간을 위해 떠났다. 그리고 1년 뒤 1500만 유로에 로마로 완전히 이적해 프리미어리그와 희미했던 인연을 깨끗이 정리했다. 로마에서 보낸 2시즌 동안 살라는 유럽 최정상급 윙어로 환골탈태했다.

2017년 여름 리버풀이 살라에게 접근했다. 위르겐 클롭 감독은 분데스리가의 율리안 브란트Julian Brandt를 원했지만 클럽 내부의 스카우트팀이 각종 데이터를 근거 삼아 살라를 강력히 추천했기 때문이다. 2017년 6월 22일 리버풀은 클럽 역대 이집트 선수 1호로 살라 영입을 공식 발표했다. 확실한 에이스를 2시즌 만에 보내려니 아쉬웠지만 로마로서는 투자 금액의 두 배가 넘는 수익을 무시할 수 없는 노릇이었다.

살라에게 리버풀 이적은 큰 도전일 수밖에 없었다. 첼시에서의 실패가 불과 2년 반 전 일이기 때문이다. 영국 현지의 반응도 기대보다 우려가 앞섰다. 하지만 이탈리아에서 돌아온 살라는 전혀 다른 선수로 발전해 있었다. 높은 기대감에 대처하고 최상의 컨디션을 유지하는 요령까지 체득했다.

2017/18시즌 개막전부터 살라는 골을 터뜨렸다. 챔피언스리그 최종 예선전에서 호펜하임을 상대로 한 골을 넣었고, 나흘 뒤 열린 리그 3라운드 아스널전에서 1골 1도움으로 팀의 4-0 대승을 견인해 '맨 오브 더 매치'에 선정됐다. 리버풀에 온 지 한 달 만에 살라는 런던에서 생겼던 마음의 상처를 깨끗이 지울 수 있었다.

리버풀 왕가 부활

2017/18시즌 살라의 득점력은 대폭발했다. 로마 시절 루치아노 스팔레티Luciano Spalletti 감독의 지도하에 빠르고 효율적인 역습을 몸에 익힌 살라에게 클롭 감독의 전술 운용은 안성맞춤이었다. 플레이 메이커 필리페 쿠티뉴가 반 시즌 만에 바르셀로나로 떠나는 변수에도 살라는 사디오 마네, 호베르투 피르미누와 삼각 편대를 이뤄 매 경기 자유분방한 공격을 선보이며 다득점을 양산했다. 살라는 리그 9라운드(10월 22일) 토트넘전부터 16라운드(12월 10일) 에버턴전까지 7경기 연속으로 득점 및 도움을 기록해 팬들을 열광시

켰다. 11월에만 살라는 리그 4경기에서 7골을 터뜨려 '이달의 선수'에 선정됐다. 특히 시즌 첫 머지사이드 더비에서 기록한 득점은 1년 뒤 국제축구연맹 선정 '푸스카스 어워드'를 수상하는 영예를 차지할 정도로 환상적인 솔로골이었다.

챔피언스리그에서도 득점포는 쉬지 않았다. 조별리그에서 이미 5골을 기록한 살라는 16강전 1골, 8강전 2골에 이어 로마를 상대했던 준결승전에서도 2골 2도움으로 폭주했다. 챔피언스리그 단일 시즌에 두 자릿수 득점 고지에 오른 아프리카 선수는 살라가 처음이었다. 챔피언스리그 8강전에 넣은 2골도 상대가 프리미어리그 절대 1강인 맨체스터 시티였다. 객관적 전력에서 앞서는 맨시티를 맞이해 살라는 1차전, 2차전에서 모두 득점으로 공헌했으니 안필드에서 살라에 대한 지지도는 공고해질 수밖에 없었다. 2018년 5월 13일 리그 최종전에서도 살라는 트렌트 알렉산더-아놀드^{Trent} ^{Alexander-Arnold}의 도움을 선제골이자 리그 32호 골로 연결했다.

2017/18시즌이 개막할 때만 해도 '걱정 반 기대 반'이었던 살라는 1년 뒤 리그를 대표하는 최고 골잡이로 재탄생했다. 리그 32골은 프리미어리그 38경기(20팀) 체제가 된 이래 최다 득점 기록이었다. 살라의 시즌 득점은 프리미어리그 32골, FA컵 1골, 챔피언스리그 11골(예선 1골, 본선 10골)을 합쳐 44골에 달했다. 프리미어리그 기준으로는 1995/96시즌 로비 파울러가 세운 36골 기록을 추월했고 페르난도 토레스가 보유했던 데뷔 시즌 최다 득점 기록(33골)도 새롭게 경신했다. 모든 역사를 통틀어 따져도 살라의 시즌 44골은 이언 러시가 1983/84시즌 기록한 47골 기록에 이은 역대 2위에 해당했다.

살라는 리그에서 도움도 10개로 두 자릿수를 기록해 해당 부문 공동 5위에 올랐다. 잉글랜드 축구에서는 살라를 향한 찬사가 쏟아졌다. 영국프로축구선수협회 '올해의 선수'와 '팬들이 뽑은 올해의 선수'를 시작으로 프리미어리그 '올해의 선수', 영국축구기자협회 '올해의 선수'까지 개인상을 싹쓸이했다.

누구보다 찬란했던 살라의 2017/18시즌이 챔피언스리그 결승전에서 부상을 당해 교체 아웃되는 모습으로 마무리된 것은 차라리 신의 장난으로 이해해도 좋았다. 우크라이나 키예프에서 열린 결승전에서 살라는 킥오프 25분 만에 레알 마드리드의 세르히오 라모스Sergio Ramos와 엉켜 넘어지는 과정에서 쇄골을 다쳐 경기를 포기해야 했다. 살라는 굵은 눈물을 흘리며 경기장을 빠져나왔고 동료들은 레알에 1-3으로 완패하고 말았다.

하지만 살라와 리버풀은 오래 기다리지 않아도 됐다. 뼈아픈 패배를 겪고 1년 뒤 리버풀은 챔피언스리그 결승전에 복귀했다. 장소는 키예프에서 마드리드로, 상대는 레알에서 토트넘 홋스퍼로 바뀌어 있었다. 2018/19시즌에도 살라는 리그 22골을 넣어 공동 득점 1위에 올랐다. 지난 시즌에 비해 득점은 10골 줄었지만 2시즌 연속으로 두 자릿수 도움을 기록해 공격 면에서 살라는 소금 같은 역할을 해냈다.

챔피언스리그의 신이 1년 전의 부상 사고를 사과라도 하듯이 살라는 두 번째 결승전이 시작된 지 1분 만에 선제 페널티킥으로 득점을 기록했다. 경기 막판 리버풀은 디보크 오리기Divock Origi의 추가골에 힘입어 토트넘을 2-0으로 꺾고 통산 여섯 번째 유럽 챔피언에 등극했다.

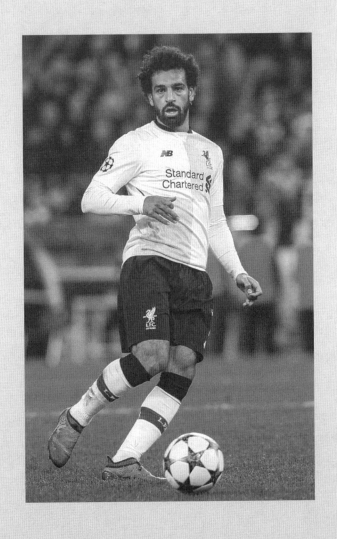

2017년 9월 리버풀 소속의 모하메드 살라.
사진 Дмитрий Голубович

다시 1년 뒤인 2019/20시즌 살라와 리버풀은 기다리고 기다리던 프리미어리그 우승을 해냈다. 리버풀로서는 30년 만에 거둔, 프리미어리그 출범 후 첫 우승이었다. 2020/21시즌까지 살라는 리버풀에서 뛴 4시즌 내내 20골 이상을 기록하며 왕가 부활의 일등 공신 역할을 톡톡히 해냈다. 2021년 9월 25일 브렌트퍼드 원정에서는 프리미어리그 출전 151경기 만에 100골 고지에 서는 위업을 달성했다.

살라는 골을 잘 넣는 선수 그 이상이다. 사회 전반에 걸쳐 긍정적 영향력을 끼치는 일에도 열심이기 때문이다. 살라가 이적한 뒤 리버풀시에서는 범죄율이 16퍼센트 감소하는 효과가 나타났다. 리버풀 팬들의 소셜미디어 계정에서도 이슬람 문화권을 혐오하는 내용이 크게 줄었다는 조사 결과도 나왔다. 이집트 대선배 미도는 "살라야말로 아랍 축구 역사상 가장 위대한 선수"라고 극찬했다. 살라는 이집트뿐 아니라 아랍 문화권 국가들에서 어마어마한 팬덤을 보유한 슈퍼스타로 통한다.

2018년 러시아월드컵 아프리카 지역 예선에서 살라는 28년 만에 본선행을 확정 짓는 결승골을 터뜨려 이집트 국민을 열광시켰다. 경기 후 이집트의 한 기업가가 살라에게 고급 맨션을 선물하려고 하자 살라는 "그만큼 현금으로 달라"고 한 뒤 수령액을 고향 마을에 기부했다. 부모의 거처에 침입한 도둑에게는 고소 취하는 물론 갱생을 위한 금전적 후원까지 약속하는 미담도 남겼다. 물론 안필드 팬들에겐 득점포를 가동해 팀을 우승으로 이끄는 살라가 제일 소중하겠지만.

55

—

전자동 전술 기계 '펩시티'가 작동하는 이유: 케빈 더브라위너(2019/20시즌)

축구 종목에서 '도움'(assist)은 여전히 비공식 기록이다. 축구 규정에서 명시하지 않는 플레이이기 때문이다. '득점자에게 연결된 마지막 패스'가 도움의 통념이다. 최근 들어 FIFA 월드컵, 유로, 챔피언스리그 등 메이저 대회라면 어느 곳에서든 도움 데이터를 수집하고 관리해 선수 평가에 반영할 정도로 보편화됐다. 이른바 플레이 메이커로 불리는 역할을 수행하는 선수들에겐 도움 기록이 가장 보편적인 평가 기준이 된 상태다. 프리미어리그 역사에서 가장 많은 도움을 기록한 선수는 통상적으로 1990년대 슈퍼스타 라이언 긱스로 통한다. 맨체스터 유나이티드에서만 20시즌 넘게 뛰면서 긱스는 도움 264개를 기록했다. 스트라이커로 분류되는 웨인 루니는 통산 도움 기록이 100개가 넘는 만능 공격수였다. 21세기 프리미어리그에서도 역사적 플레이 메이커들이 속속 출현해 팬들에게 최고급 패스 능력을 선보였다. 맨체스터 시티의 미드필더 케빈 더브라위너는 프리미어리그 플레이 메이커 역사에서 '현재'를 담당한다.

분데스리가 단일 시즌 20개 도움

더브라위너는 벨기에 황금 세대의 주역으로 어려서부터 두각을 나타냈다. 벨기에 주필러리그의 헹크에서 프로에 데뷔한 더브라위너는 떡잎부터 다른 축구 신동이었다. 초등학생 시절부터 이미 지역 TV 방송국의 취재 대상이었을 정도다. 더브라위너는 어릴 때부터 득점보다 도움에 더 큰 희열을 느끼는 소년이었다. 세계 최고 플레이 메이커가 된 지금도 "골을 넣을 때보다 도움을 기록했을 때가 더 짜릿하다"고 밝힌다. 17세 나이에 헹크 1군 훈련에 합류하면서부터 더브라위너는 남다른 축구 센스와 캐릭터를 과시했다.

대선배들 사이에서 더브라위너가 "더 뛰어야 해! 내 패스를 받으려면 더 많이 뛰어서 공간을 만들라고. 잘 좀 해봐!"라고 소리를 질러댔다는 일화가 유명하다. 당시 1군 주장 다비드 후베르트David Hubert는 "꼬마가 훈련에 들어와 우리에게 자기가 뛰라는 대로 뛰라면서 칭얼댔다. 하지만 우리는 케빈의 말이 맞다는 사실을 이미 알고 있었다. 고참 선수들 사이에서도 '어린 꼬마를 실망시키지 말자'는 분위기가 형성됐다. 케빈은 자기 눈에 보이는 것을 선배들이 보지 못한다는 사실에 실망스러워했다"고 회상한다.

헹크 2년차 시즌부터 더브라위너는 이미 주전 자리를 꿰찼고

2010/11시즌 팀이 주필러리그의 패권을 차지하는 데에 일조했다. 당시 더브라위너의 포지션은 좌우 날개였다. 측면에서 최고급 크로스를 제공하거나 페널티박스 밖에서 통렬한 중거리포로 득점을 올리는 스타일이었다. 2011/12시즌 챔피언스리그 조별리그에서 헹크는 객관적 열세를 극복하지 못하고 3무 3패에 그쳐 탈락했다. 하지만 유럽 축구의 인재 레이더에서 더브라위너의 가능성 평가는 최상급으로 유지됐다.

2012년 1월 이적 시장에서 네덜란드와 벨기에 리그를 담당하는 첼시의 스카우트 피트 더비서Piet de Visser는 로만 아브라모비치 회장에게 경기 영상을 직접 보여주며 영입을 적극적으로 설득했다. 더비서의 설명을 들은 아브라모비치 회장은 스카우트팀에 직접 전화를 넣어 "더브라위너를 꼭 데려와"라고 지시했다. 이적 시장 마감일에 헹크는 클럽 공식 홈페이지를 통해 더브라위너의 첼시 이적을 공식 발표했다. 단, 시즌 하반기를 헹크에서 마무리한 뒤에 다음 시즌을 위한 훈련에 맞춰 첼시에 합류한다는 내용이었다. 팀을 우승으로 이끈 2010/11시즌에만 시즌 6골 17도움을 기록한 더브라위너는 마지막 시즌에도 8골 15도움의 발군의 경기력을 발휘해 유종의 미를 거뒀다.

2012년 여름 더브라위너는 첼시의 프리시즌 투어에 합류했지만 당시 로베르토 디마테오 감독은 베르더 브레멘에서 1년 임대로 활동하기를 권고했다. 최대한 많이 출전해 경험을 쌓아야 하는 연령대에 있던 더브라위너로서는 나쁘지 않은 제안이었다. 2012/13 시즌에만 더브라위너는 분데스리가 무대에서 10골 10도움을 기록해 검증을 마쳤다. 이후 분데스리가 내 빅클럽들의 구애를 뿌리치고 더브라위너는 첼시 안에서 주전 경쟁을 하기로 선택했다.

2013년 여름 다시 돌아온 조제 모리뉴 감독이 긍정적인 격려를 해준 것도 런던으로 복귀한 이유 중 하나였다. 하지만 현실은 달랐다. 2013/14시즌 모리뉴 감독은 정작 더브라위너를 외면했다. 두 사람은 각자 다른 곳에서 다른 이야기를 하며 상대방에 대한 실망감을 표시했다. 시즌이 끝나고 열릴 2014년 브라질월드컵을 위해서라도 더브라위너는 당장 출전이 필요했다. 결국 첼시로 돌아간 지 반년 만에 더브라위너는 이적료 1800만 파운드에 볼프스부르크로 완전히 이적해버렸다.

볼프스부르크행은 더브라위너에겐 날개를 달아준 격이었다. 한 시즌 반 동안 더브라위너는 유럽 최고의 플레이 메이커로 거듭났다. 2014/15시즌에만 더브라위너는 16골 27도움(리그 20도움)으로 대폭발하며 분데스리가 '올해의 선수'로 선정됐다. 분데스리가 역사에서 단일 시즌 도움 20개 고지를 밟은 선수는 더브라위너와 바이에른 뮌헨의 토마스 뮐러Thomas Müller 둘뿐이다. 2015년 여름 이적 시장에서 맨시티는 더브라위너를 5500만 파운드에 영입했다. 1년 반 전 볼프스부르크가 첼시에 지불했던 금액의 세 배에 달하는 액수였다.

'펩시티'의 완성

프리미어리그 두 번째 도전을 선택한 이유 중 하나는 맨시티의 야망 때문이었다. 2015년 여름 이적 시장에서만 맨시티는 더브라위너를 비롯해 라힘 스털링(4900만 파운드), 니콜라스 오타멘디(3200만 파운드), 패트릭 로버츠Patrick Roberts(1100만 파운드), 페이비언 델프

(800만 파운드) 등을 한꺼번에 영입했다. 마누엘 페예그리니 감독은 "우리 팀이 발전하려면 특별한 선수가 필요하다. 더브라위너는 정신력과 체력, 전술, 기술 면에서 즉시 투입될 능력을 갖췄다"고 큰 기대감을 표시했다.

프리미어리그 복귀 첫 시즌에서 더브라위너는 16골 13도움을 기록하며 맨시티 수뇌부를 웃게 했다. 리그 우승 경쟁에서는 레스터 시티의 기적에 밀리고 말았지만 맨시티는 2016년 2월 펩 과르디올라 감독을 선임했다고 발표한 것으로 모든 비관론을 잠재웠다.

결과적으로 '펩시티' 1년차는 무관으로 끝났다. 2016/17시즌 맨시티는 프리미어리그에서 첼시와 토트넘 홋스퍼에 밀려 3위에 그쳤다. FA컵과 리그컵은 물론 챔피언스리그마저 16강에서 고배를 마셔야 했다. 과르디올라 감독으로서는 2008년 1군 감독 경력을 시작한 이래 타이틀을 하나도 획득하지 못한 첫 시즌이라 쓰라린 경험이었다. 하지만 미래는 여전히 밝았다. 세르히오 아궤로의 노쇠화에도 불구하고 다비드 실바와 더브라위너라는 걸출한 플레이 메이커를 둘이나 보유한 덕분이었다.

무관 시즌 속에서도 더브라위너는 프리미어리그에서만 6골 19도움을 기록했다. 한 시즌에 도움을 20개 가까이 기록하는 미드필더를 보유했으니 약점으로 지적되는 수비 쪽의 구멍만 메우면 될 일이었다. 2017년 여름 이적 시장에서 과르디올라 감독은 풀백 포지션을 집중적으로 강화했고 그 결과는 승점 100점 달성이라는 압도적 우승으로 연결됐다. 감독 부임 2년차인 2017/18시즌 '펩시티'는 프리미어리그와 리그컵에서 우승했고 더브라위너는 여기에 12골 21도움으로 공헌했다. 시즌 도중 다비드 실바가 가정사로 인해 자리를 비워야 했지만 맨시티의 전술 운용은 이미 더브라위너를 중심으로 기계처럼 돌아가는 수준에 이르렀다.

한번 완성된 '펩시티'는 2018/19시즌에도 승점 98점을 기록해 강세를 유지하며 프리미어리그, FA컵, 리그컵의 최정상을 휩쓸었다. 해당 시즌의 아이러니는 더브라위너였다. 2014년부터 더브라위너는 벨기에 국가대표팀에서 2년마다 월드컵과 유로에 출전하며 휴식이 부족한 상태였다. 소속 팀에선 빡빡한 일정을 소화하는 강행군을 견뎠다. 결국 2018/19시즌에 더브라위너의 몸은 고장 나고 말았다. 무릎 인대와 햄스트링 부상은 물론 작은 근육 부상까지 계속 겹치면서 프리미어리그 출전 수가 19경기에 그쳤다.

처음 겪는 부상 악몽은 더브라위너에게 컨디셔닝의 중요성을 일깨우는 계기가 됐다. 2019/20시즌이 되자 과르디올라 감독은 더브라위너의 체력을 안배하며 기용하기 시작했다. 오버페이스가 어떤 결과를 초래하는지를 깨달은 더브라위너도 출전 시간 감소를 기꺼이 받아들였다. 효율적인 기용에 힘입어 더브라위너의 경기력은 극대화됐다. 프리미어리그에서는 리버풀의 초강세를 막지 못했지만 더브라위너는 리그 35경기에 나서 13골 20도움의 괴력을 발휘했다. 도움 20개는 2002/03시즌 티에리 앙리가 세웠던 기록과 동률이었다. 더브라위너와 앙리는 벨기에 국가대표팀에서 선수와 코치로 함께하는 관계였기에 도움 20개 기록의 의미는 더욱 컸다.

2019/20시즌 영국프로축구선수협회 '올해의 선수'를 누가 수상할지를 두고 우승팀 리버풀의 버질 판데이크와 조던 헨더슨Jordan Henderson, 더브라위너 3파전 양상을 띠었다. 프리미어리그 무대에서 더브라위너는 상복이 없었다. 2015/16시즌에는 레스터 시티

케빈 더브라위너

의 돌풍 주역인 리야드 마흐레즈에게 밀렸고, 2016/17시즌에는 첼시의 살림꾼 은골로 캉테에게 또다시 밀렸다. 맨시티가 리그 2연패를 달성한 2017~2019시즌에는 리버풀의 모하메드 살라와 버질 판데이크가 각각 선택을 받았다. 정작 리버풀이 프리미어리그를 제패한 2019/20시즌이 되자 도움 20개를 기록한 맨시티의 더브라위너가 찬란히 빛났다.

영국프로축구선수협회는 리버풀의 우승보다 더브라위너의 개인 역량에 점수를 매겼다. 사실 분데스리가와 프리미어리그에서 모두 단일 시즌 20도움 고지를 밟은 위업을 무시하기도 쉽지 않았을 것이다. 종전 기록 보유자인 티에리 앙리는 "케빈의 두뇌는 우리와 다르다. 말도 나오지 않는다. 케빈은 그냥 마음대로 뛰게 해줘야 하는 선수다. 그가 어떻게 뛰는지를 이해하거나 해석하려고 들면 머리가 너무 복잡해진다. 케빈은 외계에서 온 선수다"라고 극찬했다.

2019/20시즌 더브라위너는 프리미어리그 13골 20도움, 챔피언스리그 2골 2도움, FA컵 1골, 리그컵 1도움을 각각 기록해 시즌 16골 23도움에 도달했다. 이제 프리미어리그에서 더브라위너의 존재감은 타의 추종을 불허한다. 2020/21시즌 리그 패권을 차지하는 과정에서 팀 내 최다 득점자는 일카이 귄도안이 됐지만 영국프로축구선수협회 '올해의 선수'는 2년 연속으로 더브라위너에게 돌아갔다. 더브라위너의 존재감이 단순한 숫자를 능가한다는 뜻이다.

2016/17시즌 출발한 '펩시티'는 지금까지 5시즌 동안 프리미어리그 우승 3회, FA컵 우승 1회, 리그컵 우승 4회, 커뮤니티실드

우승 2회를 각각 기록 중이다. 챔피언스리그에서는 2020/21시즌 결승전 무대를 밟았다. '만수르 시대'의 초창기를 열었던 뱅상 콩파니, 야야 투레, 다비드 실바가 차례대로 떠나는 과정을 거치면서 맨시티의 베스트 XI에는 많은 변화가 있었다. 특히 2021년 여름 작별을 고한 세르히오 아궤로의 대체자는 2021/22시즌이 개막한 후까지 메워지지 않았다.

하지만 맨시티는 여전히 유럽 최고 수준의 경기력을 유지하고 있다. 과르디올라 감독의 '포지션 축구'가 완성된 덕분이다. 맨시티는 볼 소유 여부에 따른 상황에서 선수 11명이 최적의 위치를 선점한다. 정확한 위치 선정은 경기 상황, 상대 전력, 스코어와 상관없이 균질한 경기력 발휘를 가능하게 한다. 20세기 초반 인류에게 새로운 삶의 방향을 제시했던 자동화(automatism)를 떠올리는 팀 완성도다.

그 안에서 더브라위너의 상황 판단 및 실행 능력은 절대적 비중을 차지한다. 맨시티의 공격 방향과 템포를 결정하는 두뇌가 바로 더브라위너이기 때문이다. 한번 돌아가기 시작하기만 하면 맨시티의 공격 시스템은 자동화 과정을 거쳐 '피니시'(슛)된다. 모든 기계에 조작판이라는 컨트롤 타워가 있듯이 맨시티의 포지션 축구에서는 더브라위너가 그 역할을 담당한다. 전술 운용 차원에서 넓게 생각하면 한 시즌에 도움을 20개씩 기록하는 더브라위너의 득점 기회 창출 능력은 오히려 보너스일지 모른다.

56

—

영원한 넘버원들: 페트르 체흐, 데이비드 제임스, 마크 슈워처(2018/19시즌)

축구에서 '넘버원'은 골키퍼를 의미한다. 골키퍼가 항상 등번호 1번을 다는 전통에서 유래한 통칭이다. 알다시피 골키퍼는 특수 포지션이다. 경기 출전자 11명 중 유일하게 손을 사용할 수 있다. 경기 중 운동량이 아웃필더보다 현격히 적어 다른 포지션에 비해 은퇴 연령이 높은 편이다. 하지만 선수 교체가 매우 드물어 시즌 내내 한 경기도 뛰지 못하는 백업 골키퍼가 드물지 않다. 1군 스쿼드 중 3순위 골키퍼는 사실상 실전용이 아니라 선순위 선수들의 훈련 파트너라고 생각해도 무리가 아니다. 그렇기에 골키퍼를 평가할 때 '1부 출전 수'는 '무실점 경기 수'와 함께 매우 큰 비중을 차지하는 기준이 된다. 최정상의 자리에서 주전 자리를 오랫동안 지켰다는 사실 자체가 골키퍼의 기량과 내구성을 뜻하기 때문이다.

단일 시즌 24경기 무실점

가장 먼저 떠오르는 이름은 당연히 체코 출신 레전드 페트르 체흐다. 잔루이지 부폰Gianluigi Buffon, 이케르 카시야스Iker Casillas 등 동시대 활약했던 골키퍼들도 체흐에 관해선 엄지를 치켜든다.

10세 소년 체흐는 다리가 부러지는 바람에 포지션을 스트라이커에서 골키퍼로 바꿨다. 새 포지션에서 체흐는 독보적 재능을 발견했다. 17세가 된 1999년 이미 체코 1부의 크멜 블사니에서 프로 데뷔를 신고하고 2001년에는 체코 최고 명문인 스파르타 프라하의 선택을 받았다. 아직 19세가 되기도 전이었지만 체흐는 첫 시즌부터 주전 자리를 꿰찼다.

2001/02시즌 전반기 19세 골키퍼 체흐는 '903분 연속 무실점' 신기록을 경신하면서 본인의 잠재력을 만천하에 알렸다. 시즌이 끝난 뒤 2002년 7월 프랑스 리그앙의 렌이 550만 유로를 쾌척해 체흐를 데려갔다. 체흐는 리그앙에서 2시즌을 채 보내기도 전에 프리미어리그의 '신흥 갑부' 첼시로부터 구애를 받았다. 2004년 1월 렌과 첼시가 이적료 700만 파운드에 합의하면서 체흐는 본인의 무대를 잉글랜드로 옮겼다. 첼시의 역대 최고액 골키퍼라는 타이틀은 보너스였다.

2004/05시즌을 준비하던 첼시는 기세등등했다. 로만 아브라모비치 회장은 사방팔방 '머니건'을 쏴대며 특급 자원들을 싹쓸이했다. 클라우디오 라니에리가 떠난 감독 자리에는 UEFA컵과 챔피언스리그를 연거푸 차지한 '스페셜 원' 조제 모리뉴가 들어왔다. 22세에 불과했던 체흐는 일단 백업 골키퍼로서 주전 카를로 쿠디치니Carlo Cudicini의 뒤를 받치는 역할로 출발할 예정이었다. '될 놈은

된다'라는 말처럼 프리시즌 도중 쿠디치니가 팔꿈치를 다쳐 전열에서 이탈하자 모리뉴 감독은 부득이하게 개막전부터 젊은 골키퍼 체흐를 선발로 기용해야 했다.

런던에 온 지 한 달이 조금 넘었을 뿐인 체흐는 개막전에서 '절대 강자' 맨체스터 유나이티드를 상대로 프리미어리그 데뷔전을 치렀다. 환상적인 결과가 나왔다. 첼시는 15분 에이뒤르 그뷔드욘센의 선제골에 힘입어 맨유를 1-0으로 꺾었다. 체흐는 안정적인 경기 운영 능력을 입증하며 맨유의 공격을 무실점으로 틀어막았다. 라이언 긱스, 앨런 스미스, 폴 스콜스, 디에고 포를란 등 챔피언스리그 수준의 공격수들을 상대로 거둔 무실점 결과는 체흐 본인과 모리뉴 감독에게 모두 확신을 심었다.

체흐의 프리미어리그 데뷔 시즌은 시간이 지날수록 완벽해졌다. 12월 12일 아스널 원정에서 첼시는 2-2로 비겼다. 아스널의 티에리 앙리가 2분과 29분 각각 득점을 기록했다. 당일 결과는 승점 1점에 그쳤지만, 앙리에게 허용한 두 번째 실점 이후 체흐의 골문은 굳게 닫혔다. 존 테리, 히카르두 카르발류, 글렌 존슨, 파울루 페헤이라가 구성한 백4 라인은 단단했고 최종 수비 라인 바로 앞에서는 클로드 마켈렐레의 홀딩 역할은 천하무적이었다. 상대의 공격 시도는 첼시의 철벽 수비를 간신히 통과하더라도 수문장 체흐 앞에서 소멸될 뿐이었다.

12월 아스널전 이후 첼시는 이듬해 2월 에버턴전까지 10경기 연속으로 무실점 행진을 펼쳤다. 11번째 경기였던 노리치 원정에서 체흐는 64분 레온 매켄지Leon McKenzie에게 실점을 허용하기까지 '1025분 연속 무실점' 신기록을 작성했다. 이 기록은 4년 뒤 맨체스터 유나이티드의 골키퍼 에드빈 판데르사르에 의해 경신된다. 2004/05시즌 첼시는 리그 38경기를 15실점으로 틀어막아 압도적 차이로 프리미어리그 챔피언에 오르고 체흐는 24경기에서 무실점을 기록해 리그 역대 기록을 세웠다.

체흐의 트레이드마크는 검은색 헤드기어다. 물론 패션이 아니라 보호 장구다. 2006/07시즌 리그 8라운드에서 첼시는 레딩 원정에 나섰다. 킥오프 5분 만에 사고가 터졌다. 페널티박스 안으로 들어오는 레딩의 공격수 스티브 헌트Steve Hunt를 막는 과정에서 체흐는 상대의 무릎에 관자놀이를 강타당했다. 정신을 잃은 체흐는 병원으로 긴급 후송됐다. 이날 경기에서 첼시는 교체 투입된 카를로 쿠디치니까지 경기 막판 기절하는 초유의 사태가 벌어져 존 테리가 골키퍼 장갑을 끼고 간신히 경기를 마쳐야 했다. 체흐는 두개골 골절 진단을 받아 수술을 받았고 그 후 열흘이 지나서야 겨우 퇴원할 수 있었다.

레딩전에서 부상을 입은 지 3개월 만인 2007년 1월 20일 리버풀 원정에서 체흐는 부상 복귀를 신고했다. 축구 선수의 헤드기어는 언론과 팬들의 눈길을 끌었다. 리버풀전에서 첼시가 0-2로 완패한 뒤 체흐의 경기력이 미흡하다는 지적이 제기되기도 했다. 하지만 다음 경기인 블랙번 로버스전부터 체흐는 리그 8경기 연속으로 무실점 행진을 벌여 주변의 우려를 씻어냈다. 시간이 흘러 재부상 위험이 사라졌는데도 체흐는 심리적 안정을 위해 헤드기어 착용을 고집했다. 2012년 뮌헨에서 열린 챔피언스리그 결승전에서 영웅적인 페널티킥 방어를 선보일 때도 물론 헤드기어와 함께했다.

2019년 5월 UEFA 유로파리그 결승전을 앞두고 훈련 중인
아스널의 페트르 체흐.

사진 Amir Hosseini

2014/15시즌 체흐는 아틀레티코 마드리드로 임대됐다가 복귀한 티보 쿠르투아에게 '넘버원' 자리를 내줬다. 시즌이 끝난 뒤 체흐는 아스널 이적을 선택했다. 런던 라이벌 클럽으로 날아갔다고 그에게 손가락질하는 첼시 팬은 드물었다. 11년간 체흐가 첼시를 위해 얼마나 노력했는지를 잘 알기 때문이었다. 30대 중반이 되어 떠나면서도 체흐는 첼시에 이적료 1000만 파운드의 목돈을 남기는 마지막 공헌을 했으니 미워하려야 미워할 수가 없었다.

2015/16시즌 에미레이트 스타디움에서 체흐는 녹슬지 않은 기량을 선보여 '구너스Gooners'(아스널 팬들)로부터 갈채를 받았다. 개막전부터 아스널의 골문을 지킨 30대 중반 골키퍼 체흐는 부상 결장이 두 경기밖에 되지 않았을 정도로 컨디션 관리가 뛰어났다. 그가 노련하게 수비를 리드한 덕에 아스널 수비는 눈에 띄게 안정됐고 결국 팀은 해당 시즌을 리그 3위로 마쳐 팬들을 흡족하게 했다.

첼시에서 골든글러브를 세 차례 수상했던 체흐는 아스널로 이적하고 첫 시즌에 개인 통산 네 번째 영예를 안았다. 프리미어리그 출범 이후 2개 이상 클럽에서 골든글러브를 수상한 사례는 체흐가 유일하다. 2019년 5월 은퇴할 때까지 체흐가 세운 골키퍼 관련 기록은 다양하다. 리그 최단 시간(180경기) 무실점 100경기 도달, 리그 역대 최다 무실점(202경기), 단일 시즌 최다 무실점(24경기), 프리미어리그 역대 최다 골든글러브 수상(4회, 공동) 등이다. 챔피언스리그에서도 '올해의 골키퍼'에 세 차례나 선정됐다.

골키퍼 역사를 통틀어 체흐는 모든 면에서 만점에 가까웠던 완성형 수문장이었다. 슛 스토핑 능력은 물론 크로스 처리, 상황 판단, 수비 리딩, 수비 범위, 킥 능력 등 모든 항목에서 높은 점수를 받았다. 현역에서 은퇴한 뒤 체흐는 아이스하키 경기에 골리 포지션으로 6경기나 출전해 얼마나 대단한 운동능력을 타고났는지를 재차 입증했다.

잉글랜드 출신인 데이비드 제임스는 프리미어리그 역사상 가장 화려한 골키퍼로 기억된다. 런던 근교 허트퍼드셔 출신인 제임스는 풋볼리그 시절이었던 1990년 왓퍼드에서 프로에 데뷔했다. 스무 살부터 프로에서 주전 자리를 꿰찼으니 빅클럽이 가만히 놔둘 리가 없었다. 왓퍼드에서 2시즌을 마친 뒤 당대 최강이던 리버풀로 이적해 유니폼을 갈아입었다. 제임스가 발을 내디딘 안필드는 이미 급격한 하강 곡선을 타는 중이었다.

1992년 8월 새롭게 출범한 프리미어리그에서는 이웃 라이벌 맨유가 기세를 떨쳤다. 하지만 여전히 리버풀은 잉글랜드에서 가장 유명하고 존경받는, 언론이 가장 주목하는 클럽이었다. 그런 빅클럽의 넘버원으로서 제임스는 시원시원한 플레이 스타일은 물론 화려한 외모로 인기를 끌었다.

2000년대가 되면서 제임스는 애스턴 빌라, 웨스트햄 유나이티드 등 중견 인기 클럽으로 옮겨 활약을 이어갔다. 잉글랜드 국가대표팀에서도 골문을 지킨 제임스는 유로 2004와 2010년 남아공 월드컵에서 '삼사자 군단'(잉글랜드 대표팀의 별칭) 멤버로 참가했다. 2009/10시즌을 끝으로 프리미어리그 경력에 마침표를 찍은 제임스는 무실점 169경기를 기록해 체흐에 이어 역대 2위에 이름을 올렸다.

아쉬운 점은 역시 타이틀이다. 누구보다 유명한 골키퍼였지만 제임스의 진열장에는 1994/95시즌 리버풀에서 들어 올린 리그컵과 2007/08시즌 포츠머스에서 들어 올린 FA컵이 전부다. 2010년 FA컵 결승전에서 대회 역사상 최고령 결승 출전 골키퍼라는 개인적 영예를 안았지만 팀의 패배로 빛이 바랬다. 스타 골키퍼로서 큰 인기를 얻었지만 2014년 은퇴한 뒤 개인 파산 선고를 받았다. 사치스러운 씀씀이와 이혼 위자료 지급 등이 겹치면서 본인이 소장했던 각종 축구 기념품까지 몽땅 처분해야 했다.

프리미어리그 역대 무실점 3위의 주인공은 호주 출신 수문장 마크 슈워처Mark Schwarzer다. 호주에서 시작한 슈워처는 독일 분데스리가를 거쳐 잉글랜드 무대에 들어왔다. 브래드퍼드에서 출발을 끊은 슈워처는 6개월 만인 1997년 2월 겨울 미들즈브러로 이적해 프리미어리그 골키퍼라는 꿈을 이뤘다. 하지만 미들즈브러는 리그 19위로 시즌을 마쳐 그해 2부로 강등되고 말았다.

슈워처의 인생 시계는 남들보다 빨랐다. 2부에서 맞이한 1997/98시즌 25세의 슈워처는 주전 골키퍼로 활약했고 미들즈브러는 2부 2위를 차지해 1년 만에 프리미어리그로 복귀했다. 이때부터 탄탄대로가 열렸다. 슈워처와 미들즈브러는 10시즌 연속으로 프리미어리그 신분을 유지하며 클럽 역사에 남을 만한 성공 시대를 구가했다. 2008년 작별을 고할 때까지 슈워처는 미들즈브러에서만 445경기, 리그 366경기 출전이라는 발군의 기록을 남겼다.

2008년 여름 안정적인 골키퍼를 찾던 풀럼은 새로운 도전을 원하는 슈워처를 영입해 재미를 본다. 슈워처는 언제 어디서나 프리미어리그 클럽의 주전 골키퍼로서 제공해야 할 서비스를 보장하는 카드였을 뿐 아니라 많은 나이 때문에 인건비가 저렴해 최고의 '가성비' 골키퍼로 통했다. 풀럼에서도 슈워처는 5시즌 연속으로 주전 경쟁에서 승리해 프리미어리그 출전 수를 적립했다.

프리미어리그에서 활동하는 동안 호주 국가대표팀의 수문장 역할도 게을리 하지 않았다. 슈워처는 2006년과 2010년 연속으로 FIFA 월드컵에 출전해 '사커루'(호주 대표팀의 애칭)를 지켜냈다. 2013/14시즌에는 첼시 소속으로 챔피언스리그 토너먼트 단계 최고령 출전 기록(41세 218일)을 경신했다. 이후 마지막 클럽이 된 레스터 시티에선 클럽 역대 최고령 출전 기록(42세 32일)도 새로 썼다. 참고로 슈워처는 호주 국가대표팀 최고령 출전 기록(40세 336일)과 A매치 최다 출전 기록(109경기)을 보유하고 있다.

2015/16시즌 레스터의 우승 동화를 함께하면서도 출전 수가 부족해 우승 메달을 받지 못하는 아쉬움도 있었지만 프리미어리그 역사에 남은 슈워처의 족적은 뚜렷하다. 무실점 151경기로 체흐, 제임스 다음으로 역대 3위에 랭크된다. 프리미어리그 역대 최다 출전 부문에서도 8위를 차지하고 있다. 리그 500경기 이상 출전자 중 골키퍼는 제임스와 슈워처 둘뿐이고 비영국인으로서는 유일하다.

57

—

영국 축구 왕가와 독일인 감독
: 위르겐 클롭(2019/20시즌)

20세기 들어 영국과 독일의 역사는 평화와 거리가 멀다. 제1차 세계대전도 모자라 제2차 세계대전까지 적으로 만나 서로를 향해 총을 쏘고 폭탄을 떨어뜨렸다. 근대 역사에서 섬나라 영국이 외부 침입에 의해 수많은 인명 피해를 본 유일한 불상사가 바로 제2차 세계대전 중 나치 공군이 감행한 '영국 대공습'이었다. 런던, 버밍엄 등 영국 주요 도시를 폭격하기 위해 도버 해협을 건너온 독일 공군(루프트바페) 폭격기들과 영국 공군(RAF) 전투기들이 맞붙은 격전은 인류 역사상 최초의 공중전으로 기록된다.

전쟁의 역사는 축구 문화에도 영향을 끼쳤다. 지금도 잉글랜드 서포터즈는 독일을 상대할 때마다 영국 전투기가 독일 폭격기를 격추했다는 내용의 응원곡을 부른다. 그러니 잉글랜드 축구 전통

을 상징하는 리버풀을 독일인 지도자가 되살렸다는 사실은 희대
의 아이러니가 아닐 수 없다.

마인츠, 도르트문트, 리버풀

21세기 들어 프리미어리그 명장 역사는 알렉스 퍼거슨과 아르
센 벵거, 조제 모리뉴를 거쳐 위르겐 클롭으로 흐른다. 선배 명장
들처럼 클롭 감독의 현역 시절도 지극히 평범했다. 스무 살이 넘어
서까지 아마추어 클럽을 전전하던 클롭은 1990년 마인츠와 간신
히 프로 계약에 성공했다. 하지만 당시 마인츠는 하부 리그에 있었
던 탓에 생계를 온전히 책임지지 못했다. 마인츠에서 뛰면서 클롭
은 시간을 쪼개 대학을 다녔고 1995년 프랑크푸르트 괴테대에서
스포츠과학 석사 학위를 취득했다.

털털하면서도 가끔 정신 줄을 놓는 듯한 모습으로 당시 클롭은
마인츠 팬들 사이에서 컬트 히어로 같은 인기를 끌었다. 2001년
은퇴할 때까지 마인츠는 클롭의 유일한 프로 소속 팀으로 남았다.
특유의 카리스마, 석사 학위로 무장한 이론, 클럽 안팎에서 받는
폭넓은 지지를 갖춘 클롭은 그해 에크하르트 크라우춘Eckhard Krautzun
감독이 경질되자마자 마인츠의 새 감독으로 선임됐다.

클롭 감독은 부임하고 7경기에서 6승을 거두며 팀을 강등권에
서 건져 올리는 데에 성공했다. 이후 2003/04시즌 2부 리그에서 3
위를 차지해 마인츠를 창단 이래 처음으로 대망의 1부 분데스리가
에 올려놓는 위업을 달성했다.

분데스리가 클럽 중 가장 적은 예산을 쓰고 가장 작은 스타디
움을 가진 현실적 제약에도 불구하고 클롭 감독은 승격 첫 시즌을

11위로 마쳐 마인츠 팬들을 재차 열광의 도가니에 빠트렸다. 하지만 마인츠는 1부 리그에서 살아남기에는 너무 몸집이 작았다. 클롭 감독의 매직도 세 번째 시즌 들어 효력을 소진하면서 2부로 강등되고 말았다. 2007/08시즌 마인츠가 1부 복귀에 실패하자 클롭 감독은 본인의 유통기한이 만료됐음을 깨닫고 눈물의 작별을 고했다.

무직 기간은 오래가지 않았다. 해당 시즌 분데스리가에서 13위로 고꾸라진 도르트문트가 에너지가 넘치는 무직 지도자 클롭에게 접근해 계약서에 사인을 받아냈다. 클롭 감독은 도르트문트의 지휘봉을 잡아 2시즌에 걸쳐 팀을 만들었다.

3년차인 2010/11시즌이 개막하자 클롭 감독이 이끄는 도르트문트는 개막전 패배 이후 리그 15경기에서 14승을 쓸어 담으며 리그 단독 선두로 치고 나갔다. 바이에른 뮌헨이라는 거함이 저력을 발휘하며 쫓아왔지만 2011년 4월 30일 도르트문트는 뉘른베르크를 2-0으로 꺾어 시즌을 마치기까지 두 경기를 남긴 상태에서 클럽 역사상 일곱 번째 1부 우승을 확정했다. 1부 리그 역대 우승팀 중 최연소 스쿼드였다는 점이 새로운 도르트문트의 미래를 밝게 비췄다.

2011/12시즌 들어 바이에른은 물론 볼프스부르크까지 우승 경쟁에 참가했지만 클롭 감독의 도르트문트는 분데스리가 역대 최다 승점(81점), 역대 최다 승리 동률(25승), 리그 28경기 연속 무패 등 다양한 기록을 작성하며 타이틀을 방어해냈다. 더불어 DFB포칼 결승전에서도 바이에른을 5-2로 대파하며 창단 처음으로 더블 위업을 달성했다.

2012/13시즌의 하이라이트는 챔피언스리그 결승전 진출이었다. 웸블리 스타디움에서 열린 챔피언스리그 결승전에서 도르트문트는 89분 아리언 로번에게 통한의 결승골을 내줘 바이에른에 1-2로 무릎을 꿇었지만, 클롭 감독의 지도 능력이 국제적으로 인정받는 계기가 됐다.

2015년 5월 클롭 감독은 도르트문트 7년 생활에 마침표를 찍었다. 클롭 감독의 향후 거취에 관심이 쏠리는 가운데 잉글랜드에서는 2015/16시즌 프리미어리그가 개막했다. 지난 시즌 브렌던 로저스 감독 체제에서 챔피언스리그에 복귀했지만 리버풀은 리그 6위로 밀리고 말았다. 2015/16시즌 초반 리버풀이 프리미어리그와 유로파리그에서 모두 부진에 빠지자 클럽 수뇌진은 결국 10월 4일 머지사이드 더비에서 1-1로 비긴 직후 로저스 감독을 경질했다. 차기 감독 후보는 에디 하우, 카를로 안첼로티 그리고 클롭이었다.

인선에 관한 한 구단주 존 W. 헨리 회장은 보스턴 레드삭스 시절부터 세평보다 데이터 분석 결과를 더 중시했다. 데이터 분석 전문가인 마이클 에드워즈Michael Edwards 기술이사는 후보 3인 중 클롭 감독을 추천했다. 마인츠와 도르트문트 모두 클롭 감독이 맡은 이후 점진적으로 발전했다는 점, 챔피언스리그 경험이 있다는 점, 도르트문트에서 분데스리가 2연패의 실적을 남겼다는 점이 추천 이유였다. 10월 8일 리버풀은 클롭 감독의 선임을 공식 발표했다.

첫 기자회견에서 클롭 감독은 "이제부터 우리는 의심을 신념으로 바꿔야 한다"고 각오를 밝혔다. 클롭 감독과 리버풀은 계급의식에서 교집합을 이뤘다. 찬란한 역사를 지녔다고 해도 리버풀의 뿌리는 어디까지나 노동자계급에 속한 일반 서민들이다. 전설적 명장 빌 샹클리는 선수들에게 노동자 서포터즈와의 유대감을 강조했고, 21세기 레전드 스티븐 제라드 역시 리버풀의 평범한 골목에서 성장한 '우리 새끼' 같은 정체성을 지닌다. 클롭 감독의 서민 캐릭터는 선수 시절부터 유명했다. 털털한 팬서비스를 지켜 마인츠에서는 팬들로부터 절대적 사랑을 받았다. 도르트문트 역시 언제나 기득권처럼 인식되는 바이에른에 저항하는 좌파 성격이 깃든 이미지를 보유했다.

추구하는 플레이 스타일도 닮았다. 리버풀의 1970년대, 1980년대 절정기는 풀백의 과감한 오버래핑과 빠른 역습으로 상징된다. 클롭 감독은 랄프 랑닉Ralf Rangnick이 고안한 역압박 전술(게겐프레싱Gegenpressing)에 토대해 그라운드 전 영역에서 끈질긴 압박으로 경기를 주도하는 축구 철학을 고수했다. 양쪽 모두 많이 뛰면서 상대를 압도하는 '헤비메탈' 축구였다.

클롭 체제는 리버풀의 지휘봉을 넘겨받은 즉시 역압박 전술을 이식하기 위해 노력했다. 마인츠 시절부터 함께했던 '전술 두뇌' 젤리코 부바치Zeljko Buvač 코치가 1일 2회 고강도 훈련을 통해 리버풀 선수들을 조련했다. 시즌 도중 팀 컬러를 완전히 바꾸기는 거의 불가능하다. 클롭 체제의 첫 시즌에서 리버풀은 8위로 마쳤다. 하지만 클롭 감독은 역압박 전술을 포기할 생각이 전혀 없었다. "역압박이야말로 최고의 플레이 메이커다. 볼을 되찾을 최적의 상황은 볼을 빼앗긴 직후다. 상대가 어디로 패스할지 찾고 있는 순간이다."

훈련장에서 클롭 감독이 리버풀을 변모시키는 동안 사무실 안에서는 스포팅 디렉터로 승진한 마이클 에드워즈가 새로운 리버풀을 이끌어갈 선수들을 끌어모았다. 2016년 사디오 마네와 조르지니오 베이날뒴Georginio Wijnaldum, 2017년에는 모하메드 살라, 앤드루 로버트슨Andrew Robertson, 버질 판데이크, 2018년에는 파비뉴Fabinho, 알리송Alisson, 나비 케이타Naby Keita 등을 차례대로 영입했다. 에드워즈 이사가 클롭 감독을 설득해 영입한 선수들 대부분 안필드에서 대박을 터뜨리며 리버풀의 화려한 부활 프로젝트에 앞장섰다.

프리미어리그 시대 첫 우승

2년 연속으로 챔피언스리그 출전권을 확보한 리버풀은 2018/19 시즌 맨체스터 시티와 희대의 박빙 우승 경쟁을 펼쳤다. 개막하자마자 6연승을 올려 클럽 신기록을 세웠고, 크리스마스 시점에서 프리미어리그 단독 1위로 올라 지난 시즌 초강세 전력을 입증한 맨시티에 선전포고를 선언했다. 리버풀은 12월 2일 머지사이드 더비에서 후반 추가시간이 끝나기 직전에 터진 디보크 오리기의 1-0 결승골로 승리했다. 짜릿한 결승골이 나오자 클럽 감독은 흥분을 참지 못하고 그라운드 안으로 뛰어 들어가 알리송을 끌어안는 셀러브레이션을 펼쳐 팬들의 눈길과 잉글랜드축구협회의 벌금통지서를 동시에 받았다.

리버풀은 12월 29일 아스널을 5-1로 대파해 12월 한 달에만 리그 8전 전승을 달성했다. 다음 경기에서 리버풀은 맨시티 원정에서 1-2로 패해 개막한 지 21경기 만에 첫 패배를 맛봤다. 이후 리버풀과 맨시티의 우승 경쟁은 세계적 관심을 끌었다. 29라운드로 치러진 머지사이드 더비에서 무승부에 그치면서 리버풀은 맨시티에 1점 차로 리그 선두 자리를 내줬다. 이후 리버풀은 막판 9 경기를 모두 잡아냈지만 맨시티가 막판 14연승의 믿기 어려운 집중력을 발휘해 결국 리그 2연패에 성공했다. 하지만 리버풀은 챔피언스리그 결승전에서 토트넘을 2-0으로 꺾고 통산 여섯 번째 유럽 챔피언에 올라 지긋지긋한 무관 사슬을 가장 찬란한 형태로 끊어냈다.

2019/20시즌 리버풀의 과제는 단 하나, 프리미어리그 우승이었다. 지난 시즌 리그 승점 97점을 기록하고도 우승하지 못했다는 불운과 챔피언스리그를 제패했다는 자신감은 클롭 감독과 리버풀 선수들 모두에게 엄청난 동기부여로 작용했다. 2019년 여름 이적시장에서 대형 영입이 없었어도 리버풀의 경기력은 이미 완성 상태였다. 한국에서 '마누라'로 불리는 사디오 마네, 호베르투 피르미누, 모하메드 살라의 스리톱은 경쟁자들의 수비진을 간단히 허물었다. 주장 조던 헨더슨과 조르지니오 베이날뒴, 파비뉴가 버티는 허리 라인은 효율적이었다. 트렌트 알렉산더-아놀드와 앤드루 로버트슨은 세계 최고 공격형 풀백으로 떠올랐고, 버질 판데이크를 중심으로 한 중앙 수비와 브라질 국가대표 수문장 알리송까지 버티는 수비진까지 클롭 감독의 리버풀은 극강의 전력을 완성했다.

2019/20시즌 개막전부터 리버풀은 천하무적이었다. 개막하고 8연승으로 달리다가 노스웨스트 더비에서 1-1로 비겨 처음 승점을 잃었다. 12월 카타르에서 열린 FIFA 클럽월드컵까지 병행하면서도 리버풀은 프리미어리그에서 연승 행진을 멈추지 않았다. 맨체스터 유나이티드와 비긴 직후 리버풀은 리그 10라운드부터 28라운드에서 왓퍼드에 시즌 첫 패배를 기록하기 전까지 리그 18연

2016년 2월 UEFA 유로파리그에서 아우크스부르크를 상대할
당시 위르겐 클롭 리버풀 감독.

사진 Paul Robinson

승을 올리며 내달렸다. 2020년 3월 7일 29라운드였던 본머스전에서 리버풀은 '리그 홈 22연승' 신기록을 작성했다.

1989/90시즌 이후 30년 만에 왕좌 탈환, 프리미어리그 시대 첫 우승까지 가는 길에서 리버풀을 방해한 유일한 변수는 코로나19 팬데믹이었다. 집단 감염이 영국 전역을 휩쓸면서 프리미어리그는 3월 둘째 주부터 중단됐다. 당시 리버풀은 29전 27승 1무 1패, 승점 82점을 기록해 우승을 코앞에 둔 상태였다. 코로나19 팬데믹의 위세는 유럽의 모든 일상을 멈춰 세웠다. 프랑스 리그앙이 2019/20시즌을 취소하는 결정을 내리자 리버풀 팬들은 30년 만에 찾아온 우승 기회가 눈앞에서 사라질지 모른다는 불안감에 휩싸였다.

천만다행으로 프리미어리그는 6월 셋째 주가 되어 무관중 상태로 잔여 일정을 소화하기로 했다. 리버풀은 재개하고 첫 경기에서 크리스털 팰리스를 4-0으로 꺾었다. 다음 날 리그 2위인 맨시티가 첼시에 1-2로 패하면서 리버풀의 통산 19회째 리그 우승이 확정됐다. 사회적 거리 두기가 강제되던 상황이었지만 수많은 리버풀 팬들이 안필드로 몰려와 홍염과 깃발을 흔들며 우승의 기쁨을 만끽했다. 스카이스포츠와의 영상 인터뷰에 나선 클롭 감독은 우승 소감을 밝히다가 감정에 복받쳐 뜨거운 눈물을 흘렸다. 리버풀의 영웅 케니 달글리시 감독 체제에서 마지막 우승을 거둔 지 30년 만이었다.

리버풀이 선수 239명, 리그 1149경기, 현금 14억 7000만 파운드를 투자한 끝에 잉글랜드 챔피언 타이틀이 드디어 안필드로 돌아온 것이다. 참고로 클롭 감독의 리버풀 데뷔전이었던 2015년 10

월 17일 토트넘 원정 경기에서 뛰었던 선발진과 이후 챔피언스리그와 프리미어리그에서 우승을 이끈 선발진은 11명 전원이 달라졌다. 클롭 감독 아래서 리버풀은 완전히 다른 팀, 잉글랜드에서 가장 강한 팀으로 변신했다는 뜻이다. 빌 샹클리, 밥 페이즐리, 조 페이건, 케니 달글리시에 이어 리버풀 왕가에 장엄한 빛을 지키는 수호신은 다름 아닌 독일인 지도자 클롭이었다.

58

—

8부 파트타이머에서 1부 득점왕까지
: 제이미 바디(2019/20시즌)

아르센 벵거와 티에리 앙리가 런던에 도착하기 전까지 아스널의 터줏대감은 이언 라이트였다. 1991/92시즌부터 7시즌 동안 라이트는 총 185골을 터뜨려 아스널 역대 최다 득점자에 올랐다(이후 앙리가 경신한다). 데이비드 딘 당시 아스널 부회장은 처음 만난 앙리에게 라이트의 득점 하이라이트 비디오테이프를 주면서 "이렇게 하면 된다"고 말했다. 폭발적 스피드는 물론 양쪽 발로 중거리포와 로빙슛, 페인팅 등을 모두 구사할 정도로 라이트는 재능을 타고난 1990년대 대표적 골잡이였다.

프리미어리그에서 100골 고지를 밟은 30명 중 라이트의 1부 데뷔 나이가 가장 많다. 밑바닥 하부 리그부터 출발한 라이트는 28세 286일이 돼야 처음 잉글랜드 1부 경기에 출전했다. 세는나이로 따지면 서른에 가까운 나이에 1부에서 뛰기 시작해 남긴 족적이었기에 그의 역대 득점 기록에 다시 한 번 눈길이 갈 수밖에 없다. 그런데 2021/22시즌 현재 프리미어리그에도 그런 선수가 한명 활약하고 있다.

8부 출신 27세 1부 데뷔

제이미 바디는 잉글랜드의 한복판에 있는 요크셔 셰필드 출신이다. 어려서부터 셰필드 웬즈데이에서 뛰는 축구의 꿈을 키웠지만 16세가 되던 해에 아카데미로부터 재능이 부족하다는 판정을 받고 쫓겨났다. 바디에게 문제가 있다고 하기는 어렵다. 잉글랜드 아카데미에서 훈련받다가 프로 계약에 성공하는 확률은 1퍼센트 이하이기 때문이다. 바디는 그저 중도 탈락하는 99퍼센트 중 한명일 뿐이었다. 인근에 있는 아마추어 클럽 스톡스브리지 파크 스틸러스를 찾아 바디는 축구의 끈을 희미하게나마 이어갔다.

고등학교까지 졸업한 바디는 의지(의수와 의족)를 제조하는 공장에서 하루 12시간씩 일하면서 사회생활을 시작했다. 주말마다 나가서 뛰는 스톡스브리지의 8부 경기 출전이 유일한 낙이었다. 클럽은 바디에게 주당 30파운드를 지급했다. 주말 차비밖에 되지 않는 푼돈이었다.

다행히 바디의 재능은 돋보였다. 생업과 축구가 분리된 아마추어 수비수들은 바디의 상대가 되지 않았다. 맨체스터 유나이티드가 맬컴 글레이저Malcolm Glazer에게 인수될 때 반대하던 팬들이 'FC 유나이티드 오브 맨체스터'를 창단했는데, 이 클럽과 상대한 경기에서 바디는 자기 진영부터 단독 드리블로 전진해 골까지 터뜨리는 득점 장면을 연출하기도 했다. 23세가 된 2010년 여름 7부 할리팩스 타운의 닐 아스핀Neil Aspin 감독이 이적료 1만 5000파운드를 스톡스브리지에 지급하고 바디를 영입했다.

첫 시즌부터 바디는 리그 23골을 터뜨리며 팀의 6부 승격을 견인했다. 하위 리그 클럽들이 바디를 주목하기 시작했다. 1년 만에 바디는 5부에 있는 플리트우드 타운으로 다시 이적했다. 이곳에서도 바디는 혼자 날아다녔다. 5부 첫 시즌에만 리그 36경기 31골을 기록하며 득점왕에 올랐다. 시즌 도중 열린 이적 시장에서 블랙풀이 이적료 75만 파운드 조건을 제시했지만 플리트우드 타운이 100만 파운드를 고수하는 바람에 협상이 결렬됐다. 클럽이 75만 파운드라는 엄청난 금액을 거절한 데에는 이유가 있었다. 2부 클럽 레스터 시티가 관심을 보이고 있었기 때문이다.

2011/12시즌이 끝나자마자 플리트우드는 바디의 레스터 이적을 공식 발표했다. 이적료는 기본 100만 파운드, 최대 170만 파운드까지 오를 수 있는 조건이었다. 5부 이하 논리그 역사에서 역대 최고 이적료 신기록이었다.

2012/13시즌 바디는 챔피언십(2부) 클럽 레스터의 선수가 되어 출발했다. 5년 전만 해도 공장에서 일해야 했던 8부 선수가 잉글랜드 축구 전체를 통틀어 두 번째로 높은 프로축구 리그의 일원이 된 것이다. 2부 클럽에 들어와보니 생활이 지금까지 바디가 거쳤던 클럽들과 전혀 달랐다. 훈련 환경, 경기 준비, 팀 내 경쟁의식, 그리고 고액 연봉에 이르기까지 모든 것이 크게 업그레이드됐다. 바디는 갑자기 거머쥔 거액을 매일 밤 나이트클럽에서 탕진했다.

시즌 초반, 클럽 경영을 책임지는 태국 출신 구단주 아야왓 시왓다나쁘라파 부회장은 "바디가 술에 취한 상태로 훈련에 왔다"라는 보고를 받았다. 아야왓 부회장은 바디에게 괴로운 개인사가 생겼다고 생각했다. 부회장 집무실에서 바디는 "갑자기 부자가 되니까 평소에 뭘 어떻게 해야 할지 전혀 모르겠다"고 다소 뜻밖의 고민을 털어놓았다. 팀 훈련은 물론 영양 섭취, 근력 운동, 근육 마사지, 휴식 등 프로축구 선수가 당연히 해야 할 컨디셔닝 방법을 바디는 전혀 몰랐던 것이다. 아야왓 부회장과 레스터의 지원 덕분에 바디는 음주를 절제하는 등 조금씩 프로다운 모습을 배워나갔다.

하지만 시즌 막판까지 바디는 챔피언십에서 실적을 남기지 못했다. 리그 26경기 4골로 시즌을 마쳐 자신감이 바닥을 친 바디는 은퇴까지 고민할 지경에 이르렀다. 다행히 나이젤 피어슨 감독과 크레이그 셰익스피어Craig Shakespeare 코치의 간곡한 만류에 바디는 마음을 고쳐먹었다.

'진짜 프로선수' 생활에 완전히 적응하면서 바디의 득점 재능이 다시 눈을 떴다. 레스터에서 맞은 두 번째 시즌에 바디는 리그 37경기에서 16골을 터뜨려 팀이 프리미어리그로 승격하는 데 일등 공신이 됐다.

2014/15시즌 영국 언론은 레스터의 경기를 보도할 때마다 "8부 출신 공격수 바디"라는 수사를 잊지 않았다. 9월 21일 홈에서 치른 맨체스터 유나이티드와의 경기는 레스터와 바디에게 짜릿한 경험이 됐다. 상대에게 쉽게 두 골을 내주면서 레스터는 0-2로 끌려갔다. 전반전을 1-2로 마친 레스터는 후반 들어 다시 한 골을 허용해 1-3으로 뒤졌다. 62분부터 팀 득점력의 봇물이 터졌다. 전반전 만회골을 도운 바디는 데이비드 뉴전트David Nugent와 에스테반

캄비아소Esteban Cambiasso의 연속 골을 도와 도움 해트트릭을 기록하며 3-3 동점을 만들었다. 15분 뒤 바디는 직접 역전골을 터뜨려 킹파워 스타디움을 열광에 빠트렸다. 83분에도 바디는 이날만 두 번째 페널티킥 획득을 기록해 팀의 5-3 승리에 발판을 깔았다. 이날 하루에만 바디는 맨유를 상대로 1골 4도움을 기록한 것이다.

하지만 레스터는 당장 다음 경기부터 고꾸라졌다. 9월 27일 크리스털 팰리스전부터 이듬해 3월 21일까지 리그 24경기에서 17패를 당하면서 리그 최하위로 떨어졌다. 그런데 리그가 끝날 때까지 9경기가 남은 시점에서 레스터는 7승을 거두며 불가능을 가능으로 만들었다. 잔류 기적의 스토리를 쓴 주인공은 단연 바디였다. 바디는 9경기 중 6경기에서 3골 3도움을 기록하며 맹활약을 펼쳤다. 시즌이 끝난 뒤 바디는 잉글랜드 A대표팀에 승선하는 영광까지 누렸다.

리그 최고령 득점왕

기적적으로 프리미어리그 신분을 지킨 레스터는 2015/16시즌에 축구 역사상 가장 극적인 대사건을 일으킨다. 개막전에서 레스터는 바디의 한 골을 앞세워 선덜랜드를 4-2로 꺾고 힘차게 출발했다. 2015년 7월 새로 부임한 클라우디오 라니에리 감독 아래서 레스터는 다른 팀으로 돌변했다. 수비를 단단히 한 뒤에 폭발적 스피드로 상대 뒤쪽 공간을 파고드는 바디의 역습 득점 공식이 거짓말처럼 맞아떨어졌다. 8월 29일 본머스 원정에서 한 골을 기록한 이래 바디는 매 경기 골맛을 봤다. 이때부터 바디는 리그 11경기 연속으로 골을 터뜨려 뤼트 판니스텔로이가 보유했던 10경기 연속 득점 기록을 경신했다. 판니스텔로이의 기록은 2002/03시즌의 끝과 2003/04시즌의 시작에 걸쳐 작성됐으므로 바디의 단일 시즌 11경기 연속 득점 업적은 더 높은 평가를 받았다.

도움 기록까지 따지면 바디의 위력은 배가된다. 개막전부터 17 라운드까지 바디는 리그 17경기 연속으로 공격 포인트를 올리는 위업을 달성했기 때문이다. 개막하고 첫 17경기에서 바디는 15골 4도움의 기록을 남겼다.

해를 넘겨 4월 10일 열린 선덜랜드 원정에서 바디는 리그 20 호, 21호 골을 터뜨리며 2-0 승리에 앞장섰다. 레스터에서 단일 시즌에 리그 20골을 넣은 선수는 1984/85시즌 게리 리네커 이후 바디가 처음이었다. 레스터와 바디의 괴력은 시즌 막판까지 이어져 창단 처음으로 잉글랜드 챔피언에 등극하는 동화를 완성했다. 바디는 리그 36경기 24골을 기록해 해리 케인에게 한 골 모자란 득점 2위로 시즌을 마쳤다. 37라운드 에버턴전에서 페널티킥 실축만 하지 않았다면 공동 득점왕 타이틀을 거머쥘 수 있었기에 선수 본인은 물론 레스터 팬들도 아쉬움을 삼켰다.

2016년 여름 바디는 중대한 기로에 섰다. 아스널이 바이아웃 2200만 파운드 조항을 충족해 영입을 제안한 것이다. 레스터는 연봉 인상 카드로 바디를 설득했다. 밑바닥 출신인 바디는 냉철했다. 아무리 인기 클럽 아스널이라고 해도 플레이 스타일과 팀 내 본인의 입지가 너무 달랐다. 우승 멤버들이 빅클럽의 제안을 받고 줄줄이 기존 팀을 떠나는 것과 달리 바디는 레스터 잔류를 선택했다.

프리미어리그 챔피언이 된 이후에도 바디는 3시즌에 걸쳐 리그에서 13골, 20골, 18골을 넣으며 리그 정상급 스트라이커로도

2018년 러시아월드컵 당시 훈련 중인 제이미 바디.

사진 Кирилл Венедиктов

손색없는 기록을 남겼다. 유로 2016과 2018년 러시아월드컵 출전까지 이력서에 추가했다. 32세가 되어 맞이하는 2019/20시즌 바디로서는 딱히 바랄 게 없는 시간이었을지도 모른다.

그런데 브렌던 로저스 감독 아래서 레스터와 바디가 다시 대박 조짐을 보였다. 시즌 전반기 19라운드가 끝난 시점에서 레스터는 당당히 리그 2위에 올랐다. 바디도 해가 바뀌기 전까지 17골이나 기록했다. 2020년 3월 9일 열린 애스턴 빌라와의 경기에서 바디는 두 골을 보탰다. 본인의 프리미어리그 통산 98호, 99호 득점이었다. 27세가 돼서야 겨우 1부 리그에 데뷔한 선수가 100골 고지를 눈앞에 뒀다는 사실에 영국 현지 팬들은 지지 클럽과 상관없이 바디에게 큰 박수를 보냈다.

바디의 통산 100호 골은 3개월 후에나 나왔다. 코로나19 팬데믹으로 인해 리그 일정 전체가 중단된 탓이었다. 6월에야 겨우 재개된 잔여 일정에서 바디는 4경기 만인 크리스털 펠리스전에서 두 골을 터뜨려 '100골 클럽' 가입을 끝마쳤다. 프리미어리그 100골 득점자 중 바디는 1부 데뷔 나이가 27세 232일로 아스널의 레전드 이언 라이트 다음으로 고령이었다.

시즌 중단에 제대로 대처하지 못한 레스터는 리그 막판 일정에서 승점을 잃으면서 결국 챔피언스리그 출전권을 획득하지 못했다. 하지만 레스터에는 바디가 있었다. 리그 35경기 23골을 기록하며 바디는 프리미어리그 역대 최고령(33세) 득점왕에 빛났다. 기존 기록 보유자는 2009/10시즌 득점왕인 디디에 드로그바(32세)였다.

2020/21시즌 레스터와 바디는 FA컵 결승전에서 첼시를 1-0으로 꺾고 창단 첫 우승을 달성했다. 이날 바디는 풀타임으로 출전해

또 하나의 대회 기록을 작성했다. FA컵의 지역 예선부터 결승전까지 모든 라운드에서 출전을 기록한 첫 사례였기 때문이다. 스타플레이어들은 하부 리그 클럽끼리 맞붙는 대회 예선 단계에 출전할 일이 없다. 바디는 8부에서 경력을 시작한 터라 대회의 첫 관문부터 가장 마지막 웸블리 스타디움에서 열리는 결승전까지 모두 출전하는 드문 기록의 소유자가 될 수 있었다.

2021/22시즌 프리미어리그에서 현역으로 뛰는 '리그 100골 클럽' 멤버는 해리 케인, 로멜루 루카쿠, 모하메드 살라 그리고 바디 넷뿐이다. 10대 시절부터 두각을 나타냈던 셋과 달리 바디는 20세가 넘어서야 세미프로 경기에 출전해 27세가 돼서야 1부 무대를 밟았다. 바디가 대기만성형 스타가 될 수 있었던 이유는 역시 타고난 재능이었다. 그라운드 위에서 나타나는 기술뿐 아니라 바디는 주위 환경 변화에 빠르게 적응하는 영리함을 지녔다.

매일 밤 술을 마시던 바디는 이제 자택 정원을 가꾸는 가드닝에 취미를 붙였다. 어릴 때부터 제일 좋아했던 수학에 관해서는 여전히 재미를 느껴 지금도 자녀들의 수학 숙제를 직접 체크하거나 틀린 부분이 있으면 직접 가르친다. 알고 보면 바디야말로 축구 천재일지 모른다.

59

—

영원한 철인: 가레스 배리, 제임스 밀너
(2019/20시즌)

가끔 평범해 보이는데 유난히 감독에 의해 중용되는 선수가 있다. 경기 중 눈에 띄는 플레이가 없을 뿐 아니라 득점에 자주 관여하지도 않는데 꾸준히 선발 출전하는 타입이다. 맨체스터 시티의 일카이 귄도안은 2020/21시즌 맹활약하기 전까지 언론과 팬들로부터 정확히 그런 평가를 들었다. 참다못한 펩 과르디올라 감독은 "당신들은 귄도안이 얼마나 똑똑한 선수인지 전혀 모른다"라며 목에 핏대를 세웠다.

내외부 평가가 엇갈리는 선수의 특징은 꾸준함과 전술 수행 능력이다. 이런 선수는 언제나 준비가 되어 있다. 철저한 자기 관리로 최상의 컨디션을 유지하면서 감독의 기대에 부응한다. 전술을 이해하는 능력이 탁월해 본래 경기력을 보장할 뿐 아니라 다양한 포지션을 소화해 팀 운영에 큰 보탬이 된다. 장기 레이스인 시즌 전체를 끌어가야 하는 감독으로서는 어쩌다 한 번 번뜩이는 재능보다 꾸준한 선수를 선호할 수밖에 없다. 천사와 악마 사이를 오가는 마리오 발로텔리보다는 화려하지 않아도 언제나 모범생인 가레스 배리와 제임스 밀너가 훨씬 소중한 이유다.

리그 통산 653경기 출전

출전 수는 선수의 꾸준함을 나타내는 바로미터다. 프리미어리그 역대 최다 출전 부문에서 가장 위에 올라선 주인공은 바로 가레스 배리다. 배리는 1998년부터 2018년까지 프리미어리그에서만 653경기에 출전한 잉글랜드의 대표적 철각이다. 브라이턴 앤 호브 앨비언 유소년에서 시작한 배리는 프로에 데뷔하기 전인 1997년 애스턴 빌라의 제안을 받았다.

작은 클럽인 브라이턴은 배리를 오랫동안 잡아둘 여력이 없다는 사실을 자각하고 있었고 선수 역시 역사와 규모 면에서 훨씬 큰 빌라로 옮기는 데에 고민이 필요 없었다. 잉글랜드 남해안에서 중부 지방으로 옮겨간 배리는 1년 만에 빌라 1군으로 승격해 1997/98시즌 막판 셰필드 웬즈데이 원정에서 프로 데뷔를 신고했다. 이때 배리의 나이는 17세였다.

10대 나이에도 불구하고 배리는 팀 전술을 완벽히 수행할 뿐 아니라 경기의 흐름을 읽는 머리도 영특했다. 브라이언 리틀Brian Little 감독은 비교적 부담이 덜한 시즌 막판 경기에서 배리의 실전 활용 여부를 확인하자 1998/99시즌부터 과감히 주전 레프트윙으로 기용하기 시작했다. 시즌 중반 중앙수비수 포지션에서 부상자가 발생하자 리틀 감독은 이 구멍을 배리로 메웠다. 신체 발달과 경험 치는 한참 모자라도 전술과 포지션을 이해하는 능력이 워낙 뛰어 났기 때문이다.

첫 풀타임 시즌에서 배리는 레프트윙과 센터백 외에도 좌우 풀백 포지션까지 소화하는 재주를 선보였다. 팀 사정이 나쁜 것도 아니었다. 해당 시즌 빌라는 리그 단독 선두 자리에서 크리스마스를 보냈을 만큼 성적이 좋았다. 하반기 들어 팀 집중력이 하락하면서 빌라는 결국 최종 6위로 시즌을 마쳤지만, 배리는 리그 35라운드, 37라운드에 각각 득점까지 기록하며 새로운 축구 신동으로 각광을 받았다.

이미 갖고 있는 능력에 실전 경험이 보태지자 배리는 일취월장했다. 2000년 5월에는 18세 나이에 FA컵 결승전에서 선발 출전했다. 가레스 사우스게이트Gareth Southgate(현 잉글랜드 국가대표팀 감독)가 중앙 수비를 책임지고 배리는 공수를 바삐 왕복하는 레프트윙백이었다. 팽팽한 무득점 균형은 73분 첼시의 세트피스 득점으로 깨졌고 빌라와 배리는 0-1 석패를 감내해야 했다.

1999/20시즌이 끝난 뒤 배리는 잉글랜드의 유로 2000 최종 명단에 포함되는 성취를 이뤘다. 빌라 안에서 배리의 입지는 날이 갈수록 단단해졌다. 철저한 자기 관리 덕분에 부상도 거의 없었다. 2007/08시즌 리그 11라운드(2007년 10월 28일) 볼턴전에서 배리는 프리미어리그 최연소 300경기 출전(26세 247일)을 기록해 프랭크 램퍼드를 넘어섰다.

2009년 여름 배리는 빌라에서의 12년 생활을 정리하고 맨시티로 이적했다. 이적료는 1200만 파운드, 5년 계약이었다. 빌라 팬들은 배신자라며 비난했지만 배리는 지역 신문을 통해 빌라 파크 팬들에게 감사 인사를 남기는 매너를 보였다. 2020년 은퇴한 뒤에도 배리는 "(아무도) 신경 쓰지 않는 클럽에서 12년이나 뛸 사람은 없다. 현역으로 뛰었던 클럽 중에서 하나를 고르라면 당연히 애스턴 빌라다"라며 친정에 대한 사랑을 잃지 않았다.

세계 각지에서 스타플레이어들이 몰려드는 가운데 배리는 새 팀 맨시티에서도 주전을 놓치지 않았다. 이적하고 맞는 두 번째 시즌에 FA컵에서 우승하며(결승전 선발 출전) 배리는 생애 첫 메이저 타이틀을 들어 올렸고 다음 시즌인 2011/12시즌에는 프리미어리그 우승이 뒤따랐다.

2013년 여름 임대로 이적한 에버턴에서도 배리는 소금 같은 존재였다. 1년 뒤 에버턴은 33세의 고령에도 불구하고 배리와 3년짜리 계약을 맺었다. 2015/16시즌 배리는 동료들이 뽑는 클럽 '올해의 선수'로 선정됐을 정도로 꾸준한 경기력을 이어갔다. 2016년 9월 프리미어리그에서 600경기에 출장한 세 번째 선수가 됐고, 1년 뒤인 2017년 9월 25일 웨스트브로미치 앨비언 소속으로 아스널전에 출전해 불가능해 보였던 라이언 긱스의 기존 최다 출전 기록(632경기)을 넘어서는 금자탑을 세웠다.

2019/20시즌 배리는 웨스트브로미치에서 38세 나이에 현역 은퇴를 선언했다. 프리미어리그 통산 653경기, 프로 통산 832경기 출전 대기록은 배리가 얼마나 꾸준하고 철저했던 프로페셔널이었는지를 말해준다.

꾸준함의 아이콘

빌라에서 보낸 마지막 시즌에서 가레스 배리는 팔팔한 후배 한 명을 맞이했다. 뉴캐슬에서 이적해 온 다섯 살 아래 제임스 밀너였다. 밀너는 축구 신동, 다양한 포지션 소화, 축구 지능, 철저한 자기 관리 같은 많은 면에서 빌라의 잉글랜드 대표팀 선배 배리와 닮았다.

리즈에서 태어나 리즈 유나이티드를 동경하며 자란 밀너는 16세 때부터 성인 무대에서 활약한 천재였다. 2002년 11월 10일 밀너는 리즈의 유니폼을 입고 프로에 데뷔하는 꿈을 이뤘다. 당시 나이 16세 309일은 프리미어리그 역대 최연소 출전 2위에 해당했다. 한 달 뒤 밀너는 선덜랜드 원정에서 데뷔골까지 터뜨려 리그 최연소 득점 신기록(16세 365일)을 작성했다. 3년 뒤 에버턴의 제임스 본 James Vaughan이 16세 271일로 밀너의 기록을 한 달여 앞당겼다. 두 사람의 득점 기록은 2021년 기준 여전히 역대 최연소 득점 1위, 2위를 지키고 있다.

밀너의 '리즈 꿈'은 클럽의 재정이 파탄나면서 두 시즌 만인 2004년 여름에 끝나고 말았다. 리즈의 제럴드 크라스너 회장은 "클럽의 미래"라며 밀너의 이적설을 부인했지만 결국 자금 압박에 밀려 단돈 500만 파운드에 그를 뉴캐슬 유나이티드에 넘겨야 했다.

리즈에서 레프트윙을 맡았던 밀너는 뉴캐슬에서 라이트윙으로 주로 기용됐다. 자신을 신임했던 보비 롭슨 감독이 떠나고 그레임 수네스 감독이 새로 부임하자 밀너는 팀 내에서 자리를 잃었다. 때마침 리즈 시절 은사였던 데이비드 오리어리 감독이 애스턴 빌라에서 손을 뻗어줬다. 2005/06시즌 밀너는 빌라에서 임대선수로 뛰면서 가치를 입증했다.

시즌이 끝나자 오리어리 감독은 밀너에게 완전 이적을 설득했다. 밀너는 빌라로 옮기고 싶었지만 상황은 그의 의지와 다르게 흘렀다. 빌라의 새 감독 마틴 오닐은 가레스 배리를 원하는 뉴캐슬에 현금과 밀너를 묶는 식의 대가를 요구했다. 결국 뉴캐슬이 발을 빼면서 협상이 결렬됐다. 뉴캐슬의 지휘봉이 자신을 불신했던 그레임 수네스에서 글렌 로더 감독으로 넘어간 변화는 밀너에게 호재였다.

2006/07시즌 뉴캐슬로 복귀한 밀너는 좌우 측면을 오가며 맹활약을 펼쳤다. 성실한 수비 가담은 물론 양발을 이용한 좌우 측면 크로스가 높은 평가를 받았다. 뉴캐슬이라는 큰 클럽에서 주전 역할을 완벽히 소화하는 21세 선수는 흔치 않았다. 밀너의 경기력이 본궤도에 오르자 뉴캐슬은 시즌 도중과 종료 후에 연달아 재계약을 체결해 보유권을 강화했다.

밀너는 클럽 복이 박했다. 친정 리즈에 이어 뉴캐슬도 혼돈에 빠졌다. 2007년 7월 스포츠 유통 부문에서 부를 쌓은 마이크 애슐리가 뉴캐슬을 인수하면서 클럽은 깊은 수렁에 빠졌다. 애슐리 회장은 기분 내키는 대로 감독을 고용하고 경질해버렸고 선수단 관리에서도 지속 가능성이 실종되고 말았다. 혼돈 속에서 밀너는 2008년 여름 이적료 1200만 파운드에 빌라로 탈출했다.

한 시즌 동안 호흡을 맞췄던 가레스 배리가 2009년 여름 이적 시장에서 맨시티로 떠나자 그때까지 측면에 있던 밀너가 중앙으로 이동했다. 아무리 프로축구 선수라고 해도 포지션 변경은 위험 부담이 따르는 선택이다. 밀너는 달랐다. 중앙 미드필더로 뛴 2009/10시즌 밀너는 리그 7골, 시즌 12골을 기록해 커리어 하이 시즌을 만들었고 그해 영국프로축구선수협회 '올해의 영플레이어' 에 선정됐다.

빌라 파크에서의 생활은 2시즌밖에 지속되지 않았다. 1년 전 배리를 영입해 재미를 본 맨시티가 다시 밀너까지 데려가려고 나섰기 때문이다. 2년 연속으로 팀 내 에이스를 판다는 비난이 부담스러웠던 빌라는 맨시티의 2000만 파운드짜리 제안을 거절하며 버텼다. 만수르 체제의 맨시티로서는 돈이 문제가 아니었다. 결국 협상을 시작한 지 3개월 만에 맨시티는 현금 2600만 파운드에 미드필더 스티븐 아일랜드까지 얹어 제안함으로써 밀너를 손에 넣었다.

빌라 소속으로 출전했던 2010/11시즌 개막전에서 웨스트햄을 상대로 골을 넣었던 밀너는 9일 뒤에 벌어진 리그 2라운드에는 맨시티 유니폼으로 갈아입고 출전했다. 그러곤 킥오프 13분 만에 빌라 시절 선배 배리의 선제골을 도우며 상쾌한 출발을 끊었다. 배리처럼 밀너도 맨시티에서 메이저 타이틀 이력을 만들 수 있었다.

맨시티에서 뛴 5시즌 동안 밀너는 프리미어리그 우승 2회, FA컵과 리그컵 우승 각 1회, 커뮤니티실드 우승 1회를 기록했다. 매이적 시장마다 막대한 자금이 투입되고 세계적 스타들이 몰려오는 가운데서도 밀너는 시즌 40경기 전후의 출전 수를 유지하는 저력을 선보였다.

2015년 여름 맨시티와 계약이 만료된 밀너는 자유의 몸이 되어 이웃 도시인 리버풀로 달려갔다. 자신을 불러준 브렌던 로저스

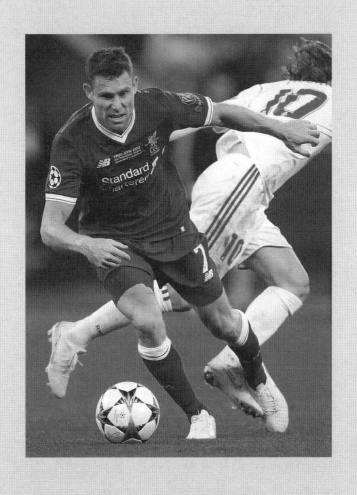

2018년 5월 UEFA 챔피언스리그 결승전에서 뛰는
리버풀의 제임스 밀너.
사진 Антон Зайцев

감독이 4개월 만에 경질됐지만 후임자 위르겐 클롭 감독 역시 밀너를 바라보는 눈은 크게 다르지 않았다. 클롭 감독은 시즌 막판 이어진 UEFA 유로파리그 토너먼트 단계에서 밀너에게 주장 완장을 맡겼다. 밀너는 8강 2차전부터 결승전까지 4경기 연속으로 풀타임을 소화하며 팀에 공헌했다. 결승전에서 라리가의 강자 세비야에 1-3으로 완패한 것만 빼고는 모든 게 만족스러운 리버풀 첫 시즌이었다.

클롭 감독은 리버풀의 스쿼드를 물갈이할 때도 밀너를 중용했다. 양쪽 측면 풀백과 윙어는 물론 중앙 미드필더 포지션까지 소화해내는 선수는 흔치 않기 때문이다. 클롭 감독과 3년째 함께한 2017/18시즌에도 밀너는 다양한 포지션을 소화하며 리버풀의 약진을 도왔다. 밀너의 진가는 프리미어리그보다 훨씬 강한 체력과 정신력이 요구되는 챔피언스리그에서 찬란히 빛났다.

E조 세 번째 경기부터 출전한 밀너는 2017년 12월 조별리그 마지막 경기에서 스파르타크 모스크바를 상대로 도움 해트트릭을 작성해 팀의 7-0 대승을 만들었다. 대회가 진행되면서 밀너의 어시스트 능력은 값어치를 더했다. 밀너는 16강전부터 결승전까지 7경기 연속으로 선발 출전했고 이 과정에서 도움 9개를 올려 챔피언스리그 단일 시즌 역대 최다 도움 신기록을 작성했다.

배리에 비해 훨씬 굴곡진 길을 걸었으면서도 밀너는 꾸준한 경기력을 선보여 거의 모든 감독으로부터 신임을 받았다. 2018년 12월 8일 본머스 원정에서 밀너는 프리미어리그에서 500경기에 출전한 13번째 선수가 되는 성과를 남겼다. 500경기 출전 나이에서는 배리에 이어 역대 두 번째로 어렸다. 감초 같은 밀너의 공헌은

2019년부터 챔피언스리그와 UEFA 슈퍼컵, FIFA 클럽월드컵에 이어 2020년 개인 통산 세 번째 프리미어리그 우승으로 이어졌다.

2021/22시즌은 밀너의 프로 20번째 시즌이다. 대한민국에서 월드컵이 열렸던 2002년 데뷔해서 지금까지 최고 무대에서 뛰고 있다고 생각하면 독자 여러분께서 밀너의 능력치를 가늠하는 데에 참고가 되리라 믿는다. 큰 이변이 없는 한 2021/22시즌 중 밀너는 프리미어리그 역대 최다 출전 랭킹 4위에 오를 공산이 크다.

60

—

아시아 역대 최고 재능: 손흥민
(2020/21시즌)

21세기 들어 아시아 선수들의 프리미어리그 진출이 부쩍 늘었다. 아시아(AFC) 축구의 강자들인 한국, 이란, 일본, 호주는 물론 중국도 세계 최고 무대에 서는 입지전적 선수들을 배출하고 있다. 한국에는 잘 알려지지 않았지만 중국의 풀백 쑨지하이孫繼海는 2000년대 맨체스터 시티에서 프리미어리그 123경기에 출전하는 기록을 세웠다. 일본도 2002년 월드컵 스타 이나모토 준이치稻本潤一를 시작으로 나카타 히데토시中田英寿, 가가와 신지香川真司, 오카자키 신지 등 다수의 선수를 프리미어리그 무대에 세웠다.

하지만 진출자 수는 물론 성취 면에서 가장 뚜렷한 족적을 남긴 국가는 바로 대한민국이다. 2005년 맨체스터 유나이티드에 입단한 박지성부터 2021년 여름 울버햄프턴으로 이적한 황희찬까지 프리미어리그에 등록된 한국인 선수는 14명으로 아시아에서 제일 많다. 그중에서도 토트넘 홋스퍼의 손흥민은 프리미어리그는 물론 아시아 축구 역사를 통틀어도 가장 성공적인 개인 커리어를 쌓고 있다.

함부르크, 레버쿠젠, 토트넘

엄밀히 말해 손흥민은 한국 축구가 만든 작품이 아니다. 축구 선수였던 부친의 홈스쿨링(?)으로 축구의 기본기를 익혔고, 독일 함부르크로 떠나기 전까지 손흥민이 한국의 축구팀에서 뛴 기간은 중학교 3학년부터 고등학교 1학년까지 1년 정도였다. 어릴 때부터 혹독하게 습득한 기본기가 함부르크 아카데미의 유럽식 플레이 스타일과 결합하면서 대폭발하기 시작했다. 대한축구협회 유학 프로그램을 통해 독일로 떠났던 6인 중 현지 클럽이 아카데미 계약을 제안한 선수는 손흥민뿐이었다. 우여곡절 끝에 독일 체류 비자 문제까지 해결한 손흥민은 함부르크 2군 경기에 출전하며 현지 적응력을 키웠다.

기회는 생각보다 빨리 왔다. 새로 함부르크의 지휘봉을 잡은 아르민 페Armin Veh 감독이 2010/11시즌을 대비하는 프리시즌 훈련에 손흥민을 콜업한 것이다. 첼시를 상대한 평가전에서 18세 한국인 유망주 손흥민은 2-1 결승골을 터뜨렸다. 프리시즌에만 아홉 번째 골이었다. 하지만 세상은 호락호락하지 않았다. 경기 막판 히카르두 카르발류의 거친 태클에 오른발 중족골이 부러졌다. 갑자기 2개월짜리 부상으로 돌변한 것이다. 분데스리가 데뷔의 꿈이 한순간 아득해졌다.

어린 만큼 손흥민의 몸은 싱싱했다. 부러진 발가락뼈가 예상보다 빨리 붙으면서 손흥민은 10월 말 1군 출전 명단에 들어갈 수 있었다. 10월 27일 DFB포칼 경기에서 페 감독은 1-3으로 끌려가던 62분 손흥민을 투입했다. 팀의 2-5 대패로 유럽 데뷔전의 빛은 바랬어도 손흥민에게는 출전 자체가 값진 성과였다.

사흘 뒤 함부르크는 분데스리가 10라운드로 쾰른 원정에 나섰다. 페 감독은 과감히 손흥민을 선발 명단에 포함했다. 주전 스트라이커 블라덴 페트리치Mladen Petrić가 1-1 동점골을 넣은 상황에서 손흥민이 그림 같은 2-1 역전골을 터뜨려 함부르크 원정 팬들에게 열광을 선사했다. 득점일 기준 손흥민의 나이 18세 112일은 함부르크 역사상 최연소 득점 신기록이었다(2021년 현재 최연소 득점 기록은 얀피에테 아르프Jann-Fiete Arp의 17세 292일). 손흥민은 리그 13라운드인 하노버 원정에서도 두 골을 터뜨리며 환상적인 프로 데뷔 시즌을 만들어갔다. 하지만 2011년 1월 AFC 아시안컵을 다녀오면서 급격한 컨디션 난조에 빠져 하반기엔 무득점에 그치며 시즌을 마쳐야 했다.

함부르크에서 맞이하는 세 번째 시즌(2012/13)부터 손흥민은 팀 내 주전 입지를 다졌다. 해당 시즌 손흥민은 리그 33경기에 나서 12골을 기록했다. 유럽 빅5 리그에서 시즌 두 자릿수 득점에 도달하는 20세 공격수는 흔치 않다. 시즌 종료가 다가오면서 함부르크에 유럽 각지의 영입 문의가 쇄도했다. 분데스리가 강호 클럽은 물론 프리미어리그에서도 관심을 표명하는 클럽이 있었다. 갈 길이 아직 멀다고 판단한 손흥민은 바이어 레버쿠젠을 선택했다. 현지 적응이 용이한 분데스리가 클럽이었고, 주전으로 뛸 수 있는 팀 내

구성과 챔피언스리그 출전이 큰 매력 포인트였다. 리버풀의 레전드 사미 히피아 감독이 펼치는 역습 전술도 스피드가 장점인 손흥민에게 안성맞춤이었다.

2013/14시즌 막판에 감독이 로저 슈미트Roger Schmidt로 교체되기는 했지만 손흥민은 레버쿠젠에서 2시즌 동안 팀은 물론 분데스리가를 대표하는 측면 공격수로 발전했다. 2시즌 모두 40경기 이상 출전하며 장기 레이스인 시즌 중 컨디션 관리 요령을 완전히 익혔고 시즌 득점 수도 12골, 17골로 쑥쑥 자랐다.

2015년 여름 이적 시장이 열리자 프리미어리그 인기팀 토트넘과 마우리시오 포체티노 감독, 대니얼 레비 회장이 모두 나서 손흥민을 설득했다. 지리한 최종 협상 끝에 토트넘은 3000만 유로에 손흥민을 손에 넣었다. 레버쿠젠은 손흥민을 놓친 아쉬움을 2년 만에 올린 순수익 2000만 유로로 만회했다.

토트넘의 트레이닝센터를 처음 방문하던 날 토트넘은 손흥민에게 등번호 7번 유니폼을 선사했다. 손흥민은 당시 상황을 "프리미어리그 유니폼을 상상만 하다가 직접 손으로 만지니까 신기한 동시에 '내가 진짜 프리미어리그에 왔구나'라는 실감도 났다"고 설명했다. 2015년 9월 13일 선덜랜드 원정에서 손흥민은 프리미어리그 데뷔를 신고했다. 합류한 지 2주도 되지 않았다는 현실을 반영하듯이 손흥민은 팀플레이에 녹아들지 못했다.

나흘 뒤 포체티노 감독은 UEFA 유로파리그 J조 1차전에서 손흥민을 선발 기용했다. 3000만 유로짜리 선수는 두 번 실수하지 않았다. 토트넘은 아제르바이잔에서 날아온 카라바흐에 킥오프 7분 만에 선제 실점을 허용했다. 의외의 고전이 예상되던 전반전 중반 손흥민이 동점골과 역전골을 잇따라 터뜨렸다. 다시 사흘 뒤 손흥민은 크리스털 팰리스를 상대로 두 경기 연속으로 골을 터뜨려 현지 팬심을 움켜쥐었다.

모든 게 잘 풀릴 것 같던 시점에서 손흥민은 족저근막염 부상을 입어 6주간 전력에서 이탈해야 했다. 모든 선수에게 경기 중 부상은 부득이한 이벤트다. 하지만 클럽 역사상 두 번째로 비싼 몸값을 기록한 신규 영입자가 초반부터 부상을 당하자 팬들은 실망이 클 수밖에 없다. 11월 손흥민은 실전에 복귀했다. 초반보다 나아진 팀플레이를 보이면서도 충분한 출전 시간을 얻지 못했다. 벤치에서 시작하기 일쑤였고 선발 경기에서도 포체티노 감독은 손흥민의 출전 시간을 70분 이하로 제한했다.

프리미어리그 데뷔 시즌에서 리그 4골에 그친 손흥민은 클럽 측에 이적을 요청했다. 때마침 분데스리가의 볼프스부르크가 4000만 유로에 가까운 거액을 제시했다. 손흥민은 독일로 복귀하겠다는 의사를 표명했지만 레비 회장은 그럴 생각이 없었다. 포체티노 감독의 간곡한 설득이 뒤따르면서 손흥민은 2016/17시즌 다시 한 번 토트넘 인생을 시험해보기로 했다. 알다시피 탁월한 선택이었다.

스타 DNA

2016년 리우데자네이루올림픽에 차출되고 2018년 러시아월드컵 아시아 지역 예선에도 참가하느라 손흥민은 2016/17시즌을 9월에야 겨우 시작했다. 시즌 첫 출전은 9월 10일 스토크 시티 원정이었다. 늦은 합류를 만회라도 하듯이 손흥민은 2골 1도움의 맹활약을 펼쳐 팀의 4-0 대승을 견인했다. 2주 후 손흥민은 미들즈브러 원정에서 팀의 2골을 모두 책임지며 다시 '맨 오브 더 매치' 활약을 펼쳤다. 9월에만 리그 3경기에서 4골을 몰아친 끝에 손흥민은 아시아 선수로서는 최초로 프리미어리그 '이달의 선수'에 선정됐다.

시즌 막판에 몰아치기가 재현됐다. 2017년 4월에만 토트넘은 리그 6경기를 소화했는데, 손흥민이 4경기에서 5골 1도움으로 내달렸다. 프리미어리그는 해당 시즌에만 두 번째로 손흥민에게 '이달의 선수' 트로피를 전달했다. 손흥민의 활약 덕분에 토트넘은 리그 막판 13경기에서 12승 1패로 폭주해 결국 리그 2위로 2016/17 시즌을 마감할 수 있었다. 손흥민의 개인 기록은 시즌 47경기 21골, 리그 34경기 14골이었다. 기용 시간에 불만을 품고 팀을 떠나려던 1년 전과는 하늘과 땅 차이였다.

2017/18시즌에만 손흥민은 58경기(18골)를 치르는 에너지를 선보였다. 시즌이 끝난 뒤에도 손흥민은 2018년 러시아월드컵과 자카르타-팔렘방 아시안게임에 연달아 출전하며 제대로 쉬지 못했다. 그런 상태에서 2018/19시즌을 시작했다가는 체력이 떨어져 부상 가능성이 높아진다는 우려가 심심찮게 나왔다. 앞서 말했듯이 손흥민에게는 스타 DNA가 내재되어 있었다. 지쳐 쓰러져도 좋을 상황에서 시작한 2018/19시즌은 손흥민 경력의 하이라이트가 되는 역설을 낳았다. 아시안게임에서 금메달을 획득한 뒤 병역 문제 혜택을 받은 것이 심리적 안정감에 도움이 됐을지도 모른다.

지난 시즌과 달리 손흥민의 시즌 스타트는 느렸다. 리그 첫 출전부터 8경기 동안 무득점이 이어졌다. 조바심이 날 수도 있는 상황에서 손흥민은 11월 24일 첼시전에서 리그 첫 골을 신고했다. 단순한 골이 아니었다. 동료의 전진 패스를 따라 하프라인부터 달리기 시작해 수비수 3명을 제치고 터뜨린 솔로골이었다. 프리미어 리그 '11월의 골'로 리그 득점 마수걸이를 마친 손흥민은 12월에만 6골 2도움을 기록하며 폭주했다.

해가 바뀐 뒤에도 손흥민의 스타 본능은 계속된다. 새로운 홈구장을 건설하는 동안 웸블리 스타디움을 빌려 썼던 토트넘 선수단은 2019년 4월이 돼서야 집으로 돌아올 수 있었다. 4월 3일 토트넘은 총 공사비 10억 파운드를 들여 완성한 6만 관중 규모의 최첨단 '토트넘 홋스퍼 스타디움'을 공식 개장했다. 상대는 런던 라이벌 크리스털 팰리스였다. 클럽의 새 역사가 시작되는 기념비적 개장 경기에서 손흥민은 55분 선제골을 터뜨렸다. 토트넘 홋스퍼 스타디움 공식 1호 골의 주인공이 된 것이다.

엿새 뒤 손흥민은 챔피언스리그 8강 1차전에서 맨시티를 상대로 1-0 결승골을 터뜨렸고, 그다음 주에 열린 원정 2차전에서도 두 골을 뽑아내 팀의 극적인 준결승 진출의 일등 공신이 됐다. 포체티노 감독이 만든 2018/19시즌 토트넘은 해리 케인, 손흥민, 델리 알리Dele Alli, 크리스티안 에릭센, 루카스 모우라Lucas Moura로 이어지는 공격력과 벨기에 출신 센터백 콤비 토비 알데르베이럴트Toby Alderweireld와 얀 페르통언Jan Vertonghen이 구축한 단단한 수비 조직력이 완성되면서 창단 최초로 챔피언스리그 결승 무대에 서는 성과를 남겼다.

6월 1일 스페인 마드리드의 완다 메트로폴리타노 스타디움에서 열린 결승전에서 토트넘은 리버풀에 0-2로 패했지만 손흥민은

90분 풀타임을 소화하며 고군분투했다. 챔피언스리그 역사에서 결승전 무대에 선 아시아 선수는 지금까지 박지성과 손흥민 둘뿐이다. 2019년 말 거행된 발롱도르 투표에서도 손흥민은 한국인으로서는 최초로 최종 후보까지 오르는 성취를 일궜다.

2021년 현재까지 손흥민은 클럽 레벨에서 우승 트로피를 들어본 적이 없다. 박지성은 챔피언스리그 우승뿐 아니라 네덜란드와 잉글랜드 무대에서 리그 우승만 여섯 번이나 차지하며 아시아 축구 역사상 가장 성공적인 경력을 쌓았다. 하지만 축구 팬들에게 강하게 각인되는 명장면은 단연 손흥민 쪽이 많다. 2019년 12월 번리전 득점이 상징적이다. 자기 진영의 페널티박스 앞에서 볼을 잡은 손흥민은 그대로 80미터 이상 거리를 혼자 내달려 슈퍼골을 완성했다. 해당 득점 영상은 전 세계 축구 팬들 사이에서 커다란 반향을 일으켰고 2020년 FIFA 푸스카스상 영예까지 가져다줬다.

2020/21시즌에는 리그 17골은 물론 도움까지 두 자릿수를 기록해 완성형 공격수로 진화하고 있음을 직접 증명했다. 2021년 12월 현재 손흥민은 프리미어리그에서만 212경기 78골을 기록 중이다. 아시아 선수 중 프리미어리그에서 200경기 이상 출전한 이는 역시 손흥민이 유일하다. 리그 78골도 당연히 아시아 최다 기록이다. 함부르크, 레버쿠젠까지 합치면 손흥민은 유럽 빅5 리그에서 지금까지 총 347경기 119골을 터뜨리고 있다. 메이저 타이틀은 없어도 최소한 개인 기록 관점에서 손흥민은 아시아 축구 역사상 최고다. 2021년 여름 토트넘과 손흥민은 2025년까지 재계약에 합의했다. 한국 팬들은 앞으로 몇 년간 역사상 최강 아시아 스타의 활약상을 더 즐길 수 있다.

손흥민

프리미어리그 히스토리
가장 화려한 축구, 그 무자비한 역사

2024년 3월 13일 1판 2쇄 발행
2022년 1월 25일 1판 1쇄 발행

지은이	홍재민		
펴낸이	임후성	**펴낸곳**	북콤마
디자인	스튜디오진진	**편집**	김삼수

등록 제406-2012-000090호
주소 (413-756) 경기도 파주시 문발동 파주출판단지 534-2 201호
전화 031-955-1650 팩스 0505-300-2750
이메일 bookcomma@naver.com
블로그 bookcomma.tistory.com

ISBN 979-11-87572-35-0   03690